# 探究真谛

## 上海广播电视论文选
### 第十辑

上海市广播电视协会　编

文汇出版社

| | |
|---|---|
| **封面题词** | 龚学平 |
| **主　　编** | 林罗华 |
| **执行主编** | 王克耀 |
| **编　　委**<br>（按姓氏笔画排序） | 王克耀　许志伟　吴　林<br>张骏德　林罗华　赵复铭 |

# 勇于使命责任担当
# 探求高质创新发展

## ——第十辑《上海广播电视论文选》出版感言

上海市广播电视协会主编的《探究真谛——上海广播电视论文选》自2013年首辑出版以来，坚持每年出版一辑，今年已出版至第十辑了。十年来，广大广电工作者在习近平新时代中国特色社会主义思想的指引下，认真贯彻落实习近平总书记关于宣传思想工作和广电工作的重要指示精神，整体推进广播电视事业向前发展，并取得了丰硕的成果。而《探究真谛——上海广播电视论文选》正是从广播电视学术理论的视角，对上海广电事业发展和媒体融合建设所取得的成果进行科学总结与规律探索。

十年来，十辑论文选共发布协会会员学术论文520余篇。这些论文是作者们根据新时代中国特色社会主义对广播电视事业发展的新要求，聚焦广播电视媒体提高传播力、引导力、影响力、公信力，加快广播电视和网络视听高质创新发展，发挥主流媒体在服务党和国家工作大局中的积极作用，为经济社会发展提供有力舆论支持和强大精神力量这一最根本的目标，围绕坚持正确舆论导向、推动节目创新创优、深化体制机制改革转型、促进媒体融合发展、提升传播技术能级、培育专业队伍素质、加强媒体运行管理、改进产品营销方式等诸多方面的问题进行分析论证，提出科学理论见解。这些论文有的从战略层面引发读者对一些宏观问题的深入思考；有的从微观的视角为读者解决具体问题提供启示和借鉴；有的通过对目前现状的分析寻找出工作存在的问题和短板，提出了改进的方案和路径；有的则通过对未来趋势的研判，进而对工作布局和战略决策提出了前瞻性的提示和建议。这些论文无疑会对广播电视事业发展和加快媒体融合建设产生积极的、不可或缺的助推作用。同时，透过这些论文也使我们看到有一大批广电媒体工作者为了推进广电事业的发展，利用繁忙工作的间隙时间潜心思考探究、默默执笔耕耘、孜孜以求真知，折射出他们谋求事业发展的责任担当和奉献执着。

连辑出版的上海广播电视论文选,伴随着第四、第五、第六届协会一路走来,尽管随着协会换届人员不断变化,但每届协会始终将其作为开展广播电视理论研究,加强专业队伍思想业务建设,履行协会工作职责的重要抓手和载体予以高度重视和积极推进。在当前的新形势下,我认为,要贯彻落实习总书记对广大新闻舆论工作者提出的"四向四做"的目标要求,加快推进媒体深度融合发展的国家战略,继续促进广电事业健康发展,进一步加强对广播电视和媒体融合理论的探索和研究更有其十分重要的意义。作为刚产生的第六届上海市广播电视协会,我们将继续以开展广播电视理论的探索和研究作为协会重要任务之一,继续认真做好论文选征稿、编辑、评审和出版工作,并在已有的基础上尽我们的能力不断提高论文选的质量。同时,我们也真诚地希望有更多的广电媒体从业人员,特别是一线工作者积极参与广电和融媒建设的理论探索研究,将自己在工作实践中有助于推进广电和融媒体发展的若干思考、研究和经验总结,经科学的理论分析、论证后撰写出有观点、有思路,对实际工作具有指导意义的论文,并通过论文选这一平台与同行进行分享和交流,共同携手推进广电事业和媒体融合建设的向前发展。

最后,我谨代表本协会向长期致力于广电改革发展和媒体融合建设的同行表示崇高的敬意!对各辑论文选的撰稿作者、编审人员,以及所有关心支持论文选工作的同志表示衷心的感谢!

上海市广播电视协会会长　林罗华

2022 年 6 月

# 目　录

## 视 听 传 播 篇

## 融 媒 建 设 篇

## 新 媒 探 究 篇

## 综 合 专 题 篇

# 视听传播篇

# 融媒时代广播频率进化论：
# 从内容提供者到专业服务平台
## ——以上海人民广播电台第一财经广播为例

魏雪雯　王海波

**提　要：**"媒介进化论"认为媒介是处于不断进化发展中的，受众对信息传播、获取、感知和交流的各类需求促进媒介的发展和进化。在媒体融合的大背景下，受众不断更新的需求与不断革新的技术手段同样也推动着媒体的进化。广播媒体如何应对新时代的挑战？上海人民广播电台旗下第一财经广播立足财经专业广播的特色，深耕受众的使用需求，从媒介信息的内容提供者到专业服务平台转型，探索出一条线上线下融合发展的全媒体"进化"路径。

**关键词：**媒介进化　融媒时代　财经广播　专业频率转型

美国技术哲学专家保罗·莱文森在其著作《人类历程回放：媒介进化论》一书中首次提出"媒介进化"概念，他认为媒介是处于不断进化发展中的，那些无法真实展现所在时代信息环境的媒介将会逐渐消亡。他认为人对信息传播、获取、感知和交流的各类需求促进了媒介的发展和进化。融媒体时代，传统广播行业可谓是受到了不小的挑战。在传统的认知中，广播是声音的艺术，而声音的形式在一定程度上门槛低，不需要出镜，也不需要考虑画面要素，可以认为在互联网平台上人人都可以成为"广播人"。而自媒体兴起带来的去中心化、个性化的语言和内容也更容易受到用户的关注。

在海量的 UGC 内容涌入网络音频市场的大背景下，注意力就等于价值，被视为传统媒体的广播频率应当如何获取更多的关注度？面对自媒体的挑战，专业广播频率如何在垂直内容中找到普遍价值，提升影响力，塑造品牌，实现最大化的传播效果？这成为广播媒体必须考虑的问题。议程设置理论是传播学中的重要理论，聚焦大众传播媒介影响社会的重要方式。这一理论的核心概念是大众传播往往不能决定人们对某一事件或意见的具体看法，但可以通过提供信息和安排相关的议题来有效地左右人们关注哪些事实和意见及他们谈论的先后顺序。也就是说，大众传播可能无法影响人们怎么想，却可以影响人们去想什么。上海人民广播电台旗下第一财经广播充分实践议程设置理论，立足专业特色，深耕受众的使用需求，探索出一条线上线下融合发展的全媒体转型路径，并取得了一定的成效。

据赛立信、CSM 媒介研究、阿基米德传媒等机构提供的数据，2021 年第一财经广播全网收听点击量超 2 亿人次，位列上海各类电台及全国省级财经电台第一，是"喜马拉雅"App 年度广播榜单经济榜和听众最常搜索榜榜首。而在线下领域，第一财经广播作为操盘者组织了"报时未来"（全球）企业创新实践年度峰会、"首发经济"之本土引领性品牌探营等活动，成为上海经济领域的大事件。除此之外，在知识付费领域，作为以专业内容见长的第一财经广播也躬身入局，打造"一财知道"的知识服务品牌，形成稳定的用户群。线上传统广播媒体业务的精益求精，线下合作项目塑造知名品牌，专业知识付费服务拓展品类，成为第一财经广播专业化、市场化、品牌化的措施和方法。

## 一、靠前策划内容

内容上，要让受众听见第一的价值，是第一财经广播的宗旨。作为主流媒体，一财广播在内容的选题方面，勇于承担责任，为城市发展助力，主动靠前站位，围绕上海市的经济发展重点抓好选题，加强节目策划的专业性，使频率的内容具有全局性、整体性、系统性的特点。

自 2020 年始，虽然受到全球疫情的影响，但是上海市遵循国内国际双循环相互促进的新发展格局，创新性地提出了一系列经济策略，并在此基础上落实了具体措施。面对如此宏大且丰富的议题，一财广播梳理了上海经济发展的关键词，选择了"后进博时代""女性经济力量""新城发力""国企改革"为主题，并主动策划了"报时未来"（全球）企业创新实践年度峰会、"上海国企直播间"、长三角女企业家云端峰会、《"五"动全城·声耀魔都》大型直播、"新城夜派对"之新城夜生活节探营、"首发经济"之本土引领性品牌探营等系列报道和活动，打造高端行业活动，扩大传播声量，成为上海市经济发展议程的主动载体。

2022 年初荣获上海市第十六届"银鸽奖"之活动/案例类一等奖的"百年话初心，聚力新征程——上海国企直播间"就是典型范例。国企是发展城市经济硬实力的重要组成部分,同时也是城市文化软实力的重要载体。2021 年是"十四五"开局之年,也是国企改革三年行动方案的承上启下之年。上海国企在此指导方案下,推动了大刀阔斧式的改革,这一经济行为不仅关系着上海国企的发展,也关系着上海整个城市的未来。"上海国企直播间"系列报道以包含金融、全球商品、绿色低碳转型、智慧出行、新城建设、航运、航空、食品、数字化城市建设等领域在内的 9 家分属不同行业的上海国资企业为报道对象,反映其在不同时期的奋斗历程,全景式展示国资国企"新面貌",全方位挖掘国资国企"软实力",全流域传播国资国企"好声音",折射上海整个城市的产业发展和变迁。

　　财经节目没有地域的限制,这对第一财经广播来说,是一个优势也是挑战。如何让自己的内容受到更多受众的关注和喜爱? 2021 年 10 月,第一财经广播升级改版,从内容更专业、与受众更贴近的角度,对版面内容进行深度改革。频率打破原先的板块架构,根据每位主持人和编辑的特长、兴趣开展双向竞聘,进行人员重组:把专业采编播团队分为财经新闻、投资交易和新媒体传播三大业务板块。值得一提的是全新推出的《交易进行时》,通过财经主持人的专业优势打造专业化的大板块投资交易节目,在每个交易日上午 9 点到 12 点、下午 1 点到 4 点,全天 6 小时直击市场最前沿,更及时的新闻资讯、更全面的市场分析、更专业的财经解读,助力投资者厘清投资思路,为其提供买卖决策,让聆听总有收获,让交流更有价值。做到紧跟市场,打通版面,通过专业可信的内容,构建起一个全天高峰收听矩阵,从而吸引来自全国乃至全球的财经节目受众。

## 二、主动走进受众

　　在品牌影响力方面,一财广播积极主动靠近受众,拓展"朋友圈",打造专业的"人设"。通过组织一系列活动和合作项目,一财广播将广播媒介的线上与线下结合,不仅在听众中形成了品牌影响力,也把合作方转化成了自己的重要而忠实的受众。

　　原来财经广播的资讯属于窄众内容,但通过与上海市国资委、上海市商务委、上海市妇联以及全国各地企业开展项目合作后,合作方自发向各自的目标受众进行推广和传播,因而产生了物理破圈,大大提高了社会对第一财经广播的品牌认知度。在 2020 年和 2021 年连续两年的进博会开幕前,一财广播与上海市商务委员会以及长宁区人民政府合作,以"共享、创新、引领"(2020)、"破局、颠覆、焕新、聚力"(2021)为主题,策划举办了两届"报时未来"(全球)企业创新实践年度峰会,以颁布"企业创新实践大奖"的方式,表彰在对应创新领域内具有卓越贡献的企业。同时,邀请政界、商界、学界的嘉宾围绕主题进行探讨,上海市商务委员会领导介绍一系列促消费、提经济的上海经验,组织"企业创新实践大奖"评选,甄选出来自全国的数百个优秀企业创新实践案例,通过专家团队的在线打分,从服务创新、投融资模式创新、品牌与传播创新、供应链创新、组织变革创新、公司治理创新、技术与产品创新、商业模式创新这八个维度,评选出获奖企业。此外,还邀请到国际知名经济学家、国际领先企业负责人做主题分享,就全球经济和企业创新开展研讨。上海本土的企业负责人则受邀围绕中国的"双循环发展格局"、企业创新实践、新消费趋势发表观点。

频率立足上海,放眼长三角,辐射全国。以喜马拉雅 App 数据为例,频率与平台没有开展过合作,没有平台的导流和推广,而是自然的流量,更能说明一财广播的内容满足了全国受众的需求,得到了跨地域的认可。在活动方面,以由一财广播、阿基米德传媒、上海市女企业家协会联合主办"巾帼心向党,建功十四五——长三角女企业家云端峰会"为例,上海、南京、杭州、合肥四个会场通过云端实现了同步"四地直播互动",100 位于各大知名企业任职的女企业家和女高管分享企业成长经验、探讨如何彼此团结推动长三角一体化的更高质量发展。

以往,广播媒体与听众的联结多是通过组织线下见面会完成,主要是借助广播主持人的个人魅力与神秘感实现的。一财广播则敢为人先,创新升级联结方式,通过与老百姓生活息息相关的内容将传播者与受众更加紧密地联结。《"五"动全城·声耀魔都》大型直播以及"新城夜派对"之新城夜生活节探营是全力配合上海"中心辐射、两翼齐飞、新城发力、南北转型"战略目标的内容。"五五购物节"期间,在《"五"动全城·声耀魔都》大型直播节目里,一财广播邀请上海市商务委、"五个新城"商务委、经委等部门、企业代表参与直播,拉近与听众的距离。"六六夜生活节"期间,一财广播发起《新城夜派对》大型全媒体探营节目,五位知名主持人线下探访,走进嘉定、青浦、松江、奉贤、南汇五个新城,携手"夜生活CEO"亲身体验各新城热门夜间景点、夜间集市、文娱汇聚地等,全新绘制新城"夜生活地图"。向市民展示值得看、值得逛、值得买、值得玩的新城夜生活地图,进而形成五个新城值得定居、值得投资、值得立业的品牌形象。向市民公众宣传"五个新城"规划,是一财广播组织大型直播活动以及现场夜生活节探营的初衷。

还是以上文提到的"百年话初心,聚力新征程——上海国企直播间"为例,主创人员把传统操作上狭义的"直播间"延展至企业所在场景,通过走访、探秘、互动的形式,让直播呈现更为生动,360°全景式展示企业风采。其间,根据企业发展实际,前往企业所在地,以主持人与企业负责人对话的形式,沉浸式制作音频和视频节目。采访时,邀请所在企业领导在"现场直播间"现场进行对话访谈,宣传展示国资国企改革创新发展的新举措、新亮点、新成就。活动中,要让合作方感受到一财的影响力至上,是一财广播组织活动的宗旨。

而面向新媒体的知识付费产品"一财知道"团队从成立之初，就设立了直达用户的通路，利用"非会员群＋会员群＋直播课在线交流"的模式，通过频繁的用户沟通反馈，及时调整内容制作、创意、包装，拉近与用户的内容"距离"。团队通过平台技术手段，精细化、个性化掌握用户画像，强化用户黏性，实现商业变现，会员用户年复购率超过 50％。

## 三、联动线上线下

融媒体时代，媒体想要迅速转型，则必须重塑整个生产分发流程。自 2020 年 12 月开始，一财广播的各业务团队尝试短视频领域的内容制作。面对并不熟悉的视频制作领域，广播人通过自学摸索掌握了拍摄、制作、剪辑等技术，成为"全能型选手"。

在制作流程和产出上，一财广播进行了革新并形成产品规范。现场采访拍摄完成之后，制作团队以一份视频素材为基础，进行再制作、碎片化，衍生出一档音频节目、一档视频节目、一张声音海报、一篇媒体观察，两段短视频、一篇广播新闻报道、一篇图文报道（用以微信公众号等平台分发），形式涵盖视频、音频、平面，内容包括专题、消息、评论。

在分发渠道上，一财广播探索了多平台分发触达不同的用户：学习强国 App、阿基米德 App、话匣子 App、微信公众号、微博、视频号、抖音号、今日头条号对报道内容和视频内容进行全网推送，而人民日报、新华社、东方网、上海热线、企业家在线等多家平台也是重要的合作伙伴。

工作流程的改变必然带来人员的重组和整合。以"上海国企直播间"为例，整个采访历时三个多月，从方案策划到实景选址、从采访对象遴选到成片素材收集、从传统端节目排播时间选择到新媒体端内容推送时点确定，项目组坚持全流程把控，精细化管理。考虑到终端产品的复杂性、多样性，从 2021 年 4 月初和上海市国资委接洽到 7 月底全面完成，项目执行团队坚持"获取优质内容、必须狠抓源头"的理念，变"内容制作方"为"资源集成方""流程管控方"。

随着技术发展和受众使用习惯的变化，一财广播也在不断地进行着改变和革新，在具体的措施之前，是理念的转变，即秉承着"全媒体财经专业平台"的运营理念，将自己的定位从内容信息的提供者转化为财经专业服务的提供者，倒逼生产流程、传播流程、运营流程的进化。

首先，倒逼传统端内容制作的全媒体转型。在内容策划之初，就运用全媒体思维，选择既能满足受众需求又能促进城市经济发展的主题，制作出适合全媒体传播的内容、形式，全方位立体选择分发渠道。

其次,倒逼节目主持人向内容策划组织者转型。主持人是广播频率的财富,也是打造频率品牌举足轻重的因素。由主持人自定选题、撰稿、出镜、拍摄、剪辑的内容,具有显著的个人风格,在帮助他们个人吸引流量的同时,也能够为平台源源不断导入新用户,个人IP的成长已经转化为直观的内容经营收入与流量数据,形成了滚雪球式的正向内容价值开发趋势。

最后,倒逼品牌活动向全媒体财经专业订制服务转型。一财广播有诸多优秀的品牌线下活动,这些活动进一步体现了内容品质的价值。团队从活动策划之初,就着手考虑全媒体立体化的内容制作与转化,同步形成了财经专业服务提供者的全新定位。

财经广播的发展伴随着国家的宏观经济发展一同进行,是国家经济变迁的直接反映和载体。因此,只有把财经广播置于国家经济发展的大背景下,才能更好地生存和发展。而在融媒体时代,对于媒体而言依旧是内容为王。通过第一财经广播的实践可以看出,只有主动地走进受众,深入地了解受众,提供专业的信息、专业的活动、专业的服务,才能帮助专业广播频率积极而主动地应对市场挑战,拓展"朋友圈",扩大传播力,提升影响力。

**参考文献:**

[1] 周枣.媒介进化论视角下有声书的成长机制探析[J].编辑之友,2020(3):41-46.
[2] 葛文婕.财经广播的发展与节目定位[J].中国广播,2018(6).
[3] 张耀平,易军,等.专业广播频率的影响力提升策略[J].西部广播电视,2019(12).
[4] 李文韦,吴隽.专业广播频率的品牌化塑造[J].中国广播,2011(11).
[5] 孟亭.服务大众 诠释生活——谈旅游专业广播的发展策略[J].中国广播,2008(1).
[6] 王纪春.打造财经广播核心竞争力[J].中国广播,2008(1).
[7] 王纪春.财经广播如何抓住发展新机遇[J].中国广播,2010(4).
[8] 刘柏煊.财经广播的历史演进轨迹[J].中国广播,2020(12).

**作者简介:**

魏雪雯,上海广播电视台东方广播中心第一财经广播总监、主任编辑。
王海波,上海广播电视台东方广播中心首席主持人、主任编辑。

# 试论广播媒体如何更好发挥优势讲好中国故事

刘康霞

**提　要:** 讲好中国故事是时代命题,传播好中国声音,展示真实、立体、全面的中国,是新闻工作者的使命任务。作为依托声音传播的媒介,广播在讲好中国故事的过程中发挥了重要的作用。本文基于新闻叙事学理论的研究成果,按照叙事主体(谁来讲)、叙事话题(讲什么)、叙事方式(怎么讲)三个维度展开研究,提炼了上海人民广播电台的报道经验,并结合中国广播领域的优秀案例提出广播媒体发展的建议。本文认为,在互联网作为主导技术的时代,广播应该发挥好自身的优势,立足公众,全面贴近受众,通过不断的叙事创新突出广播特色,走进大众生活,扩大广播影响力,展现广播媒介的吸引力。

**关键词:** 中国故事　广播　新闻叙事

## 引　言

习近平指出,讲中国故事是时代命题,讲好中国故事是时代使命。要推进国际传播能力建设,讲好中国故事、传播好中国声音,向世界展现真实、立体、全面的中国,提高国家文化软实力和中华文化影响力。

在大众媒介高度发达和互联网媒体迅猛发展的背景下,传播主体多元,传播媒介多样,传播信息海量,媒体面临着越来越复杂的传播环境和舆论环境。在复杂的国际国内环境下,主流媒体必须承担起讲好中国故事的媒介职能,创造良好的媒介环境。

　　iiMedia Research(艾媒咨询)2020—2021 年中国在线音频行业研究报告数据显示,2020 年中国在线音频用户规模达到 5.7 亿人,2022 年有望升至 6.9 亿人。在媒介多样化的当下,广播依然占据重要的受众市场,成为互联网时代重要的传播媒介,这也对专业的广播机构提出了要求,要以习近平新时代中国特色社会主义思想为指引,深入开展马克思主义新闻观教育和增强"脚力、眼力、脑力、笔力"教育实践,不断提高新闻舆论传播力、引导力、影响力、公信力,不断增强吸引力、感染力、亲和力、说服力,讲好中国故事,传播好中国声音。

　　基于此,本文试图回答:在互联网迅速发展的时代,广播媒介有何传播优势? 过去的广播报道有何经验总结与思考? 未来广播要如何发展?

# 一、广播传播的优势及本文研究简要思路

## (一)广播传播的优势

　　传统广播最初的定义即"通过无线电波传输的以声音为介质,过耳不留、转瞬即逝的媒介",它的传播优势显而易见:

### 1. 随身收听,方便受众

　　广播诉诸听觉,是非视觉媒体,为电脑、手机时代的人们减轻了眼睛和手脚的负担。而且受众随身听,一边收听,一边还能干其他活,方便实用。

### 2. 覆盖面广,渗透力强

　　广播借助声音传播信息,在时间、内容乃至受众注意力皆可碎片化的时代,作为伴随性媒介,"见缝插针"地利用人们的"认知盈余",充盈大众的生活。而且广播渗透力强,覆盖面广,交通不便地区的受众也能及时收听。

### 3. 先声夺人,时效性强

　　广播借助无线电波传播,每秒速度 30 万公里,而且传受技术简便,时效性更强。在突发事件报道中广播更显优势。

### 4. 声情并茂,生动感人

　　对受众来说,广播具有很强的接近性,播音员主持人的音色、语气、谈吐等结合起来会形成独特的风格,对受众产生独特的吸引力并使之在一定程度上产生参与感,更接近于面对面的人际交流,具有较强的亲和力,声音的感染力也能够

打动受众,引发共鸣。同时,广播在传输过程中产生联动效应,在用户脑海中形成丰富的想象和联想,直抵心灵和情感。声音之于新闻的意义,超越了"客观记录"的新闻本体功能,声音赋予了新闻表达及叙事以巨大的想象力和表现力,声音符号可以超越"记录"和"再现"功能,上升为承载特定符号功能的叙事元素,并且制造或重构了特定的认知空间和想象体系,构成一种"声音景观"(Soundscape),进入叙事学的知识视域。

### 5. 广播具有强大的讲故事的魅力

作为声音媒体,广播具有特殊的新闻叙事功能,广播具有强大的讲故事的魅力,在讲好中国故事中发挥着不可替代的作用。新闻叙事是人类运用一定的语言系统,叙述、重构新近发生的新闻事实的活动,承担着传播信息、整合社会、提供娱乐等多重功能;新闻叙事学以新闻文本为研究对象,综合运用话语分析的研究方法,对新闻的叙事行为和叙事策略进行科学研究。

## (二)本文研究的简要思路

广播在提倡"讲好中国故事"的当下发挥着重要的作用,然综观过往研究,有关广播的研究主要集中于理论层面,缺少业界经验材料。因此,本文基于广播业界实例,结合新闻叙事学理论的研究成果,围绕叙事主体(谁来讲)、叙事话题(讲什么)、叙事方式(怎么讲)三个维度展开,提炼上海人民广播电台的报道经验,探讨广播如何发挥自身优势进行叙事,为广播媒介"讲好中国故事"提供借鉴价值。

# 二、中国故事叙事经验总结与思考

在互联网冲击和大众文化崛起的背景下,上海人民广播电台以受众为中心,在讲好中国故事上取得了一定的成绩。本部分从叙事主体、叙事话题、叙事方式三个方面总结上海人民广播电台的报道经验,呈现主流广播媒体在叙事上的转型与发展特征。

## (一)叙事主体:不断拓展,去中心化

传统新闻叙事以"生产者"为中心,"传"与"受"的关系主导了新闻产生的核心逻辑。而广播因其互动性强的优势,体现出了双向传播的特点,尤其是随着互联网的发展,"传"与"受"的边界越发模糊,双向传播的特性也越发显现。

2017年,上海人民广播电台"阿基米德FM"在技术上取得了巨大的突破,上线"千人千面"个性化推介系统,根据用户的地理位置、兴趣爱好、收听痕迹等大数据,为用户推荐符合用户兴趣爱好的内容,满足受众的信息获取需求。由此,实现了从媒体生产向用户广播与移动互联网的深度融合,从数字化向数据化演进,进而实现从媒体生产逻辑向用户订阅逻辑的转变、从大众传播到分众传播的转变。未来的广播媒体不仅能在情感上陪伴用户,还能在认知、判断等理性层面上与用户日益趋向一致。

此外,参与性叙事活跃了个体与个体、个体与群体、群体与群体间的故事交往,推动着中国故事从专业人员的一元思维走向人人参与的群体智慧式共创。阿基米德FM社区根据节目内容和粉丝特征细分板块。在线上社区中,用户可发帖与主播互动,增强了互动性,更加以用户为中心,实现社区化的故事生产和传播。

传统的秩序井然、中心边缘分明、以线性因果逻辑运转的社会,已经变成了无边无际的波浪式的涌动的网络,新闻业只是这张网络当中的一个节点,要从网络化关系这样一个传播平台重新理解新闻传播。在技术的推动下,信息的生产和传播呈现去中心化趋势,专业机构媒体不再是唯一的"把关人",普通用户同样具有生产与传播的机会,而面对丰富的内容,他们有了更多的选择权,对专业的内容生产者提出了更多的挑战。

互联网技术的发展促进了用户自主权的增强,一方面,用户加入叙事主体当中,参与叙事,丰富了中国故事的主题;另一方面,用户对于内容的自主选择也促使广播媒体不断发展,激励广播媒体在内容生产中精益求精,讲好听众喜闻乐见的中国故事。

## (二)叙事话题:正能量和典型性

话题叙事是为把某个原始事件及相关的思想、概念新闻化、话题化所进行的信息处理和话语安排。社会上每天发生的事情数不胜数,某个原始事件为何能变成为新闻业界的选题、新闻讲什么故事,都是需要考虑的问题。主题是故事的灵魂,它主宰着叙事的中心概念及主要洞见,一个好的选题是一个成功报道的一半。在上海人民广播电台的新闻实践中,广播选题体现了正能量和典型性的特点,也因此能够激励人、影响人。

从正能量的层面来说,中国新闻事业的发展坚持以正面宣传为主,主张正面报道和均衡报道,强调凝聚人心,发挥宣传工作的精神鼓舞力量。

2021年9月,上海人民广播电台《990早新闻》曾推出《上菜啰:家门口的幸福圈》系列报道,通过具体案例讲述上海所打造的 15 分钟社区生活圈为民办实事背后的理念和路径。

如在《住在网红地标里》报道里,从租住房客的角度介绍上生新所中的人才公寓。公寓不仅区位优越,更有集修身书屋、自习空间、人才驿站、舞蹈房、"一网通办"自助终端等服务于一身的党群服务分中心,拉近了生活圈和工作圈的距离,不仅宜业,而且宜居,吸引各路英才近悦远来。

正能量的传播,既是对我国社会主义事业的充分肯定,又能鼓励人们保持积极向上的乐观心态,坚定人们对党和国家的信心,还能起到榜样示范作用,鼓励人们向正能量靠拢,向榜样的力量看齐。通过正能量故事,让听众感知时代发展的创新和活力,触摸社会向善的温情和力量,也感受中国奋进的信心和步伐。

从典型性的角度来说,讲好故事,激发共鸣要围绕典型人典型事来展开。如《亚美尼亚的星星在上海"追星"》的广播报道聚焦中外文化交流,讲述亚美尼亚的姑娘星星的故事。借助广播的声音传播特质,该报道将她在上海求学、工作、成长、定居的过程讲得有声有色、如见其人。2021 年是星星在上海的第十二个年头,从上海音乐学院毕业后,她拿到了上海首张"留学生在沪工作证",来到上海交响乐团工作。把中国交响带到世界的同时,上海这座文化"码头",也让国际大师纷至沓来。

星星的"从偶然到必然"的故事,生动而准确地反映了上海营造开放、包容的文化环境,正吸引着越来越多的"海漂"艺术工作者扎根于此,追逐自己的梦想。借由音乐,来自亚美尼亚的姑娘得以看到中国,中国则带她看到了世界。高速发展中的上海文化产业,吸引着越来越多的国际名团、天下英才近悦远来,他们成为上海文化传播的重要载体,也是上海提升城市软实力的标志。

中国故事层出不穷,但不是事事皆具有传播价值,凡事皆报容易消磨听众的兴趣,因此在选题上需要慎重,讲典型故事,才更可能讲得深入人心。

## (三)叙事方式:聚焦个体,增加人情味

上海人民广播电台将"人"作为报道的主体,从中牵引出大众的故事,引发公众的共鸣,形成了聚焦个体、增加人情味的叙事方式。

2021 年劳动节期间,上海人民广播电台早新闻推出了一组系列报道"数字上海新风景:劳动者说"。六篇报道分别从菜市场的卖菜人、街面巡视的城管队员、养老机构的护理员、发电机厂的装配工、收集垃圾的环卫工等最为普通的劳动者说起,讲述上海数字化转型浪潮奔涌背景下普通人生活的变化。

该系列报道讲述了 6 个故事，每个故事的"风景"又各不相同，从 6 个普通个体的故事引出一个行业的故事，将普通人故事具象化的同时，也展现了宏观的"上海故事"。

又如《990 早新闻》中推出的《网红菜场里的修鞋铺》报道，从修鞋修伞铺的故事说起，反映静安区镇宁路市场改造后的故事：政府部门通过扶持政策引进修补匠人，同时满足了修补匠人的就业需求和周边居民的生活需求，双双获得"幸福感"。通过讲述这样的"小修小补"故事，展现上海传统工艺与时下流行的网红餐饮、艺术设计的融合。

要在媒介融合的背景下讲好中国故事，必须契合传播对象自身的相关背景；要学会转换角度换位思考，寻找目标受众可接纳的题材，以此作为文化主题，探求人性特点的故事。（段鹏、孙浩，2017）在广播媒体中，受众听觉，因此也要求广播报道清晰易懂、具有吸引力。讲述人物故事、增加人情味则更能提高报道的吸引力。通过深挖普通人的生活经历、情感历程等，增加人情味，更能找到人与人之间的情感共通点，从心理层面拉近与听众的距离，促进共情，让听众想听故事并听懂故事，形成对故事以及故事所传达思想的情感认同，由此完成有效传播。

## 三、创新叙事模式：立足公众

习近平总书记强调，"新闻宣传是否善于创新，是否能够常做常新，是其发展壮大、保持强大生命力的关键""要求新闻舆论工作推进理念、内容、手段、体制机制等全方位创新"。物联网、大数据、人工智能、云计算等智能技术加速了人类世界数据化、智能化和网络化，"人"再次成为故事的焦点，以凡人化、情感化、交互性强的叙事特质，迅速活跃和渗透于社会的各个领域。（周翔、仲建琴，2020）结合上海人民广播电台的实例，其不论是叙事主体、叙事选题还是叙事方式都体现了对于"人"的关注。本部分扩大视野，结合国内优秀广播作品和相关案例，笔者认为在广播的发展过程中，作为机构广播媒体，要始终沿着"立足公众"的思路求变谋新，真正为大众讲好中国故事。按照上文叙事三个层面的分析，本文提出如下建议。

其一，专业的新闻工作者作为舆论场中重要的叙事主体，要坚持增强"四力"。

在互联网作为技术主导的时代，信息生产与传播是一张去中心化的、流动的网络，人人皆可生产与传播信息，但是海量内容也出现了质量良莠不齐的问题，因此更突出专业新闻工作者的重要性。正如习近平总书记所强调，要坚持正确政治方向，做政治坚定的新闻工作者；坚持正确舆论导向，做引领时代的新闻工作者;坚持正确新闻志向,做业务精湛的新闻工作者;坚持正确工作取向,做作风优良的新闻工作者。新闻工作者唯有以"四向四做"为职业标杆,在增强"四力"中着力提升业务本领,练就一身好把式、真功夫,才能创作出更多有思想、有温度、有品质的精品佳作。

从2014年开始,中央宣传部、中央网信办、国家广电总局、中国记协在全国新闻战线连续举办"好记者讲好故事"活动,让好记者分享好作品背后的创作历程。其中,广西广播电视台广播记者刘晓宇分享了其驻村的故事。2018年,刘晓宇被派往深度贫困村——隆林各族自治县者浪乡者徕村担任第一书记。其间,他用村里的应急广播,建起广西首个"新时代空中广播站",用当地人听得懂的土话,每天讲扶贫政策,为村民寻找致富渠道。

刘晓宇作为一名记者型第一书记,通过感知、发现基层的人物和故事,讲述好中国的脱贫故事,传递好中国的脱贫强音,为如何增强"四力"提供了典范,感人的故事来自脚下的泥、眼中的光,新闻工作者要在不断增强脚力、眼力、脑力、笔力中淬炼,做新时代的记者、记录者、见证者和实践者。

其二,在新闻选题中注重关注正能量、典型性话题。

做好正面宣传,要注重提高质量和水平,增强吸引力和感染力。作为全国优秀新闻作品最高奖,"中国新闻奖"是"中国好新闻"的代名词,很多也正是讲好中国故事的示范文本,其广播获奖作品也诠释了如何高质量高水平地讲好中国的正能量故事。

如深圳广播电影电视集团《海上丝路看深商》秉承"小切口、大时代"的创作思路,立足地方、反映现实,以"深商"为样本,展现他们在海外追求各自中国梦的故事,并重点诠释"一带一路"互利共赢理念;又如辽宁广播电视台的《三进五台沟》,紧扣习近平总书记对扶贫工作提出的"扶贫先扶志""扶贫必扶智"以及"精准扶贫"的重要论述,生动报道了驻村干部李红冈在五台沟村驻村扶贫的过程,以及这个东北山村所经历的蜕变。

这些获奖作品选取典型,讲述了中国的正能量故事,获得高度评价。因此新闻工作者要关注正能量、典型性选题,讲述中国新时代的故事、中国共产党治国理政的故事、中国人民奋斗圆梦的故事,展现中国的新气象、新成就、新作为。

其三,在叙事方式上,要坚持聚焦个体,以小见大。

中国人口众多,微观的"人"作为个体积聚而成社会宏观的主体,讲好中国故事,实际上也是讲好中国人的故事,因此中国的普通个体至关重要。

在中国新闻奖广播获奖作品中央人民广播电台《我的东北我的家》中,从普通人的视角讲述家国情怀,从感性的维度思考东北老工业基地的经济发展现象,既直面问题,又传递希望,为国家振兴东北战略的实施营造了积极的舆论氛围。

这则报道也说明个体的重要性,要将焦点落在普通百姓的身上,讲述贴近他们生活的故事。

不过,需要注意的是,聚焦个体的报道是以小见大的报道,主体虽为普通人,但绝非只是讲个人的鸡毛琐事,而是通过巧妙的叙事方式从个人的故事中牵引出一个群体甚至是一个国家的宏大叙事。

从主体、选题、方式三个方面而言,这些优秀的新闻工作者和新闻广播作品证实了要始终将大众的需求放在首位的重要性,也启发更多的新闻媒体要立足公众,紧扣时代潮流,不断改革创新,推出更多优秀的时代佳作。

## 结 语

《我们在路上》是记者节上的一首原创歌曲,歌词中写道"新时代奔跑在路上,扎根芬芳的大地,汗水滋润脚下的泥土,好故事暖在心里,把故事写在高扬的旗帜上。"这献给奋战在新闻工作岗位上的新闻人,同时也是激励。

中国好故事就是讲述立足中国、面向世界的中国治理之道,又传播发扬优秀文化、弘扬时代精神的世界发展之理。当下,互联网技术迅速发展,广播更应发挥好自身的优势,立足公众,全面贴近受众,通过不断的叙事创新突出广播特色,走进大众生活,扩大广播影响力,展现广播媒介的吸引力。

**参考文献:**

[1]《习近平新闻思想讲义》编写组.习近平新闻思想讲义[M].北京:人民出版社,2018:152.

[2]苏仁先.讲好中国故事的路径选择[J].中国广播电视学刊,2016(12):43-45.

[3]栾轶玫,周万安.传统广播转型新方向:移动付费"音频生态圈"[J].新闻与写作,2018(10):44-47.

[4]高贵武,丁慕涵.从广播到音频:听觉文化里的声音生态[J].青年记者,2021,703(11):60-63.

[5]齐爱军.关于新闻叙事学理论框架的思考[J].现代传播(中国传媒大学学报),2006(04):142-144.

[6]刘涛,杨烁熵.融合新闻叙事:语言、结构与互动[J].新闻与写作,2019(09):67-73.

[7]周翔,仲建琴.智能化背景下"中国故事"叙事模式创新研究[J].新闻大学,2020(09):79-94+122.

[8]黄旦.重造新闻学——网络化关系的视角[J].国际新闻界,2015,37(01):75-88.

[9][美]劳伦斯·维森特.传奇品牌:诠释叙事魅力,打造致胜市场[M].钱勇,张超群,译.杭州:浙江人民出版社,2004.

[10]田华,何楚红.新闻记者在正能量传播中的社会责任——以唐某某的新闻作品为例析

[J].湘潭大学学报(哲学社会科学版),2014,38(05):157-160.

[11] 段鹏,孙浩.试论媒介融合背景下如何利用影像讲好中国故事[J].当代电影,2017(12):109-111.

**作者简介:**

刘康霞,上海广播电视台东方广播中心采访部记者。

# 在新发展阶段广播媒体打造文创 IP 的策略思考

曹晨光

**提　要：**近年来,传统媒体遭遇发展困境,以广播为例,原因在于人们接收信息渠道的多元化和广播过于依赖广告营收的市场运营方式。本文结合时代背景和广播媒体的地域文化基因,聚焦广播媒体如何通过打造文创 IP(知识产权)提升核心竞争力,尤其是通过制定科学合理的知识产权市场战略和传播策略,使得广播电台在媒体转型的进程中抓住先机,能更有效拓展市场,获得较高安全边际和发展空间。

**关键词：**广播文创 IP 策略　人格化　时代机遇

## 引　言

　　新媒体近些年的快速发展契合提速的社会工作生活节奏和碎片化的信息接收方式,短视频等新媒体形式不断扩大市场版图,传统广播电视已不复往日辉煌,而主流媒体的舆论导向作用不可削弱,坚守快速、真实、客观的广播电视的舆论影响力仍在。但从市场经营层面和舆论话语权层面,作为市场参与者的广播电视媒体也感受到越来越大的压力。在向第二个百年奋斗目标进军的"新发展阶段",广播电台等传统媒体如何坚守宣传舆论阵地,扩大市场影响力? 突破口在哪里?

　　2016 年 5 月 16 日,国务院办公厅转发《关于推动文化文物单位文化创意产品开发若干意见》。《意见》指出,"要提升文化创意产品开发水平、完善文化创意产品营销体系、加强文化创意品牌建设和保护,以及促进文化创意产品开发的跨界融合"。除了国家层面关于文化创意产业的指导意见,各地方政府也纷纷出台相关政策,鼓励促进各地的文创产业发展。

广播电视等传统媒体的发展与文创产业发展密切相关,或者说有先天优势。国内基本每个城市电台都下辖若干专业频率,电台覆盖范围和播出内容集中在当地,某种程度上反映和体现了这所城市的气质、品格和文化传承。每天制作播出数量可观的音视频产品,有些栏目制作播出了数十年,已成为拥有很高社会知名度的品牌,在此基础上进行创新性转化和延伸拓展具有可操作性,相比于一般社会机构,成功率也更高。

本文将结合时代背景和广播媒体的文化背景,聚焦广播媒体如何打造属于自己的文创 IP,提升核心竞争力,尤其是通过制定科学合理的知识产权(IP)市场战略和传播策略,使得广播电台在媒体转型的进程中抓住先机,成为传播内容权威可信、受众欢迎,更能有效拓展市场,获得较高安全边际的文创＋媒体机构。

## 一、广播媒体打造文创 IP 的基础和背景

IP(intellectual property)一般是指知识产权,《辞海》的定义为:"公民或法人对其智力活动创造的精神财富所享有的权利。"文创 IP 的含义可以理解为以文化为基础,经过创新性的转化和延伸,成为能够为人所关注和熟知并产生流量和消费的内容或产品。

### 1. 文化基因是广播文创 IP 打造的基础

广播媒体和城市发展息息相关,每天播出的广播节目见证着城市的更新,也是塑造城市品格的主要力量之一,城市的文化也为广播节目内容提供源源不断的灵感和素材。广播浸润于城市文化,在日积月累的耕耘中已然成为城市文化的一张名片。

作为"地方媒体",地域文化渗透在广播节目的每时每刻,当地受众的喜好、态度很大程度上决定了广播节目内容。举例来说,广播电台是各地方曲艺发展的重要推动力。人们来到"哏都"天津,电台节目中肯定会听到"相声",甚至主持人的表达也语句诙谐,"幽默"已经成为天津的一张别样名片;苏州的广播中一定会听到评弹;上海的电台节目中能听到沪剧和独脚戏。地域文化影响节目内容和编排,更影响着制作节目的人。他们长久地沉浸其中,对地域文化有着超常的敏感和深刻的理解,这也是广播电台能够在文创 IP 产业大展拳脚的人才基础。

广播节目也反映了当地的"地域性格"。地域性格是指因地域环境、人文和经济发展不同,人的性格也会出现较大差异。地域性格也随着社会政治、经济和

文化的发展而发展,随着生活方式的变化而变化。比如,在国内很多城市中,广播音乐类节目一枝独秀,但在上海收听市场中,新闻类节目占比很高,尤其在黄金时段新闻节目中,国际和财经类新闻也分量颇重,这说明上海市民十分关心国际时事和经济民生。再比如,上海广播的改革创新一直走在全国前列,国内第一家格式化新闻广播"东广新闻台"和以人工智能播报新闻的"申宝 FM"都诞生在这里,也能看出上海文化中的创新基因。

## 2. 打造广播文创 IP 的社会背景

从产业角度来说,"传媒产业"是指传播各类信息、知识的传媒实体部分所构成的产业群,属于文化产业的范畴。随着社会的发展,人们发现文化产业不能以不变应万变,需要不断创新性地转化和延伸,才能跟上时代步伐并保持旺盛的生命力。文化产业的发展重心转到了求新求变,以创新方式对已有内容进行再解读与创造的"文化创意产业"也就应运而生。在我国,文创产业发展较晚,但势头迅猛。"故宫文创""电影文创""国潮品牌"让人们看到了文创 IP 的力量。

以广播为代表的传统媒体近年来的发展形势严峻,媒体市场份额和平台价值被不断削弱。除了坚守权威和主流媒体的初心,广播等传统媒体也在不断自我革新,积极拥抱互联网,寻找突破转型之路,文创 IP 转型是切实可行的方向。身处大文化产业中的媒体也可以打破长久的刻板印象,寻找适合自己发展的文创 IP 之路。这契合了新的时代语境下,人们对精神层面的追求和宏观经济发展的客观需要。

# 二、打造广播文创 IP 的策略思考

文创 IP 能赋予普通文创产品更高的溢价,这既确保 IP 所有者的盈利空间,也带来更高的安全边际。广播等传统媒体在文创产业中大展拳脚也将极大地倚重自有文创 IP 的打造和围绕文创 IP 所做的系统规划运营。

## 1. 抓住广播的先天优势——节目 IP 和主持人 IP

20 世纪 80 年代中期,"珠江模式"推进了中国广播的专业化进程,国内大中城市往往开设多套专业频率,每天制作数量可观的原创节目。有些节目制作播出几十年,受众认可度高,已经成为有社会知名度的品牌,具备成为文创 IP 的天然条件。作为社会公众人物,广播节目主持人在各自领域都深耕多年,拥有多年的知识经验积累和相当的社会知名度,是优质的个人品牌。以上海电台长三角之声为例,专注于汽车领域的节目《长三角汽车生活》《车行天下》在汽车行业享有较高知名度。主持人陆青、关键也都是汽车领域的知名主持人,在新媒体平台更是成为汽车领域的 KOL。早新闻《新闻地球村》板块的主持人小强多年来深耕国际新闻,在广播平台和新媒体平台均有众多粉丝。如何围绕节目 IP 和主持人 IP 进行二次开发、量身打造,是值得进一步思考的话题。

更关键的是,不同节目、主持人涵盖了音乐、娱乐、汽车、房产等领域,节目品牌和主持人品牌一起构成了电台的品牌生态,在打造文创 IP 的过程中可以互相借力,共同发展,这是打造广播文创 IP 的先天优势。

## 2. 广播文创 IP 的孵化——从人格化到商品化

广播媒体现有品牌大多为主持人品牌和节目品牌,在节目长年累月的播出中形成,并没有成规模的市场转化和二次开发,也就是没有形成 IP 所应具备的效益。从机构品牌层面而言,即便有较高社会知名度,也同样没有达到基于媒体品牌的文创 IP 所应达到的效果。当然,广播文创 IP 的成长壮大并非一蹴而就,需要细致梳理现有"无形资产",合理制订广播文创 IP 发展计划,从 IP 人格化一步步走向 IP 商品化。

人格化是推进广播文创 IP 发展的重要手段之一,并可以将未产生实际效益的闲置"无形资产"激活、重塑广播电台的内容传播渠道。从传播效果来看,人格化的媒体形象可以赋予大众传播媒介"亲和力""强互动"等人际传播效果,从而改变权威媒体在民众印象中的严肃、刻板的定式形象。人格化的广播文创 IP 可以植入或出现在各种活动或者场合,借助广播媒体线上、线下资源,人格化文创 IP 能够在一段时期内充分曝光并产生社会热度,在成熟的市场化运作和丰富文创 IP 产品线之后便有了市场变现可能。

长三角之声在 2021 年推出频率人格化形象"阿长",在进博会等重要时间节点推出"阿长的日常""阿长的共富经"等内容。由"阿长"讲述生活的日常,阐释深刻的社会变化并引发思考,更容易引起受众的情感共鸣,取得理想的社会传播效果。"阿长的日常"系列入选中央网信办 2021 中国正能量"五个一百"网络精品评选。频率品牌的人格化迈出可喜的一步,人格化形象运用到实际新闻工作中能够看到积极的变化。广播文创 IP 商品化过程不会是一路坦途,要不断创新契合时代审美的表达方式,持久地宣传以扩大影响,才能有由量到质的提升。

## 3. 制定整体文创 IP 策略——文创 IP 定位要具体明确

城市电台往往下辖多套专业化频率,专业化频率的定位、主要内容和目标受众等都各不相同。每套频率都有若干品牌节目,节目定位等更为细分。不加区分地开发人格化 IP 并不实际,也无必要,不仅耗费巨大的人力、物力,无法聚集有限资源打造重点文创 IP，更容易造成自有 IP 定位出现冲突，甚至文创 IP 运营内容迎合受众而方向走偏的风险。广播电台须根据机构功能定位和发展计划制定整体文创 IP 运营的策略，完善顶层设计，确定优先发展的广播文创 IP 范围，研究所打造 IP 的用户群体画像和用户偏好，利用机构资源予予合理进行 IP 孵化和市场开发。

成功的广播文创 IP 要符合广播特色，并与大众认知相契合。韶关广播电视台 IP 形象为"闪电侠"，就隐含了新闻的快速特点和广电的表述。以此脉络，官方微信以"闪电侠"命名，新媒体端推出"闪报"，并推出爆料微信"闪电侠 1 号""闪电侠 2 号"等，统称爆料者为"闪粉"，划分组群管理。"闪电侠"的 IP 定位明确，韶关广播电视台据此重塑从信息爆料到新闻播发的生产流程，"闪电侠"也成为当地新闻"大 V"。从 IP 整体运营来讲，"闪报"和"闪粉"是其二级品牌，定位非常明确，也可以制定更精准的运营模式。再比如上海人民广播电台经典 947 频率设计开发人格化形象"九九"和"小星"，并制成玩偶、行李牌等周边产品，受到人们喜爱，已然成为经典 947 频率和品牌音乐会"星期广播音乐会"的代言人。"九九"和"小星"形象辨识度高，定位明确，具备成为沪上古典音乐代言人的开发潜力。

### 4. 打造广播文创 IP 的坚强后盾——电台丰富的社会资源

从文创 IP 的打造过程来讲，单一机构或者个人拥有的往往是纵向的深度挖掘能力。作为大众传播媒体，广播电台与城市各个职能部门、社会机构等联系紧密，日常节目中会邀请各行各业资深人士担任节目嘉宾。广播电台可以有效嫁接使用社会资源来打造广播 IP 品牌，进行某一领域或多领域的挖掘和内容整合，非常适于打造细分垂直类领域广播文创 IP。

文创 IP 的打造往往借助热点事件来引起社会公众关注，并通过热点的轮动，不断吸引眼球聚集人气。广播媒体能够第一时间获知相关信息，把握社会热点，并联动社会资源，在事件推进过程中进行解读，通过社会热点和智力资源的匹配，也可以成为塑造广播 IP 的有效途径。

## 三、广播文创 IP 的发展思考

### 1. 文化是根基，创新是核心竞争力

音频产品的本质是文化产品，一定要根植在文化的土壤中才能够更好生根发芽，结出累累硕果。广播文创 IP 一定要根植于地方特色文化资源，通过发掘、

整理这些庞杂的文化资源,结合广播文创 IP 的设计制作和日常运营,彰显传承地方文化,体现鲜明的地域特色,这样才能让广播文创 IP 更接地气,更有人气,更具竞争力。

文创 IP 的关键点是"创新",从产品化思路而言,广播文创 IP 要有系统性商业化解决方案。要找到垂直类市场、需求,找准自身定位,分析细分产业现状和竞争态势,综合梳理后落脚到"创新点"。创新并不是要求必须从无到有,更具可行性的方法是综合现有的表达方式方法和产品现状,找出市场中的空白点或薄弱点,综合自己的优势和特点加以重组改进。

不仅文创 IP 本身的内容和设计要有创新,更要积极探索和尝试新生事物。广播等传媒产业和文创产业的发展都往往伴随着新科技新产品的发展,应积极尝试 VR(指虚拟现实技术)、AR(指增强现实技术)、人工智能、元宇宙(指利用科技手段创造的虚拟世界,具备新型社会体系的数字生活空间)等前沿概念与广播文创 IP 的融合。在新事物起步阶段积极探索,有可能以较小的投入获取更大的收益,甚至取得某一新兴领域的主导权。

## 2. 抓住广播文创 IP 的时代机遇

文创 IP 的发展与时代脉搏同频共振,运营者除了根据此时此刻的市场制订计划,更要着眼长远锚定将来发展的优先方向。老龄产业和"Z 世代"(网络流行语,指 1995 年后网络新时代出生的人群,受数字信息技术、智能手机等影响较大,又称"网生代""二次元世代"等)值得关注。根据 2021 年 4 月发布的上海市老年人口和老龄事业发展基本信息,截至 2020 年 12 月 31 日,上海 60 岁及以上老年人口有 533.49 万人,占全市总人口的 36.1%。从信息接收的角度而言,老年人对于广播媒体的收听率和忠诚度在各年龄层中最高,广播的宣传推广效果较为理想。社会中新兴媒体对于老年群体的关注度严重不够,有很多空白点需要补足,比如社交、婚恋、兴趣爱好、旅游等。尤其值得一提的是,过去认为老年群体缺乏购买力,但随着 50 后、70 后渐渐进入老龄圈,老年群体的购买力也在逐渐提升,提早布局才能抢得先机。广播电台以音频节目为渠道,结合细分领域,宣传推广自有文创 IP 产品,可以有效扩大市场。

随着 00 后步入社会,人们逐渐发现不同年龄段的消费者有着迥异的消费习惯。70 后重视产品的性价比,80 后追求产品的附加价值,"Z 世代"即 95 后、00 后,受数字信息技术和智能手机产品等影响较大,更关注自身需求的满足,追求悦己型消费。但眼睛是有承受限度的,相关调查显示,我国儿童青少年近视眼总体发生率超过五成,大学生总体发生率超过九成。在屏幕时间到达顶峰的时候,屏幕的使用就变成存量博弈,听觉渠道则成为获取增量的方向。从受众群体和音频渠道综合考虑,广播媒体可以预先布局并打造相应的广播文创IP。

# 结 语

近年来,广播电台等传统媒体遇到发展困境。造成困境的原因是多方面的,不仅在于新媒体发展冲击而导致的平台价值、市场份额下降,更在于社会宏观环境的快速变化和广播媒体过于倚靠广告营收的市场运营方式。科技不断更新迭代,社会工作节奏也不断加快,人们接收信息的方式更偏向高效化,导致广播媒体流失很多年轻受众。较为单一的营收结构和市场化程度不够充分,自然会带来机构收支失衡和运营难题。

结合社会发展趋势,立足自身优势发展广播文创产业,积极探索元宇宙、NFT(中文直译"非同质化代币",可理解为一种数字资产、一种虚拟货币)等前沿概念的可行性,打造有生命力和市场价值的广播文创IP产品矩阵,并以此调整宣传方式、宣传渠道,广播机构作为市场的参与者和媒体格局中的重要一极,才能坚守自己的舆论宣传阵地并扩大话语权,贯彻并承担好基本的社会责任。

**参考文献:**
[1]蔡杏欢.打造人格化IP创新内容众筹模式——以韶关市广播电视台为例[J].新媒体研究,2020(13).
[2]李博.以人格化形象推进媒体IP转化[J].中国报业,2021(06).
[3]张文慧.新媒体时代中原优秀传统文化创意产业发展研究[J].新传奇,2018(9).
[4]张政,许静,李琳.基于品牌延伸的文创IP开发探讨[J].人文天下,2020(3).

**作者简介:**
曹晨光,上海广播电视台东方广播中心长三角之声首席主持人。

# 广播可视化微综艺节目的实践与思考

## ——以上海人民广播电台流行音乐广播动感 101 为例

邹　丽

**提　要：** 在媒体融合发展的大背景下，广播也在积极探寻转型发展的道路，生产广播可视化节目就是其中重要的选择。有别于其他广播可视化节目，上海人民广播电台流行音乐广播动感 101 尝试探索"广播可视化微综艺节目"，在着眼日常广播节目可视化微综艺节目生产的同时，也瞄准了大型演出活动，借助技术力量，在大型演出活动衍生节目中实现广播可视化微综艺的应用。这些积极的尝试都取得了不错的成绩，然而"广播可视化微综艺节目"仍面临着一些问题与挑战，需要在未来不断探索的道路中，继续思考与创新。

**关键词：** 广播可视化　微综艺　融媒体

随着 5G 技术的广泛应用，网络直播已经成为不可或缺的娱乐方式之一，与主流媒体不同的是，网络直播具有更强的交互性，用户忠诚度颇高，内容设置及安排甚至可以比拟一档小型综艺节目，但网络直播也存在一定内容和导向上的隐患。在网络直播风生水起、人人都可以成为"主播"的潮流下，作为主流媒体的广播如何做出新的尝试与改变，生产更符合当下传播环境的可视化微综艺产品？本文将以上海人民广播电台流行音乐广播动感 101 为例，阐述广播可视化微综艺节目的实践与思考。

综述文献，笔者认为，广播可视化微综艺节目，是指传统广播节目借助技术手段，使受众在"收听"广播直播的同时，也可以通过各类视频直播平台"收看"正在直播的节目画面，并在节目内容方面呈现出碎片化、个性化特点，更加符合年轻受众审美趋势的融媒体节目。

## 一、日常广播节目可视化微综艺的实践

"广播可视化"早已不是陌生的名词,让原本只能被听到的传统广播节目被更多人"看到",是广播行业从业者不断探索和实践的发展路径。随着短视频快速崛起,用户对碎片化视频需求加深,相对于传统综艺而言,更加短小精悍、注重个性化内容生产和传播的"微综艺"应运而生。2018 年 6 月 日,上海人民广播电台流行音乐广播动感 101(以下简称为"动感 101")将"广播可视化"与"微综艺"相结合,正式开启了广播可视化的微综艺时代,尝试开拓广播节目的融媒体传播情境:借助广播可视化播出系统(Vidigo Composer)的技术力量,在传统广播节目的直播之外,同步进行网络平台的视频直播,并在直播结束之后,截取直播的精华内容,生成短音频、短视频,全网分发,打造"微综艺"融媒体传播矩阵。

动感 101 组建了专门的项目组:动感 101LIVE 项目组(以下简称为"项目组"),从当时播出时间为 18:00—21:00 的晚高峰节目《音乐万花筒》中,拿出每周五 20:00—21:00 进行可视化,作为常规固定广播可视化微综艺节目播出。与此同时,根据所邀请的明星艺人的行程安排,不定时在《音乐万花筒》节目的其他时间点位中生产一小时的广播可视化微综艺节目。项目组采取"一周一订制"的策略,既保留小部分广播节目中受欢迎的小单元,将其可视化,又根据每周的不同选题、不同嘉宾,策划、生产紧扣目标受众的节目内容。

### 1. 关注行业发展,坚持守正创新

作为流行音乐广播的动感 101,始终把关注"流行音乐"作为最重要的内容生产基础,关注作品、关注音乐人、关注乐坛发展,守正创新。开始打造广播可视化微综艺节目之后,动感 101 也在第一时间邀请了诸多音乐人作为节目嘉宾,分享自己的音乐故事,其中包含了毛不易、蔡徐坤、张艺兴、黄龄、薛荃、孟楠等。以音乐人毛不易为例,在节目中他分享了关于歌曲《平凡的一天》的创作故事,在讲到专辑录制过程中,制作人李健对于他的"高要求"时,毛不易颇为感慨:"一张专辑的诞生离不开高水准制作人来把关。"在探索广播可视化微综艺节目发展的过程中,动感 101 不断为更多音乐人提供了一个纯粹展示自己音乐作品的舞台,顶着"流量明星"评价的音乐人蔡徐坤也在彼时来到了动感 101,做客广播可视化微综艺节目,详细讲述了歌曲《wait wait wait》的创作过程:歌曲几经修改,在电子舞曲风格中,又增添了"迷幻"的氛围感。在流量的背后,作为音乐人本身,蔡徐坤也希望更多人看到他对音乐创作的想法和初衷。此外,作为"微综艺"节目,《音乐万花筒》可视化节目,不断摸索、探寻互联网传播规律,尝试在节目中打造

更适应互联网调性的内容,例如,请歌手通过画画来介绍自己的音乐理念、请来到上海的歌手尝试用上海话介绍自己的专辑、请歌手与歌迷进行视频连线并同步对外直播等等,碎片化的单元设置,短小精悍且具个性。

### 2. 瞄准目标受众,把握用户思维

除了关注音乐行业的发展之外,动感 101 始终围绕"用户思维"来瞄准目标受众,为用户创造更贴近生活、更具价值的内容。传统广播节目中,与听众生活产生紧密联结的小单元,颇受听众喜爱;常规综艺节目中,情感观察类综艺节目也时常成为受众讨论的焦点。项目组将这二者相结合,在广播可视化微综艺节目的策划过程中,借助广播可视化播出系统(Vidigo Composer)的技术力量,策划了"七夕节浪漫求婚特别策划",通过技术手段,将外场拍摄的素人嘉宾求婚画面,直接对外进行广播可视化直播,在"微综艺"中展露出嘉宾精心策划、情真意切的动人一幕,这也为后续内外场联动直播、创造更多不同形式的内容策划,打下基础。

### 3. 台集团融媒体联动,探寻耦合共赢

2018 年,纪录片《巡逻现场实录 2018》在东方卫视热播。在 SMG"台集团全媒体战略"的背景下,动感 101 与东方卫视精诚合作,邀请纪录片中的人民警察做客《音乐万花筒》广播可视化微综艺节目,讲述镜头内外的动人故事。在节目中,嘉宾分享了纪录片拍摄过程中的趣事并一展歌喉,展现了人民警察纪录片外更生活、更灵动的一面。这些微综艺节目内容在各平台一经播出和分发,即刻引起热议和关注,不仅成为纪录片《巡逻现场实录 2018》的"延展"和"补充",易于在互联网上碎片化独立传播,更是台集团全媒体耦合联动,共同出击的双赢。

## 二、借力先进技术,大型演出活动衍生微综艺的实践

除了广播日常节目的可视化微综艺探索与实践之外,大型演出活动的衍生内容也是广播可视化微综艺节目不容忽略的"待挖宝矿"。随着 5G 时代的全面到来,作为《东方风云榜》音乐盛典的主办方,SMG 及其旗下的东方广播中心、上海人民广播电台,一边不断拥抱"新技术",一边借力先进技术生产出融媒体微综艺产品。

2019 年,第 26 届《东方风云榜》音乐盛典如期举行,这一年同时也是 5G 技术应用的"元年",5G+VR 更是大家讨论的焦点。作为亚洲顶尖音乐盛典之一,《东方风云榜》音乐盛典始终乐于拥抱新技术,并希望以此探索推动流行音乐发

展的全新可能性：在这一届音乐盛典中，主办方携手上海电信全方位运用5G＋8K＋VR技术对演出现场进行直播，开启新时代沉浸式VR体验，当时在全国范围内尚属首次。除了演出场地内放置了一台VR摄像机，可以拍摄360度全景画面，后台新闻中心也同样有一台VR摄像机，对幕后花絮、艺人采访等进行360度全景拍摄，两台设备同时拍摄，用以生产大型演出活动的衍生微综艺节目内容。在演唱会现场的歌迷，可以使用现场的VR头戴式设备，超近距离沉浸感受舞台中心位视角舞美效果的同时，还可以用VR头盔选择观看后台新闻中心内的动态。作为大型演出活动的衍生产品，广播可视化微综艺节目不仅可以通过广播、手机、电脑进行收听收看，更可以戴上VR头盔，进行沉浸式体验。而随着5G技术和其他硬件设备的不断成熟，5G＋8K＋VR的技术规格将飞入寻常百姓家，用户足不出户，戴上VR头盔，就能在家"复原"演唱会现场、浏览演唱会之外的微综艺节目。

与此同时，第26届《东方风云榜》音乐盛典还设置了"后台探秘"移动直播和"后台直击"广播可视化直播间。"后台探秘"移动直播，由动感101主持人小短带领观看直播的观众探访各个艺人的化妆间，介绍幕后故事、演出彩排花絮等。特别设置的"后台直击"广播可视化直播间，对外进行广播可视化直播（音、视频同步对外直播），针对不同的到访艺人，设置各异且适合广播可视化微综艺节目的碎片化小单元。在直播进行的同时，现场同步进行"内容拆条"，将最精华、最具网感的直播内容，以"微综艺"的形式，迅速分发至各网络平台，进行二次传播。其中，歌手周深在采访中回应歌迷"少管我"，更是冲上了微博热搜榜第四位，而"少管我"也一度成为当时的流行热词。

2020年，第27届《东方风云榜》音乐盛典首次尝试多机位直播，演唱会场馆内设置多台超高清机位，观众可以通过手机，根据自己的喜好，选择观看五个不同角度、各种景别类型的舞台表演画面，360度无死角任意切真。而"5G＋超高清"的极致画面，使得观众可以饱览从直拍到四面台全景舞美的所有精彩，也展现了技术对音乐的强力赋能。而作为大型演出活动的衍生微综艺产品，这届盛典把关注点放在了当天下午的星光大道环节。星光大道使用了"虚拟偶像"技术，观看视频直播的观众可以看到歌手们和来自bilibili的虚拟艺人琉绮Ruki的互动环节，通过动作捕捉技术，虚拟人物生动的表情、动作变化，让实时交互更逼真、更富趣味，而在直播同时进行的内容拆条和分发，更是助力微综艺节目的二次传播。

2021年，受疫情影响，第28届《东方风云榜》音乐盛典延期举行，这届音乐盛典不设现场观众席位，以空场演出、现场直播的方式邀请全球华语乐迷线上相聚，通过成熟的多机位直播技术，将星光大道、后台探秘、现场演出先后串联在一起,在百视 TV 进行独家直播,让观众多机位、多角度关注音乐盛典。在直播进行过程中,同步进行的内容拆条分发,进行二次传播,也正是这届盛典"微综艺节目"生产的焦点。虽然是空场演出,但影响力丝毫不逊往年,当晚相关话题热搜,创下了《东方风云榜》28 年来的最高纪录。百视 TV 累计总页面浏览量突破 1 600 万,视频播放量超 3 500 万。这不仅是 SMG 优质内容回归自有平台,各方团队深度耦合,精心策划,情诚团结,更是 SMG 全媒体战略里程碑式的一战。

## 三、挑战与思考

随着广播可视化微综艺节目的不断尝试和实践,日常广播节目可视化微综艺和大型演出活动衍生微综艺两方面都取得了不错的成绩:2018 年 10 月,张艺兴做客《音乐万花筒》广播可视化微综艺节目,1 小时直播,观看人数达到了 2 200 万人次,同时在线观看人数达 100 万人;2019 年 3 月,第 26 届《东方风云榜》"后台直击"广播可视化直播间,观看人数达到了 3 000 万人次,同时在线观看人数达 103 万人。然而在这些数字和成绩背后,还有很多值得思考和探讨的地方。

### 1. 对明星艺人的"依赖"

从最直观的"观看数据"上来看,动感 101 过往的广播可视化微综艺节目的数据表现与明星艺人的"流量"呈正相关。这也就意味着,一档节目是否能够获得良好的观众反馈,最直接的因素是参与节目的嘉宾是否有人气。一旦嘉宾有名气,就可以吸引来特定的群体,这部分群体相对固定,且对广播可视化微综艺节目本身的黏度并不高。这就对广播可视化微综艺节目的内容策划提出了更高的要求和挑战,能否不借力"流量",在前期策划时就关注"微综艺节目"的特点,注重碎片化的传播方式,靠内容策划逐渐积累忠实受众,是未来需要继续学习与实践的方向。

### 2. 广播可视化微综艺节目"听众与观众""直播与录播"的权衡与取舍

音频节目和视频节目在节目生产逻辑上有本质的区别。音频节目因为缺少画面的加持,所以需要依靠语言、音效、音乐等听觉元素来渲染节目效果,增强节目氛围感。而视频节目,因为有画面,天然会减少对"声音"的考虑。那么一档广播可视化微综艺节目,既要满足听众,又要满足观众,在权衡与取舍之间,难免会产生进退两难的局面。广播可视化微综艺节目之所以区别于其他的视频节目,因其本质上是在服务广播,也是广播作为主流媒体,寻求融媒体转型的探索之一,未来该如何权衡、取舍"听众与观众",如何更好地服务广告,也是需要继续经营与探索的方向。

此外,对于广播可视化微综艺节目来说,"直播与录播"也是需要考量与权衡的方面。广播最大的优势在于广播的"直播",资讯可以在第一时间,仅通过声音的方式就能以最快的速度传递给受众,而音乐广播实时伴随状态,更是广播最大的魅力之一。然而,大多数综艺节目和微综艺节目是录播节目,是在细致的前期策划之外,捕捉录播素材中的闪光点,再通过后期剪辑,营造冲突点,吸引眼球。而微综艺的走红,更是与短视频的快速崛起密不可分,原因是受众对碎片化、个性化的视频的需求不断加深。值得一提的是,广播可视化微综艺与短视频最大的不同是,广播可视化微综艺是在直播状态下完成的节目内容,并不是简单的"视频化"广播,或是以制作短视频的思路来制作广播可视化微综艺节目,能否既保留广播直播的魅力,又借鉴传统综艺节目及短视频的前期策划思路,制造出广播可视化微综艺节目的冲突点,是未来需要权衡且好好策划的方向之一。

### 3. 广播可视化微综艺节目变现渠道的思考

作为广播融媒体转型的探索,广播可视化微综艺节目在变现渠道上也需要有进一步的尝试。动感101过往的广播可视化微综艺节目,仍然以广告投放为最主要的变现方式,其本身作为网络直播、网络内容创作者的打赏变现渠道,基本无法实现。例如,第26届《东方风云榜》音乐盛典"后台直击"广播可视化直播节目,通过广告客户投放节目冠名广告的方式,获得了变现;《音乐万花筒》广播可视化微综艺节目中,通过客户投放"话题订制"广告,获得变现等。总体来说,广播可视化微综艺节目,为现有广播线上广告投放提供了一定的增量投放,只能作为广播传统变现模式的补充。在广播广告投放面临无法计算"转化量"的情况下,广播可视化微综艺节目,未来能否在融媒体转型中尝试更多有效的变现方式,也是一大挑战与考验。

## 结　语

在SMG全媒体战略的谋划布局与实践探索中,上海人民广播电台流行音乐广播对于"广播可视化微综艺节目"的尝试与实践,展现了上海广播积极变革求新的决心和努力,面对媒体融合与转型,广播仍大有可为。"可为"的前提是清醒认识到问题和瓶颈后,做出改变和创新,不惧怕提出问题,才能解决问题,更不害怕勇敢试错,并及时止损。相信动感101在未来一定会继续紧跟时代步伐,关注先进技术领域的发展,深入理解年轻受众的真正需求,把"想法"变成"实践",

小步快跑,快速迭代。希望本文能为广播可视化微综艺节目的探索和发展,提供一些有益的思考和实践价值,为广播行业的转型贡献绵薄之力。

## 参考文献:

[1] 蒯月亭.借力短视频的综艺节目新风口——微综艺节目的特征与发展前景探究[J].新闻e家,2020(3).

[2] 孔令顺,范菁晶.云综艺与微综艺:无奈之举还是潮流之趋[J].中国电视,2020(7).

[3] 王成梧,李佳,郭骊.融媒体时代广播的可视化发展路径探析[J].专录,2019(6).

[4] 张婷.广播可视化的现在和未来——以北京人民广播电台青年广播为例[J].中国广播,2019(4).

[5] 黄涛,易弘.广播节目可视化直播的探索[J].广播电视信息,2019(3).

[6] 王子龙.融媒体时代广播节目可视化创新探析——以《朋友请听子》为例[J].传媒论坛,2020(6).

[7] 张音.SMG优质内容回归自有平台,百视TV+东方风云榜斩获"流量密码".SMG番茄酱微信公众号,2021,12.

## 作者简介:

邹丽,上海广播电视台东方广播中心流行音乐广播动感101主持人。

# 流行音乐广播的创新做法与路径探析

吴燕欢

**提　要：** 互联网时代，传统主流媒体受到新兴媒体的冲击越来越大，如何发挥优势、整合资源、做大做强，成为主流媒体面向未来的最大考题。上海人民广播电台流行音乐频率动感101(FM101.7)分别从"五化"入手，即"移动化、场景化、互动化、社交化、体验化"，努力将节目IP打造成为中国流行音乐电台中的Z世代年轻人"头号玩家"，实现全媒体时代的音乐传播引领。本文阐述、分析动感101在媒体深度融合发展的当下的创新做法，并就面对未来挑战如何因势而谋、应事而动、顺势而为提出路径思考。

**关键词：** 移动化　场景化　社交化　互动化　体验化

近十几年来，三大因素影响着广播音频市场变化：一是自2006年起中国汽车保有量高速增长；二是自2015年起，智能手机快速普及，中国手机网民数量不断增长；三是近几年车联网的兴起，预计从2018年至2025年，中国车联网用户规模将稳步上升，到2025年，车联网用户有望超过3.5亿。目前广播的目标受众有两个重要群体：车载收听受众和移动互联网平台用户。前者是广播媒体需要去重点维系的受众，后者则是需要想方设法将"网络音频用户"转化为"广播音频受众"。

上海人民广播电台流行音乐频率动感101(FM101.7)，在互联网时代下力争取得Z世代年轻人驾车娱乐的"最大公约数"，与更多年轻人"互动来电"，成为中国流行音乐电台创新"前无古人"的"无人区"。在实践中，动感101也更加注重网络内容建设，保持内容定力，专注内容质量，扩大优质内容产能，创新内容表现形式,提升内容传播效果。2021 年,动感 101 分别从"五化"入手,即"移动化、场景化、互动化、社交化、体验化",努力将节目 IP 打造成为广巨流行音乐电台中的 Z 世代"头号玩家",实现全媒体时代的音乐传播引领。其创新做法值得梳理总结,未来路径有必要进一步思考和探讨。

## 一、紧扣场景收听,移动领先,强化社交

上海汽车保有量逐年攀升,至今 450 万汽车保有量的数据,让动感 101 节目有了庞大坚实的收听群众基础,更坚定了将节目内容服务于广大私家车主的目标。所谓音乐广播的移动化,主要"玩法"是以"房车移动直播"作为切入点,将"房车移动直播"这一元素纳入早高峰节目《音乐早餐》以及晚高峰节目《音乐万花筒》中,在车流中与听众同频共振,一同呼吸,感受城市的脉搏和活力。外场主持人依托房车移动直播将声音从上海街头的大街小巷通过电波传递至听众耳边,将场景外化于音,在每一个上海市民熟悉的街道地点与听众互动,共同完成节目,让受众在熟悉的场景中收听熟悉的节目,由此产生归属感与认同感,与节目增强链接性及参与性,更加提升了伴随性。在 2021 年 12 月 31 日《遇见 101 道光・2021 最动感 101 金曲跨年倒数》特别节目中,"房车移动直播"从早晚高峰节目各 3 小时,扩充至全天 12 小时,出现在上海地标、热门商圈等地,棚内与户外相结合,打造现象级内容,得到听众与客户的一致好评。

在全媒体时代的今天,移动化与场景化也为社交化提供了更多的可能性。音乐广播社交化的一个"玩法"是,借助 H5 作为传播媒介,在 H5 页面中增加交互体验及数据信息,达到与听众的互动传播。比如在动感 101"台庆返校日"活动中就使用 H5 制作了答题页面,与听众展开了一场别开生面的考试测验,达到分数线要求即有机会获取动感 101"台庆返校日"入场券——通过这样的形式达到线上线下联动结合,使听众既有活动参与感又有答题成就感,更会珍惜"来之不易"的动感 101 台庆活动入场机会;同时也可巧妙地"提醒"有意愿参与台庆却遗憾于未达到分数线的听众更密切关注动感 101 和节目本身,以达到提升用户黏度的效果。

当前,移动互联网浪潮进一步突破了传统的媒介形式和产业界限,从而推动了媒介融合趋势的深化发展,产生了更多媒介融合的新思维、新模式和新业态。在如今的媒体格局之下,广告客户更加青睐互联网媒体、自媒体的营销和投放,对"看不见摸不着"的传统媒体渐渐疏远。广播广告必须利用好其他的传播渠道,寻找到网络媒体新的语境下的传播新工具,这样才能吸引客户的注意力,重新获得青睐。小而精的台庆返校日活动,把明星、DJ、听众集在一起、玩在一起、

乐在一起。用一份考试入场券、一场"生日宴"、一次大直播浓墨重彩地打造了一个特殊的 10 月 17 日,当天,被吸引来的粉丝由于都是考试成绩靠前的"优等生",也就是我们的"核心听众",他们被精准地吸引到了活动现场。对于这群核心用户,我们在现场还通过"面对面建群"把大家聚起来,这也成为电台私域流量裂变和下一步电商营销的开始。

除台庆外,《遇见 101 道光 · 2021 最动感 101 金曲跨年倒数》特别节目也通过制作精良的 H5 页面,带听众回顾了过去 10 年的"最动感 101"年度金曲,并以"历史上的那一年"作为切入点,向听众展示金曲当年发生的热点事件,令听众更有年代代入感。"大白兔"元素贯穿于 H5 页面始末,将"金曲"与"客户"紧密结合,在内容上做到极致。以"遇见 101 道光"为主题,又一次塑造了年末当之无愧的爆款歌单,更吸引了"大白兔"品牌第二度合作,投放广告金额近 160 万元。其中"金曲时光机"以不同维度回顾了 10 年金曲,"金曲预言家"则展示了动感 DJ 在音乐上的专业性和赏鉴态度,还结合大白兔元素倾心制作的 H5 页面传播热歌热事。

## 二、发挥互动优势,重视体验,加速变现

音乐广播的互动化可谓百花齐放,主要以微信公众号、微博、视频直播(如一直播、抖音、视频号)等媒介平台为载体,为听众打造"可听、可看、可互动"的全网全平台互动音乐广播。听众可通过微信公众号和微博与节目主持人进行实时互动,全程参与节目,也可通过视频直播平台观看电台节目直播的实时画面,既满足受众好奇心,亦可发挥节目嘉宾的影响力来吸引流量。电台节目则可通过全平台播出、全网分发的模式将更多潜在受众群体收入囊中,其中包括但不限于,动感 101 节目听众、节目嘉宾粉丝群体,以及全平台被内容精准投放所吸引的潜在受众,真正成为从听众到粉丝再到所有人互动收听的音乐广播。

互动环境的创造为听众营造了更多体验空间,动感 101 在听众的体验感上也下了功夫,做了文章。音乐广播体验化,着重于听众的参与感及体验感。《东方风云榜》的衍生品牌——"闪电咖啡馆",在东方明珠广播电视塔下的明珠生活美学馆进行录制,"该节目不仅集结了广播、电视和流媒体平台的传播资源,还深度捆绑了 SMG 的文旅及电商资源,可以说是一次从全媒体传播到超媒体生态的布局",节目在东方卫视与百视 TV 同步播出。粉丝可进入明珠生活美学馆现场体验"闪电咖啡馆"的咖啡及各种衍生产品,如打卡同款咖啡或甜品,并在网络社交平台上分享与传播,由此既可令受众身临其境,与节目产生更深刻的链接,又可通过粉丝在私域流量池中的主动传播吸引更多消费者,从而扩大消费群体

基数,加量实现商业变现。节目的播出提升了"闪电咖啡"在公域流量池中的影响力,吸引这一部分消费者前往线下消费。"私域与公域"以及"线上与线下"的结合催生出良性循环的营收链,听众"体验化"的塑造也是品牌变现能力的挖掘和体现。

## 三、超强 IP 反哺收听,解锁流量密码

《东方风云榜》是中国内地原创第一榜,一年一度的"音乐盛典"更是紧扣"移动化、场景化、互动化、社交化、体验化",将动感 101 打造为年轻人的音乐引擎和快乐引擎。围绕这一主题,动感 101 在盛典开始前一个月就将 FM101.7 频率包装为"东方风云榜电台",以上榜金曲及歌手为核心展开一系列策划,将 IP 与热点紧密结合,并通过微博、微信公众号等公共社交平台直播推广,以期借助宣传榜单所获取的热度反哺动感 101 各档节目。2021 年第三届《东方风云榜》音乐盛典由于疫情再三延期,最终选择于 2021 年 11 月 17 日在东方体育中心进行空场演出,20 余组艺人登台,通过 SMG 旗下百视 TV 全网全程独播,实现累计观看人次逾 1 300 万,24 小时内微博、抖音、快手、新浪等全网热搜词破百。粉丝虽然不能抵达现场,但仍旧可以通过动感 101、百视 TV、东方卫视以及其他媒体渠道收听或收看演出。

SMG 旗下流媒体平台百视 TV 首次作为《东方风云榜》的全网独播视频平台,充分利用东方广播中心《东方风云榜》的品牌影响力,整合 SMG 优质资源,盘活存量内容,激活站内流量,同时通过不断优化产品,提升用户体验,创下百视 TV 上线一年来直播的最佳表现。后台数据显示,"直击红毯""后台云探秘""音乐盛典"三场直播,百视 TV 总页面浏览量(PV)累计突破 600 万、视频播放量(VV)超 3 500 万。其中"音乐盛典"直播的峰值在线观看人数达 49 万。直播当晚,为全面呈现这场音乐坛年度流行音乐盛典,百视 TV 开设了"红毯云播间""探秘云播间""晚会云播间"三个不同的直播页面,以"精彩三重奏"串联起台前幕后近 5 个小时的全景直播,打造盛典的闭环呈现。第一重"红毯云播间",以"1+2"的多视角,精准捕捉星光大道上明星艺人的华彩瞬间。除了电视转播的主视角外,还设置了两个红毯直拍机位,以第一视角全程跟随艺人,实现双机位随意切换。第二重"探秘云播间",动感 101 主播小楚戴着轻便的摄像传输设备探访艺人休息室,以工作人员的视角"玩转后台",为观众直播舞台背后的忙碌景象。第三重"晚会云播间",为用户提供了"盛典云端播出主机位+舞台直拍双机位+新闻中心发布会直播视角"的"1+2+1"多维信号流。

项目团队还新开辟了新闻中心的直播信号流,把艺人颁奖环节放到新闻中

心,从而大大增强了新闻中心的可看性及对歌迷的吸引力。观众可以在新闻中心直击艺人接受媒体采访的过程。更有意思的是,宣推团队积极助力歌手与歌迷互动,将歌迷在网上的提问第一时间抛给艺人,使艺人可以及时感谢歌迷的祝福、回应歌迷的关切。内容运营和媒资团队,则对活动全程进行收录和实时切分,将红毯及晚会的精彩片段、获奖实况、舞台纯享,细拆为短视频,结合网络讨论热度在 App 首页向用户实时推荐高能片段,并在每一场"云播间"的内容结束后,第一时间为歌迷提供实时回看服务。通过精心策划,小平台爆发大能量,"移动化、场景化、互动化、社交化、体验化"在《东方风云榜》中体现得淋漓尽致。

## 四、深度捆绑明星资源,彰显主流媒体价值

2021 年是中国共产党成立 100 周年,在这百年历史节点,动感 101 利用自身优势,联合新闻 IP 话匣子、共青团上海市委员会,邀请青年歌手周深以"青春上海党史学习接力人"的全新身份,走入徐家汇公园的上海百代小楼,在这座百年红色建筑里,以音乐的形式致敬他的青春偶像——作曲家聂耳。这次长达 1 小时的视频特别大直播,累计观看人数 100 万人次,B 站直播观看峰值近 200 万。当天话题的累计阅读量 1.9 亿,艺人转发量破百万,评论近 60 万,点赞超过 114 万。这是一次接近于完美、圆满的融合传播,成为响亮的"爆款"党史课,不仅在年轻族群中开展了党史学习教育,还获得中共上海市委宣传部《一周新媒体观察》发文表扬。整场活动通过话匣子 FM、微博、B 站等各媒体平台全程直播,吸引了众多艺人及网友的关注。上海新闻广播和动感 101 还持续推出了由周深带来的《红歌小课堂》,以短音频的形式介绍《唱支山歌给党听》等五首歌颂中国共产党的经典歌曲。

"青春上海党史学习接力"直播活动,将直播场景定在红色地标,为观众打造身临其境的跟随式体验,并通过视频直播的形式进行传播推广,歌迷可以用留言、弹幕等形式在直播中学习互动交流,利用互联网工具借船出海,把互动与社交做到极致,也形成了良好的传播链条,彰显了主流媒体的价值引领作用。

## 五、因势而谋,应势而动,顺势而为,直面未来挑战

"移动化、场景化、互动化、社交化、体验化"的活用、巧用、妙用,使动感 101 在 2021 年度的收听率达到 1.21%,相较于 2020 年的 1.19% 和 2019 年的 1.02%,创下了三年历史新高,较 2020 年涨幅 1.68%。人均收听时长为 65 分钟,较 2020 年的 61 分钟和 2019 年的 53 分钟,创下了三年历史新高,日均收听

人数为 241 万,日均收听人数全年累计达 811.1 万。同时,动感 101 还在 2020—2021 年度全国广播收听市场风云榜上摘获省级电台音乐类收听率 TOP5 的成绩。

如前所述,车载收听受众和移动互联网平台用户是广播人瞄准的两大类目标受众,前者是广播媒体需要去重点维系的受众,后者则需要想方设法将"网络音频用户"转化为"广播音频受众"。在万物皆媒、人人皆媒时代,动感 101 须直面未来挑战,围绕这两大群体,因势而谋、应势而动、顺势而为,如此才能始终擦亮"全国综合实力排名第一的音乐电台"这块金字招牌。

## 结 语

在媒体深度融合发展的当下,主流媒体生产优质内容的方向不变,但生产的内容在变,生产的方式正变,传播的路径也在变。

音乐广播不只是广播,不只是要在声音上做文章,内容生产更不局限于FM,而是要多维度打造全媒体音乐平台,全面服务于受众的"五官五感",重点耕耘于"听觉、视觉、触觉",力求为受众提供全方位的音乐娱乐新体验。

**参考文献:**

[1] 梁毓琳.新广播音频市场特点及用户运营[J].现代视听,2021(): 5-.
[2] 陈子劲.找准传播新工具,做好客户与粉丝链接[N].中国新闻出版广电报,2021-12-02.
[3] 动感101.歌手周深担任"党史学习接力人",百代小楼里致敬音乐偶像[EB/OL].[2021-05-05].https://mp.weixin.qq.com/s/sGBneofXZvTbD7SK-9g.

**作者简介:**

吴燕欢,上海广播电视台东方广播中心流行音乐电台节目主编。

# 如何构建宏大叙事下的直播特别报道

赵慧侠

**提　要：** 宏大叙事下的直播特别报道是当下重大主题宣传日渐被重视的背景下，需要深入研究的一种适用于大小屏的传播形态。本文从实践出发，以翔实的事例，条分缕析出构建"宏大叙事"，也就是重大主题宣传的三个重要维度：主题把控、新闻属性、完美设计，详细论述了三者的重要性、相关性和实操路径，以及与新闻直播的相同及不同之处。

**关键词：** 宏大叙事　直播特别报道　主题　新闻　设计

## 引　言

作者长期从事新闻直播工作，接手过多个重大主题的特别报道策划后，深感这种报道形式有许多值得总结梳理的经验，提炼成传播理论后，有利于给同业者在进行类似工作中，提供一些原则性、框架性的建议。

从 2018 年首届进博会开始，东方卫视推出了 6 天 20 小时的《新时代　共享未来——进博会全媒体直播特别报道》，由此开创了近年来主流媒体上以宏大叙事为背景的直播特别报道形式。2018 年到 2021 年四届进博会、中共一大纪念馆开馆、建党百年、中国近代考古学百年、中国入世二十周年等等，这些重大历史时刻，如何通过一场直播，讲述一个精彩的故事？与纪录片、专题片、政论片相比，它的宣传效果又在哪儿？

通常意义上的直播是一种被动叙事，也就是新闻媒体只是跟随事态发展被动地做出应对，那么谁更有预见，谁更能拿到一手资料，谁反应更快，谁最能梳理出重点,发现细节,谁是王者。但随着时代发展,宣传功能越来越被重视的当下,主动策划也就是主动叙事的情况下,如何通过直播语态来讲好主题先行的故事,宏大叙事下的直播究竟该怎么来做?这是一个新的课题,这类直播有与新闻事件类直播不同的操作流程和考评维度。

笔者有幸作为主创参与了近年来一系列直播特别报道,根据实战得失以及理论研究,梳理出此类直播特别报道的实践路径和未来思考。具体来说,就是要在主题把控、新闻属性和匠心设计三个维度进行平衡把握,三个维度缺一不可,又因为三个维度之间天然属性上的矛盾点,需要精准地平衡把握。

## 一、"准稳高"的主题把控是宏大叙事下直播报道成功的先决条件

通常意义上新闻事件的直播是以事件发展进程为架构,但对于宏大叙事下的直播,它的主线却是主题,因此对于一个非新闻事件的直播,一个特别报道类型直播来说,"主题"就像是一个人的精气神,它的定位高低、准确与否,直接决定了一场直播的气质是什么,直接决定了这场直播是一盘散沙、走哪儿算哪儿,还是纵横捭阖,收放自如。因此"准稳高"的主题把控是宏大叙事下直播报道成功的先决条件。

"准稳高"当中,"准"是第一位的。首先要通过政策研究、主题学习,准确把握主题要义,如果一开始主题设计就有偏差,则会把整场直播特别报道带入歧途。所谓"稳",则是要求主题的和谐统一,维度多边而统一、一脉相承,如果主题层次之间存在断层甚至东拉西扯,主题不集中,则会让整场直播变成一个大拼盘,立意高远就谈不上了。最后说"高",这个就需要高瞻远瞩的眼光,把握到这个主题在未来发展中的地位,从而理出有前瞻性的立意。如果没有前瞻性,则整场直播的主题就没有外延,处于一个闭环中的主题设计就没有新意和创意空间,也难以给予受众启迪。

以东方卫视 2021 年 7 月 1 日播出的《理想照耀中国——庆祝中国共产党成立 100 周年全媒体直播特别报道》为例:8 小时大直播,以"人民有信仰""国家有力量""民族有希望"三个篇章架构布局,通过遍访红色圣地、体悟人民信仰,纵览超级工程、领略中国力量,穿行乡村城市、感受民族希望,展现一幅壮丽的百年画卷,歌咏一部隽永的百年诗篇,奏响一曲雄浑的百年交响。"人民有信仰"篇章,在宣传阐释好习总书记"七一"重要讲话精神的基础上,将镜头聚焦上海兴业路石库门、嘉兴南湖红船、井冈山麓八角楼、遵义老城青瓦小楼、延安窑洞以及西柏坡土房 6 个革命圣地,通过多路记者直播连线,回顾中国共产党壮阔的世纪征

程,并通过多个中国精神谱系所在地正在举行的现场活动,生动诠释"心中有信仰,脚下有力量"这一主题。"国家有力量"篇章,重点选取体现国家实力、强国之范的典型场景,与广大观众共同见证 7 月 1 日当天世界最长沙漠高速京新高速全线通车、世界最高"H"型索塔贵州云雾大桥建成通车、最新一代中国科考船正式交付即将驶向深海,共同领略雄机翱翔蓝天、舰艇劈波斩浪、沙场军歌嘹亮,生动阐释在中国共产党领导下,"人民有信仰,国家有力量",一个生机盎然的社会主义中国已经巍然屹立在世界东方。"民族有希望"篇章,着重阐释中国共产党为人民谋福祉、为民族谋复兴的初心使命,通过偏远村寨里吉日祈求一家升起的幸福炊烟、大山深处乡村小学里传来的琅琅读书声、城市滨江步道上市民怡然自得的如花笑靥、母亲河奔涌向海、绿水青山绘出发展愿景等生动场景和人物故事,展现国家强盛背后人民共享成果的主题内涵。

主题立住把稳除了确认"气质"高低之外,在实操工作中也非常重要。因为一场大型直播不可能由几个人或者一个团队独立完成,它一定是协同作战,一定是前后方各方力量的配合,如果有清晰的框架、明确的目标,从内容到包装,从前端到后端,从记者到编辑,都会形成统一的"价值观",在很多事情上的判断能够趋同,统一协力推进,事半功倍。

## 二、强化新闻属性是宏大叙事下直播报道成功的必要条件

新闻属性代表着新鲜、动态,充满"真实的魅力",而主题报道的新闻属性相对较弱,因此在构建宏大叙事下的直播报道时,必须去寻找可预见的当时正在发生的事实,将它镶嵌到报道中去,让确定性中增加可控的不确定性,让宏大叙事拥有打动人感染人的"真实的魅力"。

仍然以建党百年直播特别报道为例。根据统一安排,融媒体中心从早上 6 点起在东方卫视、新闻综合频道、看看新闻 Knews 同步转播央视综合频道庆祝大会特别节目的直播信号,并于庆祝大会结束后在直播中第一时间从中共一大纪念馆、上海交通大学、虹口古北社区、中共上海市委党校发回现场报道,直播展现上海各界和市民群众集体收看庆祝大会的热烈场景,真实传递普通党员聆听习近平总书记重要讲话后的激动心情。因为刚刚现场聆听完总书记的重要讲话,现场采访对象包括记者的反应都是特别真实的激动,被百年奋斗号角再次吹响的感召,再同心协力奋进新征程的激动溢于言表,从而也就真实地展现出中国人民上下一心建功新时代的精神面貌,十分感人动人。

再以进博会为例。进博会的"新闻属性",除了正在进行的开幕式,就是正在展出的展会,那怎么把展会的新闻性做出来? 我们既要把传统意义上的"新",也

就是信息,比如首单、厂丨量、达成合作、首秀首展等等,在直播报道中进行格式化镶嵌,还要有契合主题的新故事、新技术、新体验。这些就需要大量的前期摸排与精心选择,以新的丨丨的内容增加可看性。

第三届进博会大直播,导演组通过前期排摸,前方多路记者深入四叶草内的各个展区,近距离直击各类新奇特展品以及丰富的配套活动。新产品、新设计、新创意不断涌现,展现着今日中国的创新活力,通过进博会平台,发展成果惠及更多国家和民众。从风电巨头维斯塔斯首展说到维斯塔斯加速布局中国风电市场,赋能沿海城市高质量发展;从法国版方舱医院首次亮相进博会说到圣戈班创新赋能本土化发展,直播中呈现的每个展品都有一个来到中国精耕市场,漂洋过海来作贡献的故事。如日本陶器、秘鲁羊驼特色产品……传递的是原产国当地的文化和来自异域浓浓的风情。在进博会上交流的不仅有商品和技术,还有文化和理念。琳琅满目的美食珍馐、独具风情的传统表演、历史悠久的文化遗产,这些多彩文明交相辉映,勾绘出美美与共的世界文明大画卷;无论是东帝汶、埃塞俄比亚咖啡,抑或是历经硝烟而来的叙利亚古皂,这些从远国万里迢迢送来的特色产品搭乘进博会快车,走进中国大市场,则更彰显进博会"惠全球"理念;另外,进博会首次设立公共卫生防疫专区,显示的是开放合作的力量。正常直播连线点遍及海内外,报道所在无远弗届,馆内看展,场外寻踪,记者从"四叶草"出发,寻找过去 3 年,进博会对上海、长三角以及我国广阔腹地市场的溢出效应和产业带动,揭示成长起来的中国市场与全球经济更为紧密的关联。从国内的上海临港、北京大兴、四川成都、湖北武汉、黑龙江双城、浙江舟山、福建莆田、海南三亚、辽宁沈阳,以及天津多地,到德国、比利时、新西兰、日本、东帝汶……通过记者实地走访,实时报道,充分展示促进国内国际双循环的战略要义。"四叶草"(暨上海)—国内—展示三个层次直播点,140 次连线报道之间的逻辑联系和前后接续,体现出"以国内大循环为主体,国内国际双循环相互促进"的经济战略新格局。

主题把握和新闻呈上,究竟孰重孰轻,孰先孰后?对丨两者间的精准把握,是一场宏大叙事下的直播报道的成功之眼,只有两方面都把握好,发挥出各自功效,并做到精准结合,也就是寻找最能体现主题的新闻事实,最有新意高度的主题角度,两者结合,才能成就一场优秀的直播特别报道。

## 三、以浑然天成的"完美设计"自然而然地烘托升华主题

主题类直播报道相对于新闻直播来说最大的不同,是它是可以设计和提前预知的,那么能否将主题与形式进行"完美"结合就有赖于导演组的创新以及把

握平衡能力,既不能像艺术设计,天马行空,不顾事实,又不能因循守旧,就事论事,干巴无味。

以几届进博会直播报道为例。第二届进博会直播报道一开场,后方演播室里模拟四叶草展馆的虚拟场景打造出一个进博空间,主持人和嘉宾们仿佛就在展馆里娓娓道来。可爱的进宝、炫酷的新科技车都凭空出现在演播室中,活灵活现。还运用 Unreal AR 渲染引擎,通过对 S1 虚拟前景系统的改造、重新建模,精彩呈现了演播室主持人与大屏中图文互动和大屏内外虚拟 AR 结合联动的"黑科技",如主持人于飞手握 AR 操纵手柄离大屏 1 米多远就能操控大屏内的四叶草场馆三维模型进行演变,使之转化为三维立体模型,上下左右翻滚自如,甚至能让画面里的机器人走下大屏,为进博会亮点展示增添了一份高科技未来感。另外,此次进博会特别直播报道首次使用了 5G 技术进行大规模直播,兄弟部门技术运营中心提前沟通中国联通制订方案、部署 5G 基站,经过反复测试与调试,最终实现 2019 年 11 月 6 日直播当天 4 场馆与 1 个室外区域同时完成 5G 直播。并大胆地在科技生活馆的记者体验环节中,将直播连线与 VR 传输结合,使用 VR 全景相机完美呈现科技生活馆的全貌。

而第三届进博会的大直播中,SMG 二次元虚拟新闻主播"申苏雅"首次亮相大型直播现场,开启"申苏雅逛进博"特别版块。大直播中的这些创新,带来的是要将严肃新闻性与二次元特征巧妙结合的挑战,大到解说产品的挑选,小到一举一动措辞断句,都要经过前后方的反复沟通、演练,才能表现得"萌而专业"。另外,这次直播还首次采用全息投影和虚拟技术,经过内容设计也成为直播中推动氛围的巧妙一环。一架施坦威钢琴在展会现场和东方卫视演播室同时奏响了抗疫乐曲,钢琴弹出的音符在演播室蓝紫色的四叶草顶部衬托下飘荡,这番场景在"开放合作"抗疫专区打头呈现,正象征着中国搭台世界合作、进博会奏响全球开放合作的交响乐章。更有主持人华丽转身一步走出演播室来到"四叶草"现场,也是 MR 渲染成熟技术上的创作发挥,这些看似新奇的"黑科技",都是基于内容阐述上的技术再创新,炫酷的展现背后更蕴含深意。

所谓"完美设计"中最值得重视的一点是,无论何种所谓"完美设计"都不能违背真实原则。对于重大主题直播报道来说,真实依然是它最底层的逻辑,这一点跟新闻直播是一样的,不能为了主题的宣传而去制造、虚拟一种符合设想的事实。要达到"完美设计",就跟新闻采访一样,需要实地采访、了解、调查,"寻找"出契合主题的事实,再加以所谓完美的包装设计,从而达到"浑然天成"的感觉。没有了"事实"这个核,再漂亮的设计也是虚假的,不可接受的,一旦被发现造假,那么受众直接就会对主题产生不信任感,得不偿失。

在网络直播越来越盛行的当下,粗糙、原生态、伴随是一种流行,但是基于宏大叙事下的直播特别报道,无论是大屏还是小屏载体,仍然是当下不可或缺的。尤其对于宏大主题来说,它作为一种大体量、强策划、多资源整合的表现形式,能够在有限的时间里,最大限度展示主流媒体的价值导向以及整体实力,是新闻宣传领域的重型武器,值得深入研究,发挥其应有的价值。

**作者简介:**
赵慧侠,上海广播电视台融媒体中心卫视编播部主任。

# 论电视时政新闻用画面讲政治的责任担当

## ——以分析央视视频峰会报道为例

徐　杰　张　勇

**提　要：** 不断精益求精，做好视频峰会报道新闻画面创新，是新形势下讲好中国故事、树立领导人形象、用画面讲政治的责任，也是时政新闻工作团队探索"规范"与"创新"并举、追求最高标准报道与服务、建设"时政质量"的责任要求。本文试以分析央视视频峰会报道画面为例，从用专业能力讲政治的角度，着力在镜头语言和视觉语汇创新探索上，新闻＋政务＋服务上，坚持责任担当，旗帜鲜明讲政治。

**关键词：** 视频峰会　镜头语言　视觉语汇　专业能力

## 引　言

画面语言是电视传媒的基础语言，它包括镜头语言和视觉语汇。"语汇"是指语言中词和语的总汇，语言符号的聚合体。电视新闻时事连台报道的画面语言，是指时政新闻工作者运用画面的视频形式，传播时政新闻信息内容，并且通过不同镜头连续展现，完成对时政新闻事件的清晰讲述，产生具有形象价值的时政新闻事实叙述结构。

通常在电视新闻采编播生产流程中，先由采访部完成拍摄镜头工序，再由编播部门完成编辑视觉语汇工序，所以时政新闻画面讲政治责任针对的是电视新闻生产系统链责任，每个岗位都要以高度的政治责任心、不懈工作热情、超强的团队意识，前后协同，内外联动，确保重大时政新闻及时、准确、安全、优质播出。这也是习近平同志在全国宣传思想工作会议上所强调的，坚持正确政治方向，在基础性、战略性工作上下功夫，在关键处、要害处下功夫，工作质量和水平上下功夫，推动宣传思想工作不断强起来，更好完成新形势下宣传思想工作使命任务。

注重学习央视视频峰会报道画面，在全球疫情肆虐形势下，积极探索地方时政新闻报道，在讲政治上，坚持最高标准、最严要求，紧跟中国传媒领域的时政新闻标杆，立足在新形势下视频会议新闻报道里，强化创新创意，增强报道的吸引力和感染力，提升时政新闻报道的精品内容生产。

对此，本文以分析央视视频峰会报道画面语言为例，论述时政新闻工作者在新形势中，如何以立为主，立破并举，坚持责任担当，用镜头语言和视觉语汇展中国形象，树中国声音，用专业方式讲政治，用专业水准引领舆论。

## 一、对标央视总台视频峰会报道力度，突出讲政治责任

《新闻联播》是中央广播电视总台每日晚间播出的一档重点新闻节目，节目宗旨为"宣传党和政府声音，传播天下大事"，是我国电视新闻报道中的最高点，是具有风向标形象的新闻节目。所以"看联播，懂中国"，认真把握央视总台的《新闻联播》播报信息，认真评析它的字字千金，秒秒政治，每一个措辞，每一个镜头蕴含的信息量，对标央视标准，是突出时政新闻讲政治责任、坚持正确方向、创新时政报道的主要方法。

2020 年 3 月 27 日，央视总台《新闻联播》报道了习近平主席主持二十国集团领导人应对新冠肺炎特别峰会，这是 G20 史上首次举行领导人视频峰会，也是疫情全球蔓延以来，中国国家领导人出席的首场重大多边外交活动。这是 G20 在非常时期，召集一群非常人物，用一种非常方式，开展一场非常重要的峰会。央视用 5 分 20 秒《新闻联播》的画面，报道了习近平主席在峰会上的重要讲话，从"中国经验""中国主张""中国倡议""中国贡献"，体现了中国同国际社会携手抗击疫情的坚定决心，中国推动开展抗击疫情国际合作的大国担当，中国支持 G20 加强协调合作，稳定世界经济的积极态度。

5 分 20 秒的 G20 视频峰会联播报道，在日常联播报道编排上已经属于大体量的时政要闻信息。而到 2021 年 11 月 16 日，央视《新闻联播》对中美元首首次视频会晤，则进行了长达 16 分钟的峰会视频联播播报，打破了固有简明扼要的编播模式，突出厚植时政会议消息的重要，而且用全现场会议画面的视频峰会播报，播全中美峰会会议精神，以抢占新闻事实画面首发功能，充分履行央媒讲政治职责使命，强化主流媒体权威地位。

展视觉形象,用新闻画面事实建功立业,做好电视时政新闻用画面讲政治的责任,做好新形势下视频峰会的电视新闻镜头语言的拍摄和视觉语汇表达,强调时政新闻工作者工作能力提高,做全媒型、专家型人才,加大时政报道画面拍摄规范;杜绝原则性差错,突破套路,创新形式;在报道画面信息量,视觉呈现角度,力求准确、鲜明、生动,尤其在时政会议新闻报道画面上,准确"解读"会议信息,突出领导主体形象,运用报道镜头语言和视觉语汇内涵,深化会议报道信息传递,改变以往时政会议报道画面刻板、枯燥乏味、缺乏可看性,一成不变的固有画面镜头模式,让时政会议报道画面也具有视觉艺术性,不断地精益求精,是当今时政新闻团队的主体责任和使命担当。

## 二、用专业能力讲政治

"如何把新闻做得更好看",重点在于提高片子的可看性,看手法,看画面,看构思。电视新闻作为线性传播典型方式,必须从自身的可看性上下功夫,提高对电视传播特点的把握,增强电视新闻镜头语言的可看性和视觉语汇感染力,防止"先写文字,再贴画面",从善用实况画面信息入手,表达会议报道主题,塑造领导形象,解决现场感不强与电视画面缺乏说服力的问题,提高时政会议报道质量。

### 1. 做好程序性报道,以全方位、立体化镜头语言讲好会议新闻

会议类电视新闻拍摄是一件严肃和讲究时效的工作。会议规格,参会领导级别,会议研究事项性质,会务对新闻拍摄约束,以及赶制时政会议类新闻当晚播发的时效性,都高规格地要求时政会议报道拍摄的高效性,表达会议信息的准确性和画面庄重的丰富性。而视频峰会,就是以互联网视频形式的高峰论坛,由各国领导人参加的,预计会达成某些共识或共同纲领性文件的国际会议,所以在高端的视频对话中,频繁拍摄走位等干扰峰会对话的情形,都是被严格禁止的。如何结合会务流程,严谨规范高效地完成镜头画面摄取,是时政报道摄像的首要工作。

第一,讲究责任使命,做拍摄的设计者。积极地提早熟悉会场和了解会议流程,超前设计,超前研判,有效利用会议活动现场通道,决定专业的会议拍摄站位选址,从拍摄报道需要,预先设计规划的画面构思,已确定拍摄角度开始,突出会议现场和会议人物,聚焦会场重点,把握拍摄节点,打造会议报道画面的镜头视角亮点。

第二,认真对待每一个镜头,做拍摄的思想者。拍摄开机就是画画下笔,每次落笔后的画面神韵,关键在绘画者下笔前的思考。而且视频峰会现场存在很

多不确定性因素,抓瞬……画面内形象突出,注意单个镜头……画一气呵成,镜头有内容性、目的性、视觉性,是讲究政治责任的体现……是后……编播团队赶时效制播制作所殷切希望……。上游拍摄素材精准到位丰富……游选择取就能着重快速提炼会议亮点……动整个电视新闻报道生产链的……快速,给予最终报道成片的凝心聚力,提供……和量保障。

第三,站在全局高度,做历史的记录者。央视近年来主导的……频峰会越来越频繁,同现今的疫情影……和国际局势有直接关系,中国作……的国际政治力量中心正在崛起,增强大国形象树立也显得日益重要。如报道……频峰会……头语言,以大侧全人民大会堂全……干篇直陈,到现场视频峰会报道……全方位、全焦段,立体的视觉化构图和多……复拍摄,都真实呈现中国在视频会……选址到会场布置,再到参会领导人级别,会……中领导人代表中国发出的声音……力量、争取的地位,都是将视频峰会对……或正式的国事交流,从镜头语言……现出政治尊重和使命担当。

因此,在时政会议报道拍摄中,结合会议新闻的需要……行有目的、有选择的拍摄,以及拍摄角度的选择,丰富的会议画面镜头素材决……新闻报道的价值和信息传递取向,是用专业能力讲好会议新闻的基础。

### 2. 围绕视频会议报道的特殊性,扎实"十分钟"关键镜头抢拍

视频峰会领导人同大屏的时空界面交流因素,决定了报道拍摄最佳机位,近景和全景机位,都只能……于大屏前端。长时间的多人摄像……行拍摄……对视频峰会严肃性及侧全带大屏领导席的视频峰会全景选用,均……实质性影响。主动借用视频峰会开始后"十分钟"拍摄,抢系列动态会议交代画面拍摄完成,是体现时政摄像强内功、才能……"金刚钻"、拼能力说话最关键的……。

会议交代画面,有全景、中景、近景、特写的景别要求……有推、拉、摇、移运动方向的结合,以及领导……单人、多人不同起幅落幅要求,镜头……定或运动镜头不同时长拍摄,还有镜……画面运动稳定性要求,以及介绍……会其他领导的对称性拍摄要求等。既要抓住峰会开场礼节性峰会流程信息……要完成"十分钟"内抢拍镜头,主要依靠时政摄像坚实的拍摄功底和过硬政治责任底蕴。打造本领高强,"标兵""专家"……政队伍建设,锤炼过硬的脚力、眼力、脑力,……造靠得住、拉得出、打得赢的"时政……军",始终是用镜头画面讲政治……抓落实……本功、防御风险的最本质要求。

### 3. 通过"鲜明的中心人物"拍摄,做好领导人形象宣传

新闻因事而丰富,新闻因人而生动,任何新闻报道都……到人联系在一起的,

视频峰会的报道，主要是报道领导人对话。领导的形象代表着政府的形象，建构良好领导人媒体形象展现，突出用画面讲政治的责任，传递领导人魅力所升华出来的独特媒介形象，是公共权威形象发展的需要，蕴含着巨大的社会精神和物质力量。为了使领导形象更全面，更具大国风采，央视在视频峰会拍摄中，不仅有正摄机位领导人画面，饱满、突出、规范，还有每个机位从自身站位角度出发，独具慧眼地突出领导人物鲜明个性化形象画面，精心采摄，精心同策。

如中美视频峰会开场时领导挥手致敬，就有近景、侧全、大全，多个画面依次呈现，近景中亲和从容，中景中气宇轩昂，全景中恢宏大气，展现强大的中国领袖气场；而发言段落过场时多采用从近景拉出到全景镜头画面过渡，以视觉镜头"小切口"立意"大时政"形象，中国的领导层是集体的力量，是党中央带领人民砥砺奋进的力量。

注重对"鲜明中心人物"拍摄追求，将领导形象和风范，以次性画面元素为突破，创新报道的角度和形式，将领袖风采，春风化雨，润物无声，让看似遥不可及的国际会晤对话，在传媒主导的可视精彩镜头下，引导受众感知重大政治主题的深远意义和丰富内涵。

## 三、时政新闻追求最高标准

### 1. 探索"规范"与"创新"并举

时政新闻有规范化的政治性要求、规范化拍摄、规范化编播，不可出现任何的问题和偏差，是首要工作原则。如为了做好上海两会开幕式直播报道，参加两会看片会和安播动员会，是时政报道团队先期的工作任务。坚持观看历届两会录播带，明确会议机位设计布局，完成相关机位画面内容捕捉，掌握直播导播切镜步骤，有效地把握会议议程和选用不同机位画面节奏切合度，温故而知新，主动在两会现场合练前，就达到规范化流程的烙印，是融媒体中心上海两会直播常态化的工作要求。

视频峰会报道，每一次参会的对象可多可少，会议的场地和布置，都可能存在不同。时政工作者积极地在新形势下，探索峰会会议报道"规范"与"创新"并举，从增强报道视频峰会政治性，提高时政新闻传播力、影响力，责任意识出发，把这对看似矛盾的对立面，通过镜头语言和视觉语汇，新闻画面语言叙事主观能动性，把画面视觉整体感、流畅感，同树领导形象相结合，努力主规范中不断坚持最高标准的创新，在创新中继续规范，把视频峰会报道成生动、富有感染力的新闻。

### 2. 以团队的"与时俱进"为抓手，对标央媒时政创新

做时政新闻从来都不只是"一个人在战斗"，而是多工种协同合作的结晶，记者、摄像、编辑、美编、配音、审片……每个工种、每个环节、每位成员都要坚持责任担当，秉持"把自己的工序作为最后一关"，保证不在自己负责的环节掉链子，发挥团队力量，团队执行，始终是时政报道，在新闻报道中最重要的成绩和亮点的篇幅。

特别在对标央视报道视频峰会新闻画面创新上，虽然拍摄视频峰会的机位增加后，画面素材信息丰富了，但最终在有限的直播准备时间内，根据审定的文稿，形成视觉语汇亮点主报道，还是要依靠整个时政团队的重大支持合作贡献。包括前期拍摄规范与创新并举，摄像和记者共同选素材编片，后期编导和剪辑师的反复打磨，都坚持"跨界"思考；还有坚持"要报道好首先要学习好"，看央视报道学央视视觉语汇的上下交流，时政团队聚一起贯通演练，形成重大方案；尤其坚持在新闻播出后再总结，再交流；以坚定不移"对标央媒"战略为指引，坚持时政报道制播能力一体化方向发展，加快岗位创作从"相加"阶段向"相融"阶段，加大前后方协调配合性和快速反应度，通过时政团队共同的主观努力，追求最高标准。

## 四、建设"时政质量"

地方媒体学习央媒"用画面讲政治的责任"，建设主流媒体在时政质量，将优质资源和精锐力量投入舆论宣传的主阵地、主战场，从宣传到服务，从责任到使命，从守正创新出发，"动情、用力，讲好中国故事"，是新形势下时政团队坚持正确方向融合发展新的责任。

### 1. 着力在关键时政活动中有所作为

2021年7月举办的"中国共产党与世界政党领导人峰会"，是中国共产党在成立100周年之际举办的重要多边外交活动，旨在同世界各国政党加强治国理政经验交流互鉴，共同应对世界百年变局和世纪疫情带来的挑战。国家主席习近平在北京以视频连线方式出席峰会并发表主旨讲话。

融媒体中心为了突出上海分会场画面形象，渲染中国共产党的诞生地红色地标，先后5次现场勘点、演练，主动策划将视频分会场移到一大纪念馆室外的红旗广场，精心设计6机位，全方位兼顾分会场全景和与会者席位的拍摄，确保上海作为党的诞生地的标志性建筑——中共一大纪念馆在镜头中得以呈现，庄严大气。

## 2. 着力做好"新闻＋政务＋服务"

2011 年 9 月起,融媒体中心作为本地官方视觉媒体,就积极在提升市领导出镜视觉形象专项工作上,抓《领导人出镜三定手册》执行,从"景,光,妆"三个维度数据,建立高效协作体系。通过可量化的操作模式,改善演播室录制硬件和外场照明配置,摄像、灯光、造型、舞美、技术五大工种标准进行协同,从荧屏视觉效果调整入手,无论是演播室的服务市领导元旦致辞,还是两会现场市政府记者招待会,都能获得完美的视觉效果。

而且随着近两年来视频交流形式高频率使用,对国际友好城市祝福,对港澳台地区交流,对援建地区问候,领导人物视频讲话录制工作也日趋频繁,融媒体中心积极以政治需要为责任要求,快速配置高效队伍,从专业视觉定位角度,布置最佳出镜场景,以"精,快,佳"的视觉画面,完成代表城市领导形象的视频讲话录制。

# 结　语

综上所述,讲求用画面讲政治的责任,不仅是对标央视报道视频峰会报道画面创新的成功实践经验,更是强调从时政摄像到整个时政报道团队的责任性、使命感,积极地从镜头画面摄取,到后期播出成片视觉语汇创新,突出新闻制作生产链政治责任,以及对电视新闻时政报道艺术水准和受众满意度的追求,着力在电视新闻时政报道中,坚持在服务宣传首要职能不变的情况下,用专业方式讲政治,用专业水准引领新闻舆论,以高质量制作,以精益求精一丝不苟的专业精神,用生动鲜活的视觉语汇,为新时代英明领导人树光辉视觉形象,为新时代立正传,为国家与人民留青史。

**参考文献:**

［1］习近平.论党的宣传思想工作[M].北京：中央文献出版社,2020：37.

［2］周新民.习近平的领袖风范、统帅威望与核心能力[EB/OL].
　　http://politics.people.com.cn/n1/2018/0322/c369090-29883468.html

［3］许洪伟.会议类电视新闻中的几个关键因素[J].西部广播电视,201(7)：84-85.

［4］金鹏.浅析电视时政新闻的政治性与新闻性[J].传媒,2002(6)：51-52.

**作者简介:**

徐杰,上海广播电视台融媒体中心时政报道部摄像。

张勇,上海广播电视台融媒体中心制作部主管。

# 中国百年历史的文化表达

## ——试论百集纪录片《大师》的文化建构

刘　宁

**提　要：**《大师》是上海广播电视台纪实频道 2006 年推出的一个栏目，讲述的是 19 世纪 30 年代到 20 世纪 90 年代 100 年间，在中国的实业、科学、文学、艺术、教育、新闻等领域里为民族的根基殚精竭虑的先贤的厚重人生。本文以百集纪录片《大师》为个案，借鉴文化学、媒介社会学的理论框架和视角，来考察电视媒介如何实现与深度文化的整合，如何构建其历史文化价值，提升节目的文化思想含量。

**关键词：**大师　历史　文化价值　文化建构　创作理念

## 引　言

上海广播电视台纪实频道 2006 年推出了《大师》节目，十多年来，先后制作播出了蔡元培、陈寅恪、黄炎培、竺可桢、张元济、华罗庚等近百位人物，100 多集的系列纪录片。如果将这些节目看作一个整体，它以其宏大的历史志与学术思想价值几成上海电视人文化守望的代名词。节目通过对这些精英人物群像的记录，将中华民族的智慧、创造力和励志图强的奋斗精神展现在世人面前，也在解读着一部有质感的 20 世纪中国现代文化史。

可以说，百集系列纪录片《大师》将文化涵养、历史情怀、人文重建作为传播的内容，用电视的方式完成了一个系统的"文化良心工程"，这在中国电视史上也不多见。特别是在"娱乐至死"、"粉丝"经济泛滥、注重"读图文化"的当下，不禁让人思考：电视究竟该扮演怎样的角色？本文将从创作理念、表现形式、内容含量对百集纪录片《大师》这一个案进行系统梳理、考察和分析,探究电视媒介如何提升其思想文化价值。

## 一、《大师》的起源

2006年《大师》正式推出。它的出现是电视媒介试图与二度思考结合的一种探索,出现这种探索是社会发展的一种趋势和选择。

### (一)分众化专业频道的发展

技术的发展使大众传播媒介和传播手段呈现多样化发展趋势。当代传媒的竞争早已超越"大众"模式,加速向"分众"化方向发展。分众化专业频道的建立可以说是《大师》出现的间接推手。纪实频道作为一个专业化频道于2002年1月1日开始在上海地区开播。作为分众化、专业化的纪实频道有明确的受众群,即"三高"人群:高学历、高收入、高品位;有明确的传播理念:人文。纪实频道定位:以纪实影像关注社会、传播知性、刻画人性,强调文化思辨和人文内涵,以外冷内热的频道个性,打造中国首个纪实频道。专业化频道的定位不仅要求有足够数量的自制类节目,还需要有足够质量的体现频道品格的节目。纪实频道面临着以什么样的节目内容来展现频道专业水准和专业精神的问题。《大师》的出现就是这一背景下的探索。

### (二)宣传主管部门的推动和资助

另一个重要的直接推手,就是上海城市文化建设的要求。《大师》是上海市委宣传部文化基金的受益者。在2007年出版的《上海文化发展规划研究》一书中,就有很多关于上海人文精神的重建和文化品位营造的迫切性,追问和探究国际大都市的上海,文化的灵魂在哪里的文章。上海文化发展要有意识、有计划地培养传统优秀文化、高雅文化的消费市场和消费群体。文化需求是可以培养出来的,文化若没有受众,即使很优秀,也进行了重点扶助,最终难逃消亡的命运。市委宣传部希望作为上海城市文化建设重要窗口的电视媒体,能够创办一个具有一定思想深度和文化品位的栏目,并在资金上给予扶持。《大师》最初是想表现上海本地出现的文化名人,后来改变思路面向全国。

### (三)娱乐与人文的博弈

从以上两个因素来看,《大师》一诞生就打上了思想者的烙印,背负着文化传播的使命。然而，要实现"百人串起百年历史"的使命谈何容易。对于创作者来说，当时首先面对的是一个"娱乐至上"的环境。娱乐性的节目以其消解意义、去除深度、刺激感官的特征，全面渗透和演变着承载过多意识形态传播的电视节目。美国纽约大学原文化传播系主任波兹曼认为，电视的主要表达方式是娱乐，一切公共话语都日渐以娱乐的方式出现，一切文化内容都心甘情愿地成为娱乐的附庸，其结果是我们成为一个娱乐至死的物种。2001年《大师》栏目立项筹备阶段，正是全国各类选秀节目风起云涌之时。学术的快餐化和娱乐化，成为一种令人担心的时尚。"时尚历史""戏说历史"成为电视荧屏的主流。是在"娱乐至死"的文化消费主义中浮躁下去，还是在注重心灵感受和精神充实的思考中沉淀下来？曾任上海文广新闻传媒集团总裁的黎瑞刚说："我不希望电视总像一阵风，回过头，只是一地鸡毛，没留下有价值的东西。我希望我们实打实道生产的节目就是一本本好书。"笔者认为，这个"书"的概念是针对这些当下排斥思考的电视文化内容。书籍借助文字，它要求阅读时伴随思考，否则就不能理解文字的意义；电视是用图像影响受众，如果要产生意义，就要伴随思考，通过严肃的内容来实现。波兹曼说："我这里想要说的不是电视的娱乐性，而是电视把娱乐本身变成了表现一切经历的形式。"

电视作为文化的载体和产品，和其他文学艺术门类一样，担负着提高我们全民族文化素质和艺术欣赏水平的责任。所以，在强调娱乐至上时，要承担起传播文化品质和人文精神的责任，生产出具有教育性、思考性的影视文化产品。正如美国著名未来学家托夫勒在谈到他参加制作《第三次浪潮》电视片时感慨道："用严肃的而不是迎合观众的手法来表达复杂的思想，而在市场上又给人以深刻的印象——这确实是一大难题。"同样，对于《大师》而言，也面临着通过怎样的载体和结构来表达其文化内涵和意义的问题。

## 二、《大师》的构成

如栏目的名字，《大师》即大师。要了解《大师》的文化传播意义，必须对其深层结构，即节目中最重要的两个要素——"历史"和"人物"进行分析。在电视的语境下，创作者以怎样的观念意识、文化结构和言说系统去理解和诠释《大师》的历史和人物？在可接纳的历史和人物中是否具有某种相对明确的选择规则或标准？

## （一）何为大师

"大师"称谓，出现于汉初。秦始皇焚书以后，有机会向秦博士伏生念过烧剩的《尚书》残篇，而后跟着讲点残篇大意的山东儒生，被尊称作"大师"。

《现代汉语词典》对大师的解释是，在学问或艺术上有很高的造诣，为大家所尊敬的人。

《大师》栏目对大师的解读是，所谓大师，是这样一些人：他们在大灾难、大动荡、大转型的时代里，为中国想了一点问题，出了一点主意，做了一点事情。他们把这三个"一点"努力做了一生。换言之，是用自己的一生回答了时代、民族和社会在特定历史条件下，向他们提出的一个特定的问题。这样的大师不仅具有历史的力量，还有人格的力量——一个民族争取解放而努力前行的精神。承传文明、创一代风气、开启来者。他们以先行者、开创者而成为一代宗师。

在以上对大师的解释中，可以看到大师们的基本特征和共性的地方：

## 1. 大师的身份

大师们的出身绝大部分是知识分子。知识分子旧时俗称读书人，雅称为士。其外在的一般特征是识字读书，而其内在的特殊秉性，是作为社会的道德良心，担承着文化传承，涵养着民族精神，肩负着无可逃脱的家国意识和天下兴亡的责任感、使命感。即指那些不仅有专业知识而且更有独立精神、强烈的社会关怀和批判精神的人。中国的知识分子经历了很大的分化，这种分化与现实的政治和经济变革有着内在的联系。《大师》集结中国知识分子的性格、命运和道路，成长和分化、理想和追求、探索和牺牲的主题，在这一视角下，去回顾和评价知识分子在中国近代历史发展中的作用和贡献。

## 2. 大师的生活时代

《大师》的时间跨度，就在 1895 年到 1995 年这 100 年间，这是大师们的时代背景和历史环境。每一个时代，知识分子都是思想的生产者和传播的主要承担者。虽然有着不同的年龄层、不同的社会背景、不同的政治经验，但构成了一段独立且完整的历史记忆。

## 3. 大师的影响力

曾在现代教育、学术、文化、科学、卫生等方面有突出贡献的人士，活动领域和社会影响各不相同，却有一点是共同的，那就是每一位都曾在自己的特定领域，为中国的现代化事业作出过独到的卓越的贡献，与中国的过去、现在和未来息息相关。

## （二）谁是大师

通过对播出的 100 多人的名单进行分析，笔者认为，有以下几个具体标准：

### 1. 学术界的标准

如：西方考古学的李济、历史地理界的谭其骧、现代气象学家竺可桢他们是作为业内的领军人物，同时作出了开创性的贡献的人物。从这点看，大师是奠基者、开创者，为业内培养专业人才。

### 2. 知识界的标准

即得到知识分子的认可。如医护界的林巧稚，建筑界的梁思成，话剧界的黄佐临，音乐界的贺绿汀。这些大师以传播知识为己任，通过自己的专业知识去服务社会、改变社会，从而影响着其他的知识分子。从这点看，大师是学者、艺术家，恪尽职责、服务社会。

### 3. 社会的标准

即得到社会各阶层的认可，符合社会伦理的规范。如大学校长蔡元培、马相伯、谢希德，职业教育家黄炎培，乡村教育家陶行知。这些大师通过创办教育等方式，用自己的思想和方式来影响大众、启蒙大众，从这点看，大师是启蒙者、教育家。

除了以上三个选择标准外，笔者注意到，创作者既选择了社会知名度较高的人物，如朱自清、叶圣陶、林语堂、钱锺书等文人，也选择了默默无闻的大师，如林巧稚的事迹等对于公众来说是很陌生的。这跟宣传有关，也跟行业有关的，如李济，他的大名在考古学界如雷贯耳，可考古学与医学学科以外的人，对于李济则是非常陌生。再比如说《大师·叶企孙》中国物理事业的开拓者。他作为个人，在物理学的研究上没有什么特别的建树，但他一手缔造了中国的物理学事业的蓝图。中国 23 位"两弹"元勋，有 19 位出自他的门下。钱学森也是经过他一手安排出国留学，学什么专业也是他建议的。正是这样的人物却没有什么传记，也没有报道，只有学生的记忆。《大师·叶企孙》不仅是第一次在电视上表现这样一位伟大的人物，可能也是媒体上第一次关于他的传记记录。

以上的选择标准，体现了《大师》创作组集体的文化价值观。这种价值观通过媒体的公开传播，成为一种特定的文化模式和价值观念。

### 三、《大师》——中国百年历史的文化表达

近些年来,历史在荧屏上的书写勃然兴起。这些历史类节目不仅影响和强化了观众对历史的兴趣,同时还将塑造观众对历史的解读品味。当代文化研究之父、英国社会学教授斯图亚特·霍尔在他题为《文化、传媒和"意识形态效果"》的文章中,就指出现代传媒首要的文化功能,便是选择、建构"社会知识"和社会影像。大众是通过传媒建构的这类知识和影像来认知世界,来体味他们曾经经历过的现实生活。就大众而言,他们所共享的历史和现实的社会的意识,其知识和信息来源,更多是来自媒介所生产和提供的信息、形象与观念。媒介所提供的这些历史"知识"产品,传播扩散之后,潜在或直接地促成大众对于其所处现实处境的理解。那么,《大师》呈现的是怎样的历史?中国百年历史与个人历史有着怎样的勾连?《大师》如何将大历史架设成大师们人生成长和精神成长的平台?

### (一)《大师》的历史文化定位

关于历史的文化概念有广义和狭义之分。美国人类学家克洛依伯和克勒克荷恩这样描述:广义的文化概念包括过去遗产的全部积累;狭义是指同样是过去传统积累,但这积累之所以称其为文化,前提是它们代表一时代的见证,故而为今日的个人、社会和民族所高度重视。

而《大师》所呈现的历史则是今人重读中国近现代史的一个构想。在这个构想中,确立了重读中国近现代史的意义。中国近现代,是中国经历大灾难、大动荡、大变化、大转型的 100 年。从封建社会到社会主义,风驰电掣般越过了欧洲数百年的历史行程。这段时期,政治、经济、文化产生了剧烈的震荡,各种新旧事物错综复杂地折射到人们的思想和行为中,生成出新旧思想与事物之间的差距是如此之大。德国哲学家黑格尔说过,巨大的历史事变和人物经常二度出现,也就是说历史仍然以隐秘的方式影响和塑造着社会现实。解读这其中显现出的历史逻辑规律,历史前进中的必然性,审视与反省我们民族走过的现代化道路,对处于转型期中的 21 世纪初的中国和中国人是个课题,确立了重读人的历史价值。在《经济手稿》(1861—1863)中,马克思写道:"实际上,只有通过最大地损害个人的发展,才能在作为人类社会主义机构的序幕的历史时刻,取得一般人发展。""因为在人类,也像在动植物界一样,种族的利益总是要靠牺牲个体的利益来为自己开辟道路的。"历史的一瞬间是一代人的几

十年。《大师》挑选出中国近现代史上，在实业、科学、文学、艺术、教育、新闻乃至宗教等领域里开拓奋斗，试图挽救整个民族的文化和品格于危亡口的百名代表人物，重述他们的人生传奇和人格魅力。这些人绝大部分是知识分子。涉及知识分子的历史话题是很广的，《大师》紧扣的是在国家民族的大转折时期，中国知识分子如何面对。置于历史的深度，《大师》择知识分子主题，具有着浓厚而强烈的中国传统文化习性的精神和思想。百位大师成就是中国走向进步、文明、昌盛的一部形象而富有质感的历史。大师们的精神又与历史所累积形成的文化传统密习相关。

在历史的书写中，《大师》以"坚持从历史本身说明历史"的唯物主义历史观，去唤醒历史的记忆，并认真对待和坚持一种历史记忆。正如《大师》在宣传语：电视需要的是活的大师，真实的大师，今天中国所需要的大师。在审视和反省我们民族走过的现代化道路与历程这样的视角下，发掘和阐释大师对于我们的意义。

## （二）《大师》中的中国百年历史

《大师》中展现的历史是中国百年的近现代史。其中几个影响比较大的历史时段，几乎在每期节目中都有涉及。而这个时代，也是中国几代知识分子走过的中国革命道路的缩影。中国哲学家李泽厚有过这样的描述：他们（中国的知识分子）在辛亥革命失败之后，迈过了启蒙的 20 年代（1919—1927），动荡的 30 年代（1927—1937），战斗的 40 年代（1937—1949），欢乐的 50 年代（1949—1957），艰难的 60 年代（1957—1969），萧条的 70 年代（1969—1976），而以"四人帮"的垮台迈向苏醒的 80 年代。《大师》很少像史学家这样对历史进行描述，也很少运用史学的一般理论和方法去探求和考据历史的客观因果，而是将历史融于电视能以表达和需要表达之中，以大历史的梳理和大历史与个人历史的关系的双重构成，对历史进行呈现和表述。

如果说大历史的观点是从"技术上的角度看历史"（technical interpretation of history）的话，那么《大师》是在力求客观地对历史时段进行冷静划出，以说明为主，平静地标出时间刻度。正如《大师》制片人王韧所言"历史怎么会一二三四呢，历史是活生生的人，怎么可以被你总结成一二三四呢。"所以《大师》对历史的叙述不会甘心如此简单，历史的层次感、历史的喜怒哀乐，"着色"于每一个人物的个人历史的档案上。"人是要放在历史的舞台上，这是衡量评判一个人物的先决条件。"大历史是一个为展现大师而搭建的舞台，是一个角读人物最重要的历史基地。历史的演变，在个人的生命上得到推进。而通过一个人，真实地写出一个时代,让受众质感地理解那个年代。这就是《大师》用"史记的传统"重读近现代史的一个构想。观照个人历史即是对大历史的观照,对人物的认知本质上也是对一段历史的认知。

创作者试图呈现的是个人命运下的中国历史命运。但选择某一历史时段的判断和分析与人物要有本质和关键的联系。从宏观的历史角度看,重视个体的实践,也就是重视了历史发展的偶然。在大历史和小我之间,任何个体自我的实践都关系到一个"极为复杂的具体的历史行程"。从微观的角度看,这样的勾连,有探寻人生意义的趋向。笔者认为,带有价值判断甚至是伦理原则来说明和解释这个行程,有些片段化和个人化,对历史事实和真相的揭示价值不大。正如美籍华人、历史学家黄仁宇所说:"我们个人对历史的反映,不足为大历史。"可是作为"涉及历史"内容的媒体来说,其职责不是进行学术研究和探讨,而是在一定的背景下去呈现历史。斯图亚特·霍尔在《电视话语的制码解码》中告诉我们,电视是一个开放的、多义的话语系统,意为"他们真正想说的是观众未能运作于'支配'和'建议'的代码之中。"电视的画面、解说词都是含有不同解读和不同意义的符号。因此,笔者认为,《大师》正是借助此概念,在一定的条件下,在"难以察觉"的抽象中,试图展现更接近真实的那部分历史。

## (三)《大师》的呈现和书写

《大师》期望自己作为"文化工程"能将视角拓展到对于相对完整的历史时期的中国知识分子的群体性的观察和思考,同时指向中国知识分子生存、思想、心灵的历史,并将当下的中国知识分子作为一个整体,具有针对性地进行性格和命运等方面的反思。那么具体到节目中,《大师》通过哪些角度书写大师? 以及在如此视角下的书写,到底让我们看到了什么样的大师和《大师》?

通过对百集节目的综合分析,《大师》体现出以下几个基本特点:

一是正面书写。虽然受众都能理解"人无完人",《大师》也希望做到"与其颂扬大师,不如阅读大师",但《大师》在呈现中,基本很少触及大师们的瑕疵。对此,《大师》的主编徐冠群这样告诉笔者:"《大师》不单纯是一个人物的传记,还是有针对性的。事实上每个大师都不是完人,但我们很多表现上还是他们的正面。我们认为电视还是一个大众的媒体,面对广大受众,你想告诉他们什么,还是需要有自己的主张,张扬对这个社会有益的东西。"而观众在解读时,得到的也是经过《大师》挖掘和弘扬的那些积极和有益的方面。一位观众在来信中写道:"这些大师是真正的大学问家。他们既有中华传统文化的深厚积淀,也汲取人类文明的精华,经得起历史考___和文明传承。"2008 年 1 月,《人___》在___《追寻中国的文化脊梁》的文章___评论《大师》栏目:"人们关注这个节目___为大师精神呼唤已久,观众带___一种渴望,在节目中找到了思考。《大师》提___了民族自豪感。证明追求真理、___祖国、热爱人民是中国知识分子___共性。"正面书写,同时也得到了上海市委宣___部的认可:"这些传记节目浓墨重___地雕___了大师们坚守人格操守、矢志服___人民的强烈的社会责任感。"

二是针对当下。即___着阅读现实。应该说,将中国___分子___精神遗产进行比照,一直是贯穿《大师》的主题。在追寻和发掘中国知___分子___和思想的历史遗产的同时,希___为"能离现实近一些"的参照尺___,使其___不仅使观众了解人文传统在走___现代化过程中的历史作用,同时也___观照___现今社会、学术文化等领域的某些___的效应。这样的构想,有时___人___事隐喻在片子中;有时则直抒胸臆___更为清晰。

三是强调精神。通过___集节目的分析,《大师》对所___人___在学___方面的表达,还不仅是为大师的___成就立碑,更重要的立意是传达___们的"问学"精神和态度。比如:蔡元培___北大校长,明确"不为升官发财立___",在言在野都坚持教育学术必须"兼容___包";马相伯淡泊名利,不随俗沉浮___自迪___智,认定教育乃立国立人之根本,___所有;陶行知同文盲、贫瘠战斗了一辈子___到最落后的乡村办起了晓庄师范;___目克隆事业的开创者童第周说___"科学家不自己动手就是科学政客",至今仍___发聩;等等。这让我们看到大师们的创___活动,其辉煌不衰的价值所在。

四是注重人格气质___方面多是关注知识分子的人格___和行为准则,在安身立命之时的坚守和___,在担当使命和责任时体现的___感。

以《大师·梁漱溟___》。片中有这样一段解说词:"但辛亥革命仅仅又一年,梁漱溟便深陷于精神痛苦和幻灭中。一天,他看见一个白发的老头___着人力车,在寒风中,艰难努力,而坐___是一个衣冠楚楚的年轻人,___声比催呵。老人跌倒了,白的胡子上淌___口……梁漱溟落泪了。从此,他再___生人力车。又一天,他看见一个因为___而偷了食物的人,被警察如狼___虎地逮___,使他深感残忍。"也正因为他有这___一种柔嫩易感、悲天悯人的情怀___要救民___水火之中,所以他才会用出世___思想来做实事的事业。艰难异常___毅扛着地投身到乡建工作,体现了知识___身上特有的"人民性"。

通过《大师》我们看___大师们"用自己的一生回答了___民族和社会在特定历史条件下,向他们___出的一个特定的问题。这样的大师___仅具有历史的力量,还有人格的力量——一个民族争取解放而努力前行的精___。"这是对一个大众传媒进行的这项工作___值认同。《大师》在对大师们___中___也深入了对于中国知识分子的思想史领域的探究。通过对 20 世纪中国知识分子命运历史的整理和反思，让受众看到被还原和被重新解读的大师，启动人们的回忆或记忆，让中国知识分子优良传统得以发掘和继承。

## 结语：做文化的守望者、传承人

"电视到底是塑造文化还是反映文化"曾经是一个问题，而如今电视已经成为我们文化的一部分，电视内容也已经成为反映社会和文化领域的一面镜子。如何塑造电视文化，是对中国媒介所承担的责任和职业义务的考验。

《大师》制片人王韧在一次内部会议上说："我们不应该只能哀叹这个社会没有文化，在细微处看不到它坚守的东西。""文化就是你的素养，有你的操守。文化就表现在你的举手投足间，就在你的行为中。人们看到了你的准绳、你的主张、你的情感，这就是文化。"一位观众这样评价《大师》："总之，热忱希望多一些《大师》类节目，少一点'疯狂恶搞''娱乐至死'，真正给人以精神感悟和思想引领。"笔者在对《大师》的实践分析中，看到了一种对文化守望的期望，即节目中对传统、文化、历史的体现和对现实意义的观照，以及对民族文化和精神的保护和发扬意识，具有文化气质的倾向。这正是百集《大师》纪录片探索的价值和意义所在。

**参考文献：**

［1］王仲伟.上海文化发展规划研究［M］.上海：上海人民出版社，2007：263.

［2］上海新闻传媒集团黎瑞刚讲话材料，2006 年。

［3］尼尔·波兹曼著《娱乐至死》，广西师范大学出版社 2009 年 5 月版，第 114 页。

［4］托夫勒著《预测与前提——托夫勒未来对话录》，国际文化出版公司，1984 年版，第 181 页。

［5］朱鸿召著《延安文人》，广东人民出版社 2001 年版 第 1 页。

［6］陆扬 王毅著《大众文化与传媒》，上海三联书店，2000 年，第 16 页

［7］转引自：克洛依伯和克勒克荷恩：《文化：概念和定义述评》，纽约，醍酒丛书，1963 年，第 83 页。

［8］转引自：乔恩·埃尔斯特《理解马克思》，中国人民大学出版社 2008 年版，第 105 页。

［9］李泽厚著《中国近代思想史论》，安徽文艺出版社 1994 年版 第 451—452 页。

［10］黄仁宇著《万历十五年》，生活·读书·新知三联书店 2004 年版 第 268 页。

［11］资料来源于对《大师》主编徐冠群的访谈，2010 年。

［12］李泽厚著《中国现代思想史论》，安徽文艺出版社 1994 年版，第 2 页。

［13］黄仁宇著《万历十五年》，生活·读书·新知三联书店 2004 年版 第 269 页。

[14] 转引自：霍尔等《文化，传媒，语言》，伦敦，哈亲森出版社，1996年第五页。

[15] 中共上海市委宣传部新闻阅评督查组《新闻评点》第 87 期。

[16] 黎瑞刚为《大师》出版物所写的序言。

[17]《解放日报·解放论坛》2010 年 1 月 26 日。

**作者简介：**

刘宁，上海广播电视台融媒体中心主持人、记者。

# 多元融合视角助力历史题材
# 纪录片的国际传播
## ——以《亚太战争审判》为例

朱雯佳

**提　要：** 历史题材纪录片通过回溯历史来观照现实，引发思考。在以
"推动构建人类命运共同体"为外交目标的新形势下，国际题材的历史
纪录片承担着表达本国立场、价值观，进而传递对他国的合理关切的重
要作用，因而在国际传播上也有着更高的要求。本文以《亚太战争审
判》为例，通过对历史纪录片三类叙事视角的解析，从平衡全知视角与
内视角、内视角叙事多元化、外视角引入三方面阐释了全球化语境下，
多元融合的视角表达对其国际传播的助力作用。

**关键词：** 历史题材纪录片　多元视角融合　国际传播

## 引　言

随着中国在国际上的影响日益增强，如何做好新时期下的国际传播是电视
创作者面临的新课题。纪录片因其纪实性、过程性的影像记录品性，更易于构建
一个具有真实感的文本结构，进而获得不同文化背景下受众的理解和认同，在政
治传播、跨文化交流，以及提升国家影响力和改善国际形象等方面发挥独特的作
用。而新时期下的历史题材纪录片，因其承载着阐述历史、传递价值观与国家立
场的重要使命，更需要在适应全球化语境的基础上进行艺术表达，服务构建"人
类命运共同体"的新时代中国特色大国外交的总目标。

2020年，为纪念中国抗日战争胜利暨世界反法西斯战争胜利75周年，上海

广播电视台制作并播出了大型系列纪录片《亚太战争审判》，该纪录片共 3 集，每集 50 分钟，是全球首部全景式聚焦二战后同盟国对日军 BC 级（乙丙级）战犯审判的大型纪录片。该片通过珍贵一手史料的公开，真实生动率人物叙事，大量抢救性口述史的展现，以及权威理性的国际专家解读，立体展现了日军在太平洋战场犯下的暴行以及战后国际社会以法理精神惩治战争罪行，填补了该领域内的影视空白。

笔者作为《亚太战争审判》的分集导演有幸全程参与了该片策划和制作，在此过程中发现多元化的叙事视角表达作为叙事手段的重要一环，为历史纪录片的国际传播起到了助力作用，对于同类题材的创作来说具有一定的借鉴意义。

# 一、历史纪录片的叙事视角

人们从不同的角度观察某一事物，就会产生不同的视角，同时也会具有不同的感受。自叙事艺术诞生起，便存在由作者、叙事人或故事中这一自觉或不自觉地运用"视点"问题。一部叙事作品如同一幅画一样，首先要有一个"看点"来给它提供表面的合理性和意义。纪录片作为一种叙事艺术的影像表达，其故事讲述的出发点即为"视点"，也就是"叙事视角"。

法国结构主义批评家热奈特对视角模式进行了如下分类：第一，"零聚焦"或"无聚焦"，即全知视点；第二，"内聚焦"，叙事说明的视角都通过一个人物的过滤；第三，"外聚焦"，即从外部观察人物，不透视人物内心。另一位法国结构主义批评家兹韦坦·托多洛夫则用数学式来概括这三种聚焦方式，即"叙述者＞人物的全知视角；叙述者＝人物的内视角；叙述者＜人物的外视角"。综合两者的理论，笔者认为历史纪录片的叙事视角同样包含上述三类且各有特点。

## 1. 全知视角

作为一种"零聚焦"的视角模式，在全知视角下，作品中叙述者是一种全知全能的形象，掌握了所有的信息和细节，并且通过自己的理解去表达内容。历史类纪录片中，通常这种全知视角借由旁白或画外音的方式呈现。

《亚太战争审判》中前五集聚焦国际战场的乙丙级战犯审判，在叙述审判法庭的建立、各地法庭审判的特点和最终的判罚时，采用的是第三方的旁白来呈现，这一视角即为"全知视角"。全知视角承担了整部纪录片的叙事指引，为观众营造整体的氛围和全景式的景象。叙述者通过这一视角，全景式地为观众呈现了乙丙级审判与甲级审判所共同构成的同盟国在远东对战犯审判图景。

### 2. 内视角

内视角是一种"内聚焦"的微观视角,借由作品中某个人物的视觉、听觉及感受去传达信息,是其视野的浓缩。在历史纪录片中,内视角可以是历史事件的亲历者或后人、故事的见证者,也可以是史料的挖掘者或相关历史的研究者。

《亚太战争审判》中,摄制组远赴澳大利亚、俄罗斯、美国、英国、新加坡、巴布亚新几内亚等13个国家和地区,采访了近50位国际专家和40多位事件当事人及其后人,其中包括"地狱航船事件""九州大学活体解剖事件""日本大久野岛毒气工厂"等重要历史事件的亲历者及后人。从他们的视角来回溯事件,用个体的生命体验填充叙事主体内容,追忆重现事件发生时的历史场景,这一视角就是"内视角"。内视角的合理运用能带给受众强烈的现场感和沉浸式的体验,激发共情。

### 3. 外视角

当作品的叙事者处于故事讲述的外部,以客观、中立的旁观者身份去呈现所见所闻,避免作过于倾向性的态度表达时,就形成了纪录片的"外视角"。在这种"外聚焦"的叙事角度下,叙事者掌握的信息少于"内视角",而且比"全知视角"又带有更明确的身份标签。在历史纪录片中,外视角通常承担了客观解读多面性的历史事件和人物故事的作用。

对于面向国际受众的历史纪录片来说,"外视角"的选择需要兼顾不同的文化背景、观看习惯,脱离单一文化的束缚。《亚太战争审判》后三集聚焦国民政府和新中国审判,由英国剑桥大学亚洲与中东研究院教授顾若鹏担任主持人,以他中立、内行、客观的视角出发,带领观众探寻历史真相,解读审判始末。这一视角则为第三方的"外视角"。对于相对更容易陷入说理和概述的历史纪录片来说,这一视角的运用有利于拉近纪录片与不同文化背景的受众之间的心理距离。

## 二、多维度的叙事视角融合

不同的叙事视角对于纪录片的主题表达和传播效果会产生不同的影响,因此如何进行合理、恰当的视角融合,以求传播效果最大化,就显得尤为关键。"视角融合"即叙事视角多元化,往往同时采用几个不同的视角,从宏观立体的高度把握对象,进行综合的艺术描写,从而形成复合交错式的叙事视角。在全球化的语境下,对于历史纪录片来说,只有"多元化、立体化"的融合才是有效且有价值的。

## 1. 平衡全知视角与内视角，以微观人物故事烘托宏大主题

纪录片的全知视角，有利于把握全局，明晰故事方向。然而，全知视角下，受众处于被动接受的位置，缺乏对现场的共情和对故事的沉浸感体验。历史题材的影像化表达，想要真正摒弃说教，让不同文化背景的受众都易于接受，需要一个个生动、真实的个体故事来支撑，这就要求创作者在更能表达立场的"全知视角"和注重个人体验的"内视角"中做好平衡。

《亚太战争审判》的第一集《正义之路》，虽然是开篇的全景式交代，但是摒弃了历史文献纪录片惯用的档案与影像资料堆叠的做法，而是在三度使背景交代后穿插进一个个小故事，从故事主体的内视角切入，展现历史事件对人物当下的影响。

例如，在叙述英国审判所审理的新加坡亚历山大医院大屠杀事件时，旁白以"全知视角"解说了审判的概貌后，便切入由新加坡亚历山大医院的工作人员，同时也是年轻的二战历史研究者陈鼎祥所呈现的"内视角"。他来到实地，向观众展现了医院所保留下来的战时医疗通道。随后，又讲述了自己和医院友人，也是日军屠杀的幸存者理查德·沃勒中尉之子通话后所了解到的屠杀的细节。最后，再辅以"全知视角"来讲述战后法庭对该案件的审理及证明中在法庭上所提供的口供细节，由此实现了两个视角详略得当且互为呼应的双线叙事，以个体故事烘托了宏大主题。

## 2. 内视角叙事多元化、立体化，平和理性，关注人类命运共同体

历史类题材纪录片的国际化表达，其中很重要的一点在于不能"自说自话"。事先设定论证结果，以"胜者书写历史"的姿态来灌输观点，这样的作品不仅难以"走出去"，也不具有经得起推敲的史料价值和艺术价值。这就要求创作者在创作过程中，以更立体、多维的角度去回溯历史事件，审视复杂的人性，因而在内视角的选取上，要尽可能地多元化、去扁平单一化。

这里的"内视角多元化"包括两方面：一是故事主体人物身份、视角、国别的多元化。比如在《亚太战争审判》第五集《万劫难归》中，在展现"新加坡肃清大屠杀"这一人类历史上的大浩劫时，创作者选取了五个内视角来切入，分别是：父亲在大屠杀中遇难的新加坡华裔罗荣基；在战后参与遇难者遗骸挖掘工作的老人胡振华；新加坡民间历史研究者林少彬；四十年如一日奔走于马来半岛搜集证据的日本琉球大学名誉教授高岛伸欣；以及澳大利亚历史学家艾文·布莱克本。他们分别从亲历者、见证者和研究者的角度，带着各自的情感、立场，充分还原了这场新加坡华侨所遭受的生死浩劫。二是同一故事人物身份、情感表达的多

面化。在第七集《良知救赎》中,94 岁的日本老人藤本安马曾是大久野岛毒气工厂的制毒工人。如今,因毒气入侵而造成身体终身损伤的他选择站出来揭露日军制毒的罪行,也对自己的罪行忏悔。纪录片中的他有多重身份——他是受毒气摧残的受害者,是揭露日本制毒罪行的当事人,也是唯一一个来到中国亲自向幸存者谢罪的日本制毒工人。当他边写下牢牢刻在脑海中毒气制造的化学方程式,边说"我要记住这些化学方程式,因为这是日军加害中国的证据"的时候,人物情感的表达得到了升华。"加害者,也是受害者"的双线叙事更能引导受众在人性层面去解读、认识和反思战争。

### 3. 适当引入外视角,内外结合,突出故事性、挖掘性、悬念性

在对外传播中,调查式报道更容易被国际观众接受,也是目前国际上流行的传播方法。相比平铺直叙的陈述,实地调查更有说服力和可看性。在纪录片中引入调查者或见证人这一第三方的"外视角"来记录和叙述事件,并与主体故事人物的"内视角"互为呼应,更能契合不同文化背景的受众视野,展现悬念与冲突,引导人们一步步解答心中的疑惑。

《亚太战争审判》从两方面运用了视角的"内外结合":一是外籍专家主持人的外视角和当事人内视角的结合。在讲述中国审判的三集节目中,英国剑桥大学教授顾若鹏作为主持人和历史研究者的"第三方"身份深入现场,寻访当事人,带领观众一起抽丝剥茧,找寻真相。他在上海虹口区的老式公寓中见到了原龙华集中营的侨民白丽诗,向她了解日军曾对在中国的外侨所实施的残酷虐待。他也去到了河北定州探访当年地道战现场,在采访到当年因日军投入地道中的毒气而家破人亡的受害者家属时,他深受触动,与当事人一起流泪。观众跟随他"陌生化"的视角,走近当事人,一步步接近真相,更能触发心理共鸣。二是事件寻访人的外视角与见证者的内视角的结合。例如在第四集《魂断异乡》中,摄制组跟随澳大利亚历史学博士粟明鲜,进入南太平洋岛国巴布亚新几内亚的隧道工事群实地探访,从他的视角向观众还原了 1942 年底"八百壮士"中的 57 名孤军营士兵被运送到这里充当劳役的苦难经历。与此同时,同样作为华人移民的粟博士找到了出生在拉包尔防空隧道的第二代华人移民刘约翰,和他一同钻入当年出生的隧道,找寻拉包尔华侨遭受日军残酷劳役的证据。他们同样有着"华侨"标签的内外视角融合令叙事更流畅生动,也令这场"探寻"更具故事性与情节感。

## 三、视角融合对于历史纪录片国际传播的助力作用

《亚太战争审判》播出后,在国内和国际的传播上都取得了不俗的成绩。

东方卫视首播收视率全国同时段位居前五,抗战胜利纪念日当日攀升第一。网络播放量及各社交媒体短视频播放量破千万,故事话题浏览量逾3 000 万。

而在国际范围内,该片国际化的叙事表达也打破了历史纪录片对外专播壁垒,在其登陆美国 Sinovision、俄罗斯 SPBTV、北美新媒体 TALKBB、YouTube 后引发了广泛的国际关注,并一举斩获第 42 届美国艾美奖最高荣誉——电视系列片历史类金奖。英国最大的版权发行机构 A13 Media 即将对该片进行全球发行。

良好的国际转播效果得益于创作者对于叙事手法的合理运用。相较于美食、文化、旅游等软性题材,历史题材纪录片承载了更多的国家立场和价值观,因而在国际传播上面临更多挑战。这就要求这类纪录片在叙事手法上更契合"国际口味",而多维度的视角融合在其中则起到了良好的助力作用。

### 1. 强化故事性,更易为国际观众所接受

多视角切入,尤其是大量内视角的运用能将大的历史事件以小切口展开,以生动的小人物故事来反映大的历史进程和其对现实的映照。非比传统文献纪录片所惯用的文献资料与历史画面的堆叠,这一叙事手法更符合国际受众的收看习惯,也更有利于作品从人类普遍的道德伦理、价值观及情感上引发共鸣。

### 2. 平衡各方观点和态度,利于应对国际争议话题

以沉静、理性、客观的多元视角叙事,相比传统的带有强烈民族主义色彩的历史纪录片来说,在国际上更站得住脚,也更利于立体呈现国际争议问题。《亚太战争审判》也面临国际敏感的议题,包括审判的公正性、判决的合理性、证据的充分性等。这些争议最终通过国际专家学者、事件当事人及其后人、历史寻访者的多方视角融合得到了全面客观的解读,回应了国际关切。

### 3. 引入抢救性口述历史,为国际研究提供史料支撑

对国际上的专家学者和历史爱好者而言,以事件亲历者呈现的第一口述历史,有些甚至是抢救性的口述实录,既有极强的可看性也有重大的史料价值。《亚太战争审判》中有大量的亲历者和当事人的采访,不少身世显赫,如"里斯本丸"事件唯一健在的幸存者,101 岁的英国人丹尼斯·莫里;营救落水英军战俘的 97 岁渔民林阿根;主持日军南京受降工作的中国老兵 107 岁的李灿如等。其中丹尼斯·莫里和林阿根两位老人如今已离世。随着时间的推移,他们的口述历史对于国际研究的史料价值也将变得越来越大。

目前,纪录片主创团队已着手以片中当事人口述为基础,制作 12 集口述史《二战后 BC 级日本战犯审判口述影像实录》并对外发行。

## 结　语

纪录片的国际传播是国家对外传播整体战略的重要部分。一部具有广泛国际传播力的纪录片不仅要求创作者拥有国际视野,还必须从叙事手段上贴合国际受众的心理和观看习惯,建立文化认同感。

在倡导"人类命运共同体"的全球价值观下,传统的单一视角,或者简单、无重点的视角堆砌已经不能满足国际观众对于客观真实和艺术表达两方面的需求。立体多元的叙事视角融合作为叙事手段更新的重要一环,更契合纪录片对真实性、现场性、记录性的要求,在此基础上所展现的"全面真实"也更容易为国际受众所接受。

新时期下的历史题材纪录片要求创作者充分把握三种叙事视角的不同特征进行创作——平衡全知视角与内视角以实现个体故事和宏大主题的互相呼应;内视角多元化以求客观、中立地应对历史争议与伦理道德议题;引入外视角以达到"适度陌生化",突出历史真相的探寻过程,实现文化补偿。以此手段为创作基础,方能传递"正视历史,观照现实"的普遍价值观,提升作品在不同国别和文化背景的受众间的传播力、公信力和影响力。

**参考文献:**

[1] 何苏六,李智,毕苏羽.中国题材纪录片的国际化传播现状及发展策略[J].中国广播电视学刊,2011(5).

[2] 安德烈·戈德罗,弗朗索瓦·若斯特.什么是电影叙事学[M].刘云舟,译.上海:商务印书馆,2005.

[3] 陈振浩.人物纪录片的叙事视角研究[D].济南:山东师范大学,2019.

[4] 冯泽琴.国产纪录片跨文化传播研究——基于 2011—2018 年国产纪录片国际获奖作品[D].保定:河北大学,2020.

[5] 郑天放.时代变迁与中国电视纪录片叙事视角的转换[D].广州:暨南大学,2010.

[6] 陈亦楠.重大历史题材纪录片的国际传播策略——大型外宣系列纪录片《东京审判》的实践探索[J].对外传播,2018(5).

**作者简介:**
朱雯佳,上海广播电视台纪录片中心导演。

# 党史故事国际传播策略浅析

——以《百年大党——老外讲故事：上海解放特辑》为例

王向韬

**提　要：**党史故事的国际传播是讲好中国故事的重点，也是难点。外宣短视频《百年大党——老外讲故事：上海解放特辑》(Witness a New Dawn)首次以全英文史料、西方历史学者讲述的方式呈现了围绕上海解放展开的一系列党史故事。该片荣获第 26 届亚洲电视大奖'最佳新媒体纪实系列片'，是上海出品，正面讲述党史故事的作品首次获得国际奖项，是党史故事国际传播的一次创新尝试。本文通过对该案例的透析，试论向海外受众讲好党史故事，须努力降低国际传播的'文化折扣'。本文分析阐述了"上海解放特辑"在降低"文化折扣"方面的努力：发掘独特史料构建全新视角，以外籍专家型讲述人"他者"讲党史，小体量新形式适应国际传播新生态。

**关键词：**讲好党的故事　国际传播　"文化折扣"

2021 年 5 月 31 日，习近平总书记在十九届中共中央政治局第三十次集体学习过程中强调："讲好中国故事，传播好中国声音，展示真实、立体、全面的中国，是加强我国国际传播能力建设的重要任务。要深刻认识新形势下加强和改进国际传播工作的重要性和必要性，下大力气加强国际传播能力建设，形成同我国综合国力和国际地位相匹配的国际话语权，为我国改革发展稳定营造有利外部舆论环境，为推动构建人类命运共同体做出积极贡献。"

习总书记同时特别强调："要加强对中国共产党的宣传阐释，帮助国外民众认识到中国共产党真正为中国人民谋幸福而奋斗，了解中国共产党为什么能、马克思主义为什么行、中国特色社会主义为什么好。"

2021年是中国共产党成立100周年。中国共产党百年奋斗史,是带领中国人民实现独立、富强、繁荣的过程,是为民族谋复兴,为人民谋幸福的奋斗史。

党史故事是最好的中国故事,对外讲好党史故事是讲好中国故事的重要基点。党史故事的国际传播是外宣工作的重点,也是难点。

2021年5月27日上海解放72周年之际,上海广播电视台记录片中心在上海市人民政府新闻办公室指导下推出了外宣短视频《百年大党——老外讲故事:上海解放特辑》(Witness a New Dawn),该片播出后广受好评,屡获殊荣。该片是党史故事国际传播的一次创新尝试。本文通过分析该案例,尝试浅析党史故事国际传播的策略。

## 一、党史故事国际传播面临的挑战

当前,中国共产党的故事在国际传播中面临诸多挑战,其中主要原因有西方话语霸权、意识形态与政治制度差异和刻板印象。西方发达国家仍掌握着国际话语的主导权,"西强我弱"的国际舆论格局仍未改变。基于意识形态差异及本国国家利益及发展战略考虑,西方发达国家在意识形态、政治经济利益的驱动下,运用话语霸权阻碍海外受众准确认识中国共产党,了解中国共产党,刻意制造和强化刻板印象,甚至刻意对中国共产党进行污名化和妖魔化报道,这在客观上造成了中国共产党故事国际传播的挑战。党史故事国际传播破圈突围任务艰巨紧迫。

应对和克服这样的挑战,在战略上需要全面构建起中国特色对外传播体系,创新对外话语体系构建,全面提高我国国际传播水平。在战术上,则需要在以故事为载体的国际传播内容创制过程中尽可能减少"文化折扣"。

20世纪80年代,霍尔金斯和米卢斯首次提出了"文化折扣"(Cultural Discount)概念。"文化折扣"指的是因文化背景差异,国际市场中的文化产品不被其他地区受众认同或理解而导致其价值降低。"文化折扣"的成因有语言、文化背景与审美习惯、历史传统等。由于政治文化、价值理念、意识形态等差异,向海外受众讲述党史故事面临比一般中国故事更多的"文化折扣"。如何有效减少"文化折扣",构建起党史故事与海外受众之间"共通的意义空间",是党史故事国际传播中必须面对的问题。

外宣短视频《百年大党——老外讲故事:上海解放特辑》值中国共产党成立100周年、上海解放72周年之际发布,在降低"文化折扣"方面做了诸多努力。

## 二、案例透析：《百年大党——老外讲故事：上海解放特辑》

1949 年 5 月 27 日，上海宣告解放。这是中共党史、中国革命史上重要的一页，亦是上海城市史上重要的一页。这一内容的国际化呈现尚属首次。《百年大党——老外讲故事：上海解放特辑》以国际化的语态和表现形式首次独家讲述了西方亲历者眼中的上海解放故事。

系列片共 6 集：《旧上海的末日》《紫石英号事件》《解放》《为了光明的上海》《第一印象》《新上海的诞生》。故事讲述人——美国杜克大学历史学教授嘉炯（Andrew Field）分别从上海大厦、民生码头、上海邮政博物馆、杨树浦发电厂旧址、徐家汇藏书楼、南京路等上海知名地标出发，依托全英文史料，通过 1949 年在沪西方人的真实客观记载讲述中国共产党接管上海，经受住执政大考的初考验的故事。该片同时聚焦党的十八大以来上海取得的发展成就，历史与当代相互呼应、彼此印证，客观阐明我党的执政基础在于人民的拥护，是历史与人民的选择。

"上海解放特辑"于 2021 年 5 月 27 日上海解放 72 周年纪念日由"上海发布"微信公众号首发，全网多平台上线，连播 6 天。系列片同步在上海广播电视台纪实人文频道电视端及其新媒体渠道播出，覆盖约 590 万用户，在全国近 20 个 IPTV落地。节目通过上海市主流外宣媒体海外账号登陆国际主流社交媒体平台。中央外宣媒体《中国日报》在头版、二版整版刊发深度报道，并在官网、手机端以及海外社交媒体平台开设专栏，每日推送。截至 2021 年 8 月，"解放特辑"点击量达到 1 842 万次，取得了不俗的口碑及传播效果。系列片在 2021 法国戛纳电影电视展览会 Mipcom 登上展映，并通过"视听上海·北美综合节目平台""全城精品频道"等海外平台实现北美洲、亚洲、欧洲及非洲的全球全覆盖展示。

2021 年 12 月，系列片荣获亚洲电视大奖"最佳新媒体纪实系列片"，是上海出品，正面讲述党史故事的新媒体作品首次获得国际奖项。该系列片还荣获第 27 届中国纪录片学术奖"微纪录十佳作品"，"第三只眼"国际短视频大赛一等奖，上海市"银鸽奖"最佳国际新闻奖，并入选中宣部 2021 年度第一、二季度优秀对外传播纪录片，国家广电总局 2021 年第二季度优秀国产纪录片季度奖。

## （一）"独特视角、西方史料"

完全使用英文史料讲述党史故事，是《百年大党——老外讲故事：上海解放特辑》的一大亮点。不同于以往讲述上海解放的党史纪录片、专题片，该系列片引用的全部史料来自当时真实的英文记载，这是该片降低国际传播"文化折扣"的最主要特色。

全新史料的使用，使得诸多耳熟能详的党史故事既富有新鲜感，也更有感染力。譬如，上海解放时"解放军睡马路"是最具有标志性、代表性的党史故事，在国内几乎家喻户晓。这一幕也作为全国城市解放史中最经典一幕被写入《中国共产党简史》中：

"人民解放军在上海解放后，为不惊扰上海市民，不住民房，露宿街头，感动了整座城市。"

鲜为人知的是，当时亲眼见证了这一幕的西方记者也深受感动。如美国记者哈里森·福尔曼在他的战地笔记中记录了他亲眼所见：

"一个士官拿着冲锋枪在南京路巡逻，就像一个母亲在保护熟睡的孩子。这是一个感人的场面。这些年轻人日夜行军战斗，一定累坏了，苏州河畔的枪声也没有吵醒他们。他们睡得很熟。"

"整个下午，他们酣睡在南京路的人行道上，这对打了胜仗的军队来说，是一件不可思议的事。"

当时上海著名美商杂志《密勒氏评论报》在题为"上海解放"的特稿中也专门写道：

"士兵们都累坏了。他们坐在人行道上，背靠着建筑物，躺在那里睡着了。第一天晚上，下起了雨，许多还没有安排到避雨点的士兵都浑身湿透了。但他们拒绝接受干衣服、食物、茶，甚至热水，因为他们说不能拿人民的东西。"

"解放特辑"首次以当事人手记原稿，西方报刊原件形式完整、视觉化呈现了这些珍贵史料，对"解放军入城睡马路"这一感人至深的党史故事进行了国际化的再演绎，中国共产党领导下的人民解放军军纪严明、秋毫无犯的形象得到了生动、客观、翔实的呈现，如《文汇报》评述：该片"为这座城市的红色印记、红色故事再添生动注脚"。

除了上文提到的记者视角，短片采用了丰富多样的英文史料：有来自当时驻华外交官的回忆录、口述历史，外商企业高管发回国内总部的电报，亦有当时上海普通外国侨民的家信记载。同时该片使用了大量1949年仍在上海发行的，如今馆藏于上海徐家汇藏书楼的英文报刊《字林西报》和《密勒氏评论报》原文。如此大量、集中使用从未在过往上海解放叙事中使用过的"历史底稿"，尚属首次。除了这些文字史料，该片诸多历史影像也来自当时真实新闻影像。这些来自方方面面的西方历史素材，共同构建了一个独特的"第三方视角"，客观、翔实地呈现了上海解放的细节。

运用全英文史料讲述党史故事使得"解放特辑"拥有了一个独特的视角，也使得全片更具客观性、中立性，在价值观表述上更为柔性和隐性。整个系列片最后一集《新上海的诞生》结尾，并没有如以往专题纪录片那样对上海解放这一伟大的胜利做出评论性总结，而是直接引用《纽约时报》1949 年社论，该社论文发表于该报头版的文章。

"尽管一厢情愿的西方人去年春天预言了一场危机，但中国共产党还是获得了接管上海的第一轮胜利。"

## （二）"党的故事、国际表达"

在呈现这些独特史料时，"解放特辑"以专家型外籍讲述人"他述"形式降低了语言和文化背景上的"文化折扣"。"解放特辑"邀请美国杜克大学历史学教授费嘉炯博士担任故事讲述人，由他带领观众寻访一个个上海地标建筑，呈现史料讲述故事。费嘉炯博士长期从事中国近现代史、上海史研究，曾任教于普林斯顿大学、杜克大学，著有《上海舞蹈文化：卡巴莱文化与城市政治 1919—1954》《看不真：中国失落的现代主义者》《上海夜景：一个全球大都会的夜景专记，1912—2012》等著作。费嘉炯教授美国人、历史学者、上海史专家的多重身份为系列片提供了一个中立、客观、权威且易于被海外受众接受的第三方视角。这种第三方视角不仅能够带来事半功倍的传播效果，同时也有利于增强故事本身的真实感与说服力。

当今，从外国人视角讲述中国故事，借助"外嘴外力"提升传播亲近力的形式已被广泛应用于我国国际传播。但与诸多"老外看中国"节目长单一视角不同，《百年大党——老外讲故事：上海解放特辑》凭借上文所述的"独特视角、西方史料"构建了另一个"第三方"视角：亲历党史故事的外籍人士的见闻记载。简言之，即以现在的专家型外籍讲述人看当时外籍亲历者的记述。这样双重第三方视角"他述"，在讲述党史故事的影视作品中并不多，其好处也是显而易见的：过去与当下都增强了故事的客观性与真实性，也在很大程度上降低了"文化折扣"，更容易打破文化隔阂，激起海外受众的兴趣，增强海外受众对故事内容的接受度、认同感和亲切感。系列片播出后，上海世博会美国国家馆副馆长 Peter Cuthbert 表达了浓厚的兴趣："很少有人会从这些细节讲述上海历史。"曾在《南华早报》担任近 20 年头版编辑的外籍人士 Peter Welton 亦表示："很有说服力，引人入胜。"

## （三）"小体量、重沉浸"

传统意义上的党史故事作品属于重大题材，往往是大制作，叙事风格也趋于平缓。"解放特辑"则另辟蹊径，采用 6 集，每集不超过 5 分钟的小体量，以适合社交传播的快节奏叙事呈现党史故事。选题策划之初,上海市人民政府新闻办公室与上海广播电视台纪录片中心即商定采用易于传播、更使年轻受众"Z世代"接受的短视频形式。系列短视频在拍摄、剪辑上高度重视节奏感和网感,在技术层面使用了数字建模、三维特效和手绘动画等多种手法以提升网感和可看性。系列片采用了今昔对照的结构模式,每集从一个上海地标切入,讲述党史故事,又回到地标,展现当今上海面貌、中国面貌,以事实呈现"中国共产党的领导是历史的选择,是人民的选择"。6集短片分别从上海大厦、民生码头、邮政大楼、杨树浦发电厂、徐家汇藏书楼、南京路出发,讲述解放故事,最后落脚于苏州河滨水岸线贯通、黄浦江岸线贯通升级、"世界级会客厅"建设、南京路步行街东拓等上海城市最新发展成就,既正面讲述党史,又客观呈现当代发展。充满网感的视觉表达使得厚重严肃的党史故事更有亲和力和感染力,使得该片更能够降低"文化折扣",超越国家、文化和空间的传播壁垒。

## 三、思考与启示

党的百年历史,就是最生动、最有说服力的中国故事。站在"两个一百年"奋斗目标历史交汇的关键节点,对外讲述中国共产党的故事具有重要意义。如何讲好党史故事,需要符合国际传播的基本规律,也须应对特殊性和挑战性。《百年大党——老外讲故事:上海解放特辑》为党史故事的国际传播带来一些启示。

## (一)化"自述"为"他述"

党史故事的国际传播须注重"共情叙事",建立与国际受众的"共有意义空间"。在符合历史逻辑、控制故事走向和价值观内核的前提下,尽可能化"自述"为"他述",将党史故事的话语转换为海外受众可以识别和理解的话语形式,才能使得党史故事更为广泛传播并引起受众共鸣。"解放特辑"采用英文史料,从西方亲历者见闻着手,运用西方历史学者呈现这些事实,隐形表达价值观内核,最大限度地建立了其与西方英语受众的"共有意义空间",降低了"文化折扣",使得党史故事能够更大限度突破文化和意识形态隔阂,通过一个个环环相扣的小故事向西方受众客观、有力地呈现了"中国共产党为什么能"。

## (二)创新叙事策略

提升党史故事国际传播效能,重点需要解决受众接受度和观赏性的问题。

"他述"可以解决接受￼那么叙事策略上的创新能够￼现￼的问题。在国际舆论场,谁的故事更￼打动人,谁就能获得更多的受￼并￼更好￼传播效果。党史故事的国际￼播需要将严肃的素材融汇成￼￼、生动、￼瓦￼事作品,避免"硬叙事",更￼"柔叙事"。

"上海解放特辑"￼一大特色便是党史故事与上海城市￼的￼融并￼。上海是中国国际知名度最￼、对外开放程度最高的城市之一,￼往￼是￼外受￼来华的第一站。上海城市￼研究也历来是海外学术研究的一个热点￼这是上海市主流媒体参与国际传播￼地方传播优势。系列片选择从上海地标建￼切入,讲述发生在那里的党史故￼,同时也是在讲述一段鲜为人知￼上海城市￼。￼"五方杂处、华洋杂糅、海纳￼川",上海的城市建筑文化风格￼具￼色,可以￼是凝固了全球建筑标本,亦是上海文化"软实力"的重要象征。系列片￼上海最￼盛名、风格迥异的历史建筑￼邮政大楼、上海大厦、友邦大厦、徐家汇藏书￼等入题,在讲述党史故事的同时￼现城市风貌和城市历史,既增强￼系列￼￼可看￼、观赏性,又一定程度上￼￼了党史故事与海外受众因为文化、历￼、意识形态而形成的传播壁垒,降低￼￼史故事国际传播的"文化折扣"。

## (三)创新叙事手￼

当前国际传播的￼￼地带正￼所未见地从传统媒￼转￼数字￼台、网络社交媒体。社交媒体正￼为全球受众信息的主要来源和国际舆论￼争的主￼地,短视频也成为新时代"￼事视听化、视听叙事化"社交语言。党史故事￼国际传播亦应积极把握"移￼￼、社交化、可视化"的趋势,积极￼索和拓展￼视频、微纪录等内容的创制和聚￼传播。党史故事"化整为零",￼有其￼￼听技￼￼现历史情景,以"Z世代"喜￼乐见的短视频、微纪录等适合￼￼传￼￼式￼现在新媒体平台,与传统重￼￼材的大制作、大片模式相结合,可￼成￼效￼力￼"传播组合拳",对从根本上￼转"西强我弱"的被动局面,推￼形￼客￼理性￼中共观有深远意义。

## 结　语

党的十八大以来,￼近平总书记多次在不同场合￼￼推进国际传播￼￼建设做出了一系列重要￼理论阐释和工作部署,要求拓展对外传播￼台￼载体,用海外受众乐于接受的方￼、易于理解的语言,讲述好中国故事,传播好中国声音。

讲好党的故事是￼好中国故事的重中之重。上海￼播￼视台纪录￼中心在建党百年之际推出的系列外宣短视频《百年大党——老外讲故事：上海解放特辑》是对外讲好党的故事的一次创新实践。

本文介绍了该案例及其主要特色，并进行了案例透析。该案例首次采用全英文史料呈现了围绕上海解放发生的一系列党史故事，通过采用外籍专家型故事讲述人、构建双重"第三方视角"和党史接入城市史等方式降低了党史故事国际传播中的"文化折扣"，为党史故事的国际传播提供了一个生动的创新案例，也为未来同类型题材内容创制和国际传播提供了一个可借鉴的思路。

**参考文献：**

[1] 李宇.对外讲好中国共产党故事叙事策略初探[J].中国广播电视学刊,2021(7)：16.

[2] 李宇.新形势下对外讲好中国共产党故事的叙事层次与策略[J].对外传播,2022(2)：20.

[3] 考林·霍斯金斯,斯图亚特·迈克法蒂耶,亚当·费恩.全球电视和电影：产业经济学导论[M].刘丰海,张慧宇,译.北京：新华出版社,2004：45.

[4] 柯荣谊.借力新媒体对外讲好中国共产党故事[J].对外传播,2022(2)：12.

[5] 郑保卫,王青.当前我国国际传播的现状、问题及对策[J].传媒观察,2021(8)：18.

[6] 《中国共产党简史》编写组.中国共产党简史[M].北京：人民出版社,中共党史出版社,2021：173.

**作者简介：**

王向韬,上海广播电视台纪录片中心外宣项目经理。

# 论重大主题纪录片创作的创新策略

朱　宏

**提　要**：纪录片具有珍贵的历史资料价值，是一个国家和民族的影像档案。而重大主题纪录片更是在塑造国家形象、留存时代记忆中承担着重要的使命。重大主题的宣传政治性强、理论性高、题材重大，是检验一个媒体舆论引导力的重要标志。在全媒体的新时代下，重大主题纪录片创作如何兼具时代意义和史料价值；如何在选题和内容上推陈出新，创新角度和选题；如何讲述人物故事，让历史"活"起来等，这是当代纪录片工作者需要面临的挑战。

**关键词**：纪录片　重大主题　创新策略

纪录片具有珍贵的历史资料价值，是一个国家和民族的影像档案。而重大主题纪录片更是在塑造国家形象、留存时代记忆中承担着重要的使命。正如智利纪录片导演顾兹曼所说，"一个国家没有纪录片，就像一个家庭没有相片"。近年来，在党和国家重大宣传时间节点，一批传递主流价值观的优秀重大主题纪录片不断涌现。

2021年上半年，电视剧《觉醒年代》热播是重大主题宣传匠卷的一次成功案例。百年前革命先驱的奋斗之路，如何引发当代年轻人的广泛共鸣，也是重大主题纪录片同样面对的问题。重大主题的宣传政治性强、理论性高、题材重大，是检验一个媒体舆论引导力的重要标志，特别是在当下全媒体格局之下对一大媒体提出了更高要求。本文将结合笔者自身实务，以近年来上海广播电视台推出的一系列重大主题纪录片为分析案例，探讨在新时代下重大主题纪录片创作在内容上如何推陈出新，创新角度和选题，以及如何讲述人物故事，让历史"活"起来等。

## 一、以历史之例，解当下之问

以历史之例，解当下之问。这是重大主题纪录片在选择题材与叙事角度时的创新通道，同时创新主题思想与创新表现手段。

重大主题纪录片的创作往往围绕党和国家重大宣传时间节点，仅以近年来为例进行统计，就有抗战胜利 70 周年、改革开放 40 周年、新中国成立 70 周年、抗美援朝出国作战 70 周年、中国共产党成立 100 周年等全国性的重大宣传时间节点。对各地方媒体而言，又有一系列地方性的重大宣传时间节点。以上海为例，有上海解放 70 周年以及浦东开发开放 30 周年等节点。这些重大主题作为新中国历史上的重大事件，一直是纪录片重点关注的对象。那么当下的创作如何区别于此前，如何既让新观众产生兴趣，又让老观众看到新意？叙事角度的更新往往会给重大主题纪录片的创作敞开一条新通道。

意大利著名文艺批评家、哲学家、历史学家克罗齐有句震惊学界的名言"一切历史都是当代史"如今已为普罗大众所接受。对于历史纪录片创作者而言，他对这一命题的具体阐述或许是更为重要的：人们研究历史和撰写历史总是从现实的兴趣、对现实的关心出发，"当代性不是某一类历史的特征而是一切历史的内在性质"。历史类重大主题纪录片必须对当下有意义，应该站在高处解读历史，突出"当代性"，"以历史之例，解当下之问"。

以上海解放这一重大主题为例，2019 年上海广播电视台纪录片中心创作的纪录片《上海解放一年间》，从政治、经济、社会民生三方面重温上海解放一年间的历史。虽以历史为主题，但在策划之初，就观照当下，以中国共产党如何提高自己的执政能力和社会治理能力这一当下的时代之问为切入点，题材是旧的，问题却是新的，新旧之间的时代对话，使 70 年前上海解放后中国共产党从农村到城市、革命到建设的"转型"过程，给当下以启示。

纪录片的现实观照也有效传递到了收视端。播出期间，片中的一些小细节引发了观众的热议：解放军在丹阳集训期间印发了《城市常识》手册供战士们学习，不少观众表示共产党人虚心学习的精神令人钦佩，这样的小册子现在也非常需要；片中引用陈毅在丹阳讲话中提到的大城市管理难题，讲到当时"上海每天要烧二十万吨煤，要解决几百万人的粮、煤及生活问题，每天的大小便问题不解决就不得了，每天的垃圾不解决，几天就堆成一座山"。观众在感慨共产党人工作细致踏实的同时，联想到现在上海的超大型城市治理问题，甚至正在推广的垃圾分类。这体现了该片的现实意义。

通过演绎历史故事，传递时代精神，也是重大主题纪录片的一大重要现实意义。在庆祝中国共产党成立 100 周年的大会上，习近平总书记深刻指出："一百年前，中国共产党的先驱们创建了中国共产党，形成了坚持真理、坚守理想，践行初心，担当使命，不怕牺牲，英勇奋斗，对党忠诚、不负人民的伟大建党精神，这是中国共产党的精神之源。"这是我党历史上第一次明确提出伟大建党精神。

为庆祝建党百年，上海广播电视台在 2021 年推出了《诞生地》《理想照耀中国（第二季）》等纪录片。面对这一重大主题的宣传，台集团此前就明确提出要求："对于世界上最大政党的 100 年的报道，一定要比其他各类重大主题报道更具历史维度、思考深度，更具现实观照、世界眼光，更加全面立体、丰富多样。"回望百年征程，上海既是中国共产党的诞生地，也是伟大建党精神的发源地。适时推出的这两部纪录片，通过一代代优秀共产党人的真实故事，真实生动地呈现了中国共产党人的精神谱系，成为电视纪录片诠释、弘扬伟大建党精神的重要作品。

## 二、以史料自证，用影像说话

以史料自证，用影像说话，这是纪录片创作的基本要求。真实性是纪录片的底线，也是纪录片的生命。重大主题纪录片创作中，准确性、权威性更是第一位的。文献、档案及历史影像，则是内容准确性、权威性和真实性的佐证。以上这些都是重大主题纪录片内容创新的基本保障。同时，为了重大主题纪录片内容创新，必须找到第一手资料与相关影视材料，制作人员做了大量的调查研究与深入采访，甚至到俄罗斯寻找到苏联摄影队拍摄的新中国影视资料。

文献档案价值是一部历史题材纪录片的核心价值所在。经过历史洪流保留下来的原始档案给观众带来的说服力、感染力和冲击力是其他力量无法去匹敌的。纪录片《理想照耀中国》中大量引用了革命先贤的诗文、家书、遗书等，并以文字的形式呈现在屏幕上，这是可供阅读的、关于传主思想真实的呈现，也是思想的第一手材料，不仅让观众可以读到他们的思想变化，更可以欣赏他们文章的风华。

纪录片《诞生地》第三集《到工人中间去》则是第一次以纪录片的方式，梳理展现了自建党前后到大革命失败期间上海工人运动的概貌。这具体事前没有做过，也没有系统的现成材料，需要编导自己到档案馆、图书馆、研究所等地查找、收集资料，从 50 多本书里，梳理出历史的脉络：工人运动在中国共产党成立之初，就是党的工作重点；早期共产党人从一开始就自觉地走到工人中间去，也通过一份份史料，帮助人们回顾历史事实，还原出从邓中夏到李启汉，再到看真、刘华、孙良惠等一代代共产党人前仆后继、薪火相传,脱下长□到工人中间去的史诗画卷。

历史是立体的,纪录片除了依托记载历史信息的图文资□,更需要影像资料。这些早期的影像档案,受当时国内外历史环境所限,非常稀少,很多历史影像因为时代原因,流向、散落在海外的档案馆中,待人发现、解□。从未披露过的一手资料一旦"首次发现""首次公开",均会引发广泛关注。

2019 年上海广播电视台为庆祝上海解放 70 周年、新中□成立 70 周年,相继推出了《上海解放一年间》和《彩色新中国》两部纪录片,首□在纪录片中展现了新中国成立初期的彩色胶片影像。

新中国成立之初,苏联向中国派出了两支摄影队,与北京□影制片厂的电影工作者一起联合摄制反映新中国伟大胜利的彩色影片,用最先进的摄影设备和最好的彩色胶片记录新中国的诞生。最终,中苏电影工作者联合完成了《中国人民的胜利》和《解放了的中国》两部长片,以及《锦绣河山》系列□影。根据当时合作的约定,影像资料采集完毕后,要送到苏联进行后期剪辑冲□。这就导致最终保存在国内的只有剪辑后的公映成片,而大量更具历史价值□拍摄素材被留在了苏联。上海音像资料馆花了 10 年的时间,追踪到这批约 2□本电影拷贝的素材,并特别为《上海解放一年间》和《彩色新中国》两部纪录片,□俄罗斯的档案馆中采集到其中部分珍贵影像。首次露面的上海解放初期的城市风貌,军民欢庆的场景,真实记录下的二六轰炸现场,以及彩色高清的开国大典的影像资料,犹如 70 年前的历史现场。

纪录片播出后,在收视率、口碑、影响力等方面成绩不俗。东方卫视播出当晚,在全国卫视同时段收视排名中位列专题类节目第一名,□时段综合排名第三,超过了许多综艺娱乐节目。在《上海解放一年间》的网络播出平台 Bilibili 网站上,纪录片累计共有 67 万播放,受到了年轻观众的欢迎。在播出页面评论栏,网友留言:"之前只看过当时解放军睡大街的文章,现在更细□了。攻打的细节也生动,竟然还有一线的战士在世!几句话描述得基本画面邹出来了。""四川路桥是我经常要路过的地方,身处这里就仿佛穿梭了一样,时□的流逝擦不去厚重的历史。""很真实的取景,像里面的碉堡那些建筑小时候小□里面也遗留了类似的(来自上海宝山住民),小时候一直不知道是什么情况。"□鲜的彩色影像引发网友热评持续增加。

而 2019 年 9 月初由纪录片片花剪辑成的短视频《彩色新□国》一经推出,首次披露的彩色开国大典画面瞬间引爆快手、抖音、微视、好看、□视频五大网络平台,推送 1 小时播放量就破 1 000 万,点赞超 50 万。影像的力量是轰动性的,用鲜活的、真实的影像说话,给受众带来的冲击远胜过再现等其□手段。

## 三、纪录片内容创新离不开当事人见证

重大主题纪录片的内容创新,离不开历史事件亲历者、当事人自己(口述),以及他们拿出的史料物证。

重大主题纪录片中,亲历者、见证者的口述往往不可或缺。口述者以事件的参与者、见证者身份面对观众,营造历史氛围,重塑历史细节,可以更好地重建历史的真实触感,帮助观众完全进入历史的情境中。但只有口述历史无法完全还原客观的历史。国内较早从事口述历史的学者也曾经总结口述历史存在的问题:存在的记忆久了还会"开玩笑",久而久之的记忆会发生重叠、重构和混乱,造成口述者说起事情来东拉西扯、张冠李戴、前后错位,两件原本已不是一件事情的事情说成同一件事情,把不是在同一时段上发生的事之归同一时段上,把根本毫无联系的事情联系了起来等。更何况说话有所取舍、事出自然,要求口述者百分之百的正确实属苛求。唐德刚替胡适写口述历史,只有一半是正式的口述,另外的一半内容是他找材料加以印证补充,并利用与李宗仁吃饭的机会,以"填空白"的方式完成的,所以书名《胡适口述自传》,李宗仁口述历史则只占15%,剩下一部分都是根据各方资料补充与考证而成。因此名之《李宗仁回忆录》。辅以大量档案、报刊、年谱、回忆录的交叉论证,是历史学者常会使用的方法,同样的方法在重大主题纪录片的创作中同样有效。此外,多元化的采访策略也能够尽可能地接近历史真实。

以2015年庆祝抗战胜利70周年为例。是年上海广播电视台推出了《生死地——1937淞沪抗战实录》《东京审判》等多部重大主题纪录片。在创作中抢救性地采访,采集了一批80~90岁的抗战老兵对战场的口述记忆。在呈现战场上的悲壮和惨烈时,兼顾了当时参战的国民党、共产党双方的不同视角,采访了上海、北京、台湾三地的专家学者以及参与淞沪战役的将领陈诚、白崇禧等人的后人。作为侵略者的日军,以及作为旁观者的租界英美法等外国人的声音主要通过联队档案、回忆录、书信等文献还原。

《东京审判》在采访对象的选择中,更囊括了来自美国、德国、日本、中国的专家、政要、庭审参与者与其后人、战争参与者及其后人。片中分别在德日本拍摄了同龄的89岁的施耐德和山口宽,前者在孩提时代被征入伍,后来与盟军作战;后者的父亲在二战时是日本三菱公司的工程师,被强制派入神风特攻队,在战争中死去。通过亲历者的口述、专家的解读,以及对战亡、无辜牺牲参与者的日记呈现,从历史人物到今人,审判者到被审判者,战胜国到战败国,国外到国内专家,以立体视野全面展现国际争议问题,试图让国际观众听到不同的声音,

最后以自己的判断来认识这场国际审判。

要避开单一信源带来的真实性陷阱,离不开与学术机构、业人士保持长期稳定的合作,学习、吸纳他们的研究成果。向学术要新观点,向学术要新立场,新的学术成果保证了重大主题纪录片的品质,新材料,新的史料白发掘和梳理也带来对历史细节的新认识。

面对建党百年的重大选题,纪录片《诞生地》节目组自策划之初,就与党史专家合作,反复讨论百年党史应该如何书写,又该怎样呈现它的宽广与纵深,才能做出一部不负时代的纪录片。与学术机构的紧密合作为节目打开了思路,对史料的新挖掘、对中国革命历史新认识、对历史人物的新评价 成为《诞生地》在内容与史实上的着力创新之处。

上海从 2015 年起,开展党的诞生地宣传工程,对上海的历史遗迹进行系统梳理,对红色资源进行新一轮摸底。作为中国共产党的诞生地,初心始发地,上海拥有丰富的红色资源,目前已梳理出从五四运动到上海解放前各类红色旧址遗址及纪念设施 612 处,中共中央几乎所有的机关都可以从上海找到源头。这些红色资源都是我们党艰辛而辉煌奋斗历程的见证,也是最宝贵的精神财富。这一新的研究成果也融入《诞生地》的叙事脉络:除了时序的脉络之外,空间的转换和衔接成为《诞生地》的叙事主要线索,全片重点展开的红色地标有 30 多处,串联起中共党史上具有开创性、影响深远的大事件,回答了中国共产党为什么诞生在上海的重大问题,同时为我们在百年后的今天做这样一部片子的时代意义作答。

《诞生地》第二集还通过采访当事人和历史资料,还原了中共四大召开地如何得以确认这一鲜为人知的过程。1932 年,中共四大会址毁于侵华日军的炮火。纪录片中的亲历者夏顺奎老人在 1984 年曾陪同当时担任中共四大记录和向导的耄耋老人郑超麟重回故地,实地寻访中共四大会址。2021 年 5 月,节目组又从中共四大纪念馆了解到,一些年轻的学者有了最新的发现。经多方考证后,"广吉里"这个尘封了半个多世纪的里弄名,被确定为四大召开时会址所处的里弄名称。跟随几代学者的脚步,纪录片完整地还原了这一过程,在建党百年之际,为上海的红色地图补上了一块重要拼图。

## 四、人性化传播是"共情传播"策略

重大主题纪录片宣传政治性强、理论性高,但因其"重大"往往容易流于说教,宏大叙事、单薄的人物形象,也使可视性、传播性大打折扣。"在泛娱乐化思潮和后现代文化语境形塑的网络生态中,年轻用户一方面求新求变,不满足于传统的表达；另一方面对宣教性内容留下了刻板的印象，从而增大了重大主题纪录片传播的难度。"如何让重大主题巧妙落地？如何把主题与创作的思想高度、情感深度和艺术精度统一起来？这是所有重大主题纪录片都面临的挑战。

美国意识流文学的代表、文学家威廉·福克纳有一个重要的观点：人性是唯一不会过时的主题。无论什么时代的人物，都处于夫妻、父子、母子、师生等一系列情感关系中，诉诸人人皆有的人伦感情，展现其作为人的内心世界，才能超越时空界限，引发观众对于人物的共情心理。而人性化传播是"共情传播"策略，人性化的故事情节让受众在感情上"共振"，在重大主题纪录片中立于，这是一种表现手法上的创新，增强了纪录片的感染力与传播力。

正如最为后世史家尊奉，成为历代正史的标准体例长，不是上古老的《尚书》《春秋》《国语》《左传》等口书，而是《史记》创立的纪传体。除了司马迁超人的史识和文笔之外，对人物的书写使历史有了质感无疑是最重要的原因之一。纪录片的本质是关于人的影像，一部片子成功与否就是要看人是否活了，是否生活是否有个性。不管做什么片子，必须从人出发回到人，如果没有人，只有主题的概念和事情，不成为故事，也不会好看好听。

在庆祝中国共产党成立90周年推出的《理想照耀中国》第一季以及后来推出的第二季均是以人物为主导的纪录片。第一季第二集讲述了李大钊、蒋先云、彭湃、瞿秋白、刘华坚四位烈士画像。四人都是唱着《国际歌》走上刑场的，《国际歌》贯穿全集，而这样共通的细节也加强了人物形象的塑造，让他们有共同的特征——他们关心人民，以帮助他人为人生第一大快乐；他们有同情心、有强烈的公平和正义的道德；他们爱国，忧患于国家的贫弱，民族的衰败……正是这些是他们走上救国救民道路的起点。他们与社会劳苦大众有千丝万缕的联系，始终是自觉地站在最大多数劳动人民的一面；他们真正牺牲了个性、自己的一切，献身于一个民族解放的壮丽事业。

如果第一季是为优秀的共产党人画肖像，那么第二季便是为他们立传，用更为丰满的人物具象，为观众呈现出先烈们在革命岁月中坚守了怎样的革命理想，恪守了怎样的初心本色。在《方志敏》的故事中，纪录片讲述方志敏个人与他的奋斗、不屈与牺牲，同时特别讲述了他与母亲的关系。"当他主政闽浙赣根据地，经手的款项数百万元，母亲找来想借钱买点食盐，但他说'钱是我手中千万万，但一分一厘，都用于革命事业。'母亲走了，她没有埋怨儿子。苦日子过惯了。"是他对母亲无情吗？不是。在女儿方梅的回忆中，父亲方志敏三岁才会走路，是祖母背着他长大。所以在方志敏心中，最可爱的人就是母亲。所以在他后来的文章中，特别是《可爱的中国》，总是把祖国比作母亲。

讲述事件的纪录片同样要讲好人物故事。纪录片《诞生地》里一集讲了五位,多至六七位主要人物。无论是对毛泽东、陈独秀等政治人物,陈望道、丁玲等学者作家,还是李启汉、刘华等工运领袖,或是陈为人、秦鸿钧等地下工作者,节目组都对人物之间的勾连做了大量的功课,以故事化、人格化并述,通过一个个简约精巧而又笔触细腻的故事,既塑造出个性鲜明的人物,又折射出共产党人的群体风范和精神样态,使革命先辈坚守理想、追求真理、不畏牺牲的品格得以立体展现。

## 五、让历史"活"起来,是重大主题纪录片的创新思路

从当下的播出情况来看,电视平台是重大主题项目播出的绝对主力,播出规模远远超过视频网站。在网络平台,重大主题纪录片往往叫好不叫座,甚至既不叫好也不叫座。但网络平台占据着更大的流量,也拥有更多的年轻受众,他们可以说是重大主题纪录片传播出圈的希望所在。让历史"活"起来,不再只有宏大叙事,不再死气沉沉,或许是赢得年轻受众的必经之路。因此,让历史"活"起来,也是重大主题纪录片的创新思路。

视频的优势在于它是综合感官的艺术,如何让历史"活"起来,在具体的实践中,细节上的精心处理或许能给人耳目一新之感。

纪录片《上海解放一年间》依托中苏合拍的彩色胶片影像,在画面上已经先声夺人。但由于采集来的这批素材胶片没有声音,画面虽然鲜色,却不鲜活。声音成为这部纪录片中让历史"活"起来的突破口。传统纪录片后期音效多出现在空镜头或者再现镜头中,并且局限于一一对应式的拟音:画面中一扇门开启,就配上开门的声音;画面中点亮蜡烛,就配上擦火柴的声音……在《上海解放一年间》中,节目组尝试采用影视剧的做法,让后期音效塑造气氛,并且参与叙事。以第一集中解放军入城的画面为例,除了在画面上看得到的群众欢呼声、马的喘气声、马蹄踏步、骑兵、坦克铁链、人的脚步、掌声、鞭炮声等声音之外,还加入了锣鼓声等画面上看不到但又符合当时情境的声音,来给予纪录一种特殊的历史质感。同样,在画面展示解放之初上海街景时,电车行进声、自行车铃声、交谈声、叫卖声……重新加入的声效,为观众呈现出身临其境、恢复真实的沉浸式体验。

在纪录片《诞生地》中,通过红色地图的形式,小细节与大历史串珠式的讲述,也是一种让历史"活"起来的尝试。《诞生地》以这种空间思维和视角带领观众重返上海历史深处,从全上海 612 处红色旧址、遗址及纪念设施中挑选出 30 余处,绘制成一张全景式的红色城市地图。这些现存的遗址、旧址既是百年前重大历史事件的发生地,也是今天普罗大众可以走进的公共空间。100 年前法租

界偏僻且租金便宜的新开发区树德里,比之今天上海最繁华闹市之一的新天地;曾经遍布底层劳动者居主的棚户区的苏州河沿岸,比之今天平静、安逸的苏州河畔,在时空的转换衔接中,散布上海市区众多的红色遗址旧址文脉辉映,照亮沧桑来路。而以小见大,在红色故事里的细节,细节里的精神充分展现出来。例如中央文库故事中,即使是炎热的夏天也点着炉子,随时准备焚毁文件的细节,结合中央秘书处旧址、中央特科旧址等一系列地下工作的秘密空间,又让观众身临其境地感受到白色恐怖下党的工作的危险性,增加了现场感,又赋予了叙事感染力。红色地图加厚了上海的城市文化形象,也重构了城市的文化符号,对这些红色资源的使用,也引导着观众赓续红色血脉。

## 结　语

不忘来路,始知归处。未来,立足重大革命、重大历史、重大现实题材,围绕未来几年的重大时间节点,还有更多重大题材作品正在创作和计划中。

用创新策略去真实地记录百年中国共产党的党史、新中国发展史、改革开放史、社会主义发展史等等的重大主题纪录片的任务才刚开始,创新之路任重道远。相关思考与研讨已初开展,上述个人思考与感悟,抛砖引玉,就教于大家。

如何刻画时代影像? 如何保存群体记忆? 重大主题纪录片创作如何创新?值得每一个参与其中的纪录片人反思与前瞻。

**参考文献:**

[1]宋炯明.全媒体格局下重大主题宣传的破圈之路[J].上海广播电视研究,2021(7).

[2]克罗齐.历史学的理论和实际[M].傅任敢,译.北京:商务印书馆,1982-3.

[3]当代上海研究所.口述历史的理论与实务——来自海峡两岸的探讨[M].上海:上海人民出版社,2007:52.

[4]唐德刚.历史是怎样口述的?[J].传记文学,1978,32(6).

[5]唐德刚.文学与口述历史[J].传记文学,1984,45(4).

[6]唐俊,甘龙星.论重大题材新媒体纪录片的"共情传播"策略[J].教育传媒研究,2021(5).

**作者简介:**

朱宏,上海广播电视台纪录片中心副主任、纪实人文频道副总监。

# 生态文明纪录片的创意研究
## ——以《青海·我们的国家公园》为例

陈秀君

提　要：《青海·我们的国家公园》是我国第一部以国家公园为题材的生态文明纪录片，该片在人物故事选材、叙述模式、画面三用、节奏风格等方面都有创新思考，显示出自然文学的风格化表达，充满诗意与哲思，为本土生态文明纪录片创作提供了一个创新发展的范式。

关键词：国家公园　生态文明纪录片　自然文学　诗意化表达　创意研究

## 引　言

2021 年 3 月 12 日，以我国首个国家公园体制试点为拍摄对象的纪录片《青海·我们的国家公园》，在多家卫视黄金时段播出，获得较高的收视率与良好的社会关注度。该片由国家广电总局指导，青海省广电局牵头，上海广播电视台纪录片中心李晓团队承制，也是由国内主创人员独立完成的，我国首部国家公园题材的生态文明纪录片。

《青海·我们的国家公园》通过展现三江源国家公园、祁连山国家公园内的冰川、峡谷、森林、草原、荒漠、湿地等多种地貌形态，阐述在这片土地上人与自然关系的变迁。在用诗意化的镜头语言展现中国自然之美的同时，也向全世界展现了中国生态文明建设的巨大成就。

《青海·我们的国家公园》运用诗意化的镜头语言、散文化的叙事风格，阐发了"自然是人的精神家园"这一命题，引出人与自然关系的哲学思考。这一主题展现出极强的自然文学色彩,开创了一种国内生态文明纪录片的新风格。这种新风格也体现了自然类纪录片独具匠心的创意与多元化发展的趋势。本文试对这种自然类纪录片的创意与发展趋势做一探讨。

# 一、选材与主题创新:从捕捉自然奇观到思考生态哲学

## 1. 世界自然科普类纪录片的发展简史

1895 年德国拍摄了《拳击袋鼠》,讲述了戴着拳击手套的袋鼠和拳击手搏斗的场景,虽然这个场景以猎奇为主要目的,但却被不少人认为是最早的带有自然元素的纪录片。一个多月后,被称为电影开拓者的卢米埃尔兄弟才第一次公开放映他们的电影。此后,随着电影技术的进步,欧美许多导演曾尝试自然类、探险类题材的影片,大大满足了观众的猎奇心理,自然题材影片的市场逐渐成长起来。

20 世纪 50 年代,英国 BBC 成立了自然历史部,专门制作自然类纪录片。在随后的发展过程中,凭借不断成熟的工业化制作流程,BBC 成为自然纪录片行业领军者。在大洋彼岸的美国,20 世纪 80 年代开设以播放和制作自然类纪录片为主的探索频道和国家地理频道,为自然类纪录片的传播提供了强大的传播平台,自然类纪录片受众市场进一步扩大。20 世纪 90 年代,法国自然类纪录片以浪漫唯美的画面风格、独特的叙述视角异军突起,让自然类纪录片走向商业电影的市场。

欧美的自然类纪录片起步早,初期以捕捉自然奇观、满足猎奇的观影心态以及自然科普为主,后来借着摄影技术不断革新的技术东风,以美轮美奂的画面、充满戏剧张力的叙述节奏、身临其境的实况声及配乐等,让纪录片成为一道视听盛宴。除了强大的现场收声及后期配乐外,BBC 自然类纪录片还以客观而有感染力的解说俘获了不少观众,如《蓝色星球》《地球脉动》《生命》等系列,开创了自然科普纪录片的类型主风格,让 BBC 自然纪录片极具辨识度。之后的《王朝》系列又通过拟人化的视角,搭建具有戏剧矛盾冲突的叙事结构,让自然类纪录片从单纯地展现自然生物奇观到阐述家族、英雄、领袖等人类社会经久不衰的主题,让自然类纪录片兼具了社会学意义。

但是,从另一方面看,为了让观众获得更多观影共鸣,不少自然类纪录片套用好莱坞商业电影结构模式,过于追求故事悬念及戏剧冲突,有时候甚至为了情节需要,把自然景观、动植物等移入摄影棚内摆拍,引发了诸多讨论。在画面猎奇性已渐趋顶峰的当下,有学者认为自然类纪录片更多地开始"聚焦于致命捕

获,涉及更多的'成人'主题：性、暴力、死亡,节目积极寻求戏剧性和引起怜悯的感伤以及参加到生死角逐中的兴奋"。纪录片开始尝试电影化叙述模式,这也是以 BBC 为代表的自然科普类纪录片的发展趋势。

### 2. 生态文明纪录片从充满诗意到对人与自然关系的哲学思考

受欧美自然类纪录片的影响,中国在 20 世纪七八十年代也开始陆续创作大量展现地域性自然景观的纪录片,但由于经费和技术限制,自然类纪录片在画面猎奇性上稍显不足,更多展现的是宏观之美,以及人与自然的关系,这也顺应了自然类纪录片从展现自然奇观到探讨生态平衡的发展趋势。

《青海·我们的国家公园》一片对地球高原生态做了诗意化的呈现,当地原住民的日常生活、志愿者保护生态的各种努力、科考队员对高原生态系统的探索、外来访问者对高原生态的敬畏与共融……这些元素让这部片子不仅呈现了三江源地区的自然美,也大大丰富了人类在高原地区的生态影像,是一次视觉化的人类学田野调查。

关注生态的本质在于关注人类本身,这应是自然生态类纪录片在展示生态之美基础上更高的人文启示。因此,《青海·我们的国家公园》总导演李晓把片子的重点放在人与自然关系的探讨上。在三江源地区,独特的地貌孕育出独特的环境,亿万年来生物在这里进化出与环境相匹配的生活习性,同时又反过来作用于环境;在人类文明发展的进程中,人与自然的关系一直在变化,但维持这里脆弱的生态平衡始终是终极命题,也正因如此,探讨人与自然具备了更多哲学意味。正如总导演李晓所言,这是一部全新意义上的"生态文明纪录片"。

《青海·我们的国家公园》对地球高原生态做了诗意化的呈现,展示高原人民的生存状态,再对人与自然关系进行哲学思考,体现了生态文明建设的基本国策与绿色发展理念。其中关于"生态兴则文明兴,生态衰则文明衰""保护生态就是保护生产力"等哲学思考,既符合中华文明的"天人合一""道法自然"的哲理,也很好地宣传了习近平新时代中国特色社会主义思想。

## 二、表现手法创新：自然文学影响下的诗意化、哲理性呈现

《青海·我们的国家公园》不同于国外用极致的拍摄手段呈现奇观画面,也不同于国内其他注重人物故事的自然生态纪录片,它追求的是一种诗意化、哲理性的呈现风格,淡而不散,美而不腻。虽然是在探求人与自然的关系,但却尽可能淡化人,凸显自然,人的作用只是"荒野向导",这种呈现方式让纪录片在传播信息的同时,具有更明显的文学性,或者可以说是自然文学的影像化表达。

"自然文学旨在描写人与自然之间的关系,外在对象是自然,内在对象是自然与人类心灵所产生的共鸣。自然文学与众不同的另一特点便是景象、声景与心景的融合,即当人们接触自然时所产生的那种人类内心、内景与景、那种心景的感悟。"自然文学的这些特质在《青海·我们的国家公园》里有充分体现。

## 1. 弱化故事,聚焦感悟

《青海·我们的国家公园》全片分3集,分别以三江源地区的主题"青海""冰川""峡谷"来命名,明确了各集故事发生的空间范围。每集安排了一两个人物故事,这些人物从出场到故事推进,除了解说里提到了他们的名字,在画面包装上并没有对应的"人名条"介绍,这在国内电视纪录片中非常少见,甚至于一些传统节目来说,缺少人名介绍是不符合播出规范的。此外,传统纪录片为了追求故事的丰满,往往要往前追溯人物的经历,来龙去脉都弄清楚,才有了当下故事的发生。但是,在本片里,人物的名头有多响不重要,人物过往经历有多传奇也不重要,导演把叙述的目光聚焦在他们与自然相会的"此刻","此刻"的感受与心景才是最重要的,才是人与自然关系的最佳展现。因此,无论是人名条"缺失",还是人物经历的"缺失",都可以看作是导演对观众的引导:自然面前众生平等,在大山大河之下,在莽莽荒野之上,我们不必因为个体人物的故事而忽略了当下的环境,这些人物是观众的"荒野向导",他们把"此刻"与自然相遇的心景传递给观众,才是这个故事的真正意义所在。

## 2. 人物布局层层深入

在人物的结构布局上,每一集都会设置一两个"当地人",这些原住民起了一种视觉心理上的"定位"作用,一下就能把观众拉入情境。比如第一集中从城市回归牧场生活的年轻人布达,第二集中藏羚羊守护者多杰,第三集中与牦牛为伴的牧人扎西等,他们世代生活在这片土地上,与这里的环境有千丝万缕的关系,是三江源地区人与自然关系中最牢固最基础的一层。

原住民之外,第二层的人物类型是科考队员、摄影者、探险者。这些人是自然奇观的捕捉者,他们以一种外来的视角、猎奇的本能、科研的意义把这里的自然生态介绍给大家。以往的一些片子,会着重于科普信息的传递,但是在本片中,导演规避了许多专业领域的信息,转而以感悟代替。比如在介绍高山草甸上的植物时,植物学家说:"它们身材矮小,但是生机勃勃,在我眼里不是毫无生机的标本,我常常觉得它们像是大自然的向导,把我带进一个奇妙的植物世界……"比如昆虫爱好者追逐高原绢蝶,认为"鳞类它不是以人类审美,它的颜色在自然界里对它来说是一种保护,是它们生命的色彩……"比如摄影师每年如约而至拍摄鸟类,对他来说"照相不那么重要了,重要的是,到这儿是一种精神寄托,坐在这儿看一看,看鸟儿给你跳舞,鸟儿给你唱歌……"没有任何艰涩难懂的专业理论,平民化的情感表达方式,让感情的传递更有效,也更直击人心。

第三层人物是人文学者。他们不像第一层人物那样展示生活,也不像第二层人物那样传递自然信息,他们对于国家公园的感悟是经过加工提炼的,或者可以说是带有主观"滤镜"的。正如美国自然文学作家巴勒斯所言:"解释自然并非改良自然,而是要挖掘她的精华,与她进行情感的沟通,吸收她并用精神的色彩再现她。"这是人文类学者传递信息的特色,比如研究古岩画的学者通过岩画,来了解这里的先民与自然的关系;比如城市画家来到草原与孩子一起探索自然,认为"自然的生活会在我们灵魂中刻下印记";等等。这些抽象化的感悟虽然不如前两类感情那么直接,但是却大大丰富了人与自然关系的层次,让全片更有积淀感。

从向外探索自然到向内观照内心,人与自然的关系被抽丝剥茧,层层深入,共同构筑起这片独一无二的国家公园,属于"我们的"国家公园。

## 3. 审美多元化——诗意化与哲理思考

在这信息爆棚的时代,人们获取知识和信息的途径越来越多元化,加之城市生活节奏也在不断加快,"逃离城市"成了许多都市人的向往。另外,在经历了各种极致奇观性的审美体验后,人们开始追求可以静下心感受型的片子,慢调的纪录片因此受到追捧,如日本拍摄的、讲述一对老夫妻打理自己果园生活的《人生果实》,韩国真人体验类纪录片《林中小屋》等,这些毫无悬念却充满生活诗意的慢纪录片成了城市人精神上的"诗和远方"。《青海·我们的国家公园》在空间地域上比上述两个片子更具备"诗和远方"的特质,是许多城市人无法到达的真正"荒野","诗意"是观众对这里产生的本能的审美期待。

为了更好地呈现诗意化风格,除了画面拍摄的唯美性,导演每集安排不同职业身份的人物进行差异化叙事,"用碎片化的拼贴,让信息不断地快速叠加替换,形成一个叙事动力往前走,就像新闻联播一样,不是靠故事情节来推动,而是叙事流来推动"。这样一种叙事流让片子呈现出流动之美,不仅情节上流动,人物和观众的共鸣也是流动的,达成了屏幕内外的一种沟通,正如纪录片中人物所说,"当你有一天走进国家公园,唤起的不再是某种教化的环保激情",而是对"自然是人类精神家园"这一观点的认可。

极具哲学意味的独白和解说,也是《青海·我们的国家公园》一片的亮点。漂流者对于河流的理解是"在河里你说了不算,只有河说了才算,它加速,你就得加速;它转弯,你就得转弯……相信河流,把自己交给它,变成它的一部分。在不是在漂流,你就是河流·河流的平静就是你的平静,河流的野性就是你的野性。采药人对于可持续发展的朴素认知:"不管有没有毒,植物本身……大自然是养育一切的母亲,她的一切都在那里,你需要她,她就满足你……但是千万不能贪心,只需要一个就一定不要打扰第二个……"导演从人物口采方中提炼出一个个朴素的富有哲理的观点,并且运用散文化的叙事结构……这些观点,如果说诗意画面是"形",那这些"金句"就是"魂","形魂"兼具,让片子有了更多韵味。

除此之外,大气磅礴的原创音乐也是让全片"韵味无尽"的重要因素。在影视剧创作中,BGM(背景音乐)越来越受到重视,对于故事讲述、人物塑造都起着重要作用,直接影响观众观感,甚至有些影视剧靠 BGM 出圈。但是,在纪录片领域,大家往往会把关注重点放在实况声,从而忽视了背景音乐的重要性。其实,越来越多的成功案例证明,好的音乐可以大大提升纪录片的质感。《青海·我们的国家公园》系列邀请了国际音乐创作人编曲、布拉格交响乐团演奏,既有如史诗般磅礴的乐章,也有如聆听自然低语的轻柔段落,更是根据不同物种的心境,配置了相应的主题音乐。优美大气的音乐让全片增色不少,观众在观看的同时也像聆听了一场自然演奏会。

## 结　语

自然,是人类永远的精神家园。我们从自然中来,也向往回到自然中去。可以说,对于自然的向往一直存在于人类的基因中,是一种返璞归真的本能。

中国纪录片研究中心主任何苏六说过:"生态文明纪录片是最具国际传播潜质的题材。"在拍摄自然奇观的同时,讲述多元的中国故事,用诗意化、哲理性的表现手段呈现万物和谐的理念和蓬勃向上的生命力,也许这也许就是新时代交给纪录片人的使命吧。

**参考文献:**

［1］陈术合,季水河.资本、技术与权利的共谋——论欧美自然类纪录片的商业化与理性.江淮论坛,2021(5).

［2］喻溟.自然历史纪录片的叙事逻辑——BBC 纪录片《蓝色星球》个案研究[J].中国电视(纪录),2013(03).

［3］《青海·我们的国家公园》:新解"人与自然"走进"绿水青山"[N].中国青年报,2021－05－26(8).

［4］青海生态文明建设成就的影像纪实——纪录片《青海·我们的国家公园》研讨会综述
［J］.中国电视,2021(06).

［5］程虹.美国自然文学三十讲［M］.北京：外语教学与研究出版社,2018.5.

［6］《青海·我们的国家公园》：荒野的宁静与绚烂［EB/OL］.(2021-04-15)［2022-07-
29］.https：//m.thepaper.cn/newsDetail_forward_12215758.

**作者简介：**
陈秀君,上海广播电视台纪录片中心导演。

# 浅析观察类纪实系列片《宠物医院》的情感建构策略

李　菁

提　要：《宠物医院》是一档关注人与宠物的观察类纪实系列片，节目通过情感建构的方式，从叙事呈现与宣传运营两方面，成为反映"人与宠物""人与社会""人与自我"的情感关系；并针对观众的情感需求，在保证事件、人物、对象真实的情况下，以"真实的选题故事、专业的医疗服务、深刻的人性思考"为抓手，搭建与受众的情感勾连；基于平台特性，在节目中设置相关内容和环节，实现节目的破圈。

关键词：《宠物医院》　情感建构　叙事呈现　宣传运营

随着经济的发展与现代人情感需求的变迁，20 世纪 90 年代后国人的养宠需求激增，《2021 年中国宠物消费趋势白皮书》显示，2020 年我国城镇宠物市场规模接近 3 000 亿元。宠物题材节目再次进入网络视听从业者的视野中，但目前国内荧屏上叫好又叫座的宠物题材节目不多，能够"破圈"者更是少之又少。

由哔哩哔哩、大桔传媒、SMG 互联网节目中心联合出品制作的国内首档宠物医疗观察类纪实系列片《宠物医院》以宠物医院为主要拍摄场景，采用纪实的拍摄手法探索人宠的关系与情感，在传递健康养宠知识的同时引起观众情感共鸣。自 2019 年 5 月 7 日 20:00 于哔哩哔哩首播第一季，2020 年 3 月 10 日 20:00 首播第二季，2021 年 2 月 8 日 20:00 首播第三季，该系列节目全三站总计播放量超 1.1 亿，并获得第一季 9.8、第二季 9.4、第三季 9.8 的站内评分，豆瓣平均 8 分，每季均连续四周荣登豆瓣国内综艺评分排行榜 TOP5 中，有着亮眼成绩，成为宠物纪实类领域的代表性节目，并分别在网络播出三周后于东方卫视、北京卫视周间黄金档跨屏播出，实现网台联动。《宠物医院》季播节目的核心竞争力在于从叙事呈现与宣传运营两方面对"人与宠物""人与社会""人与自我"进行情感建构。

## 一、情感建构——《宠物医院》系列节目的底层逻辑

### （一）人类与宠物之间的情感关系

2014 年,纽卡斯尔大学的动物考古学家 Tourigny 收集来自 1881—1991 年间英国四个宠物墓地的 1 269 个墓碑信息,并分析宠物墓碑上文字与符号的变化,揭示了猫狗在家中地位的变化——许多宠物从单纯的朋友转变为家庭的正式成员。人类动物关系学家哈尔·赫尔佐格则将人类对于宠物的情感分为"喜爱与实用""喜爱但无用""讨厌且无用""讨厌但有用"这四类。上述两个研究成果可以帮助我们更加理性地认识人们在当代社会生活中所饲养的宠物与其之间的内在联系。奥地利动物行为学者康劳德·劳伦兹则做了进一步阐释:"人类对于幼童产生怜爱的本能反应其实是进化的结果,而我们在养宠物的过程中无疑将这种反应转移到了动物身上,仅仅因为它们具有和人类幼童相似的特征。"

由此可见,当代人类与宠物之间的情感关系是基于人类社会历经千年的演化后所赋予其意义而产生的,家养宠物依赖着主人得以在社会中生存。宠物在人类社会中的角色发生改变的背后或许正是一种个体孤独感加剧所需的情感代偿机制。那如何在宠物纪实类节目中具象化、可视化这一情感关系? 来自成都大学的骆垚池认为宠物题材纪录片中只要涉及情感的建构一定会与人产生关系,实质就是以"人"为中心展现互动情感体验。笔者领衔的导演组也正是以此为叙事呈现的内在逻辑,借鉴国外同类型宠物题材纪录片所采用的人物采访与讲述方式,以人为主互动体现跨物种的奇妙交流,编织起这条人宠之间相互陪伴、互相给予彼此力量的显性感情线,让故事完整的同时增强观看者的代入感。

### （二）《宠物医院》节目的情感建构对象

正是理解了人类与宠物之间的情感关系,并确立了情感建构对于节目与观众的意义与价值,导演组才在三季系列节目的创制过程中不断厘清节目情感建构的对象,并从显性层面与隐性层面加以区分。

#### 1. 显性层面：人与宠物

通过前期拆解国外同类型节目如《家有恶猫》《年轻的兽医》《猫的秘密生活》

等优秀案例,导演组经过实地走访确定了以宠物医院为主要拍摄场景。因为在这一令人局促不安的空间中,宠物主人、患病动物与宠物医生间的情绪与情感关系能够在客观真实的记录下,形成戏剧性的张力与节目看点,也呈现了节目所聚焦的——宠物医疗。

## 2. 隐性层面:人与社会、人与自我

与此同时,如何借由展现人和宠物的关系,映射出当下人与社会、与自我和解的深层理念,一直是导演组在三季系列节目创制中所一以贯之的。没有剧本、没有设计,更没有表演,采用中立克制的表达使观众选择相信和投入,成为继患病动物、宠物主人、宠物医生后节目的"第四参与者"。由此,宠物医院成为观众了解当下社会百态的一扇窗口、一种新的社会关系的呈现。正如《宠物医院1》第一集片尾一位看诊宠物主人面对镜头的感叹:"动物生命没那么长,是因为它们似乎比人更懂得爱与被爱,所以它们提早回到它们的星球······而人只能在漫长的岁月里,继续去学习爱与被爱。"

我们也欣喜地发现,节目的受众由正在养宠的观众、曾经养过宠物的观众扩展为想养还未曾养的观众,甚至是惧怕猫狗的人群,他们正通过观看节目与自我进行"和解",这在B站三季系列节目所出现的弹幕讨论内容可以加以验证——"第一季时我还没有猫,现在我和猫一起看第三季""现在就和父母一定带狗去体检"等,节目所面向的情感建构对象正持续扩大。

## 3. 节目所蕴含的情感需求

随着节目情感建构对象的不断拓展,节目主旨也从第一、第二季的"每一个生命都应该被温柔以待",提升到第三季的"这里是小世界,也是大世界,我要给你整个世界",导演组在试图多维度地去满足节目受众群体的理性与感性需求。

(1)理性情感

为了紧紧扣住宠物就诊难的受众痛点以及对如何获取"科学养宠、健康养宠、文明养宠"的信息更为急切的现实需求,导演组不仅在每期节目片头与片尾分享若干如"及时绝育、接种疫苗、疾病预防、科学饲养、定期体检"等养宠科普小贴士,还通过诊疗、保健、生活等最真实的应用场景直观传递科学养宠的重要性并在潜移默化中让宠物主人学习科学知识,实现"科学养宠"理念的普及。如在《宠物医院2》的节目弹幕中,就有关于"狗狗得了细小病毒怎么办"的内容被受众广泛讨论。这些内容对于饲养宠物的人而言非常重要,然而行业内真正教授相关养宠知识的节目比较少见,节目的专业性成功满足了观众对获取知识的理性需求。更值得一表的是,节目组建立了专家审片机制,每一集节目二线播出

前都会请专家进行校对,以确保节目的专业性。

（2）感性情感

随着时代发展,越来越多的人把宠物当作自己亲密的伴侣、重要的朋友,甚至是疼爱的子女。在《宠物医院》系列节目中不仅有将猫咪当成三代过分溺爱的中年妇人,也有第一次送"喵星人"到医院剖宫产的年轻夫妻,更有一个月只有2 000块钱收入却愿意拿出500块钱交给医院委托收养的普通工人……在《宠物医院》三季24集节目中,镜头里的每一个主人与宠物的相处方式都不一样,但节目所呈现的这些强共情的细节,也自始至终为观众带来真实的感动和收获。

## 二、建构策略——《宠物医院》的叙事与传播

### （一）叙事呈现——营造情感认同的节目氛围

笔者认为宠物纪实类节目中的情感来源不能是创作者的主观设想,更不能为了建构想要的情感而去虚构事件或情境,所有拍摄的故事必须是客观存在的。虽然不能虚构事件,但导演组能够发挥主观能动性,在叙事结构、叙事样本、创制手法上下功夫,以"真实的选题故事、专业的医疗服务、深刻的人性思考"为制作抓手,营造与受众情感建构的节目氛围。

#### 1. 叙事结构

《宠物医院》系列节目每季8集,每集由3到6个故事组合而成,每个故事长则十余分钟、短则几分钟,在叙事结构上使用板块式结构,将镜头对准"有故事"的动物。每集节目都有一个主题,如"爱我别走"作为《宠物医院3》的第一集主题,则是引导观众对于与心爱宠物告别所展开的思考与讨论。"小优"是一只已经17岁的哈士奇,从2005年被带回家开始主人始终陪伴左右,一天都没离开过它,画面中的"小优"身患多种老年疾病,口腔、尾巴持续出血,近48小时无尿等症状都预示着这个生命即将走到终点。为了让"小优"不再痛苦,最终男主人签下安乐协议,与母亲一起和生活了5 607天的"小优"告别。而在《宠物医院3》第六集"小幸运"中,观众看到了一只历经世事的拉布拉多工作犬"天宝"在生命的最后几年遇上了一位通透豁达、不离不弃的主人,所链接形成的这份跨物种的陪伴与情谊,导演组通过一段车内的蒙太奇剪辑,将那份"共情共鸣"推向了全集的顶点,人与宠遇见彼此是一份"幸运"。镜头中主人悉心照料"天宝"的点点滴滴也对养宠人士"如何与自己的宠物好好分别"这一沉重话题做了最真挚的诠释与注解。由此可见《宠物医院》不仅采用单集平行叙事的方式,也通过"故事点、情

节线、主题面"把握故事节奏,增强观众代入感,从而建构出一套点线面结合的叙事结构来向受众传递一份正确的养宠观。

## 2. 叙事样本

回顾三季《宠物医院》系列节目,导演组为了平衡好节目的专业性、可看性、趣味性,并在叙事呈现中找准情感的触发点,对叙事样本不断进行调整。我们认为,宠物纪实类节目的情感建构是基于所拍摄内容的客观真实,无论是前期拍摄还是后期剪辑,都不能放过任何一个可以触发记录者与观看者情感的微小细节。因此,我们从拍摄沪上一家宠物医院,到聚焦上海、成都双城两家医院,再拓展到第三季老牌专科宠物医院、国际化综合宠物医院以及社区的小型诊所,通过三家不同类型及细分客群的宠物医院辐射国内不同层面的宠物家庭。

我们在挑选叙事样本时也有意识地展现当下国内宠物医院的专业化、学科化特征。从第一季的全科宠物医疗逐渐细分到第二、三季的心脏科、老年科、眼科、中兽医等专精科室,不仅得以扩充故事类型,更充分展示医生专业技能、提升医患关系,还更全面地展示当下的养宠现状。更值得一提的是,在《宠物医院2》中,导演组在拍摄主流的猫狗类宠物就诊以外,也尝试涉足其他稀有异宠(如仓鼠、龙猫、羊驼、貂等)、治愈犬以及动物园、流浪猫狗、美容中心义诊等内容,节目在增加趣味性的同时,尝试从宠物医院出发延伸展开,从而让受众对"宠物医生"这个职业有更深刻的认知。

## 3. 创制手法

作为无剧本预设的非虚构类节目,《宠物医院》以旁观者的视角真实还原病患故事,始终保持着观察类纪实片的中立、客观与冷静。然而其实从拍摄到剪辑再到播出,每一个环节《宠物医院》都遇到了不同于传统节目的挑战。

首先是现场拍摄阶段,病患故事的到来是不可预见的。经过三季系列节目的拍摄所积累的经验,我们打磨出了"铁三角组合"——善于捕捉故事的制片、有内容框架意识的摄像和具备机动作战能力的导演,三者缺一不可。比如在《宠物医院1》的拍摄中,我们在医院安装了 15 个固定监控摄像头,并由两个摄制组同步跟拍 5 位主角医生,前后累计拍摄的周期为 45 天左右。如何在每天二百例的求诊病例中发现"有故事"的动物呢?我们让制片时刻和医院前台在一起,每个案例她都会第一时间了解、预判,如有故事就马上通知导演,有时同时有两个都特别好的案例发生,比如导演在拍《宠物医院1》第一集里那个腊肠的故事,同时收到第二集得骨癌的苏牧的病例,就要立即判断,是继续拍腊肠还是掉头拍苏牧,很多时候错过了就错过了,这也是这个工作的魅力和遗憾所在。

其次是节目的后期剪辑与提前设计好剧本的真人秀节目不同,《宠物医院》在没有剧本的情况下,很难建构出极致饱满又一波三折的情感故事,这需要导演组在海量的素材中翻找,尽全力挖掘。比如上文提及的"小优"的故事拍摄持续了两天,很多抢救过程都是很琐碎的,所以前后剪辑了八个版本,只为磨出一个不损失最好的情感,又能讲清楚的故事线,这样才能对得起宠物主人。此外,正如英国人类学家 Roy Eller 所言,"我们是用拟人化的方法把一些非人类对象以及它们的经历归入我们能够认同和解释的知识领域"。导演组通过后期编辑,巧妙地运用拟人化的配音、花字的设计、真实的采访,让主人与宠物、医生与病患之间的情感在视听语言间不经意地流露,实现了不同层次的情感建构。

为了节目能够顺利播出,所有在《宠物医院》系列节目中播出的故事,导演组都征得了当事人的同意,和主人们签订了同意播出的协议。

从策划阶段海选个性鲜明、专业过硬的宠物医生,到拍摄现场观察寻找合适的纪实个案,再到后期剪辑包装中加强情节、人物、环境的内在关系;还有对个别极致案例细节的放大、悬念的设置,我们认为宠物纪实类节目的情感建构是一个循序渐进的过程,由弱到强,不断强化,最后得以全面升华。不仅让每一位观看者都能根据节目表现的主体而得到情感共鸣,也让记录者对于宠物的认识理解不断加深,最后呈现在纪录片的具体事物和情境中。

## (二)宣传运营——从细分到破圈

除了用心扎实的叙事呈现,《宠物医院》之所以能够做到将小众的垂类内容引发大众共鸣,关键还得益于精准的宣传运营。笔者认为叙事与传播对于宠物纪实类节目的情感建构缺一不可。

### 1. 基于平台特性的引流传播

作为 B 站出品的节目,《宠物医院》系列非常注重基于自身平台受众的引流传播。在站内策划宣传上,《宠物医院 1》上线《铲屎官必修课》,《宠物医院 2》与《宠物医院 3》则是与 B 站 UP 主共同策划了宠物主题的视频内容,扩大了节目在站内的影响力。特别是在《宠物医院 2》中邀请 B 站流量 UP 主参与节目录制,体验宠物医院的日常工作。在第二集中,百万粉丝 UP 主花少北先是带着自己的猫咪"花生米"进行绝育手术,之后则收到了来自宠物医院实习生的入职通知书,由此特制了《花少北实习日记 Vlog》,视频中花少北体验了为手术前的猫咪清洗眼睛、协助医师给有需要的宠物进行灌肠等最基础的操作处理。视频播出后使流量 UP 主的粉丝与宠物主两种群体有效重合,提升了节目的传播力。

在每一季节目的播出周期内，B 站还策划了来自宠物医院的"网红医生们"每周一次在线直播与节目粉丝进行健康养宠的知识分享与有奖竞猜活动，这也高度契合 B 站年轻化、爱学习的社群氛围，加深了与受众的情感建构。

此外，无论是《宠物医院》系列节目的正片、番外还是特别企划，在宣传运营上都注意发挥站内相关方的资源优势，在增强节目传播力的同时也提高各方的曝光度，如特别策划拍摄了 FPX 战队的神奇宝藏喵"悟空"现身宠物医院这一类短视频，使目标受众通过独特的视角去观察人与宠物之间的羁绊，更能切身感受地引发年轻人的共鸣和思考。

## 2. 从小屏到大屏的融合传播

《宠物医院》系列节目也走出了"先网后台"的融合传播之路，先后在东方卫视与北京卫视联播，从小屏到大屏的融合传播带动话题热度。在新浪微博公域流量上，《宠物医院》相关主话题合计阅读量破 5 亿，特别是《宠物医院 3》产生了"你能接受宠物安乐死吗""没有钱该不该养宠物""如何和宠物好好告别"等热搜话题，单个话题阅读量 3 亿＋，引发了社交媒体的广泛传播和全民讨论。与此同时，该节目通过受众辐射亲友等更多群体，更有不少高三生表示因为《宠物医院》这档节目而明确了自己未来从事"宠物医生"这一职业方向。随着垂直圈层不断扩大和共振的不断发生，垂类节目最终实现破圈。

相关研究者认为，圈层媒体、圈层文化等属于分众的产物，并随着社交媒体平台的繁荣而影响日益扩大，从而形成一个高度同质化的圈层。在三季系列节目的创制中导演组也通过多种渠道收集受众反馈，诸如 B 站的弹幕、讨论、番剧平台的评论区以及微博话题、豆瓣、知乎、抖音等社交平台。我们也见证了不少部分受众通过"造梗"、剪辑视频、制作表情包等方式自发地对节目的内容进行二次创作和传播，在这一产出的过程中，加强了受众与节目之间情感建构的纽带。

从网络平台到传统媒体的跨屏融合传播；从垂直的年轻受众追捧到合家欢群体的关注；从站内弹幕与评论区跨度到豆瓣与微博，覆盖更多没养过宠物对动物感兴趣的群体，这些宣传上的变化让我们意识到受众对宠物内容的关注度和需求量都在增加，又《宠物医院》这类专业节目内容提出了更高的要求。

综上，笔者认为《宠物医院》之所以做到播出到第三季依然持续高收视口碑的秘诀就在于从叙事呈现与宣传运营两方面出发，用精品意识打磨深耕，持续探索垂类领域，兼顾好节目的专业性、可看性、趣味性，并在叙事呈现中挖掘情感的触发点，做好与细分受众、合家欢群体等不同层次、不同维度的情感建构——通过人宠之间的真实情感展现世间百态，对今后宠物纪实类节目创作具有可复制、可推广的现实意义。

**参考文献：**

［1］中国知网.艾瑞咨询系列研究报告(2021年第5期).

［2］界面新闻·文化.可爱暴击,无限商机:"冰墩墩"是怎么火的? ［EB/OL](2022-2-12). https://www.jiemian.com/article/7089027.html.

［3］骆垚池.宠物题材纪录片中的情感建构与表达——以《我叫梦龙》的拍摄实践为例［D].四川：成都大学,2021.

［4］周啸天.宠物医疗纪录片的叙事策略与价值研究——以《宠物医院》为例［J].北方传媒研究,2021(4).

［5］李冰,秦亚璐.2017年中国网络综艺节目盘点与思考［J].中国电视 2018(3).

**作者简介：**

李菁,上海广播电视台互联网节目中心主任助理。

# 对体育重大主题报道有所作为的思考

## ——以《上海体育追梦七十年》为例

刘　超

**提　要：** 长期以来，体育一直被很多人误解为"和政治无关"，其高垂直度的领域特征也会被视为与宣传思想工作普遍性的不契合。而本文以 2019 年五星体育推出的《上海体育追梦七十年》系列报道为主要范例，辅以过去三年来各个重大主题报道的策划内容，展现了这些紧密结合宣传报道工作的成绩。在重大宣传节点之际，体育依然可以在相对应、契合的主题下，完成优秀的重大宣传报道。体育重大主题报道有所作为表现在：创作站定初心，体育讲好中国故事，展现中国实力。

**关键词：** 体育重大主题报道　有所作为　中国故事　软实力

## 引　言

百年中共党史中，思想宣传与新闻舆论工作因党而生、因党而兴，是党的一项极端重要的工作。中国共产党成立以来的长期实践表明，革命也好，建设也好，改革开放也好，要取得伟大胜利，都离不开宣传思想与新闻舆论工作。而在宣传思想与新闻舆论工作中，体育也是不可或缺的一部分。历史证明，体育对于激奋民心、扬威国力，有着重要的作用。

陈镜开为新中国首破世界纪录，凝聚"六亿人民之合力"，在国际上显示中国力量；容国团捧回新中国首座世界冠军奖杯，留下了"人生难得几回搏，此时不搏更待何时"的不朽精神，而中国乒乓球队更是在之后完成了"乒乓外交"的壮举；

"女排精神"自 20 世纪 80 年代初起,影响华夏儿女 40 余载,鼓励着各行各业顽强战斗、勇敢拼搏;聂卫平中日围棋擂台赛上做孤胆英雄,在改革开放伊始提升了无数青年的拳拳爱国之心……本世纪,姚明成为 NBA 状元秀向全世界树立起"中国高度",刘翔和苏炳添先后在田径赛道上飙起"中国速度",李娜的成功显示了中国女性的力量,都是中国在世界舞台上一次次无与伦比的扬眉吐气。而在奥运会上,从许海峰完成金牌"零的突破"后,到中国逐渐成为第二集团的领头羊,再到如今奖牌榜上的中美争雄;冬季项目中国也不断地在各个单项上取得突破;两次奥运会的举办,更是显示了中国综合国力的不断强大。

西方世界尽管一直宣扬"体育让政治走开",但自身却不断让政治和体育交缠到不可开交。不论曾经的东西方阵营互相抵制奥运会行为,且看近年来席卷美国的种族歧视对抗,就是源于体育赛场——前 NFL 球员卡佩尼克在 49 人比赛中奏国歌时单膝跪地引发争议。不少西方学者也坦承体育和政治本身就息息相关。西苏格兰大学教授安迪·米阿认为,奥运会的遗产之一就是关于国家和民族讨论:"我们可以把奥运会视为催化剂,它可以更好地帮助我们审视政治理念,以及审视我们自己。"

坚持团结稳定鼓劲、正面宣传为主,是宣传思想工作必须遵循的重要方针。我们必须坚持巩固壮大主流思想舆论,弘扬主旋律,传播正能量,激发全社会团结奋进的强大力量。从这个角度来看,体育恰恰是完成这一宣传任务的最佳载体。但在很长的一段时期,体育在落实宣传思想工作,更是一种"看天吃饭"的做法——逢重大赛事、重大突破时顺势而上。如果仅限于这样的被动宣传,事实上与宣传工作的"必须增强主动性、掌握主动性、打好主动仗"的要求相悖。而扭转这一惯性思维,很重要的抓手,就是针对重大宣传节点,能够做到体育事业宣传的"不缺位,有作为"。

## 一、体育重大主题报道的策划创新

过去几年来,五星体育有的放矢地对重大主题宣传进行策划,将体育与党和国家的重要宣传主题有机结合,成果不斐。

2019 年 5 月 27 日是上海解放 70 周年纪念日,五星体育《体育新闻》推出 70 集系列节目《上海体育追梦七十年》。该节目每周播出两至三集,由五星体育和上海市体育局联合制作,讲述上海体育人的梦想和奋斗的中国故事,献礼新中国 70 周年华诞。节目共采访 73 位各个时期的上海体育人,重温荣耀时刻,体会传奇背后的不懈努力和无私仁出,感悟体育带给我们和上海这座城市的精神力量。既有像陶璐娜、邹市明、徐莉佳这样的奥运冠军,也有庞佳颖、钱震华、黄雪辰等虽然没有拿到奥运冠军，但也体现了上海体育精神的典型人物，更采访了大量在基层默默奉献的上海体育人。

上海是中国近代体育的发祥地，解放 70 年来，上海竞技体育不断创新赛事发展之路。上海为中国体育贡献了完整的体育项目运转体系、完善的体育设施，承办大量国际国内重大体育赛事，培养大量运动人才、管理人才、经营人才、青训人才、宣传人才。如果把上海体育形容成一座"金字塔"，让人们关注得更多的，是金字塔尖的奥运冠军、世界冠军；而《上海体育追梦七十年》把镜头对准金字塔基的人物，更全面地反映上海体育的全貌。

节目播出前后，五星体育在体育新闻和新媒体平台进行了立体化的宣传，长期宣传片留给观众极大悬念。而在整个报道推进中，短视频的方式非常适合碎片化传播，3～5 分钟的片长，通过五星体育互动、上海体育政务号等平台呈现，显示融媒体属性。访谈人物的选取除了世界冠军、体育明星以外，还包括赛事运营、全民健身、体育科研、后备力量培养等多个领域，更全面地展现上海体育的全貌，对从事体育事业及喜欢体育运动的观众来说，都是激励与鼓舞。同时，人物访谈系列短视频的方式，拉伸内容传播的时间空间维度。整体宣传从2019 年 5 月一直延续到 12 月，体现出体育媒体人独到的创新能力。

正是《上海体育追梦七十年》的成功推出，使得在接下来的两年，五星体育对重大主题宣传报道佳作屡现。2020 年 1 月底新冠疫情暴发后，五星体育迅速反应，《体坛战疫》《冠军叫你做运动》《亲爱的，动起来》一系列专题节目全面问世，让宅在家里的观众能够更好地动起来。2 月 23 日，总书记发表重要讲话说到，"要变压力为动力、善于化危为机"。此时，五星体育《疫情下的上海体育如何化危为机》专题节目已经录制完毕，进入后期制作，2 月底上线。紧接着体育产业如何找到"抗疫"之路《没有被疫情隔离的全民健身》连续接档。8 月 8 日是全民健身日，也是疫情后体育赛事、活动全面开启的一天。当天从屏上到线下，五星体育身影无处不在。《健康上海、人人来赛》一小时特别报道推出上海十大网红健身打卡点，宏观地展现了上海地标体育建筑的美丽画面；同时，五星体育将各种健身活动带到各处线下点，让更多市民可以参与体验。

2021 年 7 月 1 日迎来建党百年。五星体育立足专业，从体育上也推出若干重点活动，记录历史伟业，展现百年风华。4 月 11 日清晨 7 点 30 分，"21复兴之路·薪火驿传百公里接力赛"正式鸣枪开跑，比赛从上海的中共一大会址纪念馆出发，终点设在嘉兴南湖。这是 2021 年首个以迎接建党百年为主题的群（音）众体育赛事，也是推进落实长三角体育一体化高质量发展的有益实践。在全程128 公里的赛道上，用奔跑庆祝建党百年。五星体育当天全程同步直播本次赛事盛况，同时在当晚的《体育新闻》及各新媒体平台对赛事进行了深度详尽的报道，用心制作专题《百支跑团追根溯源初心地,百公里接力传递薪火启元新程》。

此外,为重温建党百年发展历程,五星体育联手新华社体育部共同推出《爱我中华,百年红色体育行》系列报道,走访中国红色旅游景点,回溯中国共产党百年历程的关键时刻,挖掘红色旅游景点的体育精神、体育元素,感受新时代强大中国的活力与激情。联合报道组自 2021 年 5 月 13 日起,先后赶赴嘉兴南湖、瑞金、遵义、延安、西柏坡、大庆等地,结合城市革命历史和体育之旅采风,完成专题报道。6 月 14 日端午节上午,"阅读上海建筑,感受健康生活",在沪外国友人"初心之旅"骑行活动举行。这项活动由上海市公共外交协会、上海市政协对外友好委员会、上海广播电视台等主办,五星体育传媒有限公司承办,组织在沪工作和生活的外籍人士通过骑行的方式感受上海的建筑历史和文化。参与活动的各界人士通过骑行,锻炼身体、增进友谊。

此外,自 2020 年第三届进博会消费品展区首次设立体育用品及赛事专区起,以这次体育元素的"因缘"为契机,五星体育已连续两年系统、完整地进行了进博会报道。以上的这些重大主题宣传报道,都体现了极大特点:(1)专业性。报道都是基于体育内容,凸显媒体在垂直领域的专业度。专业的人做专业的内容,而非为了宣传主题而硬凑内容。(2)广泛性。这里的广泛有两层含义:其一,内容的广泛性,用老百姓喜闻乐见的熟悉内容,能够引发最直接的共鸣;其二,参与的广泛性,尽可能让广大人民群众能够参与其中,身体力行,感同身受。(3)主题性。纵览这三年的重大主题宣传报道,报道规模、跨度、形式各有不同,但皆紧扣每年主题——2019 年的"奋斗"、2020 年的"抗疫"、2021 年的"初心—成就"。也唯有紧扣主题,系列报告才能深入人心,取得成功。

## 二、体育重大主题报道谋求强传播效果

作为被众多传播学者和公共关系学者公认为"最早的、最具影响力的传播模式之一",虽然拉斯韦尔传播模式开创的时代——20 世纪 50 年代,整个媒体传播业态和今日已有极大的变化,但其经典的核心概念仍具有基于本质的参考性。从某种意义上来说,作为大众传播理论的先驱,拉斯韦尔传播模式首先探索和确定的关键要素,就在于大众传播媒体对强影响力的追求。

西多尼·罗杰森结合弗洛伊德学说和行为主义,提出的"魔弹理论",又可以被概括为"皮下注射式的传播理念"。这一概念足见传播对于效果直接性的追求。宣传如果能唤起本我并刺激本我压倒自我,那么宣传将会取得最好的社会效应。或者,如果一些宣传手段能使超我把个体的人格推向本我的方向,那么人们原始的冲动将变得正常。

如果抓住以上传播理论的关键词,显然是刺激、原始冲动。而在所有的活动中,体育恰恰是最能代表这些关键词的。时至今日,我们论及"体育",通常是近现代的以增强体质、提高技术、丰富文化生活为目的之社会活动,作直消一项。体育就是人类体力活动的不断进化和规则化、组织化、系统化。作为人类原始要素刺激最强烈的体力类活动,本身能对人的情绪产生最大化的影响力,强感官刺激的体育内容,无疑是达到宣传传播"皮下注射"最有效的手段。

同时,拉斯韦尔进一步发展了"魔弹理论",他反对宣传过程简单化的观念,认为宣传不仅是通过其介向受众提供简单信息以达到控制的目的,而是宣传家将自己的观念和行为进行精心的谋划后,再将其传播出去,传播者会引导他人新观念和新意向加以培养,最终形成拉斯韦尔所说的主导或集体意向。这一理论在之后威尔伯·施拉姆的学说中进一步得到发展,那就是对信息传递过程中进行了深入的解释。对于信息接收者而言,理解话语的过程在人与人之间会有很大出入,因为总要把一定程度上的语义噪声考虑进来,如文化差异、背景、社会经济、教育和价值观。

如果要在所有信息中寻找施拉姆所述的"噪声"最细微的,须其非体育莫属。顾拜旦曾经说过,体育是"人类现代社会不受国家、地区、民族和宗教限制的盛会",这在他著名的《体育颂》中所提及。100多年后,当奥林匹克誓言从"更高、更快、更强"后增加了"更团结",这本身就意味着体育在人类认知中具有无界限属性。从信息的传达来说,它是最直接、最能为受众理解和接受的。

无论传者、受者,都属于一个较大的社会环境的组成部分,而在社会环境以受众的角度来考察,他们这个群体被称为"初级群体"。针对"初级群体",任何传播的信息都需要更直观、以偏向初级群众所能理解的方式进行传播,这样也保证了信息最终达到受众时的低损耗。直观的体育内容,本身是针对初级受众的最佳选择。体育竞赛中"冠军"可以反映"国家荣誉"这个概念,"跑步"反映"健康"的概念,"运动"直观地挂钩"健康",都是完成了信息传达的直接作用。

体育报道特别是体育重大主题报道的强传播效果,在策划上相比于其他类型报道,最显著而有效的方式,就是"亲身参与性"。体育在大众生活中除了欣赏的作用外,更便于每一个人亲身参与其中,也是作为全民运动的特点。

因此,在策划体育重大主题报道时,能够让更多受众共同参与其中,是扩大传播效果相当行之有效的方式。如前文所述,"2021复兴之路·百公里接力赛""阅读上海建筑 感受健康生活"这几项报道,都是围绕着传播者亲自参与策划整体方案,亲历者同时又是传播者,也让传播效果能够层层叠加。此外,进博会期间的体育报道策划,也使展台体验类内容的宣传效果最佳,这也印证了亲身参与的可说服性。

在互联网时代,网络链接弱化了人与人间的人际交往,而人际传播是造就强关系的必经之路和重要手段,所以人际传播的效果事实上是更加强化的。相比过去,如今人际传播的效果已不断接近大众传播效果,此时,传播者拥有最直接感受后的亲身传播具有更强的说服力。未来,亲身参与在选题策划期的地位,也将越发凸显。

## 三、体育重大主题报道如何有所作为

2019 年《上海体育追梦七十年》,很好地完成了重大主题宣传报道的任务。虽然从系列报道的主标题中"七十年"可见其源于献礼新中国 70 周年华诞,但如果仅仅是应景之作,那么报道的深度和鲜活度,显然不足以让人满意。以体育为基,以宣传主题精神为核,多维度地夯实主题宣传报道,才是在重大宣传节点时的应有之务。

### 1. 体育报道是讲好中国故事的重要渠道,展现真实、立体、全面的中国

故事在于小,小可窥大;故事在于细,见微知著。正如《上海体育追梦七十年》引言中所说,"如果说这七十年来,上海体育是大江大海,那么,这个主题报道,就是撷取其中的七十朵浪花,为上海体育人喝彩,为上海体育人骄傲"。

故事不用轰轰烈烈,却可以"润物细无声"。有时,平凡的故事,能带给人更多的感动。说到上海"足球教父"徐根宝,这位功勋教练在职业足球的履历堪称赫赫,中超(甲 A)冠军、国家(国奥)队主帅……但故事的重点却并不在此。徐根宝之所以能被称为"足球教父",恰是他自 2002 年起潜心于青训,培养出近 20 年来中国足球一代代精英的默默耕耘。同样,《上海体育追梦七十年》还把目光投向了更默默无闻却扎根青训 26 年的"教母":钱惠。上海对于足球青训有这么一句话:"男有根宝,女有钱惠。"多年来,普陀女足先后为国家输送了至少 60 名优秀女足队员,构成上海队主力阵容,同时普陀女足也几乎包揽了上海市各级别比赛的冠军。而正是这个常人所不知的故事,让我们感受到了上海千千万万基层体育人"能在上海这里生活,或者是干一份自己喜欢的事业,我觉得是很自豪的"那份纯真感情。这样质朴的情感,以故事而生,也说好了故事。也唯有这样的故事,让中国体育基层工作者的形象更生动、更鲜活。

### 2. 体育报道展现了一个城市、一个国家的软实力

2020 年 10 月 27 日,上海市人民政府办公厅印发《上海全球著名体育城市

建设纲要》。以习近平新时代中国特色社会主义思想为指导,全面贯彻党的十九大和十九届二中、三中、四中全会精神,自觉践行"人民城市人民建、人民城市为人民"的重要理念,坚持以人为本、改革创新、依法治体、融合发展,以坚持实现全民健身与全民健康深度融合,更好发挥政府体制与市场机制相结合的重要作用,持续提升体育发展的质量和效益,加快推进体育治理体系和治理能力现代化,更好地服务体育强国建设。

推动上海建设全球著名体育城市,是提升上海城市软实力的重要途径。而无论是达成全球著名体育城市的目标,还是来自软实力的整体展现,这都是由体育事业的各个方面、点点滴滴有机组成的。在《上海体育追梦七十年》中,上海竞技体育的成就,是软实力的体现;国际顶级体育赛事的落户,是软实力的体现;基层体育的不懈奉献,是软实力的体现;体育科技的飞速发展和环保理念,是软实力的体现;全民体育的日新月异成长,也是软实力的体现。正是基于这个载体,我们在宣传报道工作上完美地落到了软实力的目标;也正是以"提高中国软实力"为纲,让整个宣传报道的主题得以升华。

同时因为体育作为一种泛国际化文化语言,提高国家文化软实力,动能更好地向国际展示中国形象。在《上海体育追梦七十年》中,有这样特殊的一集,讲述了徐晓明和金智善这对冰壶选手跨国婚姻的故事,而正是这"一片冰心在玉壶",既让人看到跨越国际的忠贞不渝的爱情,也表现了两人对所从事的冰壶运动的无限热爱,最重要的是展现了中国体育的魅力、中国的影响力,吸引着越来越多的国际人士以成为中国的一分子为荣。

### 3. 体育报道宣传,要牢牢坚持马克思主义新闻观

新闻观是新闻舆论工作的灵魂。山无脊梁要塌方,人无脊梁会早卓。党的新闻舆论工作必须挺起精神脊梁,而体育新闻工作如同体育精神一样,也要有自己挺直的脊梁。体育有脊梁才能言胜,体育宣传有脊梁才能响亮。

近年来,在体育宣传工作中,西方新闻观的影响是最为显著的。虚妄抽象的绝对的"新闻自由"和"体育反政治化"这两大片面理论结合,更是西方反华势力攻击中国的重要武器。NBA多位选手的反华辱华言论、网球界打压华人权攻击、"新疆棉"与体育千丝万缕的关系、球场上的分裂中国主权旗帜,无不如是。在这样的国际背景下,我们宣传作品的脊梁——坚定的马克思主义新闻观,对于我们作品的内容的提纲挈领作用,无比重要。《上海体育追梦七十年》以中国体育人的中国梦为纲,正是在最基础的新闻观上站住了脚、把准了舵。乃至五星体育近年来推出的重大宣传主题报道无不如此。如"阅读上海建筑,享受健康生活",更是以红色历史和健康骑行相结合,主体目标为外国友人,不忘正本清源。

达到抵制西方新闻观的错误观点的目的,更对外宣传了我们的正确新闻观。

### 4. 体育报道对培养德智体美劳全面发展的社会主义建设者和接班人的教育意义

体育是综合素质中极为重要的组成部分。中国古之"六艺"中,射、御二艺,就是体育之艺。社会主义建设者和接班人,综合能力的提高是重中之重,学会自我管理、学会同他人合作、学会过集体生活,激发好奇心、想象力,培养创新思维,这些能力,都能在以倡导团队精神、紧密合作、不断攀升和突破的体育领域中深切感受和提高。

当然,在体育教育中,我们时常存在一种误区,那就是体育更多的是在于"德体并进,共同提高",对于年轻人的意志品质和身体素质有影响和提高。事实并非如此,《上海体育追梦七十年》以多位优秀运动员、教练员为例,展示了全面发展之于体育的意义。说起赛艇运动,人们脑海中浮现出的运动员形象总是高大健硕的,但在主题报道中我们选择的李建新,却不是这样的体型。瘦小的李建新,把握前进方向、保持头脑冷静、指挥全队合作、执行比赛战术、灵活应对赛况……作为整个团队的大脑,成为中国队曾经夺取7枚亚运会金牌的关键先生。而在退役后的岁月中,李建新又以他的创新精神,不断拓展赛艇教育和城市赛艇运动。

体育最主要的受众之一是青少年学生,而体育宣传工作不仅是鼓励提高青少年学生的身体素质,更重要的是让这个群体能够从我们的报道中享受乐趣,明白增强体质、健全人格、锤炼意志的意义,从而投入体育中,助推整个社会的健康成长。

### 5. 体育报道在媒体融合纵深发展方面的努力尝试

在《上海体育追梦七十年》问世的10年前,五星体育在新中国成立60周年之际,曾推出过《六十年六十人》大型颁奖典礼,汇聚新中国优秀的运动员、教练员,以一台磅礴的晚会,展现中国体育成就。10年之后,五星体育并未因循守旧,而是根据媒体环境的发展,采用人物访谈系列短视频的方式,完成了《上海体育追梦七十年》。

移动化、社交化、可视化是当今国际传播领域的趋势。正基于这样的趋势,《上海体育追梦七十年》在策划阶段就定下了"短(小快速)、平(易近人)、精(彩可视)"的创作原则。尽管每一个人、每一个故事都值得长篇巨制,但为了更能打动受众,更方便被受众接受和观看,短视频的呈现方式成为不二选择。尽管是体育这项高垂直度领域,但作品的制作方针就是让受众乐于接受、易于理解,看得懂、看得进、看得明白。事实证明,这样的融媒体形式,最终取得了出色的传播效果。

## 结　语

　　体育从初生之际,就是为了健身强体,围绕着纯粹的肉体感官刺激,这也导致在历史长河中,相比文化影响,体育影响往往更具有潜移默化性。对于主流媒体,在体育领域的宣传工作中,特别要重视舆论导向,这是做好宣传工作的第一步。

　　体育报道,要想摆脱"体育无关政治"的误区,更主动把握时代脉络,努力作为,将体育报道与宣传思想工作紧密结合,找准主题,展现中国力量、倡导中国精神、展示国家与民族形象、增强国家软实力,还有许多工作要做。体育重大主题报道有所作为的思考,只是体育报道守正创新、提高体育报道传播力的一个重要方面。我们将继续加强体育报道的理念与实践创新,坚持不懈,努力奋进。

**参考文献:**

［1］Andy Miah. The Olympics: The Basics[M]. London and New York: Routledge, 2012.

［2］Shearon Lowery. Milestones in Mass Communication Research: Media Effects[M]. USA: Longman Publishers, 1995.

［3］Sujin Choi. The Two-Step Flow of Communication in Twitter-Based Public Forum[J]. Social Science Computer Review, 2015.

［4］John Pavlik, Shawn McIntosh. Converging Media: A New Introduction to Mass Communication[M]. New York: Oxford University Press, 2017.

［5］上海市人民政府办公厅.上海全球著名体育城市建设纲要.2020-10-27

［6］习近平.论党的宣传思想工作[M].北京:中央文献出版社.2020.

**作者简介:**

　　刘超,上海广播电视台五星体育频道副总监、SMG 五星体育传媒有限公司副总经理。

# 试论地方媒体巧用"第二落点"报道大赛的策略与方法

马晋翊

**提　要：**体育比赛的不可预知性人所共知，在诸如冬奥会这样的重大国际赛事中，"第一落点"的报道无疑最具现场感，但因为取材面狭窄，容易同质化。同时，受制于版权的先天缺陷，地方电视媒体无法与中央电视台全面抗衡，但依托全媒体时代提供的客观条件及发展空间，发掘与应用新闻报道的"第二落点"，探寻差异化、错位化的报道思路，也将促成地方媒体别开生面、创新发展。本文以北京 2022 年冬奥会的真实报道为例，论述了笔者在全媒体时代环境下，对于发掘与应用"第二落点"的策略与方法的实践探索与发展性思考。

**关键词：**冬奥会新闻报道　全媒体时代　第二落点　策略与方法

## 引　言

习近平总书记在党的新闻舆论工作座谈会上曾指出："党的新闻舆论工作必须创新理念、内容、体裁、形式、方法、手段、业态、体制、机制，加快构建舆论引导新格局，抓住时机、把握节奏、讲究策略。"

四年一届的冬奥会，既是体育竞技层面的比拼，也是一场没有硝烟的媒体大战。数据显示，受全球疫情影响，北京 2022 年冬奥会，参赛运动员相较近 3 000 人的平昌冬奥会略有减少，为 2 892 人，但注册媒体仍有 9 38 人。地方电视媒体如何在海量的冬奥报道中脱离同质化，并最大限度避免因版权问题而造成的报道内容"先天不足"？找寻"第二落点"尤为关键。

# 一、新闻报道的"第二落点"

## 1. 概念界定

所谓新闻的"第二落点",传统意义上是指非第一时间的新闻报道,更多认为是在已经丧失或者由于条件限制无法完成"第一落点"情况下的补救报道。且随着新闻事业的不断发展,"第二落点"已经走出了狭义的范畴,具备更丰富的新闻价值。和追求最快最新鲜的"第一落点"相比,"第二落点"更多是在新闻事件发布之后,向纵深的方向寻找、挖掘,找到内涵和外延的最大价值。它仍属于新闻事件本身,但并非背景资料,且具备新闻的五要素——何时、何地、何事、何故、何人。

## 2. "第二落点"的基本特征

北京师范大学新闻传播学院学术委员会主任、教授、博士生导师喻国明认为,"第二落点"报道的价值,并不在于把所有事实信息完成简单堆砌,而在于根据第二落点报道当中所构成的人们所了解信息分布的不对称性,把那些缺失的信息补上,把那种信息之间结构上的某种偏态,通过结构性的详尽报道加以纠正。所以,"第二落点"并不局限于深度报道,而是可以在广度上下功夫。

# 二、全媒体时代为"第二落点"的发掘与应用提供了有利条件

## 1. 全媒体时代的变革方向

"一次采集,多次传播"是全媒体环境下,地方电视媒体追求的融合。在互联网时代,受众需要从新闻媒介处得到的已经不仅局限于简单的资讯,而是集资讯、服务、体验等于一体的多功能产品。纽约时报集团董事会董事小苏兹伯格说过,"在信息和观点无处不在的情况下,对内容品质的承诺比以往更加重要"。一方面是新闻报道在引导受众的认知和趣味,另一方面受众的喜好也在不断提升新闻报道的提升空间,包括对"及时性"的重新理解、对"大主题"的多角度切入、对整合传播的多元化思维提升以及相关理论的创新与发展等。

## 2. 全媒体时代扩充了新闻资源,让"重塑内容"成为可能

从惯常角度来看,受到播出时段固定的限制,除现场直播外,传统电视基本

绝大多数情况都会失去"抢鲜"的机会。尤其是诸如冬奥会这样的国际综合性赛事，受困于版权限制，地方电视媒体绝大多数情况下本就无法触及赛场内的核心资源，只能利用周边选题寻找"突破口"。但是，随着全媒体时代的到来，重大新闻事件的发生，往往伴随着网络媒体甚至自媒体刷屏式的报道。手机等轻量化设备的多元化、随拍随传的传播方式以及大众随翻随看的阅读习惯等，为"第二落点"的发掘与应用提供了有利条件。

例如，北京 2022 年冬奥会上，闫文港为中国钢架雪车项目夺得了冬奥会历史上的首枚奖牌。当晚，他与笔者微信往来时，发来一张 2019 年的新闻截图。当时面对镜头，他向笔者说出了"最大的梦想还是能站上 2022 的领奖台"这句话。由此可见，三年前说过的话，闫文港不仅没有忘记，还将这张截图一直留存，激励自己。于是，笔者在关于闫文港为中国钢架雪车队取得突破的新闻报道上，就以这个"三年之约"作为开篇，以他和中国钢架雪车队每年都会在酷暑天来上海夏训作为资料画面呈现，前后串联，让观众了解，这枚奖牌的背后，不是朝夕之功，而是整整一个奥运周期备战的辛劳。正是有了这样珍贵的采访素材画面点睛，此篇报道才能够在一众关于此新闻事件的赛后报道中脱颖而出、独树一帜。

全媒体时代新闻传播的方式变革以及大众阅读途径的多元化，在很大程度上提升了"第二落点"的新闻价值，让其不只是报道的"调味料"，甚至很多体育人文类报道会因此冲上网络热搜，成为话题。

例如，北京 2022 年冬奥会获得短道速滑男子 1 000 米铜牌的匈牙利名将刘少昂在当晚的颁奖广场与拿到自由式滑雪大跳台金牌的谷爱凌合影互动，但当时的场景并未被媒体捕捉到，而是刘少昂通过自己的社交平台发出了一组照片。笔者得知之后，在第二天的赛后混采区就该新闻点作为对刘少昂的提问，因为有了当事人的回应，五星体育制作的《刘少昂直言"谷爱凌太美了！"》成为"爆款"，数据显示，该短视频在视频号、微博、抖音、快手、哔哩哔哩等官方账号上的播放量超过 1 000 万。"刘少昂谷爱凌梦幻联动""刘少昂夸谷爱凌"等话题瞬间冲上热搜。

## 三、发掘及应用"第二落点"的策略与方法

"策略"就是为了实现某一个目标，根据可能出现的问题制订的若干对应的方案。"方法"就是指为达成目标而采取的手段与行为方式。

新闻报道中，判定媒体竞争力的一大标准就是独家性。值得关注的是，在"百舸争流、百花齐放"的全媒体时代，"独家性"并不同"唯一性"画等号。我们应当转变传统媒体思维和惯常方式，在"第一落点"无法触及的情况下，挖掘"第二

落点"中的独家内容，也可以在激烈的竞争中占领制高点，打开"柳暗花明又一村"的新景象。在诸如夏奥会、冬奥会这样的国际综合性赛事中，"第二落点"的找寻更加可贵，也更容易出彩。

## 1. 厚积薄发——选择精准的采访"切口"

厚积薄发，意思是多多积蓄，慢慢放出，形容只有准备充分才能办好事情。在地方媒体存在客观条件不足的情况下，我们可以利用全媒体时代"新闻资讯丰富、获取途径更便捷、内容更新快速"等优势，大量吸收相关信息，为捕捉"第二落点"奠定灵机迸发的"土壤"。

以比赛后的混合采访区设置为例，通常，运动员走过混合采访区的先后顺序是：主播台、持权转播商、四大通讯社，最后才是文字记者和非持权媒体。而作为传统地方电视媒体，通常在奥运会级别的大赛中持有的都是非持权媒体采访证件。此时，如果将主播台、持权转播商以及四大通讯社的采访区域界定为"第一现场"，文字记者和非持权媒体所处的采访区域就可以被定义为广义之上的"第二现场"。在混采顺序完全处于劣势的情况下，该如何寻找突破口，从采访对象口中获得不同寻常的信息和内容？以笔者的经验来看，需要在对采访对象有较为深入了解的情况下，从提问技巧和角度入手。

例如，北京 2022 年冬奥会的花样滑冰双人滑比赛后，笔者询问错失登上奖台资格的彭程/金杨，问起彭程作为一位连续参加了三届冬奥会的选手，在一次次冲击奖牌无果之后，她内心那份坚持的力量是否有过动摇？对自己是否产生过怀疑？彭程笑着答道，这个问题让她想起了前一天短节目结束之后，笔者曾经问过她的另一个问题。起因是，笔者观察到，当天的短节目比赛前，她在6分钟的练习时间里几乎一直重复着一个单跳的动作，因为她的第一次尝试失败，摔倒了。于是赛后，笔者询问她，当时是否太想证明自己，所以一定要在6分钟的练习时间里把那个单跳完成好。没想到，就是这样一个看似简单的问题让彭程陷入思考，也告诉笔者，是这个问题点醒了她。作为一名参加过三届冬奥会的"老运动员"，她已经无须用任何一个动作来证明自己的价值，第三次站上冬奥赛场，她和搭档需要做的，就是享受比赛，所以第二天的自由滑才会表现得轻松自如，完全卸下了包袱。在她眼中，没有错失领奖台的遗憾，只有展现出那个最好的自己。很难想象，这样一番推心置腹的交流竟然是在混合采访区短暂完成的。正因为有了这番对话，在随后的报道中，笔者果断将侧重点从错失奖牌，转为彭程自信的微笑，有时，赛场上的缺憾美也是一种难得的美。此外，作为积累报道素材最主要的"战场"，混合采访区采访还须提升效率。以比赛提问为"第二落点"的突破口，建议在提问技巧方面使用正问法、设问法、追问法、反问诸如"觉得自己今天发挥如何?"这类无效问题,找准大赛中的关键点,将切口收到最小;并根据被采访对象的情绪和实际情况及时对话题进行调整,如若被采访对象情绪较为低落或起伏较大,建议在提问技巧方面使用隐喻、迂回法,避免使用激将法,最大限度达到"共情",使采访过程更加顺畅,采访对象的表达更加完整。

## 2. 融会贯通——让"共情"升华新闻价值

《朱子全书·学三》:"举一而三反,闻一而知十,乃学者用功之深,穷理之熟,然后能融会贯通,以至于此。"融会贯通,本意指融合贯穿各方面的知识,得到全面、系统、透彻的理解。在此,笔者认为,受制于播出时间,电视具体想要在新闻报道中抢占"第一落点"颇为不易,但并不意味要直接放弃"第一落点",而是在广泛占有新闻资讯的基础上,将传统意义上的"旧闻"与"第二落点"的"新闻"有机结合、穿插,进行整合、优化,通过"第二落点"来继续发酵,从而走向"内容重塑",彰显新闻价值。

举个例子,五星体育在 2022 年 2 月 16 日的《体育新闻》中,有一篇标题为《重压之下的朱易终于笑了》的报道,讲述了朱易这名备受关注的花滑入籍队员,在团体赛失误甚至由此冲上热搜的逆境下,个人赛完成蜕变的故事。因为团体赛表现失常,朱易此前短节目和自由滑两次走过混采区,一共只留下寥寥数语,正因为此,赛后,网络端有很多关于她的不实传闻。所以,个人赛短节目之后,笔者抓住机会,与她进行了较为深入的沟通,以她在比赛中表情的变化作为切入点,询问了关于心理调节等问题,并在全篇报道的最后,以记者短评的形式作为收尾,引导观众理性观赛。从时效性的角度,朱易遭受"网暴"已经过去了好几天,但此时旧事重提,并没有"炒冷饭"之嫌,反而让观众更容易达到"共情"。从朱易神情紧绷到微笑比心的"第一落点",回溯到团体赛频频摔倒泪洒赛场,并穿插朱易的诸多心理活动,前后结合,叙事更为完整。

共情,也称为同理心或同感、投情等。将新闻工作者的人文关怀精神直接聚焦于面对的新闻对象,以感同身受的心态去关注、去探寻,可以为找准"第二落点"提供快捷的路径。

再比如,针对中国男子冰球队的冬奥首战,五星体育在 2 月 11 日的体育新闻中以《中国男冰冬奥首秀:队伍一小步历史一大步》为题展开报道。虽然大部分内容都是结合比赛本身"第一现场"的报道,但记者没有局限于此,而是将思路打开,以中国男冰的队员架构来凸显为了这次冬奥会能在家门口和强队一战,队伍在这个冬奥周期的精心准备。结尾处,记者更以自己在国家体育馆墙面上看到的一幅幅青少年冰球比赛掠影进行点题,将一场看似平凡的比赛升华,放进历史长河去探寻意义所在。这同样也是一篇注重"第二落点",但结合"第一落点"的典型报道。

### 3. 异彩凸显——从"小视点"彰显大主题

笔者认为"第二落点"在传统意义上存在两个"先天不足":第一,时效性方面存在明显短板,无论是时新性还是时宜性两个层面都不占优势。第二,在时间机存在"先天缺陷"。那么,如何让"第二落点"的报道做到"不炒冷饭",反而"后来者居上"?这就要求报道的角度有独特的视角和见解。所以,"第二落点"的关键就在于一个"异"字,唯有另辟蹊径,想他人之未曾想,才能"杀出一条血路",实现差异化报道。

比如,2018年7月4日《人民日报》体育版在俄罗斯世界杯期间刊登的一篇评论文章就曾引发全民热议。《请从清理好垃圾做起》一文将视线焦点对准了看台上的日本球迷和球员更衣室。虽然当天日本队遭到淘汰,但球员赛后依然整理好了更衣室的垃圾,本国球迷也在赛后将座位旁的垃圾清理干净。该报道从一个简单的现象入手,展现运动员职业素养、球迷观赛礼义,引发了行业和全社会的冷静思考。

此外,根据北京冬奥会吉祥物冰墩墩的影响力,五星体育原创作品《你知道冰墩墩的英文名怎么读嘛?》也是前方记者在冬奥会报道中寻找"第二落点"的佳作,该短视频在五星体育诸多新媒体平台官方账号上的播放量也达到了500万。

## 四、发掘及应用"第二落点"应遵循的准则及探索方向

### 1. 坚守主流价值观

随着全媒体的不断发展,出现了全程媒体、全息媒体、全员媒体、全效媒体,信息无处不在、无所不及、无人不用,导致舆论生态、媒体格局、传播方式发生深刻变化,新闻舆论工作面临新的挑战。

作为新闻工作者,特别是地方主流媒体的新闻工作者,应当将支撑事实的呈现过程与倡导主流价值观结合起来,因势而谋、应势而动、顺势而为,使主流媒体具有强大的传播力、引导力、影响力和公信力。

新闻工作者要利用自身被赋予的权威性、可信性及真实性,在复杂的信息中判断事情真相,并明确自己的态度和立场,呼吁公众参与、讨论,弘扬正确的社会主义核心价值观。

### 2. 应当更贴近大众民生

全媒体时代因其"动静结合、深浅互补、全时在线、即时传输、实时终端、交互联动"的明显特点,拉近了与大众民生的距离,也促成了新闻报道"第二落点"更贴近社会大众和民生心理。这需要媒体及新闻工作者针对受众的不同需求,因人而异、因地制宜地找准"第二落点",选择最适合的媒体形式和渠道,深度融合,提供超细分的服务,实现对受众的全面覆盖及最佳传播效果。

作为地方主流电视媒体,五星体育就在北京冬奥会前以及赛事期间,重塑内容生产传播逻辑,推出了具有传播力且符合受众核心需求的产品。以贯穿整个冬奥会的 20 期《冬奥"鹏"友汇》为例,每个比赛日,五星体育主持人刘鹏都会邀请一位沪上知名电视主播或体育明星,以普通上海百姓视角,配以诙谐幽默的语言,结合前方记者拍摄到的采访素材,解读当日精彩比赛、热点新闻。值得一提的是,该节目大胆弃用了传统演播室,选在普通办公室进行录制,贴近感、代入感十足,受到社会大众的高度关注与好评。

### 3. 强化重构意识与能力

面对"以全媒体渠道,进行内容的多渠道、多媒体、多平台发布"的时代特点,发掘及巧用"第二落点",实际上是对传媒形式的重新架构,并以此进行跨界人群的更广泛覆盖。我们应当针对不同的媒体渠道特征,充分发挥自身的主体性功能,增强"重构"意识和能力,对媒体采编流程以及报道内容进行重构,并使信息形式和结构发生本质变化,使不同阅读或收视习惯的受众都得以满足。

## 结 语

智能时代,伴随着 5G、AI、大数据等新兴技术的成熟运用,新闻报道的呈现正在发生根本性变革,信息传播的边界进一步拓宽。在新媒体"唱主角"的今天,传统媒体并未放弃历史进程的"根据地",而是主动寻求创新,以站稳属于自己的"落脚点"。

未来的体育报道,特别是像夏、冬奥运会这样的国际综合性赛事,媒体工作者需要具备融合新闻思维,积极挖掘赛场内外的"第二落点",实现新闻价值的"二次再生",打造富有传播力和影响力的"拳头"产品,以满足市场的差异化和受众的个性化需求。

**参考文献:**

[1] 郝勤.体育新闻学[M].北京:高等教育出版社,2011.

［2］高钢.传播边界的消失——互联网开启文明再造时代［M］.北京：中央广播电视大学出版社,2016.

［3］徐松丽.新闻报道的"第二落点"如何不落俗套［J］.传媒论坛,2018(03).

［4］刘超.热点事件报道如何找准"新闻眼"［J］.新闻战线,2018(3X).

［5］李智.融合背景下重大体育赛事报道创新传播策略［J］.传媒,2020(08).

［6］黄德华.如何抢好突发新闻的"第一落点"与"第二落点"［J］.传媒,2014(17).

**作者简介：**

马晋翊,上海广播电视台五星体育采编中心记者。

# 综艺常青树的凋零

## ——《快乐大本营》成功及衰落原因分析

刘 驰

**提 要：** 本文以《快乐大本营》为例分析综艺节目的盛衰影响因素，通过把《快乐大本营》分为奠基阶段、革新阶段、鼎盛阶段和衰落阶段，分别梳理不同阶段的节目特征，解读综艺节目的游戏环节，从观众的角度归纳《快乐大本营》的成功原因和衰落原因。建议媒体从业者应该紧随时代发展打造新颖的节目模式，强调与观众的互动；在新媒体环境下多方位宣传，不断创新，以市场化的方式进行内容制作，接受市场竞争；更应对节目的核心成员进行素质监督，对媒体人员进行引导和控制，把握双向互动模式，不断创造优秀节目。

**关键词：** 快乐大本营 主持人 创新 新媒体

## 引 言

2021 年，驰骋国内多年的娱乐综艺常青树《快乐大本营》宣布停播改版，随后由湖南卫视打造的全新节目《你好星期六》接替原周六晚黄金档节目，至此《快乐大本营》从国内综艺节目翘楚跌落神坛，快乐家族也再难合体。

早在 10 年前，《快乐大本营》的制作人曾宣称可以用 1 000 万元的制作成本营收 8 个亿，其"吸金能力"令人咋舌。除了惊人的回报率，《快乐大本营》约 1 200 期的节目输出量，堪称国内最长寿的综艺节目。作为国内娱乐综艺的领头羊，虽然《快乐大本营》褒贬不一，但在大部分"短命"综艺节目的映衬下，持续了 24 年的《快乐大本营》，可以说是陪伴了几代人的成长，必然有其存在的道理。

因此,本文试图分析《快乐大本营》在本世纪初期综艺节目竞争中发得一等的缘由,以及由盛转衰,渐露颓势的问题所在,希望对广大媒体从业者有参考借鉴意义。

# 一、《快乐大本营》的发展过程

## 1. 奠基阶段

最初,《快乐大本营》是湖南卫视为寻求革新而创办的一档综艺节目,彼时观众对湖南卫视仍停留在"猪饲料"广告的印象中,时任湖南卫视台长魏文彬借鉴综艺《幸运3721》,央心以改善湖南卫视形象、提高卫视收视率为目的,创办一档综艺节目,《快乐大本营》便于1997年应运而生。这档节目由湖南卫视《晚间新闻》的主持人李湘担任,并邀请播音员李兵与之搭档。起初《快乐大本营》的节目模式依然沿用传统的"晚会式",一男一女搭配,着装正式,节目题材多为歌舞和小品,但是由于李兵正派的主持风格与节目"娱乐化"定位不相适配,整体而言效果并不出彩。当时主持人在节目中的重要意义日益占显,考虑到观众会根据主持人的形象而对综艺节目产生固化印象,因此在该阶段的《快乐大本营》,不断尝试更换男主持人,以撕掉"晚会式"综艺的标签。直至1998年,湖南卫视邀请在央视主持《大风车》的何炅加入,两人开启了长达多年的搭档主持生涯。

选定好具有战略意义的主持人后,《快乐大本营》开始从节目设计和嘉宾邀请两方面下功夫。在当时大部分卫视执着于做好新闻节目的时候,湖南卫视抓准娱乐理念,将《快乐大本营》定位在"年轻"和"快乐",吸引青年群体的关注。在节目设计上,《快乐大本营》尤其注重观众的参与:现场观众可以和邀请嘉宾零距离互动,如当时有猜词游戏"心有灵犀";电视观众则可以拨打热线电话,以远程连线的方式参与到内场的互动中来。渐入佳境的《快乐大本营》围绕娱乐元素,邀请了高圆圆、钟汉良、黄磊等高热度明星,吸引观众关注,同时购置电视和冰箱作为节目奖品博人眼球,成功提高收视率。在节目内容上,《快乐大本营》与青海、新疆卫视合作,带观众领略祖国西部的壮丽景色,外景片让观众多触角体会"快乐"。在游戏设置上,大胆设置问题游戏"有彩二选一"、闯关游戏"乐华IQ无限"、外景游戏"冒险你最红"。至此,湖南卫视从"饲料电视台"成功转型为"娱乐综艺台",《快乐大本营》也以其独到的"游戏+明星+观众"模式,跃居最受观众喜爱的综艺节目前列,与央视的《综艺大观》平起平坐。

## 2. 革新阶段

奠基阶段逐渐积累起的国民度,让《快乐大本营》这档卫视节目的观众缘可以和央视综艺分庭抗礼。三位主持人早已家喻户晓,李湘和何炅的事业如日中天,海报贴满青少年房间;维嘉成为《快乐大本营》场外互动环节的主持人,节目持续火热,邀请的嘉宾年轻、数量多。

繁荣的背后往往蕴藏着危机:首先,央视批评"娱乐过度",这让媒体从业的同行对《快乐大本营》发出刺耳的评论。其次,主持人李湘用节目带来的国民度开始"多渠道捞金",既拍电视剧,又涉足音乐,综艺的"主心骨"主持人不够稳定。今日我们熟知的主持人谢娜,在初期曾化名"叶子"主持过几期节目,但由于那个年代对于女性"谐星"主持人不够认可,《快乐大本营》的新鲜血永一再遇冷。最后,《快乐大本营》的核心竞争力——娱乐观众太容易被对手模仿,一系列同质性综艺比如《欢乐总动员》开始出现,《快乐大本营》处于内忧外患的困扰之中。

随着《快乐大本营》的核心主持人李湘离开,主持功力稍显稚气的谢娜回归节目,何炅扛起了挑大梁的责任,然而他越发精进的主持能力也未扭转节目收视率持续走低的现状。以至于后来快乐大本营组织了一场"快乐主持群挥泪告别"live 演唱会,三位主持人进行拉票,票数低的则要离开快本,谢娜和维嘉的告别使得节目收获了一批观众,《快乐大本营》的改革也马上临近终结。

后来《快乐大本营》用主持人选秀模式的综艺《闪亮新主播》展开选拔赛,海涛、吴昕作为《快乐大本营》的新鲜血脉加入,维嘉和谢娜再次回归。意想不到的是,五人主持团队碰撞出了精彩的火花,核心团队趋于稳定,打造了"快乐家族"主持人品牌,《快乐大本营》的鼎盛时期即将到来。

## 3. 鼎盛阶段

2006 年,以何炅为中心的《快乐大本营》的主持人团队定型。而前期与《快乐大本营》分庭抗礼的综艺节目没有扛住时代的挑选,逐渐离开了大众的视野。至 2007 年,《快乐大本营》的收视率和市场份额已经可以和央视抗争,冲上了收视率榜首。业界甚至传言"上快乐大本营必火"。后来节目取消了艺人的出场费,即便如此,依然有很多艺人争先恐后参加,2007 年邀请到了贝克汉姆,lady gaga 也成了它的嘉宾,2012 年 EXO 也将参加《快乐大本营》来打开中国市场的门槛,节目逐渐走进国际视野。此外,节目也热衷于打造真人 CP,邀请佟丽娅和陈思诚在节目上公开恋情,后来剧组喜欢把参加《快乐大本营》当作有效宣传途径,甚至节目的单集收视率突破了吉尼斯世界纪录。

在节目内容上,《快乐大本营》一直走在创新前列。率先将节目与网络社交媒体联结,推出"神马都给力"环节,通过新浪微博与观众互动;设置"啊啊啊□□"三三实验站环节,讲解科学知识;"谁是卧底"作为《快乐大本营》的王牌游戏,通□□对参与者进行关键词设置,然后票□抓出卧底,则成为青少年群体竞相模仿的娱乐方式。《快乐大本营》的游戏环节数量多且形式新颖,在很长一段时间内引领着综□小青年娱乐风尚,再加上流量明星的推波助澜,节目内容和游戏环节均受到观众的一□好评。

鼎盛阶段,《快乐大本营》的核心团队稳定,主持人的风格与节目定位□契合,每一年都开发新颖的节目环节。甚至在 2011 年"限娱令"出台后《快乐大本营》依然凭借超高的国民度保留下来。此时,主持人也借助节目所□予的知度,尝试开辟更多个人业务,涉及餐饮业、影视行业等多个领域。

### 4. 衰落阶段

正在《快乐大本营》春风得意之时,危机已然悄悄来临。2012 年起,□大综艺逐渐如雨后春笋一般抢占收视份额,《花儿与少年》引发了明星户外真人秀热潮,浙江卫视作为湖南卫视的竞争对手,先后推出了王牌综艺《奔跑□□》《王牌对王牌》与湖南卫视分庭抗礼。而这段时间《快乐大本营》故步自封,逐渐失去了娱乐节目的主导地位。

与此同时,《快乐大本营》的负面新闻也层出不穷。首先是主持人的知度开始降低,随着观众越发成熟,大家渐渐注重主持人的业务能力而非一时娱乐,在 2014 年金鹰节颁奖典礼,谢娜的表现被观众评价状态疯癫,专业不佳,与同台主持的央视主播康辉的表现,高下立见。其次是快乐大本营创新不足,难以追赶时代潮流,在《快乐大本营》20 周年活动中,有观众明确指出"快本已经过时了"。快本后期想复刻《闪亮新主播》的成功,推出《站稳了,朋友》这档固定常驻嘉宾,结果并未掀起水花。如果说谢娜的主持功力存有争议,那么□节目的其支柱何炅于 2021 年被曝收应援礼物则成为《快乐大本营》消亡的导火索。后来有网友扒出该节目的其他几位主持人都曾接受贵重应援礼物,甚至有金等贵金属。而主持人将应援礼物挂至二手交易平台转卖的行为彻底激怒了广大观众,这成为压死骆驼的最后一根稻草。最终,《快乐大本营》未能延续辉煌长命运,消逝在时代的洪流中。

## 二、《快乐大本营》成功因素分析

### 1. 风格精奇 全民娱乐

《快乐大本营》每期邀请的嘉宾并不局限于流量明星,还有许多真正明星甚至素人,在幕后辛苦工作的同事也有上台露脸的机会。这在当时的综艺节目中可谓大胆尝试,看似不符合常理的节目设置,却印证了"接地气"才能"有人气"的逻辑,真正将全民拉进了娱乐的暴风眼。而这也符合节目最初的用户定位,青少年群体对于新事物的接受度较高,一定程度上满足了观众的猎奇心理。

同时从节目的舞美设计、主持人的服装上也可以看出,现场倾向于大面积使用高饱和度、明快的颜色,从视觉效果不断冲击着观众的感官系统,有意加深这种精奇的节目风格。可以说,节目在"大俗大雅"中吊足了观众胃口,成功打造了一款趣味、和谐的综艺节目。

## 2. 主持人团队明星化

《快乐大本营》的主持人并不局限于节目主持,同样也是节目的参与者。他们在节目中也会有喜怒哀乐的表达,真实表现让观众感知到每一个鲜活个体的存在,反而备受观众喜爱。不同风格定位的主持人,有自己固定的粉丝群体。节目制作团队也会挑选特殊的时间节点,设定一些隐藏节目。比如在主持人生日当天,节目录制完毕后,大家一起切蛋糕,明星好友 VCR 送祝福……营造了满满的氛围感。这种热度的打造,反而让主持人逐渐摆脱了节目赋予的光环,受欢迎的程度不再完全来自《快乐大本营》的馈赠,拥有了稳定的个人"铁粉"。

经过多年的磨炼,快乐家族的每位成员都已经成长为可以独当一面的明星,他们可以独自主持诸如《拜托啦冰箱》《明星大侦探》之类的全新的综艺节目;也可以作为明星参加《乘风破浪的姐姐》《百变大咖秀》等节目;甚至利用国民热度开始谋划自己的商业版图。此时的五位主持人,可以靠互相碰撞产生奇妙的"化学反应"而非邀请嘉宾,带来不可小觑的收视率。

## 3. 面向观众,双向互动

就传统的综艺节目而言,往往是单向输出,节目向观众传达任何情绪价值,观众都只能被动接受,而《快乐大本营》在互联网时代初期就格外注重与观众的互动。

从角色构成上来说,稳定的主持人团队更是在观众一轮一轮的票选中诞生的。如果说如今"养成系童星"更有观众缘,不得不说,早在 17 年前湖南卫视便深谙此道理,让观众通过《闪亮新主播》这档节目,看着杜海涛、吴昕两人从出道时舞台的边缘人物,再到在娱乐主持界占有一席之地,真切体会了"养成系主持人"的诞生。

从节目本身来看,初期节目在到场嘉宾的选择上,会邀请观众以豆信息参与候选人推荐。在节目录制现场,观众也有机会上台和嘉宾进行互动,获得节目送出的幸运礼物;线上渠道,节目亦有所布局,2014 年就已经形成了粉丝讨论区互动、节目依照观众建议进行改进的模式,观众不仅是聆听者、观看者,还是参与者。

### 4. 新媒体营销的助力

互联网的飞速发展无形中为《快乐大本营》的营销助力。《快乐大本营》主张与观众进行互动,因此借助贴吧、论坛和微博等线上渠道的飞速发展,《快乐大本营》与观众的沟通交流越发密切,观众对节目的不良反馈可以处理得更加及时。另外,节目会提前和嘉宾约定,根据在《快乐大本营》上的承诺,在微博上与观众互动,一改明星往日"触不可及"的形象,利用新媒体实现了窥私营销,进而收获更大的关注度。而新媒体营销的另一特点就是病毒式营销,《快乐大本营》利用树立起来的好口碑和巨大的关注度,粉丝带动粉丝,使有关节目的信息"病毒式"在大众中传播,给节目带来了更大的曝光度。

## 三、《快乐大本营》衰落原因分析及对传媒工作者的启示

### 1. 成也主持人,败也主持人

《快乐大本营》停播的导火索人尽皆知,主持人收受礼物、转卖事件打破了观众对快乐家族的"美颜滤镜"。尽管相关主持人和节目组都曾发文回应,但在大家眼里,与其说回应是知错就改的悔过,更像是对自身即将丧失权利的挽救措施,然而观众并不买账,仅仅感动了粉丝,正向回应收效甚微。

反观另一档同样以主持人为主角的央视综艺《你好,生活》,关注度极高,主持人凭借极高的职业使命感和精湛的业务能力收获了一票粉丝,主持人康辉在节目中表示前几年还在和太太租房,与《快乐大本营》主持人收受礼物产生了鲜明的反差。而《快乐大本营》却因主持人业务能力欠佳屡遭质疑,"新晋主持人"丁程鑫还被爆出没有获取主持人从业资格证书。

节目失去了精益求精的初心,从而失去了观众的喜爱度和认可度,有家长教育孩子"快本就是一群疯疯癫癫的主持人自娱自乐的节目",就这样,节目在精品综艺高速迭代中,主持人口碑却尴尬地深陷泥潭,逐渐淡出了观众的视野。

一档电视节目需要格外重视常驻主持人的选择。舞台再大,核心人员素质不佳抑或业务能力欠缺,不仅主持人会断送自己的职业生涯,还会殃及节目形

象,再难挽回。作为媒体从业者,最重要的莫过于品性修炼,主持人的品性会在与节目长时间的磨合中转变为观众对节目的固化印象。因此,不仅传媒从业者需要时刻保持清醒的头脑,媒体的管理者更需要对媒体工作人员进行引导和把关,最大限度上传播新时代正能量。

## 2. 节目模式老套,缺乏创新

曾几何时,《快乐大本营》凭借大胆创新和不断改革,创建了稳定的嘉宾团队和极受欢迎的节目模式。然而随着观众对节目的追捧,《快乐大本营》逐渐失去了创新的主观能动性。在《快乐大本营》衰落时期,有许多小游戏都已经"过时"。娱乐明星偶尔爆个小料、传气球等体育小游戏已经难以满足观众"胃口","心跳加速""零点友情大作战"等众多环节抄袭韩国人气节目《Running Man》,甚至在20周年全新环节模仿韩国的黄金铃鼓。不同于其他综艺《极限挑战》《奔跑吧兄弟》购买韩国综艺版权,《快乐大本营》版权意识薄弱,直接抄袭的行为,终于让观众忍无可忍。

因此,在行业竞争激烈、优秀综艺节目层出不穷的时候,新意落后是《快乐大本营》逐渐失去观众喜爱的重要原因。《快乐大本营》经历了初期的次次改革,心态上显然进入了"果实品尝期",行动上进入了"养老期",直至面临停播。所以传媒从业者不可贪恋暂时的辉煌,被赞美冲昏了头脑而不思进取,潮水退去究竟谁在裸奔一目了然。唯有居安思危,不断从节目的创新角度出发,尝试新颖途径,引领时代潮流才是"长久生存"的诀窍。

## 3. 市场竞争力下降

2014年开始,不同类型的综艺如雨后春笋一般冒出来,前有《奔跑吧兄弟》《王牌对王牌》等娱乐综艺,吸引影视剧组借势宣传,分走了《快乐大本营》较多的流量。后来,国内综艺开始在形式、内容和主旨上寻求多元化突破,像推理型综艺《明星大侦探》,缜密的推理剧情、玩家的爆笑演绎,还有精细的场景布置,让观众沉浸其中;原创声音魅力竞演秀《声临其境》,通过台词功底、配音实力和互动搭档的比拼,选出每期"声音之王",震撼的听觉感受,让节目一度被定义为考验演员台词功力的竞技场;2019年,央视传统节目《主持人大赛》带领观众追求专业造诣和文学素养,频繁出现在热搜榜上;更有数不胜数的选秀类综艺抢占市场份额。而反观同时间段的《快乐大本营》,十多年来观众打开电视永远只看到五个人的老面孔,内容永远都是主持人和明星之间搞笑互动,全靠字幕增加氛围。而且节目的初代忠实用户在生活压力下娱乐时间减少,中后期的节目粉丝已经开始追求新的综艺,再加上重复的节目设置让观众产生审美疲劳,只能说《快乐大本营》吃了早期综艺类型单一的红利,快本的爆火是时代的选择,它的衰退也是时代的选择,只靠情怀是难以维持下去的,在越发激烈的市场竞争中,逐渐失去了自己的统治地位。

### 4. 观众品位提升

随着时间的推移,80后、90后这批《快乐大本营》的忠实用户群年龄和生活重心已经从娱乐转移至其他方面,Z世代逐渐成为综艺节目出现主力军,面对这批互联网原住民,《快乐大本营》的主题定位与该用户群的精神需求匹配度欠佳。同时,一味追求"娱乐至上"亦不再适合当下的综艺环境,从这两年叫好又叫座的节目如《令人心动的offer》《主持人大赛》等可以看出,聚焦于专业领域的综艺节目更符合观众当下的口味,节目对于观众而言,不只是娱乐,更重要的是提升自我"破圈"能力。另一类体验式综艺节目也受到了观众的欢迎,如《向往的生活》《你好,生活》,让观众暂时舒缓工作压力,回想念往的田园生活。归根结底,这都和人们日益承压的生活环境密不可分。在这样的时代特征下,搞笑逗乐的综艺模式丧失优势,新老用户青黄不接,《快乐大本营》沦为"时代的眼泪"。

因此,对于传媒工作者来说,节目风格应紧随时代特征,打造匹配观众口味的综艺节目,及时更新换代,满足观众不断提高的欣赏水平,才是综艺节目的长久之道。

## 结　语

国家对包括电视节目制作行业在内的文化体制建设和文化产业发展一直保持着高度重视,作为传媒行业从业者,应不断提升自我职业素养,不断创新节目模式,严格把关节目内容,打造符合观众口味的综艺精品,从而大力推进文化繁荣发展。

**参考文献:**

[1] 赵方.浅议主持群中的话语打断现象——以《快乐大本营》为例[J].中国广播电视学刊,2021(03):84-86.

[2] 张道升,陈雪娇.新媒体时代电视综艺节目创新路径研究——以《我是歌手》《快乐大本营》为例[J].芜湖职业技术学院学报,2021,23(04):54-57.

[3] 张晓雪.新媒体背景下综艺节目制作模式的转变——以《快乐大本营》为例[J].西部广播电视,2020(13):87-88.

［4］余长新.一个超稳定综艺节目的新陈代谢——从系统论角度看《快乐大本营》[J].艺海，
　　2020(03)：63－65.

［5］周茜.搭建"快乐大本营"独辟媒体融合蹊径[J].大陆桥视野,2020(□)：92－94.

**作者简介：**

刘驰,上海市松江区融媒体中心记者。

# 探讨旅游类综艺节目的特点与如何综艺出圈

## ——以《完美的夏天2》为案例

曲 清

**提　要：** 本文通过梳理旅行类综艺节目的特点，以笔者作为东方卫视中心独立制作人、总导演制作的旅行类综艺《完美的夏天2》为个案，剖析其如何综艺出圈。希望对如何改进旅游类综艺节目带来一些思考、启迪。

**关键词：** "旅行＋"元素　综艺节目　文旅融合　综艺出圈

## 引　言

近年来，国家大力倡导文化产业与旅游产业融合发展，在文旅融合的政策推动下，旅游类综艺通过视频展示特色鲜明的地域文化，从而带动地方旅游产业的蓬勃发展，成为大家瞩目的跨媒介产业融合模式，而综艺类节目如何更好地与当地文旅结合呢？本文从纵览各大平台旅行类综艺节目，提炼出旅游类综艺节目的大致特点，再剖析综艺案例《完美的夏天2》，探讨其如何综艺出圈。

## 一、"旅行＋"元素成潮流

通过屏幕，观众就可以实现云旅行，通过流量明星的加入、任务的设置、戏剧性的冲突，在各大平台上，"旅行＋"元素已经成为潮流，热门的旅行类综艺节目已经成为观众追捧的系列。

湖南卫视推出《向往的生活》系列，每次云的地方大都是一□世外桃源，突出旅行的乐趣和美好。为观众带来一幅"自力更生，自给自足，□情待客，完美生态"的生活画面，美好的田园生活让观众非常向往。

芒果 TV 自制的夫妻情感治愈节目《妻子的浪漫旅行》系□，每一次妻子们旅行的地方都成为网红打卡地，比如有"风花雪月"之称的浪漫□都——大理、张家界天门山、三亚太阳湾、热情好客的泰国、浪漫的土耳其，相□推出了"妻子的浪漫旅行"同款旅行路线，带动了当地的旅游发展。

湖南卫视的《花儿与少年》走"老少搭配"穷游异地的路线，□前几季欧洲多个国家都成为节目组的摄制地。由"花少姐弟团"在没有经纪人□每天生活费有限的限制下，前往人生地不熟的国度，完成一段异域的背包奇妙之旅。

腾讯视频友情真人秀《恰好是少年》，找来原本就是朋友的董子健、王俊凯、刘昊然，还原年轻人与同龄好友相处的真实样貌，在旅行中表□出来的生活方式，给予年轻群体青春共情。少年们在川西路线中自由驰骋的□态，让很多网友看完节目也想去川西自驾。浙江卫视推出散文体美食旅行记□节目《漫游记》。同样是浙江卫视的《追星星的人》，在旅行中露营，在露营中观星，也观"心"。

上述有"旅行＋"元素的综艺节目，从传播形式到内容都有□新，也产生了多元的主题思想，不仅展示祖国青山绿水、大好河山，抒发爱国主义情怀，同时，也有抒发夫妻情、同胞手足情、民族团结情的，□有展示美食文化与探讨年轻人生活方式与价值观的，等等。有"旅行＋"元素的综艺节目，超出了传统综艺节目的选题范围与策划构思，综艺出圈就有了原动力。

## 二、当前旅行类综艺的特点

1. 发展势头迅猛、数量大幅度上升，旅行类综艺更容易出□，旅行路途上的人文风情吸引了观众的目光。旅行综艺选择去哪里也一门学□，《青春环游记》曾选择一些热门的名城古迹，比如有一期选择南京，让众多明星打卡体验当地的风景、美食，通过游戏比赛等方式了解历史文化。而以董子健、□昊然、王俊凯三位明星为主的《恰同学少年》，更尊重个人意愿和情感，去的多□他们的理想地，景点更小众，这也给节目带来创新空间和可□。

2. 以明星为主看点，通过明星引流。旅行类综艺一般邀□流量明星参与，明星的粉丝效应，让节目本身成为聚焦点。如《向往的生活》第□季节目除了最会做美食、最有生活智慧的黄磊，最具治愈力的何炅，还加入张□枫、张艺兴等人一起守拙归园田蘑菇屋，为观众带来一幅"自给自足，温情待客□完美生态"的生活画面。

3. "旅行＋……"模式盛行，主题多元升华。《妻子的浪漫旅行》把夫妻情感融入旅行中，《花儿与少年》探索旅行中的新交际关系，《带着爸妈去旅行》将明星与父母的关系以及养老、代际等亲情话题，在旅行中娓娓道来。2021 年芒果TV 推出的《再见爱人》，更是将三对已经离异或婚姻生活正处于边际状态的明星夫妻带进一场为期 18 天的旅行中，在大自然面前，他们重新思考彼此关系，而旅行的过程成为他们对爱与被爱的再度抉择。

4. 综 N 代、系列化成常态，如湖南卫视的旅行真人秀《花儿与少年》系列目前已经推出到第四季，《向往的生活》更新到第六季。基于疫情的各项因素，旅行综艺的综 N 代也都在旅行之外拓展出更多的内容和形式表达。体验式差别乡村生活、短途露营游记、文化重新解读、真情实感关联等都是节目内容表达创新的重要组成部分。作为 IP 化的旅行综艺，更有机会尝试更多产业落地的衍生项目，拓展出一系列综艺体验为主的文旅活动。

## 三、《完美的夏天》第二季综艺出圈

所谓"综艺出圈"，是指综艺节目创新发展突破了原有圈子与框定。节目制作从形式到内容突破了原来的框架结构，其传播力、影响力、感染力远超出了原来的范围。下面，试以东方卫视和百视 TV 联合推出的《完美的夏天》第二季作典型案例分析。

## （一）《完美的夏天 2》顺应市场需求而生

《完美的夏天》第一季的播出，助力海南旅游业复苏，播出后 2020 年 7 月—12 月，接待游客 4 483.66 万人，占全年人数的 69%。旅游总收入 845.3 亿元，占全年总收入 73.9%。《完美的夏天》第二季顺应市场需求而生，正值疫情仍不乐观，大众更需要轻松解压的内容，借助节目去到更广阔的天地徜徉，国内旅行类节目需求井喷且升级。

《完美的夏天 2》由东方卫视和百视 TV 联合推出，作为一档轻松愉悦的明星旅行生活综艺，节目于 2021 年 6 月 19 日起每周六晚黄金档在东方卫视播出，共播出正片十集，加更版三集。偶像与实力兼具的人气明星李汶翰、路橙、于小彤组成"夏日旅行团"，飞行嘉宾马天宇、金晨、宋威龙、Twins、李丰、习维等新鲜加盟，在 2021 年盛夏集结于祖国最南端的海南岛，参与了一场全面升级、节奏紧密的夏日旅行。

与第一季以三亚西岛"浪花小屋"为大本营、明星们完成心愿的故事线有所不同的是,《完美的夏天2》在模式上进行了彻底的改变,整季就是一场说走就走的旅行,节目组选择反"套路"设计,无限定行程,无强迫社交,嘉宾全程根据自己的喜好制定行程规划和游玩项目,一个"完夏"独家定制版的海南旅游攻略新鲜出炉,而电视和网络受众也有机会跟随明星的脚步,体验和领略到不一样的海南风光。正是这一非常规设计,将海南别具风情却并不为人知的文旅特色,以极具带动性的方式呈现出来,让全国观众和"夏日团"嘉宾们一起走过海南,真正地来一场度假狂欢。

## (二)拍摄路线与当地旅游资源相结合

谈到娱乐与媒介产品或服务——包括电影、音乐、主题乐园、电玩、表演艺术、体育竞赛、小说、杂志、甚至报纸,消费者所购买的事实上是一种情绪上和心理上的体验。因此很多人认为,娱乐和媒介产业基本上可以被定义为"体验产业"。事实上最近的研究表明,相较于购买实体商品,人们在购买"体验"时能获得更大的快乐和更长时间的满足。所有看似五花八门的娱乐和媒介产业,基本上都在做同一件事:销售体验。

在总长十集的正片中,"夏天旅行团"的成员们足迹踏遍海南省各大县市,包括琼中黎族苗族自治县、万宁市、分界洲岛、保亭黎族苗族自治县、五指山市、陵水黎族自治县、儋州市海花岛等,体验各地特色旅游项目二十余种。从黎母山到鸭坡村,从保亭到五指山,观众或者网友获得一种旅行体验,节目中嘉宾们的独家度假线路成为新晋网红打卡路线,也给各个景区带来新启示。

以下重点分析三个拍摄内容如何与当地文旅特色相结合。

**拍摄内容1:黎母山入住"学而山房"民宿**

"夏天旅行团"相聚首站并非传统海南标配的大海边,而是突藏于琼中黎母山中的民宿"学而山房",这个特色民宿由曾经的学校改造而成,现在既是自然科学研学基地,也是旅行者寻求内心宁静的绝佳去处。初到这个没有网络、没有大海的环境,嘉宾们都有些无所适从,但他们很快适应了山中惬意悠闲的生活节奏,集体去小溪边捕鱼抓蟹制作晚餐,于小彤、利路修主动相约早起看日出,马天宇独自探险蝴蝶谷抓蝴蝶,逐渐启动休假模式的嘉宾们开始敞开心扉,亲近自然的同时结交新朋友。与此同时,一个海南新打卡点"黎母山国家森林公园"也缓缓展开在观众眼前。

**拍摄内容2:鸭坡村"赶猪大赛"和琼中女足**

隐藏在大山深处的文艺小村鸭坡村成了"夏天旅行团"探索琼中的第二站,在黎母山三天旅程中,嘉宾们正好遇上了一年一度的"鸭坡村夏季赶猪大赛"。

作为当地少数民族的一项趣味体育赛事,鸭坡村村民所谓的"赶猪",其实是用木棒推椰子,推到对面再抱起来往回跑,谁用时最短谁就获胜。看起来十分简单的"赶猪"实际操作起来却没那么简单,"夏天旅行团"成员们经过一番认真的学习,不但入了门,还和鸭坡村村民们展开一场"巅峰对决"。

更让嘉宾们惊喜的是,他们在操场上还邂逅了闻名全国的"琼中女足",这支大山里走出的球队,凭借自身的坚韧、顽强走向世界,曾在世界青年足球锦标赛夺冠,至今仍不断为国家输送优秀人才。嘉宾们玩得兴起,还即兴和球队的孩子们踢了一场"友谊足球赛",欢快热闹地把琼中"新乡村"的风土人情和精神风貌展现在观众眼前。

**拍摄内容 3:万泉河丛林漂流和深潭跳水**

万泉河从黎母山发源,是海南岛的第三大河,两岸的雨林风光和田园地貌景观令人叹为观止。"夏日旅行团"决定在万泉河流域体验两项特色美好活动——峡谷漂流和深潭跳水,它们不仅极富趣味性,沿途还能欣赏到独特的热带雨林风光,带领屏幕前的观众一同领略海南不一样的自然与人文之美。在体验水上项目之前,嘉宾们认认真真地跟着安全员宣誓,保证在旅行过程中坚守生态永恒的理念,精心呵护好万泉河河水的纯净,让万泉河永远秀丽。这一以身作则的小小举动也为大批前往景点的游客做出了榜样,带来满满的青春正能量。

万泉河的峡谷漂流虽然急流河段不多,刺激程度有限,但沿岸景色让人大饱眼福,他们在船上欢笑嬉戏打水仗,开心得就像回到了无忧无虑的童年。利吉修面对高达 6 米的深潭跳水,一开始充满犹豫,在费天宇的鼓励下他大吼一声成功地完成第一跳后,竟主动申请"再来一次"。这种人生中难得的经历和挑战让嘉宾们对生命和未来产生了新的感悟。

## (三)收视流量与拉动当地旅游业爆红双赢

《完美的夏天 2》自 2021 年 6 月 19 日起在东方卫视、百视 TV 同步上映,自开播以来,收视全程领跑,斩获年轻人的喜爱。整季平均收视 1.54 (CSM63 城平均收视),双网排名省级卫视第一,同比第一季收视增幅超 16%。通过多平台跨次元传播,在这个夏季掀起一场聚焦海南的旅行讨论,全网热议 30 多条,其中微博热搜 169 个,社会议题亮眼出圈,引发年轻人的极大关注。《完美的夏天 2》整体流量来源最多的是搜索,大图推荐位紧随其后。

除了收视领跑,流量出圈,《完美的夏天 2》为拉动海南当地旅游发展上了浓墨重彩的一笔。2021 年,海南旅游人次达 8 100 万人次,同比增长 25.5%;旅游收入达 1 384 亿元,同比增长 58.6%。

《完美的夏天 2》取景地包括黎母山、学而山房、五指山红峡谷、呀诺达、日月湾、西岛等。每一期内容都将海岛美丽风光、人文风情和流量嘉宾的表现融合在一起,360 度展现海岛魅力,《完美的夏天 2》为卫视和 App 端的观众"种草"了海南。随着节目的热播,海南多个市县的著名旅游景区,如三亚西岛、陵水分界洲岛、万宁日月湾等走进更多人的视线。根据《海南日报》的报道,《完美的夏天 2》在红峡谷取景录制时,网友反响热烈,也为该景区带来不少新客流。五指山红峡谷景区有关负责人郑丙义表示,节目中嘉宾们从保亭到五指山的新游玩路线,也给景区带来新启示。

以《夏天 2》拍摄地乐东为例,乐东黎族自治县旅游产业发展势头强劲。统计数据显示,前三季度乐东全县接待游客 226.69 万人次,同比增长 175.94%;旅游总收入 10.33 亿元,同比增长 146.53%。乐东假日旅游成效明显,2020 年疫情后报复式消费突出。如 2021 年春节,乐东接待国内外过夜游客 2.6 万人次,同比增长 37.56%,旅游总收入为 4 530.65 万元,同比增长 683.17%。

## (四)"内容+电商"的产业生态融合新路径

《完美的夏天 2》通过百视 TV,探索"内容+电商"的产业生态融合新路径,通过优质内容吸引,情感共鸣产生消费,品质服务满足需求,达到商家、平台、用户多方共赢。

《完美的夏天 2》用户画像偏女性化和年轻化,多为学生或上班族,主要居住在沿海大城市;注重生活质量,渴望休闲、旅游,有较强的消费欲望。针对此类用户画像,《完美的夏天 2》在 B+商城、淘宝番茄台推出一系列衍生品,产品类型聚焦在旅行用品、网红便携产品、明星同款穿搭和休闲零食这四个品类。

针对夏日的特点,给观众和网友带来清凉补给站,精选的优质好物如无比滴、贝壳帽、琥珀玻璃杯、榨汁机、电蚊灯、鹧鸪茶、袖套、无线驱蚊器、随身挂脖风扇等。

金晨同款连衣裙、李汶翰手表风扇、李汶翰渔夫帽、利路修 T 恤,既是明星使用出镜率较高的东西,也是年轻人在夏日比较青睐的商品。取得了非常好的转换率,成为节目的爆款。其中李汶翰渔夫帽在《完美的夏天 2》第二期"完美微唠嗑"李汶翰 VLOG 淘宝转化率高达 18.85。

## 结　语

综艺节目与文旅必将碰撞出越来越多的火花。我们应该思考如何通过不断推动旅游节目的模式创新,促使文化产能转化为经济产能。《完美白夏天2》差异化"定制"跨屏内容.针对大小屏,分别定制了卫视版和超长版。超长版内容和时长上都更加符合B+平台的调性,吸粉力更强,增加种草商品和用户关联性,增加种草商品和用户消费画像的契合度;建议今后综艺节目更多的定制内容,与当地文旅资源紧密结合,节目安排上多加入年轻用户喜欢的元素、有趣的情节、有趣的游戏和任务、当地人当地事等,满足用户好奇心,引起用户情绪上的共振。"旅行+综艺"元素越来越成为综艺节目的风潮,如何在竞争中走出一条新颖创新之路,值得每一个电视人思考。

**参考文献:**

[1] 哈罗德·L,沃格尔.娱乐产业经济学财务分析指南[M].北京:中国人民大学出版社,2013.

[2] 郑祎.旅游类电视节目的现状与创新探索[J].青年记者,2018(36).

[3] 邓彩菊.从节目元素分析慢综艺节目成功的原因——以《向往的生活》为例[J].传播与版权文学,2017(24).

**作者简介:**

曲清,上海广播电视台东方卫视中心编委会编委。

# 电视剧目审查制度的职责讨论与案例分析

张 军

**提 要：** 电视播出平台竞争激烈，不断提高收视率以达到传播最大化，而如何构建节目安全播出的管理体系，确保每一个电视剧目都能高质量播出，是各大电视播出平台迫切关注的焦点。电视剧目的审查制度要求从业者具有专业的素养和认真的态度，做好电视播出平台的守门员，不断学习国内外和以往的经验教训，为服务大众和建设新型社会主义文化保驾护航。

**关键词：** 电视剧目审查制度 西方禁用词 案例分析

## 引 言

电视剧目是观众获得新知、认识世界的重要途径，但是随着社会发展和人们精神世界的极大丰富，剧目的质量也良莠不齐。优秀的作品可以通过呈现的方式塑造世界观，传递价值取向，糟糕的作品也会在无形之中对观众的精神世界造成污染，甚至影响其现实生活的行为举止。同时，电视剧目的分类庞杂，按时间跨度有都市剧和历史剧之分，按题材有情感和剧情之分，有喜剧悲剧之分，大的门类之下又有细小分支。电视剧目的影响深远，体量庞大，这决定了电视剧目的审查工作是一个要求严格，职责重大的工作。本文将就电视剧目审查制度的职责进行详尽讨论，并结合案例进行分析。

电视剧目严格的审查制度要求审查工作人员及负责人态度端正，工作严谨负责，首先做好电视播出平台的守门员，从源头上把好入口关，在工作过程中不断学习国内外和以往的经验教训，前事不忘后事之师，为服务大众和建设新型社会主义文化保驾护航。本文将对以下四点进行讨论和结合案例进行分析。

## 一、审查者的守门员意识

影视作品具有很强的文化传播性、思维导向性，深刻地影响着人们的言行举止。随着经济的高速发展、社会的不断进步，人民群众对政府治理水平和公共服务质量的期望越来越高，同样这一点也体现在电视剧目播出管理上。电视剧创作者和审查者只有尊重文学艺术，加强文学修养，才能真正辨识出优秀的剧本，领会剧作家的艺术精韵，实现荧屏转化。

电视剧目从制作到播映过程包括：剧本制作—筹备—拍摄—后期创作—审批—发—宣传—正式播出一系列的工作，其中影视剧制作的周期很长（一般情况为2~3年，至少1年）、工作量大、任务烦琐，每一工作阶段都包含大量的工作细节。为了减少成本的耗费，必须加强广播电视台的电视内容监管，才能提高广播电视媒体的公信力，营造优良的媒介环境，推动广播电视媒体的可持续发展。这一点需要审查部门做到充分重视监管工作，实现剧集监管制度的法制化、审核流程的标准化、管理的规范化和培训的常态化，以保证广播电视台引进的节目合法、合规、合大众的口味，合新时代社会主义发展的要求。

无论是以手机平板为载体的客户端上随看随播的网络电影电视剧，还是在居家必备的电视上定时播出的日播剧、周播剧，都需要具有资格的机构进行审核通过之后才能面向大众，进入百姓的视野。凡设立广播电视剧目制作经营机构或从事广播电视剧目制作经营活动均应取得"广播电视剧目制作经营许可证"。

取得"广播电视剧目制作经营许可证"只是万里长征的第一步，而且工作如选片、筹备和拍摄等，在通过审核进行宣发之前都不是定数，审核不通过，动无法签发制作许可证和播出许可证，一部电视剧作品终不能落地，更不能面向大众进行宣发。最终上映的作品是否受欢迎，能否得到大众的认可，又能否经受专业人士的审视，以及对社会的深远影响，很大程度上都依赖审查部门的重力，这要求评审单位在重大宣传上加强评审，在把关上下功夫。负责审查的审查部门终审编辑如同足球场中的守门员，扮演着守卫大众审美底线，潜移默化社会宣传的角色。其中播出审片作为审批流程的最后一道流程。评审内容主要是以下五方面：第一，导向是否正确；第二，是否坚持办台宗旨；第三，是否符合党的方针政策；第四，作品和节目的品位和格调如何；第五，是否遵守宣传纪律。

通过审查之后，电视剧目方可进入宣发阶段，在上海广播电视台，电视居（地面频道）经由影视剧中心编播部三审编辑审查后最终面世。

　　"不忘初心、牢记使命"主题教育中央第十五指导组副组长杨文明曾对电视剧进一步开展好主题教育提出要求：一是进一步坚定政治立场，把牢电视剧的政治方向，使电视剧更好传播党的主张，同时讲策略、讲方法地使人民群众通过电视剧更好接受新时代马克思主义最新理论成果。二是把电视剧创作的根更深地扎在人民之中，使更多电视剧作品讴歌人民中的伟大英雄，推动电视剧创作向"高峰"迈进。三是努力提高自身理论修养，把总书记各方面的重要思想和论述学深悟透并通过电视剧做好宣传阐释。审查部门的工作人员端正思想，提高专业素养，才能做好上述工作。要审查一个电视剧目，需要审查人员对该节目的历史和制作背景有深入的了解，如果找一个外行人或者刚入行的生手来审核不熟悉的题材，无异于把篮球运动员放到绿茵场上。所以每一个编播审查的从业人员，都需要在工作的过程中不断学习，向后学习前人的历史经验，向前展望社会发展的趋势，向西向东审视国内外的审查制度发展历程，早日成长成为多面手，炼就一双火眼金睛。

## 二、西方国家的审查制度

　　审查制度实际上是一种价值驱动的工具，权威组织使用它来控制、限制或传递信息。绝对的表达自由，不存在于世界的任何角落。不同的时代，不同的社会形态和社会意识，决定着不同的审查制度。如在 16 世纪时，伊丽莎白一世准许并有时鼓励人们讨论当前重大问题，只要不怀疑她有权做最后决定就行了。韦尔伯·斯拉姆著作的《报刊的四种理论》中提出集权主义、自由主义、社会责任理论和苏联共产主义理论，极力美化资本主义国家的报刊、通讯社、广播、电视、电影，资产阶级的新闻事业是资产阶级的舆论阵地，尤其是垄断资本集团的喉舌。

　　"审查制度"一词起源于英格兰的杜兹王朝。在那个时代，有两方面内容较为敏感：一为政治，二为宗教。王室开始对于印刷物进行审查，至此，审查制度已经初具雏形，并且随着审查的出现，就出现了创作自由和审查道德的矛盾，信息传递与社会责任的冲突。报刊与其他公众通信工具的形式一样，既然发生在一个已经有高度的组织的社会里，报刊与那个社会的关系自然要受当时管理社会的一些基本原则决定。

　　对上文中提到的冲突以美国电影史上一直存在着创作自由与非礼勿视之间的矛盾为例。20 世纪 30 年代到 60 年代，美国各大制片厂组成的行业协会定的三大原则是：不得降低观众的道德标准；必须反映正确的生活标准；不得嘲讽自然和人类法则或者同情违法犯罪。按照这套守则，在美国影院上映的电影严禁有裸体或挑逗性的舞蹈镜头，不得有露骨的犯罪过程描绘，不得有引起邪念的性感亲吻，不得羞辱美国国旗等。当审美和道德价值观与从业人的行业自律发生冲突时，一些被审查者视为"不道德""亵渎神圣"或者"有害"的电影会被拒绝放映许可证。

今时今日的电视剧目传递着"公众有获得作品信息的权利"和"对于公众的责任"等词语，自由主义认为，自由是伴随着义务的，当电视剧目享有主流媒体载体的便利地位，它就对社会承担当代社会的公众通信工具的某种职能。广播电视是党的喉舌，更是联系党与群众的桥梁，肩负传递党的思想与理论、宣传党的政策方针、弘扬社会主义核心价值观的重要责任，唯有在守正的基础上进行创新，才能巩固主流媒体的权威性与话语权，守好意识形态主阵地。

## 三、电视作品中的禁用词

严格的广播电视内容监管可以有效遏制虚假、负面内容的传播，引导广播电视宣传行为，净化电视作品市场，同时还可以大力提升广播电视公信力。新华社在《新闻阅评动态》第315期发表《新华社新闻报道中的禁用词（第一批）》中规定了媒体报道中的禁用词，其中包括以下几类：第一，时政和社会生活类；第二，法律法规类；第三，民族宗教类；第四，港澳台和领土主权类。修订禁用词体现了人道主义和主权意识。其中特意提到，不应突出某一类型群体或某一群体身份，不应该将"××大学生""女司机/大学生/老师"等有意强调，而这些恰恰是博眼球的噱头，其中暗藏着性别对立。以最新的电影《爱情神话》为例，电影以男人为视角，以白老师的爱情生活为主线，串起三个女人的形象，虽未拿性别作为噱头，也不借大女主的东风，不强打女性为家庭牺牲的感情牌，但不失为一部优秀的女性电影，叫好又叫座。讲女性故事，树立女性形象，并不需要将性别对立摆到台面上来。传递价值取向，不需要激化矛盾和借用刺激性的字眼来当噱头，真正好的影视作品，应该是基于公平的人文关怀和保障社会利益的。

电视剧目的审查工作者要时刻保持警惕和中立，谨防影视作品中出现有辱性词汇或者政治错误的言语。因为影视作品是最容易对观众灌输思想与语言习惯的，尤其是对于世界观和价值观尚未成熟的青少年而言，他们缺少判断的能力，难以辨别是非美丑，最容易受到观看过的电视剧目影响，运用到生活中来成为隐患。曾经有报道，因为小学生效仿畅销动画《喜羊羊与灰太狼》中喜羊羊火烧灰太狼的场景，将自己的同学绑在树上用火燎烤，幸得成年人发现及时，避免酿成大错。此事之后，《喜羊羊与灰太狼》进行了整改，不再有"打""杀"了这样的字眼和容易被模仿的伤害行为。该系列作品转型到高科技的内容，又掀起小学生学科学爱发明的热潮。

电视剧目审查的工作意义在于通过内容的监管，达到对社会视听环境净化的目的。受不良内容影响最大的群体是未成年人。未成年人是一个特殊的年龄群体，智识尚不成熟，人格尚未健全，缺乏理性思考的能力、道德判断和明辨是非对错的能力，又正处在世界观、人生观、价值观逐步形成的关键时期。所以，未成年观众不仅对具有较强诱惑力和腐蚀性的不良内容缺乏判断，而且很容易受到影响，并极有可能会因此而形成错误的观念，严重地影响了人本的健康发展，从而产生错误行为，危害极大。

有些特殊时期，即使是运用了正确的叙事角度和言论，也可能传递出错误的信息，有些信息是非重要的，只会影响小部分人的观感，如因为不专业造成的穿帮，而有一些牵扯严肃事件的，会造成不可逆的社会伤害，如历史节目中的背景时间混乱（穿越），有时会激起不满。

## 四、电视剧目中取镜不当案例分析

电视剧目的受众有很多对历史背景不熟悉的人，如果审片人没有充实的历史知识储备和职业素养，很容易忽略其中的一些错误，观众在观看剧集的过程中留下印象，甚至信以为真，容易造成以讹传讹的后果。历史剧年代剧的使命本是教育大众，起到科普宣传的作用，因为编剧和制片不敬业，适得其反的例子数不胜数。所以这要求审片部门，在审片过程中，擦亮眼睛，集中精神，时刻注意剧集画面、音频中的不妥之处，并进行及时的反馈和修改，坚决不能让不合时宜，或者不符史实的作品进入大众视野。在故事背景为上海的故事片或者历史片中，就有很多这样的"穿越"或者"错用"情况，如果不指出，甚至本地人都难以发现。

混用错用的问题重灾区为古装剧，"奉天承运，皇帝诏曰"这样的宣旨开头仅仅是明清两代施行，但是很多唐宋的剧集也时时出现。再如耳熟能详的"和大人"其实姓钮祜禄。而夜市起源于宋朝，在此之前的唐朝仅仅上元节一天有夜市，而影视作品中唐人夜游的画面比比皆是。

在众多以上海为背景的影音作品中，近现代剧也有这样的病症。上海历史上曾同时存在三种不同形状的电线杆：方形的英式电线杆和三棱形的法式电线杆，以及目前在上海最多的圆形的水泥电线杆。如果发生了错用，发生在法租界的事情，背景里出现了方形或者圆形的电线杆，则为混用错用错误。再如，由林牧作曲，范烟桥作词，周璇演唱的《夜上海》为民国老电影《长相思》中的插曲，录制于1946年9月，出版于1947年1月。《夜上海》回荡在20世纪30年代的上海歌舞厅无疑是错误的。

除此之外，1946年施行的《违警罚法》，第五十八条之第七款规定：车马、行人，不按右侧前进，不听禁止者，处二十圆以下罚款或申诫。在此之前，上海一切车辆已经靠左行驶了半个多世纪了。而在电影《围城》中，1937 年已上海，车辆赫然靠右行驶。

2019 年，国家卫生健康委联合国家广播电视总局等八个部门印发了《关于进一步加强青少年控烟工作的通知》（以下简称《通知》）。《通知》聚焦当前青少年控烟存在的主要问题，从六个方面入手，多角度营造青少年无烟环境。其中，《通知》提到，要加强影视作品中吸烟镜头的审查。严格控制影视剧中与剧情无关、与人物形象塑造无关的吸烟镜头；对于有过度展示吸烟镜头的电影、电视剧，不得纳入各种评优活动；要把烟草镜头作为向中小学生推荐优秀影视剧重要评审指标，对于过度展示吸烟镜头的，不得纳入影视剧推荐目录。以上两者审查工作由中央宣传部及广电总局分别负责。

## 结　语

电视剧目以电视机为载体，观众人群宽度大，节目类型复杂，社会导向最为直接和深远。电视剧目的审查制度要求从业者具有专业的素养和认真的态度，做好电视观众的守门员，坚决拒绝不合适、不合规的电视作品进入大众视野。通过不断学习国内外和历史的经验教训，立足我国基本国情，为服务大众、建设中国特色社会主义文化保驾护航。在提高审查能力的基础上，也应该练就一双火眼金睛，坚持以正确的方式、正确的话语讲正确的故事，保护社会群体正当合法权益和为未成年人营造良好的成长环境。

**参考文献：**

［1］韦尔伯·斯拉姆，等.报刊的四种理论［M］.北京：新华出版社，1980.

［2］《新闻学概论》编写组.新闻学概论［M］.北京：人民出版社，2013.

［3］上海广播电视台播音主持专业业务指导委员会.播音员主持人语言文字规范手册［M］.上海：上海人民出版社，2015.

**作者简介：**

张军，上海广播电视台影视剧中心编播部编辑。

融 媒 建 设 篇

# 基于"群体认同"的反思与突围

## ——沪区级融媒体实践特征及启示

薛唯侃

**提　要：** 2021 年 6 月和 9 月，上海先后两批正式挂牌的 16 家区级融媒体中心先后迎来了两周年。从运营实绩来看，尽管各区的经济实力、文化特征、人口结构等都大不相同，但 16 家区融媒体中心却能步调统一，整体较好地完成了初步转型。在两年的实践中，这一群体在定位、理念、实施路径上产生了高度的"群体认同"。这种"群体认同"也是国内县级融媒体发展的集体认知和普遍探索后的"共识"。而这一群体下一阶段的迫切需要是，基于"群体认同"的反思与突围。

**关键词：** 区县级融媒体　融合转型　受众　新闻　反思与突围

近年来，区县级融媒体中心建设方兴未艾，被称为国内"脚部"媒体的革命。巨大的机遇和挑战伴随从理念确定到实际探索、反思、调整的全过程。目前绝大多数区县级融媒体中心建设，大多方向一致、起步接近。在关键理念上，形成了高度一致的"群体认同"。

"群体认同"（group identity）这一概念，是指群体成员将群体的目标、规范、行为作为自己追求的目标和行为标准。其程度决定了一个群体的凝聚力和士气等特征，进而影响到群体的工作效绩。目前，这种"群体认同"在国内县级融媒体建设及上海区级融媒体建设的过程中，起到重要作用。

## 一、全国县级融媒的"群体认同"

2018 年 8 月，习近平总书记在全国宣传思想工作会议上明确提出，要扎实抓好县级融媒体中心建设,更好引导群众、服务群众。这一要求成为我国县级融媒体中心建设的重要遵循,提示县级融媒体中心需要尤其关注它的两大属性。

## (一) 对阵地属性的关注

以引导群众、服务群众为目标,就是要求县级融媒体中心的建设和工作开展必须站在党的"群众路线"的高度上考量。群众路线是我们党的生命线和根本工作路线,是我们党永葆青春活力和战斗力的重要传家宝。群众在基层,以群众作为县级融媒体中心建设的客体,就是明确要求融媒体中心扎根最基层,用好媒体工具去通民情、凝民心、聚民力。在国内多维度的新闻传播环境中,县级融媒体中心要与省市级媒体、中央级媒体、商业媒体有所区别,要成为宣传舆论网格的触角,密布的神经末梢。

## (二) 对功能属性的关注

以引导群众、服务群众为要求,就是明确县级融媒体中心要更新理念,在强化媒体运作能力、扩大影响力的同时,改变单纯的媒体功能定位,更好地提升政务信息宣教功能、提升社会服务功能、提升参与社会治理的功能等。通过这些功能属性的把握,县级融媒体中心建设将更好地在各自阵地实现"晓民盼、解民忧、应民声、办民事"。概言之,县级融媒体中心(区融媒体中心也一样)已形成"以人民为中心"的工作理念与行动准则。

## 二、"群体认同"下的沪区级融媒实践特征

目前,上海的 16 家区融媒体中心除了在根本方向和理念上同样体现较高的"群体认同"外,在内部的生产模式、实施路径、平台开拓上也形成了较为统一的实践特征。它们大多将"中央厨房"概念下的策划、统筹作为新闻生产流程再造的重要标志,将多平台拓展作为提升传播效能的重要手段,将短平快打造作为自身资源拓展和可持续发展的课题进行探索。同时,将更多精力从过去的图文转而投向以短视频和直播为主的视频产品开发。不仅如此,作为超大城市中的基层媒体,沪各区融媒体中心还将参与社会治理作为新的重要"增长点"加以开发。

## (一) 对"突出统筹播发"的认同和实践

对于沪区级融媒体中心而言,高度繁荣的城市特征不仅体现在鳞次栉比的

建筑和错综密布的便捷交通上，同时更体现在紧密无隙的信息传递空间上。各类市级媒体、商业媒体掌握了省市级各类重要资源，并也轻而易举地把控了各区级行政单元相对重要的政策发布、重大事件信息。区级融媒体中心在重大资源的掌握和发布上存在事实劣势。为了应对这种劣势，沪区级融媒必须将相对有限的线索进行最大限度的开发，并通过协调自身的多个平台，组合式形成宣传合力，打造亮点。因此，多平台联动的选题统筹和策划成为各融媒体几乎每天的"功课"。目前，几乎所有沪区级融媒体中心都形成了采编平台的日常化选题策划会，将采编一线掌握的各种线索进行汇集和分析，并就选题特质决定以何种方式作为内容的主输出渠道。是否需要差异化呈现、错时播发，是否需要制造话题或发起互动。与此同时，沪区级融媒的系列策划不断加强。这一模式着重了对属地内容的纵深关注，成为有别于上级媒体的基层视角。

统筹播发的思维还不局限于各中心自身平台。在不断平衡与市级及商业媒体的合作竞争之后，沪区级融媒采取了更开放的播发态度。一方面，他们将上级媒体的共性关注通过转、编、播、发引入自身平台，成为下级分销商；另一方面，也将自身生产内容主动提供到上级媒体的平台，以实现自身平台成长与扩大传播效应相兼顾。

## （二）对"加大视频类投入"的认同和实践

眼下，视频成为信息载体的重要形式已成为不争的事实，尤其是伴随着国内基础网络环境的不断提升，视频传播在媒介环境中所处的位置和占据份额也在不断提升。根据中国互联网络信息中心最新发布的第 48 次《中国互联网络发展状况》统计报告显示，截至 2021 年 6 月，中国网络视频用户规模已达到 9.44 亿，占网民整体的 93.4%。而其中，更值得关注的是，短视频用户规模已达到 8.88 亿，占网民整体的 37.8%。短视频从生产到传播，不仅打破了视频制作的专业壁垒，也打破了过去传播者与受众的角色界限，逐渐成为一场"全民运动"。

上海区级融媒体中心由于整合了原本区级电视台的人力、物力，因此在视频产品的投入上有了较为不错的前期资本。加上媒体环境中视频产品分布本身的不断扩张，加大视频类产品的投入更变得理所当然。以两年来沪各区级融媒的实际运作来看，各中心都已在原本的电视采编制作基础上，拓展了短视频业务，并集体入驻以抖音为主的各类视频平台。不少区还针对短视频业务进行了整体规划，开设相对应的常态化栏目。目前，沪 16 个区级融媒体中心仅在抖音官方平台播发的总作品数就达到了 28 542 条，总粉丝数达到 464.97 万，总获赞数达到 8 969.44 万。其中，浦东新区和崇明区的获赞数分别达到了 1 185 万和

1 483.2万,成为投入和产出最大的生产方。作为对比,同一时期的"看看新闻"官方抖音号作品数为 14 961 条,粉丝数达 1 320.6 万,总获赞达 4 948.3 万。"上观新闻"官方抖音号作品数为 5 829 条,总粉丝数 427 万,总获赞数为 893.6 万。"上海发布"官方抖音号作品数为 3 201,粉丝数为 187.4 万,获赞为 3 229.8 万(数据截至 2021 年 9 月 25 日 16 点整)。从数据可以发现,区级融媒体在以短视频为主的集体投入中,获得了可与市级媒体相较量的传播效果。

此外,直播也越来越成为面临重要事件或场景时,上海各区级融媒竞相使用的呈现手段。以闵行区融媒体中心为例,2020 年度,闵行融媒就呈现了超过 100 场视频直播。并且直播内容以新闻类现场为主导,涵盖了各种场景。其中包括援鄂医疗队返沪直播、下班高峰事故拥堵直播、护士节以及丰收节等节庆现场直播。他们甚至还派记者跟随辖区警方远赴外省市,现场直播警方破获大型电信诈骗团伙,抓捕近百名犯罪嫌疑人的现场。直到如今,闵行区融媒体中心已将直播常态化,日常开启 24 小时慢直播,将区域重点路口的实时监控信号接入微信视频号中。在呈现画面的同时,还将区域广播频率音频同步附着进去,成为新颖的慢直播形式。截至目前,该直播在微信视频号的每 24 小时直播受众统计中,产生了令人咋舌的效果,日浏览量已突破 10 万。

## (三)对"触角进一步下探"的认同和实践

为了强化区县级融媒体中心的分发机制保障,强化与更多信息主体的互动,多家沪区级融媒体中心纷纷开展融媒体分中心建设。他们中的大多数以辖区内的镇、街道为基本单元,挂牌设立分中心。更有甚者将触角伸到了村居,挂牌成立融媒工作站。

这一操作模式之所以成为又一个"群体人同",体现了沪区级融媒普遍的媒体布局意识。首先,扩大区级融媒产品精准化在辖区的更小范围内落地。其次,通过现阶段的分中心机构搭建,慢慢拓展延伸街镇级的舆论分平台,一方面更便于收集和把控信息、舆情,另一方面可进而打造下级以街、镇、居委为范围的圈层群体,发动互动,提升传播动力。最后,分中心建设还可带来更多的延展性。例如,与党建的结合,与目前国内纷纷兴起的街镇文明实践中心的结合。在实现社区信息、功能、服务更加高效对接的同时,降低彼此的运维成本,提升基层群众的感受度。

此外,融媒体分中心的开设,也成为区级融媒体探索打破固有人力资源使用模式的尝试。在少数区,分中心与街镇探索了切实的人力资源合作新方式。由区级融媒负责遴选和招聘适应媒体需要,符合专业特征的媒体人才,实施人力资源的集中管理。同时，招聘录用人员派驻街镇，成为各街镇宣传岗位上的工作人员。这些被派驻街镇的分中心记者，业务上受区级融媒体中心指导，目前参与所处街镇的宣传相关工作。目前看来，这一模式对区、镇两级的新闻资源宣传的配置有一定优势。但也存在分中心记者媒体归属感较弱、人员流动频繁等需进一步考量的问题。

## （四）对"参与社会治理"的认同和实践

在县级融媒体中心的各产品端中，属地自持的 App 端产品在功能开发、内容承载等方面较之微信、抖音、微博等第三方平台，存在较大的自由度。在各区级融媒群体中，设置相关功能菜单，提供各类便民服务也十分普遍。在各种功能开发的同时，突显本媒体对"参与社会治理"的尝试，成为沪各区级媒体正主体发力的"群体认同"种目。

参与社会治理不同于简单地为受众提供便捷服务，而是更突出服务提供对社会管理产生的推进和辅助价值，让服务成为提升治理效能的手段。尽管探索的步伐有快有慢，但沪各区级媒体总体都已在上海数字城市的背景下展开了尝试。这其中，有包括打击黄牛倒号的医院"预约挂号"通道、协调社区物业管理难题解决的"物业直通车"通道、推动老房加梯工程的"加装电梯"通道，以及配合防范电信网络诈骗的"反诈"通道，辅助疫情防控的"口罩预约""景点预约"等。

## 三、基于群体行为特征的反思和突围

包括上海区级融媒在内的县级融媒体中心建设，一方面形成了较为一致的发展理念和模式，有着不少趋同的探索性实践，使得群体性发展相对平稳顺畅；但另一方面各融媒体中心也需要从群体到个体的反思，以便在接下来的发展阶段突破群体化特征，找到自身的个体气质和定位。也只有这样，才能应对可能到来的更全面、更深刻的媒体市场化环境。

## （一）反思：新技术"跟拍"缓慢

目前，包括上海区级融媒在内的大多数县级融媒体中心在新技术运用上，能力较弱、跟拍较慢，无法与省市级专业媒体以及商业平台相媲美。新型互联网技术在媒体环境中的创新应用试水，很少会将小型的县、区级融媒体作为直接对象,更鲜有将这一群体作为首选战略合作伙伴的。这直接导致亥层级融媒体在新技术应用环境中,始终成为慢半拍的跟风者,甚至只是围观者。比如,VR、AR、MR 技术,虚拟主播技术,写稿机器人使用等。

针对这一情况,沪域范围内的各区级融媒体实际上可以组建实现技术联盟,牵手形成大型的集体客户,通过群体共性吸引新技术的提供方予以关注,并积极主动展开合作探索。同时,针对个性化需求,深化部分应用转型,帮助区级融媒主动拥抱前端技术,探索媒体生产过程和产品结果的创新。同时,新技术的广泛接入,可为这一群体发展变革和创新带来更多方向和可能,进而打造具备个性化特征和鲜明辨识度的产品形象。

## (二)反思:"人才机制"转型缓慢

这里说的"人才机制"转型是指:针对区级融媒行业已有变化和未来趋势所做出的人力资源相关规则改造。目前,沪区级融媒体的人才机制普遍存在招聘体系的问题、对人才需求认识的问题,以及重点人才任用的问题。

目前沪各区级融媒体中心的招聘大多仍处于机关事业的统筹体系中。除了少部分融媒体中心正在探索新的用人和激励机制外,更多的区融媒在薪酬和管理模式等方面都依旧较为"机关化",很难去吸引高端人才的加盟。在 2020 年底,由某高校与沪某区级融媒采编部门开展的针对新闻采编人员及正在挂职实习的研究生的问卷显示,大多受访者认为沪区级融媒体"压力较大""收入偏低""自由度不足""管理偏机关"。

同时,目前大多沪区级融媒对人才需求的认识也有狭隘之处。几乎所有针对新闻采编类的岗位招聘,都设定了一定的专业限制,例如:新闻专业、广播电视相关专业、新媒体专业等。而事实上,媒体融合环境下,新媒体内容的生产已走向技术的大众化、表达的个性化、内容的专业化,单纯的新闻专业壁垒正在消除。从传播来看,信息的垂类特征也越发明显。在受众的垂类内容需求上,内容专业特征比表达专业特征要讨巧得多。因此,新闻或新媒体相关专业不应该继续成为区级融媒体采编招贤纳才的门槛,而应只是采编人才需求中的一种。以宣传区域中心工作和经济发展为重要职责的区级融媒体中心,完全可以将采编人才需求的方向,拓展到社会学专业、法律专业、经济学专业等。

在重点人才任用的问题上,行政任命、指派的管理方式完全替代了以制片人制为代表的市场化项目运营制度的使用。拥有创意的引领型人才在掌握、调度、支配资金资源的流程和制度中缺乏独立性、自由度,这将导致沪区级融媒体中心在应对项目产品长期运作时,市场意识、竞争意识逐步消磨。同时,项目团队开拓节目市场、占领节目市场的能力,以及实现项目资产保值增值的能力,进一步得到激发和提升。

## (三)突围:重视"融合作品"创新

对于"融合"的理解,可简单分为两类:一类是以融合流程、协调播发为主的生产协作过程。其突出的是围绕内容生产开展的不同平台间的合作与互服务,形成有链接性的整体播发影响。这一维度的融合已经成为沪区级融媒体中心的共识。另一类则是指融合作品的产生。突出的是某个或系列作品本身汇集了多平台的元素、多媒介的表达特征或跨媒体的表达逻辑。在这一维度,沪区级融媒体中心的探索有限,一些融媒也没有意识到,这种融合作品的探索也是融合的重要方面。

融合作品相对缺乏的现状,和沪区级融媒现阶段主流的人员分配与流程方式有关。尽管各区级融媒的微信、抖音、微博等新媒体作品数量大,传统媒体内容也尽可能全部搬上了新媒体平台,但这并不意味着区级融媒走出了原来各自传统媒体的范式束缚。相反,新媒体平台的外衣对传统逻辑的再创作在某种程度上起到了"女扮"作用。这一群体的大多新媒体作品从创作呈现仍按传统媒体的平面、广播或视频思维分开实施采编、制作。也就是说,在内容和表达层面,往往缺乏对各自新闻范式的突破。

融合作品,包括了常见的 H5 互动产品、视频化广播等。上海广播电视台推出的《民生一网通》栏目,就是一种跨媒体特征的产品,集广播节目特征、电视节目特征、网络互动特征于一体,广受好评。而 VG 作品的成功模式是另一种可做参考的范本。VG 作为挪威最受欢迎的媒体之一,在一系列手机交友诈骗案的报道过程中,一改常见的图文相间的报道模式,采用了平面的文字叙述,以及随着事件调查推进同步呈现的串流视频,让受众在简单的可读操作过程中,跟随着事件的进展前进。只须滑动页面,就可以快速、连贯地阅读和观看视频,就像是看了一部电影。VG 的成功案例,改变了图文产品形象。文字推文变成了视频的可行进模式。图片被视频串流取代,在受众进入的时候自动进入了人们的视线。这一做法是对平面媒体非线性传播的突破,同时也是对视频媒体呈现中线性模式的打破。图文产品有了节奏感。负责这次报道的记者 Natalie Hansen 在接受访问时表示,他们既没有用长篇大论,也没有用纪录片的方式,而是用了多媒体报道的思维。这就是对融合一个很好的诠释,不在某一种固定报道范式的窠臼之中。当然,这只是作为某一种产品的创新方向之一。

## （四）突围：加强特色品牌意识

融媒体中心建设不同于其他政府委办的部门基层工作站建设，除了一致的阵地属性、功能属性之外，其本身的媒体属性是不能丢弃的。打造并拥有一个或数个独立、深耕、被认可的媒体特色品牌将成为县或区级融媒体中心作为一个基层媒体单元在当下传媒环境中，适应市场化挑战，应对市场化先礼的重要法宝之一。

目前，和国内许多县级融媒体中心一样，沪不少区级融媒在发展至今的初级阶段，对各自在媒体环境下的特色品牌思考带后，概念模糊。沪上已知的具有一定品牌知名度的媒体特色和品牌特征的区级融媒体产品还不多见，成熟的更是寥寥无几。从媒体角度看，崇明、闵行在这方面下了先手棋。崇明区融媒体中心在其官方抖音号中，打造了多个合集产品。包括"方言说""乐活崇明""家乡菜，崇明味"等栏目，这些栏目贯穿一个重要特征就是崇明方言的使用。"土嗨的乡间情怀"成为崇明融媒在媒体环境中努力塑造的产品特色。闵行区融媒体中心选择的道路则相对艰难，但收效颇丰。它没有直接利用区域特征或文化符号作为媒体特色、品牌打造的资本，而是通过进一步转型、开发、壮大原有的少儿品牌栏目《成长 ing》作为融媒体的品牌标签。该品牌以圈层为发展的底层逻辑，从原本的一个小小的电视节目转变成了如今集信息、节目、互动、活动、展示于一体的综合产品。该品牌以儿童、少年为主要年龄段的中小幼学生及其家庭作为主要受众，制作了包括"非玩不可""阿拉一起玩"等系列科普教育栏目。此外，因为鲜明的无区域限制的受众特征，该品牌进一步打造了"王牌小主持"和"幸福家庭梦想秀"线下展示品牌，让孩子和他们的家庭走向公众视野，传播向上向善的力量。事实证明，如今线下展示活动的覆盖面已经完全走出闵行，覆盖了上海，成为沪上青少年群体有一定知名度的公共品牌活动。更值得称道的是，"成长 ing"这一媒体特色品牌，还为闵行区融媒体中心摘得了"全国未成年人思想道德建设工作先进集体"的殊荣。

由此看出，如何在媒体特征上找到特色，搭建品牌，将成为包括上海区级在内的各县级融媒体中心角逐媒体影响力，拓展公信力的重要渠道。把握媒体特征，才能更好地以媒体特性引导和服务受众。

## 结　语

2019 年 1 月 25 日，习近平总书记在中共中央政治局第十二次集体学习时指出,我国媒体融合发展整体优势还没有充分发挥出来。要坚持一体化发展方向,加快从相加阶段迈向相融阶段,通过流程优化、平台再造,实现各种媒介资源、生产要素有效整合,实现信息内容、技术应用、平台终端、管理手段共享互通,催化融合质变,放大一体效能,打造一批具有强大影响力、竞争力的新型主流媒体。

区县级融媒体中心建设作为我国媒体融合发展中的重要一环,既要遵循基本的发展方向,明确根本的发展目的和任务,同时也要努力寻找基于地域特征、自身发展需求的媒体特色和品牌特征。在这一过程中,通过机制、流程、理念不断更新,从媒体内部催生适应宣传氛围和社会环境发展变革的动力,更好地凝风化人、凝聚民心、澄清谬误、明辨是非,形成思想共识,汇集磅礴力量。

与区县级融媒体中心建设相关的改革、创新、发展之路才刚开始,前景远大,我们当继续努力奋进。

**参考文献:**

[1] 顾明远.教育大辞典[M].上海:上海教育出版社,1998.
[2] 张荣臣.《解放军报》:群众路线百年大党的生命线和根本工作路线[N].http://www.ccps.gov.cn/dxsy/202103/t20210322_148093.shtml.
[3] 丁晓斌."中央厨房"[J].传媒观察,2016(04).
[4] 薛唯侃.融合视野下的上海区级媒体现状阐析[J].今传媒,2019(07).
[5] 第48次《中国互联网络发展状况统计报告》,中国互联网络信息中心,2021-0-15.
[6] 许静,雷跃捷.县级融媒体多元化参与基层社会治理的路径探析[J].中国编辑,2021(04).
[7] 如何有效解决制片人制[EB/OL].百度文库,https://wenku.baidu.com/view/e7bcf9830b4e767f5cfce82.
[8] 全程直播的《民生—网通》[EB/OL].澎湃新闻,2020-11-30.https://baijia.baidu.com/s?id=1684773863194849832&wfr=spider&for=pc.
[9] 全球动态:国外融媒体案例观察[EB/OL].流媒体网,2019-07-16.http://mt.com/mzw/content/detail/id/172645/keyword_id/-1.
[10] 蒋爱琴.论地方电视台品牌栏目的塑造[J].传播力研究,2019(11).
[11] 习近平.加快推动媒体融合发展 构建全媒体传播格局[J].求是,2019(6).

**作者简介:**

薛唯侃,上海市闵行区融媒体中心新闻采访部主任编辑。

# 做强内容、借船出海，找回传统媒体"活力"

## ——以上海市金山区融媒体中心为例

陈建军

**提　要：** 在互联网传播渠道多样化的影响下，传统媒体辉煌不再。在"移动优先"战略中，传统媒体端口需要更多地把"C位"让给新媒体端口，充当新闻宣传的"配角"。在当下的媒体环境下，这似乎成为传统媒体的宿命。但是，在走过一段融合发展的路以后，我们却更加深切地感觉到，不管传统媒体，还是移动媒体，内容仍然是不变的主角。所谓"移动优先"，也只是"渠道优先"，不能作为传统媒体式微的挡箭牌。传统媒体的"活力"，要通过我们的智慧和双手找回来。

**关键词：** 移动优先　内容为王　借船出海　激发活力

金山区媒体融合发展，是上海市区级媒体中率先试行的典范，几年来积累了宝贵的经验。本文在总结与分析媒体融合发展的实践成效的基础上，进一步就"移动优先"对传统媒体发展的影响、如何激发提升传统媒体"活力"等问题进行思索与探讨。

## 一、金山媒体融合的基本情况和成效

2015年11月1日，金山报社、金山区广播电视台撤销原建制，在全市率先整合成立基于全媒体传播功能的新闻机构——上海市金山区新闻传媒中心（加挂"上海市金山广播电视台"牌子），为金山融媒1.0版。

以2018年底上海提出推进"区级融媒体中心"建设为标志[1]，站在媒体融合前沿的"金山模式"，由此从打造"中央厨房"为主的第一阶段，进入解决"引导群众"和"服务群众"两个层面任务的第二阶段，这需要寻找"金山模式"的坐标系和历史方位，厘清其在上海市区级融媒体中心建设中可以借力的资源要素，才能有效开辟金山融媒在创新发展上的崭新路径。2019年6月28日，"上海金山区融媒体中心"正式揭牌，金山融媒进入了2.0版的新阶段。

2021年8月，金山区融媒体中心根据实际需要，重新梳理业务流程，设置13个工作部门：办公室、党群工作部、总编室、新闻采集中心、移动传播中心、报纸部、广播电视部、大型活动部、播出部、技术部、媒体运营部、群工部、视音频创作中心以及文化传媒等部室、中心和公司。当时，金山区融媒体中心着重对原设部门设置进行了调整，广播部和电视部合并成为广播电视部，专题节目部、互联部等部门撤销，新增设视音频创作中心、媒体运营部和群工部等，并在此基础上，努力构建一套职责明晰、资源优化、运作高效的组织架构和运作模式。

从新闻传媒中心到融媒体中心，金山融媒实现了1.0版向2.0版的跨越，形成了传统媒体与新媒体相互补充、相互促进的分众化传播体系。拥有金山报、金山人民广播电台、金山电视台、金山手机报、"上海金山"App、"i金山"微信、金山传播、"上海金山"抖音号以及路牌灯箱和城市户外电视等十几个媒体端。

6年来，金山区融媒体中心按照区委提出的"机构重组、流程再造、机制重建"的原则和要求，努力探索了一条传统媒体与新媒体融合发展的创新路径，基本实现了"一次采集、多种生成、多元传播"初步形态，1.0版到2.0版的融合发展取得了初步成效。

## 二、媒体融合发展实践中存在的主要问题

媒体内容是融媒体中心建设的关键要素与核心环节，若过分夸大"移动优先"对传统媒体的影响，反而会掩盖内容生产的苍白和短板。金山区融媒中心在上海全市当时16个区县当中，率先实现报台整合，虽然历经数年发展，取得一定的成效，但是仍存在以下三方面的主要问题。

一是传播的内容结构较为单一，重宣传、轻传播，缺乏深耕本地、与受众思想相关的新闻好作品，内容对受众吸引力比较差。

二是缺乏有效的互动机制和平台意识，尚未形成被广泛运用的"新闻＋政务＋服务"综合信息平台。金山融媒尚未跳出传统的媒体运作思维，缺少平台意识和媒体生态意识，未能有效盘活手中的渠道资源，也没有成为受众表达自我、提供素材、实现社区内部勾连的公共空间。这也是金山融媒无法有效连接群众、无法从日常生活中发现优质内容资源的根本原因所在。

三是内容生产依靠媒体内部力量,尚未形成开放、多元的内容生产审核机制。金山融媒拘泥于传统的宣传内容生产模式,尚未用好大数据、算法等新技术调研和掌握当地用户的信息和服务需求,也未开放内容生产平台,激发有热情的用户生产内容(UGC)。

## 三、激发传统媒体"活力"的路径和实践

### (一)内容为王:提高传统媒体活力,内容生产是根本

#### 1. 结合受众需求和端口特点,精准定位,打造品牌,提高吸引力

在"移动优先"的情况下,传统媒体要提高活力,则须立足自身特点、结合受众需求,精准定位,打造有影响力的品牌节目,从而提高吸引力。传统媒体诸如报纸、电视、广播等端口,在做好政策宣传的同时,重点做好服务群众和基层的信息工作,为融媒体中心提升新闻传播力、优化舆论环境提供充足的空间。

具体来看,可将新闻资讯与政务服务、生活服务等紧密关联,构建好服务体系,发挥在金山区域的独特优势,并在社区化和本土化上创新蜕变,通过产品和服务创新,改变以往传统"媒体"身份,更多体现媒体作为"媒介"的本意,真正建成"新闻+政务+服务"的综合信息平台。

转变传统宣传模式的路径依赖,创新内容生产方式。各端口精准定位,强内容、树品牌,坚持品牌优势,发出权威声音,形成独特风格和特色。深耕金山本土新闻,发现本土化和个性化的素材,并创作有质量的内容产品。将只有声音的广播节目与视频直播相结合,实现广播节目可视化,同时为节目与主持人寻找更多跨界可能性,主持人可根据自己爱好和专业成为某一方面的 UP 流量主。金山区融媒体中心合并广播、电视等传统媒体端口部门,裁撤了部分关注度低、影响力弱的节目栏目,建立视音频制作中心,集合外采、主播匠队,把更多优质内容、专业人才和项目资金向传播主阵地汇集、向移动端倾斜。2021 年 12 月 1 日,文化传播公司在金山海汇街建立了"直播坊","i 金山"视频号开展了首场直播带货活动。截至 2022 年 1 月底,相继举办了 9 场直播带货活动,内容涵盖本土化妆品、针织羊绒以及金山、云南等地优选食品,直播销售额逐场递增,效果不断显现。

#### 2. 加强媒体监督,推动解决群众急难愁盼的问题,增强影响力和公信力

"舆论监督是社会发展的需要、新闻工作者的职责、人民群众的愿望、党和政

府改进工作的手段。"[2]敢说真话、敢于监督、心系民生，是增强媒体影响力、公信力的重要抓手。要加强和优化媒体监督。转变动辄删稿、删帖、关闭信息交流渠道的行为方式，逐步引导融媒体中心成为信息交流、群众信赖的交流平台。为此，金山区融媒体中心裁撤了通联部，新成立了群工部，这是金山融媒与党史学习教育，深入贯彻中央要求建好全媒体时代"群工部"，积极推进"互联网+群众工作"的重要创新举措。

一是把镜头和笔融对准人民群众日常生活，敢说真话，敢于监督，真正替市民百姓说话，新闻舆论监督才能产生强大威力，并最终促使问题得到解决。金山融媒与市民热线"12345"、区委督察室等有关部门紧密联系对接，联合改进改强金视新闻品牌栏目——"观众中来"，并在"上海金山"App上新增"发现栏目"，将"随拍""投稿""问政"集纳在一起，提供举报通道，《金山报》"热线接听"栏目同步刊发，并配以二维码视频链接，不断拓宽观众、读者和网友参与社会治理、反映诉求的渠道。据不完全统计，2021年全年累计刊播报道170余条，共促成问题解决25个。一大批涉及人民群众切身利益的问题得到推动和解决，不少居民和网友的建议和意见被相关部门吸纳为改进工作的参考依据。

其中，2021年10月20日《金山报》"热线接听"栏目报道，山阳镇蓝色收获小区54号楼一楼过道中，长期停放大量电瓶车，不仅影响居民的日常出行，还存在安全隐患。经了解，该小区有2000户居民，但车棚数总量仅15处，其中一处还是2021年新建的，供需矛盾尤为突出。后经与物业、业主委员会协商，车板桥路区域新增停车棚数量，并规范管理电瓶车停放，以从根本上解决"停车难"的问题。

融媒体中心群工部成立后，将进一步依托现有栏目资源优势，指派专人专项重点运营，进一步健全完善线下群众工作机制。尤其是推动"上海金山"App"问政"平台这一集群众监督、政务点评、数据分析于一体的线上群众工作综合性平台提档升级，倾听民声办实事，收集民意汇民智，把做好线上群众工作作为"我为群众办实事"实践活动的重要抓手，作为检验党史学习教育成效的重要手法，扎实开展，并长期坚持。

二是心系民生，持续聚焦人民群众生活中的急难愁盼等民生难题，而不是停留在一些不痛不痒的问题上。既要以关切群众疾苦，倾听百姓心声为使命，报道民生痛点，推动问题解决，也要反映各级政府解决问题的过程和努力，敢于实情上报，树立媒体公信力。

此前很长一段时间，"观众中来"栏目的报道频次和内容弱化，真正触及群众切实利益的矛盾瓶颈问题关注不多，有点绕着问题走、刻意避开难点痛点的迹象和趋势，媒体舆论监督力在一定程度上有所减退。

金山区第六次党代表大会后,新一届区委领导尤其重视新闻舆论监督工作,要求区委宣传部和融媒体中心牵头来完成此项工作,并提出要从政治高度认识到新闻舆论监督的重要性,要力排被批评对象对新闻舆论监督的各种阻碍,媒体单位要自身硬气起来,理直气壮、大张旗鼓地开展相关工作。

2021年12月21日,金视新闻"观众中来"栏目报道,朱泾镇"金山名都"小区121号东北角围墙下的绿化带被开垦成菜园,其别墅区不少住户也将住宅周围的公共绿地圈起来,修建成自家菜园。据记者采访了解,该小区只有一名绿化管理员,这种毁绿种菜现象竟持续了四五年之久,成为久拖未决的大难题。

为促使该问题彻底解决,金山融媒坚持原则,婉拒了朱泾镇和社区居民区的"打招呼",派出记者深入现场了解情况。原来,该小区是有环境改造的设想,但是遭到部分业主的反对,又恰逢业委会换届,很多整改计划就停滞下来。节目播出后,社会反响强烈,各方迅速行动起来,居民区、新成立的业委会和居民代表三方坐下来协商,提出加快推进环境整改,并采纳将小区121号东北角的菜地改建成"种植小花园"的建议,数年矛盾冲突一朝得到解决,居民拍手称快。

为做好民生问题线索的收集工作,2021年12月以来,金山融媒还把"人民意见征集"内容融入金视新闻"观众中来"、"上海金山"App"问政"和《金山报》"热线接听"栏目中。在进一步提升平台问题线索转办质量的同时,对群众共性需求、集中反映问题、痛点难点问题进行分析研判,着力化解群众急难愁盼问题,继续落实好党媒的责任担当,更好地服务于人民群众,更好地服务于区委、区政府中心工作。

### 3. 提高内容质量,根本上还是在人,要坚持不懈提高采编能力水平

在媒体深度融合的阶段,优质内容已不足以支撑端口日常运营需求。从金山区融媒体中心各端口每天发布的内容来看,无论从数量上,还是从时长上,都处于比较高的水平,但总体上优质内容依然稀缺。"移动优先"并没有改变"内容为王"。即便没有移动端口的因素,如果内容质量不高,稿件跟不上,传统媒体的活力依然是空中楼阁。反过来说,若过分夸大"移动优先"对传统媒体的影响,反而会让我们有意无意地忽略内容建设的短板。

正基于此,金山融媒制定出台了金山区优秀新闻传媒人才政策等文件,面向全社会招贤纳士。加强全媒体人才培养,强化专业技能培训,探索建立媒体人才多元发展的管理机制,提高引人才、育良才、留专才、尽其才的能力。探索市场化改革,建立四大类型的创新工作室,并配套启动资金和运行保障机制,激活高级新闻人才资源来盘活内容的生产和传播。同时,以内容质量为抓手,制作手段融

合创新，打造一批具有影响力和公信力的品牌栏目，新闻人才的引进培养和完善调配形成机制并不断优化。

只有坚持不懈提高采编能力，尤其是应该大胆使用有潜力、业务表现突出的年轻员工，做好传帮带，给他们发挥才能的机会和舞台，以着力解决内容供给的结构性矛盾，才是提高传统媒体活力的根本。

## （二）传播是关键：全力打造自主可控平台和"借船出海"，为传统媒体提供借力和反哺

### 1. 全力打造"上海金山"App

媒体融合的目标是打造强大的现代传播能力，核心是重建用户连接，重点则是打造自主可控的网络平台与借助互联网媒体平台完成传播这两种模式。专业媒体通过打造自主可控平台以及借助互联网媒体平台完成传播，即"借船出海"，初步构建基于互联网的现代传播体系，逐步减低对传统传播方式的路径依赖，才能在一定程度上改变"移动优先"环境下自身的传播窘境。

没有自主可控的平台，我们的内容传播就很难有主动权和主导权。《关于加快推进媒体深度融合发展的意见》提出，要"打造自主可控、传播力强的新型网络传播平台"[3]。为此，金山区融媒体中心加快实施"上海金山"App2.0版本升级和适老化、无障碍改造，进一步完善首页功能，美化用户界面，拓展服务范围，扩充本土内容，增强了互动性和沉浸感。积极推进区内各政务号、企业号、自媒号入驻 App，严把内容导向审核，做好首页推荐，目前已有 13 个政务号、31 个媒体号、4 个企业号入驻金山融媒矩阵。

2021 年 8 月，金山融媒还根据融合发展需要，优化调整内设机构，专门建立了媒体运营部，负责媒体运营和服务联系群众工作。其中，金山融媒与金山区创业促进中心合作，举行了两次线上线下社会招聘活动，首次探索"直播带岗"活动，取得了良好的社会效应。

但是我们清醒地看到，相较于大的互联网平台，"上海金山"App 的覆盖面和影响力还是很有限的，其根本原因是没有形成多方共赢的生态系统。

一是要打通传统端口和 App 及其他新媒体端口的协同衔接。在优化新媒体内容生产机制的同时，提高传统端口内容传播的活力。这就需要坚持一体化发展思路，进一步完善新闻信息共享机制，增强对传统媒体内容进行新媒体再造改编的能力，鼓励广播、电视、报纸等传统媒体端通过移动端充分展示自身优质内容。

金山区融媒体中心要围绕"上海金山"App,进行采编流程优化,充分调动和发挥广播、电视和报纸等传统媒体端口作用。在"上海金山"App端给传统媒体端口各留一块"自留地"——"电视""报纸""广播"与"商城""直播"等栏目并列在首页上,以便能更加便捷地辅助内容推广、受众互动。开辟内容板块权限,给有兴趣有能力的采编人员一块"责任田",鼓励他们做栏目主笔、主导,形成一批有影响力的品牌栏目,实现传统端口、采编人员与 App 的有机协同,产生融合效应和协同效应。

二是要打通 App 与社会的"融合共生"。一方面,要建立用户生产内容机制,让 App"活起来"。发挥用户生产内容等社会力量作用。平台化的核心,就是要用户规模巨大、活跃程度高、多方参与共赢的生态系统,要充分发挥用户生产内容等参与主体的积极性。但在实际操作过程中,由于金山融媒能够调用的资源相对较少,势必难以充分利用社会力量参与生态系统的重构。要根据金山独特的区域特点,充分发挥中心现有资源和优势,最大限度地撬动社会资源,形成多方共赢的局面。另一方面,要建立起经营机制,让 App"富起来"。用主流媒体的"公信力"撬动社会资源,让 App 在作为内容传播平台的同时,吸引市场经营,如房产、汽车交易等等,成为一个区域公众信得过的经营性平台。

## 2. 借船出海激发活力

"新媒体环境下,新闻生产分发链条被划分为相互关联但又相互独立的两部分:新闻内容生产部分和新闻内容分发部分。不同于以报纸、广播、电视为主的'自产自销'的传统媒体时代,网络媒体为新闻内容的生产与分发合成全新的生态系统提供了条件。"[4]换言之,经历互联网迭代和社交媒体、算法推荐的不断演进,互联网渠道已成为信息分发的主导渠道和核心平台,在此情况下,已失去渠道优势的传统媒体,要借助互联网平台传播自身的内容,通过"借船出海"来构建现代传播能力。

一是进行全渠道传播。虽然传统媒体与新媒体存在竞争与博弈,但两者不同的特性与优势决定了彼此扬长避短的可能性。传统媒体有品牌、有人才、有态度、有立场、有内容、有深度,而新媒体有平台、有渠道、有形式、有互动、有速度、有空间,两者在借势、借力、借道上可做有益的尝试。

传统媒体端口的内容分发和传播,需要采取全渠道传播的方式,进入微信、微博、抖音和喜马拉雅等头部平台。比如,《金山报》嵌入微信小程序,金视新闻主播打造成抖音网红,FM105.1 搭上喜马拉雅、阿基米德等头部平台。"有了多个传播渠道,就可以实现新闻提速,第一时间报道最新动态,第一时间发出观点声音。"[5]尤其是在转换话语体系方面,一方面采取更为接地气的互联网话语体系，另一方面根据不同互联网平台特点而调适自身内容，不能生搬硬套、拿来就用。

二是扩大"借船出海"范围。传统媒体除了自身借助互联网平台传出自身之外，一方面要积极拓展新的宣传阵地，拓展传统媒体的触角，让传统媒体搭上技术发展快车，增强传统媒体展示形式，比如在商场设置电子阅报栏，候车厅设置移动电视，在辖区住宅电梯建设宣传屏，强势输出自己优质内容，也可与分众传播等第三方合作，在楼宇、商场和公交等场景的传播平台上，强势输出全山融媒的优质内容；另一方面要建立开放平台，吸引用户参与内容制作，专看比如《金山报》校园版打造形成"融媒体＋"。

# 结　语

传统媒体怎样找回"活力"？这个谜一样的问题，有着谜一样的答案。为了应对"移动优先"，很多传统媒体端口都在努力搭上新媒体的快车，以为这样就能赢得受众的关注，成为媒体端的常青之树。但往往忽略的是，如果其本身竞争力不强的话，即使搬上网也照样会无人问津。要把有限资源重点投入一线队伍建设上，力求增强核心竞争力，做有价值的内容。因为传统媒体与新媒体的整合不是两个载体的简单结合，而是运用各自的独特性去战胜对方的缺陷。新媒体的优势在于速度快，可充分利用公众的力量，而传统媒体比如报纸的优势具在于充裕时间的采访和思考，要在追求"内容为王"（具有深度、宽度和高度的内容）上做更多文章。只有这样，传统媒体的"活力"，才会像钟摆一样回归。

**参考文献：**

[1] 上海区级融媒体中心建设全面启动[N].解放日报,2019-04-09.
[2] 崔瀚文.浅析传统媒体舆论监督弱化的原因[J].传媒研究,2015(2)：205.
[3] 中共中央办公厅国务院办公厅印发《关于加快推进媒体深度融合发展的意见》[N].新华社,2020-09-26
[4] 詹新惠.传统媒体与新兴媒体在博弈中融合[J].青年记者,2014(5)：32.
[5] 郑雷,江苏佳,郑二波.新媒体环境下新闻内容分发平台的衍变、特征及走向[J].理论探索,2019(12)：91.

**作者简介：**

陈建军,上海市金山区融媒体中心编委、报纸部主任。

# 专业地面频道媒体融合传播的破圈之路

## ——以上海教育电视台《健康脱口秀》为例

刘　君　周　荃

**提　要：** 媒体融合发展是目前传媒领域较多关注的话题。对于人力、物力相对不足，规模较小的地面专业频道，这个课题显得尤为棘手。上海教育电视台《健康脱口秀》栏目是专业地面频道媒体融合转型的优秀案例。本文对《健康脱口秀》栏目的创作实践进行了全方位的研究。从节目形式的跨界设计、专业内容的硬核支撑与精致创意、渠道分发的多维度设计等角度层层解构、详细剖析，从中总结归纳出健康节目在融媒体赛道上成功超车的有益经验，探讨地面专业频道融媒转型发展的有效途径。

**关键字：** 健康节目　脱口秀　媒体融合

　　媒体融合是时代发展的必然趋势，也是全国广电系统面临的一项紧迫课题。习近平总书记多次强调，主流媒体必须紧跟时代，大胆运用新技术、新机制、新模式，加快融合发展步伐，实现宣传效果的最大化和最优化。2020年9月，中共中央办公厅、国务院办公厅印发《关于加快推进媒体深度融合发展的意见》，对推进媒体融合发展工作作出重要部署，为打好深化媒体融合攻坚战指引了前进方向、提供了根本遵循。

　　2021年11月，上海教育电视台创新推出了特色科普节目《健康脱口秀》。节目由上海市卫生健康委员会、上海市健康促进委员会办公室与上海教育电视台共同打造，以当下年轻人喜爱的脱口秀方式，传达健康科普知识。25位沪上新兴医学科普明星科学吐槽、健康辟谣，通过健康金句，引领健康风尚。《健康脱口秀》先网后台,以融媒思维,改造传统健康节目,在网络平台取得了反响。截至2022年2月10日,全网已知官方数据3.4亿点击量,微博本地热搜榜第四名,视频号单条超70万播放量和24万以上转发量。节目大屏端收视人群日益年轻化,25～44岁人群及大学以上学历人群占比均达到43％,约是地面频道同类健康节目的两倍。测算估计全网曝光超10亿。在业内被誉为健康节目破圈的成功案例,是地面专业频道融媒转型中的优质单品。

　　那么一个地面专业频道又是如何做到流量爆棚,传统的健康节目又是凭借什么实现了融媒时代的骄人成绩?

## 一、富有网感,形式新颖是实现融媒传播的前提

### 1. 被网络重构的脱口秀新形态

　　脱口秀,由"talk show"音译而来,它并不是一种新兴的节目形态。脱口秀最早的形态可以追溯到18世纪英格兰地区的咖啡吧集会,在集会上人们讨论各种社会问题。脱口秀作为电视节目播出,在电视时代早期就已经出现。美国深夜脱口秀节目包括《今夜秀》(The Tonight Show)和《大卫深夜秀》(The Late Show with David Letterman)等已经播出了几十年。在《简明广播电视词典》中,脱口秀被定义为"通过讨论对新闻或社会问题进行评论、表达观点的一种形式"。由此可见,脱口秀原本是一种对话、讨论类的节目形式。

　　20世纪50年代中期,爱德华·摩洛(Edward R. Murrow)主持了《小世界》(Small World)。从那时起,政治类脱口秀节目开始主导美国星期天晚黄金视节目。此后,由于脱口秀节目能以相对低廉的成本,获得绞好的收视率表现,脱口秀逐渐成为美国电视节目的一大时尚,对社会的影响力不可低估。如今,在美国,各种各样的脱口秀节目占到了电视节目总量的40％。脱口秀也成为一种记录文化与社会巨大变化的载体,节目内容与政治、经济、文化以及社会变迁密不可分。美国著名主持人奥普拉·温芙芮的脱口秀也为国人所熟知。

　　20世纪90年代中期,我国向西方电视传媒学习节目制作经验。中央电视台最早推出的脱口秀类节目当数《实话实说》。节目获得成功后,许多电视台也纷纷上马新式的谈话节目,令人目不暇接。

　　然而近两年,由于网络综艺《脱口秀大会》的热播,脱口秀的节目形式悄然发生变化。更多人将脱口秀理解为网络综艺《脱口秀大会》中一人一话筒的搞笑节目。严格来说,这种表演形式,应称为单口喜剧(stand-up comedy)具有表演性和幽默性的特点。当然,什么样的形式,叫什么名字,并不是重点,重点在于,这

种一人一话筒的节目形式得到了时下年轻人的认可，在网上和网下都形成了广泛传播的态势。

如今，致力于"一人一话筒逗笑表演"的团队越来越多。上海有贰叁叁脱口秀、公路 Comedy、来点喜剧、山羊 Goad、笑果工厂，北京有开心麻花·磁剧场、笑脱俱乐部、硬核喜剧、北脱俱乐部，等等。这些团队的线下演出成为时下年轻人热衷的时髦休闲娱乐方式。《80 后脱口秀》《吐槽大会》等这一形式的电视节目、网综上也成为网络流量大户。

上海教视的《健康脱口秀》采用的正是这种单口喜剧的表演模式。由医师、护士围绕健康科普话题展开表演。多年来，对于健康专业节目来说，形式的创新是比较有限的。从《养生堂》到《寻医问药》《健康之路》《中华医药》等等知名健康节目，大多是以演播室访谈＋简单演示互动为主。邀请名医大家讲述健康知识，和现场观众、患者，或是明星艺人进行互动，这样的形式在大屏端确实也收获了不少忠实的观众。然而，面对朋友圈时代，实在是起不到融合传播的效果。慢节奏的模式，更无法吸引年轻人的关注。而被网络重构的脱口秀新形态无疑具有网络特色、富有网感，具备朋友圈转发特性。《健康脱口秀》选择这种新型的脱口秀节目模式是史无前例的突破，是主动面向网络受众，拥抱融媒时代的大胆举措。

### 2. 模式设计为网络传播提供基础

上海教视在健康节目领域有着很好的资源和经验积累。1994 年建台之初就推出健康保健类节目，20 多年迭经改版，与时俱进，近年来更是致力于健康节目的模式创新。2015 年推出了国内首档医学科普演讲节目《健康演说家》，以青年医生演讲的形式，破除健康养生误区。节目传递正能量，缓解医患矛盾，获得了广电总局监听监看专报表扬。《健康演说家》在形式上，可以说是《健康脱口秀》的雏形，只是当时仅在大屏端获得好评，并未在新媒体平台激起浪花。2019 年，上海教视又推出《谢谢侬》上海市家庭医生技能风采秀，将健康科普与家庭医生技能大比拼相结合。在比赛的基础上，融入了小品表演等幽默风趣的电视表现形式，并在传播渠道上下功夫，首次获得了全网曝光总计 1 亿人次的成绩。《健康脱口秀》可以说是在《健康演说家》和《谢谢侬》的成功经验基础上，不断研究开拓，推陈出新的成果。将健康科普内容与幽默喜剧形式完美嫁接，可以说是全国首创之举。

与此同时，节目引入竞赛模式，增加可看性。所有 25 位选手，清一色高颜值、善表达，全部由上海市卫健委从全市卫生系统中选拔而出。他们在日常健康科普工作中表现出色，善于捕捉健康焦点话题、健康误区等，并且具备优秀的表达能力,能用形象生动、幽默风趣的语言向病患、普通百姓解释健康与健康诊疗的科学道理。不拿不说,优秀的选手为节目增色不少。4 场初赛,每场6 位选手,其中有一组是夫妻档组合出场。这对选手更是大胆借鉴了漫才(manzai)的表演形式。漫才是来自日本的站台戏剧形式,类似中国的相声。通常由两人主合演出,一人负责装傻,另一人负责吐槽,讲笑话节奏普遍比较快。所以《健康脱口秀》实际上是用喜剧的形式传达科普知识,要将幽默进行到底。

节目还邀请了许多评审嘉宾,有奥运会金牌运动员、健身 UP 主、健康大 V,更有国家传染病医学中心主任张文宏、复旦大学上海医学院副院长吴凡等重量级嘉宾。每位点评嘉宾从出场到点评环节也是戏份十足。每位嘉宾必须有一段脱口秀表演。更难得的是,张文宏、吴凡、崔松等一众医疗大咖也都悉数登台。他们放下身段、畅所欲言、金句频频,与选手们欢乐互动,展现了他们专业之外不为人知的幽默人生。这是节目的又一大亮点。

《健康脱口秀》的现场舞台设计也别出心裁,跳出了普通赛事的专统式安排。将评委席设置在了侧边,把正面留给了观众。在观众席中,设置红色直播让领先的选手入座,拉近了观众与脱口秀明星的距离,增加了观众在节目中的代入感和参与性。现场观众在选手表演结束后,按动手中打分器为选手打分,在揭晓分数环节还增设了两两 PK 形式,增加仪式感,提升可看性。

节目围绕喜剧的特点,通过多种手段,将严肃的健康科普节目成功转变为幽默逗趣的休闲节目,将针对老年群体的健康谈话节目,成功转化为年轻人喜爱的语言类竞演节目。节目模式的成功设计,为其在互联网上实现广泛传播奠定了基础。

## 二、内容为王,硬核内容是打造传播力的关键

形式是外衣,内容是核。通过形式把观众吸引过来之后,要留住观众、形成收看黏性,还需要靠内容的真材实料。上海教视是一家专业地面频道,内容聚焦教育、健康、公益三大板块。尤其在健康科普领域,形成了强调专业性与娱乐性相结合的内容风格,独树一帜。

### 1. 强调权威性,专业内容经得起推敲

在健康科普领域,上海教视有着常年的耕耘和积累,注重健康知识的专业性和权威性。1996 年,推出全国首档卫生健康直播节目《健康热线》,成为上海市民心中首屈一指的电视医院,也在医学领域的顶级专家和观众之间架起了一座健康之桥。此后,上海教视不断推陈出新,先后开播面向社区的《市民大学堂·

健康宝典》,针对老年护理知识普及的《银龄宝典》,注重全媒体互动传播的《健康大不同》。整体节目以专业性见长,三甲医院主任级以上医生才能成为节目嘉宾。即便是在 2015 年的《健康演说家》和 2019 年的"家庭医生风采秀"中起用了一批年轻医生,也都是来自三甲医院、明星社区医院的中级职称以上的骨干医务工作者。上海教视的健康专业节目整体风格戒除养生节目弊端,戒除耸人听闻标题党手段,立足科普,传递权威、正确的医学知识,破除健康谣言,使观众能够真正掌握科学准确的健康知识。

《健康脱口秀》承袭了上海教视一贯的严谨、科学的专业态度,其参赛选手绝大部分为主治医师,是各大医院的青年骨干,其中还有 5 位是副主任医师,副高级职称占比 20%,具备过硬的专业素养。这为节目内容的权威性、科学性提供了保证。对于观众来说,听专家门诊的医生讲上一段脱口秀是一种多么吸引人的感受。他们每一句都是健康金句,都是朋友圈传播的抢手内容。"医生讲的话当然要听,还要让亲戚朋友都听一听",这也是朋友圈传播的重要思维模式。可见,医生的权威身份和经得起推敲的专业知识无疑为节目的传播提供了加持。

## 2. 议题设置突破传统思维,覆盖全人群

在内容设计上,凭借多年的健康节目制作经验,上海教视善于切中观众的痛点,能将沪上各大医院特色和最新诊疗技术与观众的信息需求高度结合起来,为观众提供实用准确的知识和资讯。

在《健康脱口秀》节目中,上海教视又不断探索突破,改变传统健康栏目以疾病治疗为主的选题思路,从健康生活的角度,设定与每一个人尤其是年轻人息息相关的内容话题,将内容更多关注健康和亚健康人群。四场初赛,分别设定"运动健康""职场健康""公共卫生""饮食健康"这四个当代年轻人最关注的话题。这样的话题极易形成大众讨论的场域,观众会乐于进行朋友圈转发,参与传播。这样的话题也避免了传统的"某种疾病的防治"类选题的弊端。疾病类选题看似科技含量很高,指导性很强,但是易趋于小众,尤其无法引起健康、亚健康的年轻人的关注。

在贴近受众的大选题下,具体选手参赛节目的方向又注意到了全面性覆盖。这从选手的身份就可见一斑。选手分别来自内科、外科、骨科、口腔科、眼科、泌尿科、妇产科、儿科、神经内科、中医全科、心理咨询科、营养健康科,基本覆盖医院各个主要科室。选手从各自的专长出发,围绕四大主题进行演绎。他们精准捕捉观众关心的痒点、痛点,"金句"与"爆梗"可谓包罗"健康万象"。

营养科说,"一天一奶茶,医生奔向你",泌尿科对"职场人"规诫"忍一时暗流涌动,站一会儿海阔天空",一句句金句,仿佛箴言,让看着各种屏的人们醍醐灌

顶。例如,在"职场健康"一集中,节目更是独辟蹊径,选用了皮肤科医疗美容专业的副主任医师。并到职场,观众很容易就想到颈椎病、熬夜影响健康等话题,但这些都已经是老生常谈,而医美话题正是时下年轻人热衷的焦点,也是职场健康的"隐藏菜单",是很多人想做,又不敢做,不知道怎么做,做了又不想让人知道的一个矛盾焦点。常规健康节目中对医美内容更是甚少涉及。这个话题无疑又捕获了诸多年轻人的朋友圈。再例如,宛平南路 600 号是上海市精神卫生中心。近年来随着人们对心理疾病的正确认识,上海市精神卫生中心越来越多地出现在公众的视野中,甚至诞生了"宛平南路 600 号定制月饼"等网红产品,《健康脱口秀》又不失时机地请来上海市精神卫生中心心理咨询科医生,以这个个主的表演在疫情期间为大众提供了正确的心理问题应对态度和方法,一举拿下了当天微博热搜本地第四名,标题就是"上海宛平南路 600 号医生脱口秀吐真言"。

此外,诸如"流传于职场的高价网红眼药水不为人知的秘密""寒暑假时间,别让焦虑拉开你和孩子的心距""中老年人日行万步究竟是养生还是伤身"等话题,更是覆盖全人群,年龄从还未落地的宝宝到最热衷花式养生的老人,身份从朝气蓬勃的莘莘学子到 996 的职场白领,知识点从生理健康到心理状态,全方位参透、立体化结合,让所有人在欢声笑语中收获健康知识。

### 3. 反转、辟谣,戏剧性设计受欢迎

《健康脱口秀》内容上的戏剧性冲突夺人眼球。节目巧妙地融入了反转戏剧手法,有着出乎意料的情节和大相径庭的故事结局,让观众猜得中开头,猜不中结局,提升了观众的好奇心,吸引了更多的流量。

首先,《健康脱口秀》的节目名称就蕴含了观众的终极好奇心。医生庄严的白大褂之下,是怎样有趣的灵魂?犹如人们对明星的真实人生都非常感兴趣一样,对于《健康脱口秀》观众也保有着充分的好奇心。放射科医生原来是健身达人,拥有帅气的胸肌和腹肌;外科医生竟然操着一口东北腔爆梗连连。医生严肃的外表下,竟然有着如此有趣的内心,这是节目内容隐含的第一重反转。

其次,健康科普的一大重要工作就是"辟谣"。辟谣是节目内容隐含的第二重反转。某些司空见惯,貌似真理的健康信条,原来都不科学,这其中反转充满了戏剧性。谣言和谣言的破除都是自带朋友圈传播特质的话题内容。"便秘运动竟然跟阑尾炎没有半毛钱关系""单练瑜伽根本起不到健身作用""趴睡竟然其实不会直接导致孩子窒息""橄榄油有益心脑健康只是商家的夸大其词"……这些科学辟谣,事实上非常具有戏剧的反转属性,极易引起网友的关注。

无论是有意为之,还是健康科普要求使然,《健康脱口秀》确实塑造了及富戏剧性的节目内容,其传播力也因此大为增长。

### 三、多维布局,掌握渠道主动为融媒破圈赋能

#### 1. 产品化思维,先网后台主动设计

《健康脱口秀》节目从策划之初,就融入了产品化思维模式,摒弃了原本围绕大屏设计节目方案的思路,而是围绕健康视频产品展开对内容和传播方式的策划。"按照产品思维来看,电视端只是内容的呈现渠道和用户互动渠道之一,而完整的产品分发需要面向全媒体输出考虑内容的播出和制作,特别是为了跟上新媒体竞争的需求,常常需要坚持'网络优先'原则,并在内容策划初期就要考虑新媒体端的互动设计。"

借助"先网后台"思维,《健康脱口秀》进行了多种形态的内容设计。首先是为 25 位选手度身定制的推介海报,拍摄选手介绍短片,为每一位选手设计妆容、个性 slogan 等等元素。针对每一个选手的性格特点,精心设计人物包装、角色定位。眼科医生舒秦蒙,本人很低调,有些不修边幅,但是他的声音很好听。于是节目组就发挥他冷幽默的特点,让他的语速慢下来,有停顿、有互动,他的舞台呈现一下子吸引了大家的关注目光。在许多喜剧表演中,无论男女,演员们往往通过扮丑来增添搞笑气氛,但是《健康脱口秀》不同,节目组为每一位选手打造了精致的妆容、发型和服装。尤其是女选手,不仅个个靓丽夺目,而且并非千人一面。每个选手的性格特点在经过编导的巧妙设计之后,都有效地得到了放大,形成了各具特色的脱口秀表演。护士李洁外形靓丽,话语中有一种上海姑娘的爽利,李诞称她有"上海人的凌厉感"。儿科的"志玲"姐姐温柔亲和,不动声色地就把养育误区给批驳了。心理医生金金更是谈笑风生,互动积极,她与评委"张爸"的对话笑翻全场。选手的性格特点,是脱口秀有别于演讲比赛的精彩之处。通过多种包装手段,放大选手的特点,是《健康脱口秀》吸引眼球的成功之道。

其次是打造多样化视频产品。《健康脱口秀》有着丰富的产品线,适合不同特点的渠道分发。选手参赛作品个人优享版,为 7 分钟左右的长视频,完整展现单个参赛选手的现场表现。健康金句短视频,用 3 分钟以内的碎片时间,截取参赛选手、点评嘉宾的精彩瞬间。1 分钟 callback 微视频,回顾选手风采,持续宣推热度。"一起来跨年",1 分钟选手嘉宾贺岁短视频,在元旦佳节推高传播热力。在传统的大屏端呈现了 4 场初赛、1 场决赛、1 场"一起来跨年"特别节目。同时,在常规健康栏目《健康大不同》中,邀请脱口秀选手制作多其特别节目。可以说,上海教视围绕《健康脱口秀》,综合打造了丰富的产品线,多形态的内容产品无疑满足了多渠道分发要求和受众多场景收看需求,为全媒体传播提供了优

质的弹药。

## 2. 多端分发，实力宣推

《健康脱口秀》在分发渠道的选择上，精心设计，形成了立体构建、全域宣推的分发特点。《健康脱口秀》的官方合作平台有上海健康云、腾讯、哔哩哔哩、凤凰秀、丁香医生。其中，上海健康云是一款政府主导、社会参与、共同建设的健康服务 App，它是基于"上海健康信息网"这一全球单一规模最大区域医疗系统进行建设。目前，"上海健康云"线上服务的移动端应用 App 注册总用户已达 45 142 455，覆盖上海 16 个区 246 个社区及 1 200 多个社区卫生服务点。上海健康云的传播能够做到精准触达上海各区、各社区的市民，且由于良好的政务服务功能，用户对健康云有着高度的依赖。

腾讯视频无疑是目前头部的在线视频平台，拥有良好的流行内容整合能力和媒体运营能力，能在多终端给用户带来很好的视频娱乐体验。哔哩哔哩是目前中国年轻世代高度聚集的文化社区和视频平台。凤凰秀是凤凰卫视为用户打造的新媒体客户端产品，是凤凰卫视从电视端向互联网端延伸的核心平台。丁香医生也是知名的医学健康服务产品，具有互联网医院职业资格执照。

这样的渠道合作，无疑形成了官方权威背书、头部流量担当、年轻人群转化、多方集合引流的分发模式。《健康脱口秀》的分发运作，完全可以用海陆空立体战略战术来形容。加上内容的精品优势，在整个宣发期，《健康脱口秀》一步步从腾讯视频的次要位置逐渐出现在了主要推送位置，流量呈现几何级数增长。节目 159 个视频，在主要合作平台上的点击量数据（截至 2022 年 2 月 10 日）为上海健康云 17 919 200，腾讯视频 1 255 000，丁香医生微博 849 000，B 站 69 000，凤凰秀 39 000。可见，官方背书显然是拉升流量的坚实后盾，头部平台更是流量的重要推手。

除了合作分发以外，上海教视和上海市卫健委还对《健康脱口秀》节目进行联合宣推。在新闻发布会上，沪上主流媒体、医学界权威媒体悉数到齐。"学习强国"平台、《解放日报》《文汇报》《光明日报》《新民晚报》、"上观""东方网""界面"等主流媒体、新媒体平台，《健康界》《医学界》《大众医学》《大众卫生报》等健康类权威媒体都对《健康脱口秀》轮番报道，展开了有节奏、有内容、有深度的宣传推广。上海市卫健委在春节期间，更是加大在全城的公交、地铁等移动电视的投放力度，每天有 1 000 万左右的曝光度。权威媒体巨大的舆论推动作用，为整个 2021 年 12 月的节目播出季营造了火热的传播氛围，为节目的广泛传播大力造势。

### 3. 借助私域流量,忠粉助力全域传播

《健康脱口秀》的成功传播,除了官方分发宣推的精致设计之外,私域流量也作出了巨大贡献。

第一,《健康脱口秀》脱胎于上海教视健康节目制作团队,团队多年制作品牌电视节目《健康大不同》,运营相关自有新媒体产品。包括《健康大不同》微博号、微信公众号、视频号、抖音号等在内的相关新媒体账号都有着忠实的拥趸。近年来随着"家医风采秀""健康一点点""居家 H 神探"等特色内容的推出,《健康大不同》自有新媒体产品的粉丝数量逐日提升,而且粉丝忠实度非常高。据统计,在《健康脱口秀》传播中,《健康大不同》自有新媒体贡献的点击量达到了115 327 436(截至 2022 年 2 月 10 日),数据令人满意。

第二,选手评委自带流量。《健康脱口秀》有别于其他各类电视赛事的特点在于,它的选手都是在健康科普工作中表现出色的医务工作者。他们的健康科普工作很大一部分是通过自媒体来开展的。也就是说,选手们自带流量。"医哥姚乐""曹鹏脊时间""嘘嘘科邹学长""儿科博士志玲姐"等,都是选手们的自媒体账号。其中,"嘘嘘科邹学长"已经拥有 20 万粉丝,其余账号的单条阅读量也都在 2 000 以上。同时,节目嘉宾中也不乏流量大咖。这无疑对《健康脱口秀》的新媒体传播起到了推波助澜的引流作用。

第三,长尾效应,持续发酵。《健康脱口秀》节目首轮播出到 2022 年 1 月 1日跨年总决赛结束,宣推工作也告一段落。当时全网点击量为 2.8 亿。而春节之后,也就是 2022 年 2 月 10 日的统计数据为全网点击 3.4 亿。这表明网络传播并没有因为大屏的播出结束而终止,相反是呈现了持续发酵的长尾效应。形成长尾效应有赖于网络上大量的转发。

《健康脱口秀》的转发数量相当大。转发账号中,除了上述私域流量以外,第一类是卫生系统账号,如中国医疗自媒体联盟蝴蝶学院、长三角健康、松江区新桥镇社区卫生服务中心、宝山疾控、健康奉贤、无烟上海,以及选手所在医院的新媒体账号。这些账号与日常实用信息关联,具有稳定的使用人群,能够起到良好的传播效果。第二类是上海各个街道乡镇的官方号,如长海红帆、绿色叶榭、泖港视界,等等。这些政府主导的账号,有着很好的群众基础,能实现健康信息的有效触达。第三类是医疗健康领域知名账号,如北京白求恩公益基金会、同仁有营养、晔问仁医、肠常久久等。这些账号大多由专业公司运营,具有良好的传播效果。

经过众多账号的合力传播,《健康脱口秀》的传播形成了长时间保温,持续发酵的态势。截至 2022 年 2 月 10 日,百度搜索文章 3 500 万以上,估算全网曝光

人次超 10 亿。

　　近年来，随着传播环境的变化，以上海教视为代表的地面专业频道直积适应变创新，推出多元化的节目创作，注重多渠道的传播，努力打造大屏小手联动的传播形态，努力探索专业频道融媒破圈的路径。《健康脱口秀》通过形式、内容、渠道的精心设计，先网后台，以产品化思维对节目进行全面规划，取得主媒传播上的骄人成绩。应当记，《健康脱口秀》的成功可以复制，并且可以更加丰富完善。在实现"在播、在线"的成功之后，"在场"的元素如何落地？如何将《健康脱口秀》产品化、品牌化的创新之路走得更远、更宽广，依然是专业频道值得思考的巨题。

**参考文献：**

［1］郑琳.主持人有多吐槽 节目就有多傲娇［N］.今日早报，2015-02-06(A003 版).
［2］闫勇，李瑶.电视媒体融合发展的探索与实践［M］.北京：九州出版社，2018：3.
［3］邬惊雷.一朵"健康云"守护万千上海市民［J］.中国卫生，2020(1)：17.

　　**作者简介：**
　　刘君，上海教育电视台总编室副主任。
　　周荃，上海教育电视台节目中心副主任。

# 融合语境下主流媒体"新四力"培养探析

## ——以嘉融媒《五天七县　千里"走亲"》系列报道为例

涂　军

**提　要：**嘉定区融媒体中心是直辖市首批区级融媒体中心建设单位之一。转型过程中，嘉定区融媒体中心尤其注重以重大事件、宣点报道为抓手，在实战中探索转型经验、锻炼采编队伍。本文通过对 2020 年 9 月的一次重大新闻事件的深度分析研究，以"解剖麻雀"的形式，由点及面、提炼总结，并尝试提出主流媒体"新四力"这一融合转型要素，为主流媒体的深度融合转型提出可行性研究方案。

**关键词：**新四力　策划力　联动力　推进力　执行力

2020 年 9 月，中共中央办公厅、国务院办公厅印发了《关于口快推进媒体深度融合发展的意见》，对媒体深度融合转型提出了进一步要求，推动主力军全面挺进主战场。传统媒体的融合之路，没有成熟模式可以借鉴。作为直辖市首批区级融媒体中心建设单位之一，嘉定区融媒体中心自 2019 年 6 月 28 日成立以来，紧紧围绕"引导群众、服务群众"的建设目标，从优化生产流程、促进统筹联动等方面，不断探索主流媒体融合转型的路径。

## 一、线上发力，为"远方"的新闻设置议程

议程设置理论认为，大众传播具有为公众设置"议事日程"的功能，影响受众对周围世界的"大事"及其重要性的判断。融媒体时代，通过融媒矩阵传播，能够形成遍在性和累积性效果，不断加强与受众的互动，从而激发共鸣，涵化实效。

盖伊·塔奇曼认为,新闻产品的生产,是一种历史的赠予。它不仅定义和定义、建构和再建构社会意义,也定义和再定义、建构和再建构做事的方法。新闻机构以特定的生产规则和程序生产出新闻,现实及意义便在新闻中被建构出来。融媒体时代,随着新闻产品建构方式发生变化,其现实意义——对重大事件报道所产生的社会价值也相应发生增减。

为此,嘉融媒在重大事件报道中,从主动议程设置-优化产品建构方式的角度,着力提升融合传播"新四力"——策划力、联动力、推进和执行力,探索富有融合时代特点的全媒本"新产品",提升报道的社会价值。

根据中国互联网络信息中心(CNNIC)在京发布第 47 次《中国互联网络发展状况统计报告》显示,网络扶贫正显示出显著成效:截至 2020 年 12 月,我国网民规模达 9.89 亿,较 2020 年 3 月增长 8 540 万,互联网普及率达 70.4%。其中,农村网民规模为 3.09 亿,较 2020 年 3 月增长 5 471 万;农村地区互联网普及率为 55.9%,较 2020 年 3 月提升 9.7 个百分点。近年来,网络扶贫工作向纵深发展取得实质性进展,并带动边远贫困地区非网民加速转化。在网络覆盖方面,贫困地区通信"最后一公里"被打通,截至 2020 年 11 月,贫困村通光纤比例达 98%。在农村电商方面,电子商务进农村实现对 832 个贫困县全覆盖,支持贫困地区发展"互联网+"新业态新模式,增强贫困地区的造血功能。因此,无论是针对嘉定地区,还是对口帮扶地区,此次报道无疑应当将线上传播作为重要着力点。

## 二、培养"新四力",展现主阵地"新表达"

作为脱贫攻坚决战决胜、"十三五"规划收官和"全面建成小康社会"的交汇年",2020 年无疑是历史性的一年。9 月 1 日至 5 日,嘉定区委书记率领嘉定区党政代表团前往云南省楚雄州开展交流考察。作为特殊之年的一次考察之行,此次交流考察意义深远。

### 1. 以"战略'意识,提升融合创新策划力

纲举方能目张。融媒体时代,发布平台广,传播形式多。如何将海量的信息资源,匹配到最合适的发布形式? 不同的选题、不同的报道对象、不同的宣传要求,如何整合分发,以实现传播效果最大化?

为了提升报道的传播力和影响力,使此次报道成为沪滇合作带头工作一定成果的一次集中展示,嘉定、楚雄友谊的一次再深化,嘉定区融媒中心高度重视、精心部署,派出两名骨干记者随团跟踪采访,联合楚雄日报社、楚雄广播

视台和各相关县融媒体中心推出"五天七县 千里'走亲'"专题报道。

楚雄州是云南省脱贫攻坚的主战场之一,全州共有7个贫困县。嘉定和楚雄于1983年就开始经济技术协作和对口支援,2017年确定携手奔小康结对关系,全面帮扶楚雄的7个贫困县。

党政代表团前往对口帮扶地区考察,类似的报道几乎每年都做,但因为随团报道时间紧、任务重,无法离团采写发挥,因此报道形式大多是简单记录代表团的考察行程、提炼领导讲话为主。

与嘉定区的另外两个对口帮扶地区——云南德钦县、青海久治县不同,楚雄州的考察行程,需要在5天时间里覆盖7个县,且考察内容也相对统一——察看帮扶项目点位,走访贫困户。面对这样的任务考验,如何跳出传统报道模式的窠臼,在全媒体语境下探索富有可看性的党政报道?

嘉定区融媒体中心在出发前一周获知行程后,就启动了策划工作:中心领导与楚雄日报社取得联系,迅速达成了合作意向、建立了合作机制;与区合作交流办密切联动,仔细了解每一天的行程;与嘉定区派往楚雄挂职的13名援派干部提前联系,挖掘每一个新闻点。

在多方合力下,出发前两天,一份2 000多字的详细策划方案《五天七县 千里"走亲"——关于嘉定代表团赴楚雄考察的报道策划》就出炉了。其中明确了报道的四大主体部分:考察团行程记录、考察县的县情及特产介绍、考察县的精选视频和"县委书记说",为后续的快速高效推进搭建了框架,制定了"战略"。

### 2. 以"整合"意识,提升融合创新"联动力"

彩云之南,山川绵延。5天考察7县,行程安排非常紧凑,而且大部分时间都穿梭颠簸在崇山峻岭间,诸多条件限制决定了前方报道团队无法实时与后方沟通,写稿时间也大多只能安排在晚上8点入住酒店后。因此,多方联动、整合资源的"借力"势在必行。

在楚雄日报社的支持下,考察团出发前,"上海嘉定–楚雄各县融媒体合作宣传"微信工作群得以建立,包括嘉定区融媒体中心、楚雄日报社各两位随团采访记者,7个县宣传部、县融媒体中心相关负责人等共21人。相关人员迅速根据《报道策划》,搜集资料、仔细对接。

与此同时,在这场新闻战役的后方,"楚雄报道组后方应援团"也同步成立,包括中心领导、采编部门负责人、全体相关微信编辑在内共15人,为报道提供坚实保障。

此外,在区合作交流办的支持下,2020年9月1日考察团抵达楚雄州后,特派记者迅速与嘉定区驻楚雄州人民政府、州扶贫办的派驻干部紧密对接,建立了

"嘉定-楚雄联合报道组",搭建了覆盖 7 个县援派干部的垂直联系网络,实现了扶贫办、宣传系统的"双线"保障,确保资料搜集、稿件核准等重要环节言之有言。

在之后的微信报道中,平均每篇都包含文稿 2 000 余字、图片 20 余张,还有视频和现场寄语,信息量很大。正是这 3 个工作小组,成为此次新闻建设的一支"奇兵",为战役屡屡"攻城拔寨"、立下"战功"。

### 3. 以"战术"意识,提升融合创新"推进力"

(1) 按图索骥,全媒体联动

好的顶层设计,意味着成功了一半,但行到半山路更陡。"排兵布阵"是否周密有效,在一次次的战场上才能见真章。9 月 1 日下午 5 点半,经过一天的交涉,嘉定区党政代表团抵达楚雄州人民政府,嘉定区-楚雄州沪滇扶贫办高层联席会议召开,战场上的真正考验开始了。

此时,后方编辑已根据基础文稿,完成了临时链接的大部分编排,前方记者则迅速补充稿件、拍摄照片,分步回传、实时核稿,前后方密切配合,在会议结束后不到两小时,就成功推送了稿件《"滇中翡翠",嘉定"远亲"! 陆方率嘉定代表团千里"走亲"》,打响了这场新闻战役的第一枪。

与纯文字相比,图文报道建构了一种新的"微叙事"模式,其中包含以标题、题图为重点的图文"激活",在前几秒内引起用户兴趣的"秒级"响应,给观众身临其境的在场感。主流媒体新闻报道中的视觉化特征越来越明显,文本在彩和形体的蝶变正在解构传统的新闻叙事方式。

为此,系列报道以一张精美题图,统领整个系列报道,增强稿件的美观度和可看性。第一篇稿件推送后,阅读量迅速攀升,12 小时内就实现了破万,在党政稿件中实属不易。初战告捷,为整个采编团队注入了一针"强心针",也为之后报道的有力推进奠定了良好开局。

(2) 按需生产,增强服务性

新闻的产生,是基于人在社会中生存的需求。新闻的情感化转向,是社交媒体时代不可逆转的趋势。嘉融媒通过大量新闻实践,逐渐认识到,受众对新闻产品的接收与解构,正由过去的"信息—观点—情感"顺序,逐渐向"情感—观点—信息"转变,即先从新闻产品中获得情感共鸣,继而愿意以开放的姿态接收产品中隐含的观点,并在情感共鸣和观点认同中了解部分产品中传递的信息。

为此,系列报道从受众的需求出发,以效能和服务性为导向,生产出新产品。

如在牟定县新桥镇马厂闻知村的集中安置点,几十幢新房粉墙黛瓦,秀美如画,"沪滇帮扶项目"的成效一目了然,且很适合以现场出镜的形式来画龙点睛。了解到该项目点的考察时间只有 15 分钟后,记者通过充分的准备,和楚雄日报社记者紧密配合,既保障了考察团的照片和视频,又较好完成了现场出镜报道。这一部分内容也成为视频报道中最能引发情感共鸣的部分。

又如第一天的报道推发后,许多嘉定市民对云南对口帮扶地区的特色农产品产生了浓厚兴趣。编辑随即联系当地,在后续报道中均附上当地特产的嘉定购买方式和网购链接,延伸阅读效果,增强服务性。

(3) 拓展形式,树立新 IP

对于异地采访来说,现场情况不停发生变化。为此,"推进力"既体现在"根据'战略'细化'战术'的落实力",还体现在"根据'战况'及时调整'战略'的转向力"。

行程第二天,根据部领导及中心领导要求,微信报道由之前的一天一篇,拆分为一天两篇、每县一篇,更全面翔实地予以展现。

这样的调整很快取得了效果。"这次宣传很详尽,很有特色。"行程的第三天,区委主要领导对报道形式和效果提出了肯定,并作出指示,要求在报道中展现嘉定援滇干部的工作成果和精神风貌。

在中心领导的指导和支持下,采编团队提出了"两步走"方案:一是安排笔力强劲的骨干记者,专门采制一篇通讯报道;二是搜集 13 位援滇干部的心声及工作照,以《这十三份心声——为楚雄代言、向嘉定表白!》为题,由美编专门制作 13 张海报。

每张海报中,包括一张援滇干部在富有云南特色的场景中的工作照片,一段干部对楚雄、对嘉定两地合作交流工作感受的深情表达,图文声茂,运用多媒体手段立体式展现嘉定援滇成果和援滇精神。这篇报道最终获得 8 350 的点击量,在党政报道中名列前茅。13 位援滇干部一时也成为合作交流领域的流量 IP。

(4) 以"纪律"意识,提升融合创新"执行力"

令行禁止是纪律部队最重要的纪律。新闻工作的严要求、高强度、快节奏,决定着新闻人也是半军事化管理的团队,也需要时刻绷紧弦,体现出高效的执行力。

以上"两步走"方案制订后,相关人员迅速对接、立即落实:仅仅 24 小时后,一篇情感饱满、采访翔实的通讯稿《打赢脱贫攻坚收官战,嘉定楚雄合力唱好这首"对唱曲"》,就由专题部负责人操刀完成;样式精美的人物海报样稿也迅速出炉、及时定稿并开始批量制作。大家都秉持着"如果每人'差一点',结果就差'很多点'"的信念,精益求精、全力以赴。

除了平面展现外,作为融合媒体,包含声音与影像的影视化表达也不应缺席。尤其是此次报道每天都同步发布了近 3 分钟的电视新闻,积累了大量影像素材,为"二次创作"提供了空间。

之后的三天里,两位记者相互补位、通力合作,不仅基本保证了固定图片和视频任务的完成,还为摄像捕捉精彩镜头赢得了时间:最后呈现的一则视频案了!2分56秒,回顾区委书记陆方舟率嘉定区党政代表团考察云南楚雄一片中,不仅有秀美风光、崎岖山路,还有帮扶项目中公鸡打鸣、肉牛吃草等精彩画面,显著提升了视频的质量。

为了赶行程,大多数餐食是自助餐形式,用餐时长控制在30分钟内。随行记者往往是匆匆吃完10分钟,再利用餐前餐后赶稿、剪片、修照片。最后两天,由于发稿量增加,则必须在颠簸的行车途中完成。最后返程时,在飞机上写稿、选照片,一落地就迅速回传。而后方编审也始终守候在屏幕的另一端,几乎每天凌晨,"后方应援团"工作群依然"铃声"不断。

"前方一个人,后方一座城。"一批又一批援派干部的倾情接力,如愚公移山、寸土寸功,催生出对口支援地区喜人的变化,在此次报道中得到了充分展示。

此次报道成为嘉定区融媒体中心成立一年多来,一次对策、采、编、发全流程的高强度实战演练。在2020年9月1日至6日,共推发新媒体报道10篇,其中图文+视频报道8篇,新媒体短视频报道1篇,人物海报1篇,平均阅读量超过8 000,最高阅读量达到1.3万;电视报道5篇,报纸深度报道2篇,取得了传播力和影响力"双丰收"的良好主题宣传效果。不少网友被云南的秀美风光和特色美食"种草",纷纷留言表达向往之情。

# 结　语

在人人都有麦克风的今天,开放互动、协同叙事的话语空间得以构建。嘉定区融媒体中心通过不断提升融合创新的策划力、联动力、推进力、执行力,增强新闻产品的影响力和传播力。同时树立受众思维,让受众参与信息生产与传播的过程,由"局外人"变为新闻报道不可或缺的有机组成部分,形成"受众—策划—选题—报道—传播—受众"的从受众到受众的传播闭环。利用社交平台的互动参与性,提升受众对党政大事要事的认同感,扩大朋友圈,增强渗透力,聚集更多青年关注度。

可以说,这一系列报道通过"全程"报道、"全息"呈现、"全员"互动、"全效"传播,为探索党政报道新路径、联合报道新形式积累了丰富经验,为下一步做好消费扶贫等嘉定特色帮扶工作营造了浓厚氛围,为助力脱贫攻坚、深化沪滇情谊增色添彩。

**参考文献：**

[1] 郭庆光.传播学教程[M].北京：中国人民大学出版社,2011：194.

[2] 盖伊·塔奇曼.做新闻[M] 麻争旗,刘笑盈,徐扬,译.北京：华夏出版社,2008：184.

[3] CNNIC.第47次《中国互联网络发展状况统计报告》[EB/OL].[2021 - 02 - 03].http://www.cac.gov.cn/2021-02/03/c_1613923422728645.htm.

[4] 彭兰.短视频：视频生产力的"转基因"与再培育[J].新闻界,2019(1)：34 - 43.

**作者简介：**
涂军,上海市嘉定区融媒体中心新闻专题部副主任。

# 上海都市频道转型升级的路径探索

吴霄峰　辛　涛

**提　要：**近年来，广电地面频道普遍面临很大挑战，尤其受新冠疫情持续影响，很多省台地面频道的经营发展遭遇前所未有的困境。上海都市频道自 2018 年末 SMG 启动媒体改革、进一步优化地面频道布局以来，在整合原新娱乐与星尚两个频道的基础上，大力加快了内容创新、产业发展与媒体融合，有效地应对了疫情的挑战，坚定地走出了一条"线上＋线下""大屏＋小屏""内容＋服务"联动的上升曲线，实现了观众口碑与经济效益的双丰收。本文对上海都市频道加快转型升级的探索经验进行了梳理与解析，以期为广电行业地面频道的发展提供参考思路与经验借鉴。

**关键词：**频道转型　内容创新　融合发展　转型路径探索

## 引　言

　　上海都市频道作为全国率先完成整合转型的地面频道，缘自 SMG 于 2018 年启动的新一轮媒体改革，系由 SMG 旗下原新娱乐频道与星尚频道重组整合而来。2018 年 11 月，SMG 经党委会研究决定，成立了由班子 成员 组成的媒体改革领导小组，并成立了五个专项工作小组，大力实施 推进新 一轮媒体改革。此轮改革工作的主要内容包括以做大做强东方卫视为重点，同步加快优化地面频道结构和着力推进媒体融合发展等。其中，将原新娱乐与星尚频道整合为"都市频道"，是 SMG 此轮改革优化地面频道结构的一项重要举措。

2019 年 1 月 1 日，上海都市频道正式开播，并顺势推出了一系列改革新举措——不仅对原组织架构、人员等作了调整，还对频道的定位、目标、版面、工作重点等进行了重新规划。上海都市频道打开发展思路，精准定位民生内容，努力满足人民群众的美好生活需要，通过强化版面创新编排、鼓励节目创优创新，将自身打造成为颇受长三角地区观众喜爱、兼具时代特色与本土特色的精品频道。同时，上海都市频道进一步理清产品线，积极提高频道运作效率，大胆进行商业拓展与媒体融合，从而使频道的整体经营水平实现了大幅提升。2019 年，在上海都市频道整合的当年，其不仅实现了收视率超过原单频道，还实现了广告收入的突破；2020 年，上海都市频道克服新冠疫情的影响，实现了整体收入与利润的持续增长；2021 年，上海都市频道坚持高品质内容原创，进一步围绕细分垂直类节目，使观众定位更加精准，在广告投放、整合营销、新业态培育等方面做足功课，吸引了更多客户，全年实现广告营收达数亿元、非广告营收达 2 000 万元，单频道总体创收达到原两个频道的创收总和。

上海都市频道整合转型所取得的成绩来之不易，与其在内容创新、产业拓展、媒体融合等方面采取的创新破局的系列举措密不可分。具体来看，主要体现在以下几个方面：

# 一、加大节目内容整合与创新，聚焦百姓需要的民生服务

## （一）重新明确频道定位，强调创新机动的版面编排

整合前的娱乐频道与星尚频道在频道定位上具有一定差异性与互补性，如原娱乐频道定位以民生、娱乐、休闲为主，原星尚频道定位以生活服务、时尚为主。而整合后的新上海都市频道对民生与生活服务在整体定位上进行了提升，放弃了原有的美妆类节目，并在一定程度上弱化了娱乐节目，主要形成了三大播出版面：生活服务类内容、民生类内容和娱乐类内容，其中每一种内容类型都更加强调融入本土化元素与贴近沪上百姓的需求。

同时，在频道节目编排方面，为抢占收视风口、提升频道收视，上海都市频道特别强调采用创新机动性编排，对节目选题要求不断创新求变，强调在带来正能量的同时，与百姓生活挂钩，打造良好口碑；并重视结合假期节点等因素，针对本地观众的需求偏好，加大特色主题编排，将节目与百姓喜闻乐见的生活相结合，使频道收视迅速提升。此外，上海都市频道利用版面空闲时段，开辟了多条广告经营性节目条线，并横向联动项目部、市场部制作特别节目、精编各类高收视节目，热化平台，提升了频道影响力。

## （二）借力"千金买创意"，鼓励内容创新创优

上海都市频道借力 SMG"千金买创意"项目，向社会及外频道征□□提□内容涉及健康养生、美食旅游、音乐综艺、亲子教育、生活服务、女性情□等方□，评选出优质节目进行样片制作和广告招商。

通过鼓励创新创优，上海都市频道近年来持续加大了内容"上新"□度出□季播节目《侬好上海之最爱浦东》，展现浦东的开发开放之路；首档老年生活规□真人秀节目《老好的生活》，为老年朋友传授知识、排忧解难；方言选秀□目《沪语人气王》以全新形式扩大沪语影响力，为沪语注入了新的时代精神；创□□□美食带货综艺《好吃记得夸我》，以好食材好味道为主题，为家庭提供美味料理生活服务指导；健康养生类节目《36.7℃》，为百姓普及健康防疫知识，全新方□类节目《长三角方言大会》，积极响应"长三角一体化"的政策导向，为热爱方言的青年人提供了交流学习长三角方言的平台，也积极为长三角一体化注入了文化基因。

此外，上海都市频道还专门策划推出具有新意的特别节目，如在假日节庆期间联合《人气美食》《夏讪胡》等品牌节目纵向打通跨栏目报道，并围绕□□、国□等元素策划一系列特别节目，将传统文化节日活动打造为节庆话题和"媒体事件"，为假日收视作出贡献。

## （三）聚焦优势资源，重点打造垂直类细分内容

围绕频道服务百姓生活的价值定位，上海都市频道积极聚焦优势资源，把星尚、新娱乐两个频道所拥有的叫得出、叫得响的品牌节目进行梳理整合，如将原星尚频道《人气美食》《星旅途》《X 诊所》等品牌栏目，与原新娱乐频道《36.7℃》等品牌栏目进行整合，重点深耕"美食、旅游、养生"等垂直类节目内□，积极拓展生活服务功能。

如在美食节目方面，上海都市频道积极打造美食节目 IP 矩阵，形成四档差异化定位的美食品牌栏目，即《人气美食》是侧重探店类的美食节目、《疯王的冰箱》是侧重明星访谈类的美食节目、《疯狂食验室》是侧重名吃拆解类美食节目、《好吃记得夸我》是侧重带货的综艺类美食节目。同时，为了凸显定位的差异化，四档节目的主题、形式、面对的观众、所带来的客户等也均有所不同，以而使丰富的美食节目 IP 矩阵为观众带来更加美好的体验。

再如，在健康养生方面，上海都市频道通过牢牢抓住观众对医疗和健康管理

的高度关注,形成了周播的《36.7℃明星听诊会》与日播的《X诊所》共同传播健康科普的格局,并以优质内容为基座,借助互联网力量,结合"线上线下、电视手机、专题和短视频",形成"健康科普"IP矩阵,助力打造上海健康金名片。其中,《X诊所》数据成为实证。迄今,该节目共播出1500多期科普专题,专家覆盖全国TOP100医院、近100个科室,逾千名专家教授成为节目组专家团,实现中西医、食疗、康复全覆盖。垂直类节目在内容服务方面的纵深穿透力可见一斑。

垂直类节目内容的深耕不仅为频道提供了稳定、高品质的收视贡献,还为后续升级节目服务功能,加大经营价值与后续产业开发奠定了良好的基础。

## (四)加大内容融合创新,提升内容影响力与传播力

上海都市频道鼓励品牌IP加大融合创新,强化大屏与小屏的联动,使受众的互动、内容与影响力的互补得到进一步提升。

以获得了"十大品牌影响力非上星电视栏目""广电抖音号20强"等专业奖项的《X诊所》为例,该节目设立于2013年,作为老牌医疗健康节目,加快建立起了"线上+线下、电视+手机、专题+短视频"的健康科普IP传播矩阵。数据显示,其实现了节目市场份额4.1,平均每天观众到达率为74万,在本地同类节目中位居第一;直播总观看量超2000万,单场直播最高观看人数超42万;视频号总播放量超110万,单片最高播放量37万,成功完成二次乃至三次传播。再如全新方言类节目《长三角方言大会》,也积极拓展新媒体传播渠道,节目组在抖音上发布了20多个短视频作品,播放量640万,其中《长三角方言国庆祝福》单条最高播放量197万,点赞2万+。

此外,随着SMG全媒体战略日渐清晰,SMG举全台之力打造百视TV(BesTV+)平台产品(以下简称B+平台),上海都市频道主动响应台集团新的战略发展需要,深入探索与百视TV大小屏互动与结合。在内容方面,上海都市频道不仅为百视TV提供富有都市气息的短视频等内容,还为其量身定制台网融合的新节目,并不断加强两个平台的互动性。如上海都市频道量身定制的美食带货综艺节目——《好吃记得夸我》,互联网的美食专家、美食达人的加盟使节目的丰富度和趣味性也得到了提升,更符合年轻人的观看与消费习惯;同时,基于大小屏的双向融合,以大屏的制作标准与能力提升节目IP的精致层次,小屏便捷地观看与转发,进一步增强节目内容的传播与带货转化。再如,新一期上海都市频道与百视TV合作的融媒体项目《广场大民星》开启后,有300多支队伍报名,通过电视屏幕进行展示,又通过百视TV的App实现观众投票、网络直播等更具有互动性的设置。总体来看,通过大小屏的深度融合,上海都市频道进一

步创新与丰富了节目内容与服务模式。

## 二、加大产业拓展运营，深化媒体融合转型

### （一）加大公众号联动，努力提升频道盈利能力

在频道整合之初，上海都市频道更加重视以官方微信公众号"丁香市集"等增强与观众互动，打破节目的单向输出。在不到半年的时间里，"丁香市集"公众号粉丝数量增上了 40 倍，达到数十万；而截至 2021 年 8 月 22 日，"丁香吃圈"公众号粉丝已突破 100 万。此外，上海都市频道旗下《人气美食》诊所、《疯狂食验室》等品牌栏目也都拥有自身公众号。

随着公众号粉丝的数量增长与积极互动，节目内容的用户黏性一大增强，也为频道开辟新的商业模式带来了可能。上海都市频道将公众号作为广告和市场部门提供的一种更直接的落地渠道，助力提升广告价值；并且公众号与节目广告商合作，达成联动销售；同时还将公众号与电商平台达成协议，利用公众号拓展线上销售。

总体来看，上海都市频道通过加大对公众号的深度利用与联动，不仅增强频道与受众的互动，还更好了解到用户偏好与需求，助力反哺内容，也为拓展服务功能、拓展内容电商等变现方式提供了抓手与渠道。

### （二）垂直类内容深度挖潜，打通内容服务的销售转化

基于在"美食、旅游、养生"等垂直细分领域所具有的资源优势，上海都市频道进一步对垂直类内容进行深耕，积极促进强化升级，打造美食带货、旅游、养生等内容服务品牌。这不仅使受众的定位更加准确，还在广告投放整合营销上也吸引到更多厂告客户，并助力做深做强"内容＋服务""内容＋电商"等创新商业模式。如，上海都市频道通过节目生动的内容实现对观众的"种草"，通过适度的引导与引流，在接档的直播节目中或在手机端及电视购物平台实现"拔草"及二阶段销售，产生了不错的变现效果，对频道的整体经营形成了可观的补充。

### （三）加大深度耦合与跨屏联动，打通资源拓展产业链

上海都市频道顺应和贴合市场与客户需求，积极尝试产业链拓展，探索多

公众号、节目内容等与 SMG 旗下东方购物平台进行深度耦合。双方策划推出双屏互动,如将《人气美食》《星旅途》等知名节目 IP 成功引入购物频道,既会在节目中植入购物频道的广告,又会在节目中推介东方购物的旅游线路产品等,从而实现了两个频道内容的互通与相关盈利的分成共享。此外,2019 年 9 月 20 日起每周五 19:00 登陆东方演播厅的品牌栏目《嘎讪胡》,开启了全新的"沪语"脱口秀×电视购物新体验,探索脱口秀带货新模式。这样的跨屏联动模式一经试水就取得了不俗的成绩,不仅实现了非常可观的单季销售与总销售额,还实现了对东方购物较明显的引流效果,其中东方购物新客户及激活休眠客户占据了购买客群的 20%。

在此基础上,上海都市频道与东方购物频道的合作持续升级,跨平台的深度耦合与跨屏联动再创出佳绩,如 2020 年在"五五购物节"收官夜双方携手推出的"好物大直播",实现了当晚总订购商品数量超 1.5 万件,订购额近千万元。

上海都市频道还借助百视 TV 推进直播带货业务,推进向垂直细分、私域流量等领域的转化与深耕,进一步将原大屏间的耦合联动,转变为大小屏间的耦合联动。如 2020 年 9 月,上海都市频道推出"9·12 都市品质生活节",由其携手东方购物频道共同打造,在上海都市频道、东方购物及百视 TV"B+商城"等渠道同步开启,大屏侧《侬最有腔调》《疯狂食验室》《星旅途》《人气美食》《好吃记得夸我》等都市频道的王牌栏目全线出击,加大与小屏侧的 B+商城进行电视大屏与手机小屏的深度联动,激活了市民们在线购物的新形态,当天 9 小时双屏联播取得总订购额突破 1 620 万元、总订购数量超 2 万件的佳绩,各类精品国内游、"城市微度假"、经典传统时令美味、"黑科技"家电等商品销势火爆,成功为消费者带来了实惠又有"腔调"的都市品质生活体验。2021 年,都市频道再次携手东方购物,推出"六五好物推荐大直播",总订购量近 3 万件,总订购金额近 3 000 万元,平均客单价大幅提高,直播数据也显示该主题活动得到了百姓的认同和支持。总体来看,都市频道与东方购物的"内容频道导流-销售渠道变现"的双屏联动模式,全年实现引导销售超亿元。

此外,为了进一步拓展产业资源,结合进博会,上海都市频道推出特别版面,在《好吃记得夸我》《侬最有腔调》等王牌节目推出"进博好物"特别节目,通过进一步将品牌节目打通,播出"进博最懂经"系列节目,为观众介绍来自国外的具有代表性的好物。上海都市频道还与宝洁品牌合作,定制线下主题活动,并在相关节目中得以呈现,加大"品效合一"的探索。在不断打通资源、拓展产业链的各种努力中,上海都市频道逐渐建立起产业营销生态,为"内容+服务""内容+消费"的新模式提供了更有力的支撑。

## 结　语

　　综上所述,上海都市频道近四年来大力加快频道整合转型,不断深耕内容创新、产业发展与媒体融合,走出了一条"线上＋线下""大屏＋小屏""内容＋服务"联动的上升曲线,不仅实现了频道自身的突围发展,还为全国地面频道的整合转型提供了可以参考借鉴的探索经验。

　　上海都市频道转型升级的路径探索还在继续中,媒体人士只有与时俱进,运用好创新思维,学习新知识,掌握新技术,既保持发扬传统媒体精耕细作、制作精良的工匠精神,又运用好新媒体破圈创新节目的新路径新手段,才能进一步走好媒体融合发展的转型升级之路。

**参考文献:**

[1] 张颖.专访王昕轶　上海都市频道整合后去娱乐化,注重多样化和本地化[J].电视指南,2019－06.

[2] 张颖.专访上海都市频道主编王昕轶:深化媒体融合,服务都市生活[J].电视指南,2019－06.

[3] 张颖,邹晔.专访上海都市频道主编王昕轶:在深化改革中奋勇前进,打造充满活力的年轻频道[J].电视指南,2020－07－08.

[4] 张颖,邹晔.专访上海都市频道主编王昕轶:传统媒体要解决"眼看手动"的阶段,打通销售转化的途径是一个出路[J].电视指南,2020－08－08.

[5] 张颖,邹晔.专访上海都市频道主编王昕轶:创新垂类节目占领内容营销"新高地"[J].电视指南.2020－12－08.

[6] SMG总编室项目调研组.SMG营销创新暨直播带货等网络商业行为调研[J].上海广播电视研究,2020－07－15.

[7] 朱雯,方妍."不是头条,不是剪短,不是发布,而是思维方式另起炉灶"——王昕轶谈B+原生短视频创制理念[J].上海广播电视研究,2021－04－15.

[8] 张章.优化结构布局 率先整合地面频道 SMG新一轮改革力度不小[J].广电时评,2019.

[9] 三屏联动,都市频道"9·12都市品质生活节"为百姓打造便捷的品质生活[J].新民晚报,2020－09－13.

**作者简介:**

吴霄峰,上海广播电视台战略发展和经济管理部主任。

辛涛,上海广播电视台战略发展和经济管理部主管。

# 媒体融合语境中主流思想舆论的创新性表达探析

包　露

**提　要：**伴随着 10 亿用户接入互联网，中国已经形成全球规模最大、充满活力的数字社会。网络具有强大的舆论动员能力，在这一新的意识形态交锋主阵地，做大做强主流思想舆论是新型主流媒本的核心职责和使命。在多种媒体融合的语境中，面对新一代受众，做好主流思想舆论的表达，既需要创新传播手段、丰富话语方式，也需要适应新媒体时代的传播特点和规律。本文选取近年来一些表现亮眼的融合传播案例，观察分析它们的创新性表达思路，以期为提升新型主流媒体的传播能力提供参考借鉴。

**关键词：**媒体融合　主流思想舆论　全程全息全员全效　夸界破圈

## 引　言

2022 年，我国的媒体融合战略迈入第九个年头。按照"主力军全面挺进主战场"的要求，各级主流媒体近年来纷纷着力打造新型传播平台，投身融合发展的数字洪流。面对纷繁复杂的舆论环境、深刻变化的媒体生态，各种各样的尝试和探索有成功也有失败。在媒体融合的语境中，主流思想舆论怎样才能做好创新性表达，从而牢牢占据思想引领、舆论引导、文化传承的传播制高点，是值得深入研究的课题。本文主要对主流媒体创新性表达的意义，以及近年来一些优秀的融合传播案例进行分析研究，总结它们的创新性表达思路，旨在对主流思想舆论提升创新性表达能力提供参考借鉴。

## 一、做大做强主流思想舆论是新型主流媒体的核心职责和使命

2022 年 2 月 25 日,中国互联网络信息中心(CNNIC)发布的第 49 次《中国互联网络发展状况统计报告》显示,截至 2021 年 12 月,我国网民规模已达 10.32 亿,较 2020 年 12 月增长 4 296 万,互联网普及率为 73.0%。随着网民数量不断增长,互联网已经成为意识形态交锋的主战场、主阵地、最前沿。对于网络强大的舆论动员力量,习近平总书记强调:如果我们党过不了互联网和新兴媒体这一关,可能就过不了长期执政这一关。因此,要在媒体融合语境中做好主流思想舆论的创新性表达,必须在意识形态这一宏观背景中来理解其重要意义。

### 1. 新传播,要在新的舆论阵地上做好价值建构

2014 年以来,新型主流媒体建设逐渐上升到国家战略层面。新型主流媒体不单纯是技术维度上的"主流媒体新型化",也不单纯是社会维度上的"新型媒体主流化"。[1]新型主流媒体的核心职责和使命是做大做强主流思想舆论,因此无论采用何种新媒体形式加以呈现,其逻辑基础和核心议题是进行价值建构,从而通过正向引导形成社会主流舆论,进而疏解社会矛盾、提高社会共识,维持社会长治久安。

2022 年的第一天,82 岁的原外交部长李肇星以个人身份入驻 Bilibili,手上传第一条 7 分 16 秒的视频,内容是和 B 站的年轻用户谈谈发言人的"几个秘诀"。这位邻家长者打扮的特殊的 UP 主和网友亲切互动,一天内视频观看点击破 31 万次,产生弹幕近 1 万条,粉丝超过 7.5 万,获赞近 15 万,这无疑成为主流思想舆论进行创新性表达的一个生动注解:"阵地是意识形态工作的基本依托,人在哪里,舆论阵地就应该在哪里"。[2]新传播,尤其要在下一代年轻受众聚集的地方建立舆论阵地。如今强调用户、需求和"在场"的产品思维成为短视频等新兴媒体运营的关键,核心是优化用户体验。因此主流媒体也应该运用短视频的传播形式来吸引受众,将主流价值观寓于用户喜闻乐见的内容和传播方式中,从而达到良好的传播效果。

### 2. 真融合,创新传播手段和话语方式

互联网时代,做好主流舆论宣传工作,比以往任何时候都更加需要创新。主流媒体要在 80 后、90 后、00 后这些互联网原住民群体当中形成有效传播,赢得这些传播对象的认同感,尤其需要加强传播手段和话语方式创新,实现官方话语与民间话语相通、理性话语与感性话语相融……官方叙事话语要学会三分三合

来、激荡不已的新思潮、新词汇形成充分的交流与碰撞,并在交流与碰撞中丰富壮大自己。2017 年人民日报制作的中国人民解放军建军 90 周年的 H5 页面产品《快看呐! 这是我的军装照》用户使用突破 10 亿人次、2021 年新民晚报百集融媒体产品《百年大党——老外讲故事》阅读量超 10 亿……这些构思巧妙、格局宏大的新媒体产品,注重情感激发,使得传播的内容既有思想、有品质,又有温度、接地气,受到广大年轻用户的认同和喜爱,进而将其中蕴含的价值观传递给用户,是主流媒体创新传播手段及话语的成功尝试。

值得警惕的是,不论是传统媒体年代的"客里空""高大全",还是媒体融合语境下的"低级红""高级黑",那些简单空洞、生硬拔高的宣传方式,都是与主流舆论宣传格格不入的。2016 年南昌铁路局官方微信"新婚之夜抄党章",2018 年湖北日报网"扶贫干部与女贫困户结婚",一直到最近的负面例子 2021 年深圳台新闻主播七夕节发抖音"情情爱爱都是假的,只有共产主义才是真的……"都只能在舆论场上遭遇舆情翻车。

### 3. 用主流价值观引导算法向上向善

互联网时代,传统媒体不再居于权威的信息发布中心地位。信息技术变革的"新媒体赋权",使得"人人都有麦克风"。但是海量信息之中,不免真假难辨、泥沙俱下,而且,随着大数据算法技术逐渐发展成熟,并且成为内容分发的通行规则之后,原来看似帮助平台、商家、用户取得三赢的精准算法推送,也逐渐显现出过于追求流量和用户黏性、大数据杀熟、致瘾性推荐等一些弊端,令人防不胜防。这种所谓的个性化推荐一定程度上收窄了用户的信息接收范围。哈佛大学教授桑斯坦在其 2006 年的著作《信息乌托邦》中把这种现象称为"信息茧房"。更为严重的是,一旦算法推荐的设计理念偏离了正确导向,奉行"流量为王""资本为王"的理念,就可能导致低俗劣质、博人眼球的信息不断被精准推送,让用户深陷"审美茧房"而不自知。

媒体融合语境中主流思想舆论的创新性表达,使命依然是引领而不是迎合。算法推荐所体现的价值取向,相当程度上体现了算法推荐服务提供者的价值观。算法应用必须向上向善,是社会共识;媒体应坚持用主流价值观来引导算法。算法纠偏的问题,已经引起政策制定者和新型主流媒体的注意。2021 年,"总台算法"在央视频平台"影视"板块上线,"总台算法"将宣传导向、艺术价值和商业价值有机结合;川观新闻 8.0 也推出"主流媒体算法",力图借助主流媒体的算法逻辑,为用户塑造具有正向价值观引领的使用体验。2022 年 3 月 1 日起,国家网信办等四部门联合发布的《互联网信息服务算法推荐管理规定》正式施行。这表明,从跟跑到领跑、从规则适应者到规则制定者,主流思想舆论需要探索更多让当代受众乐于接受的创新性表达,力求破除信息茧房,依托算法向上向善。

## 二、主流思想舆论进行创新性表达的案例分析

21 世纪以来,在新技术不断迭代的情况下,各类媒体走过了不断融合激荡的 20 年,很多在 20 世纪创造辉煌业绩的传统媒体经历了断崖式下跌,不少在互联网发展初期风光无限的门户网站渐渐归于平寂,社交媒体的兴起则上演走了一轮轮并购洗牌狂潮。纵观这一发展历程,可以发现,这既是一场受到信息技术更新推动的融合转型,也倒逼着内容生产供给侧不断进行结构性改革。深入分析近年来几个让人眼前一亮的融合传播案例,可以带来启发与思考。

### 1. "四全媒体"维度下的上海广电"上海解放 70 周年"报道分析

面对媒体格局、传播方式的深刻变化,新型主流媒体怎样才能更好地专播正能量和主旋律? 2019 年 1 月 25 日的中央政治局集体学习会上,习近平总书记在"全媒体时代和媒体融合发展"的重要讲话中强调,要科学地推进媒体融合建设,需要深刻理解"全媒体"的内涵,并在媒体融合实践中认真落实"全程媒体、全息媒体、全员媒体和全效媒体"的要求。2019 年是上海迎来解放 70 年的重要年份,面对这一重点主题宣传报道任务,上海广播推出《胜利之路——纪念上海解放 70 周年大型全媒体直播》,持续获得线上线下热切关注,并且得到业界充分肯定,为从"全程、全息、全员、全效"四个维度创新探索,画好网上网下"同心圆"提供了一个值得研究的样本。

**全程:**上海人民广播电台这场纪念上海解放 70 周年主题宣传并不局限在 5 月 27 日当天,而是从 5 月 10 日就开始推出《胜利之路》系列全媒体直播,并且别具创意地选择与 70 年前的一些重要日期"同步"展开报道:5 月 10 日(陈毅在丹阳总前委作入城报告)、5 月 12 日(浏河打响解放上海第一枪)、5 月 19 日(一天解放军攻占国际无线电台)、5 月 25 日(上海主要市区宣告解放)、5 月 26 日(国民党残部及匪淞沪警备司令部向人民解放军投诚)以及 5 月 27 日(上海全境解放、上海人民广播电台发出第一声),每天一小时的全媒体直播循着重要历史节点推出丰富的纪念报道活动,再加上 5 月 27 日全天 16 小时大直播,用"5—16"案式按照 70 年前的历史节点,让受众仿佛回到当年战火纷飞的历史氛围,沉浸式地全程感受解放大军日夜向上海推进,从而实现与 70 年前的每一个重要时间频回响,以进行曲的节奏将纪念上海解放 70 周年的宣传活动逐步推向高潮。

**全息:**媒体信息格式力求多元,用户体验达致丰富立体。《奋斗创建五色传奇——新上海的 70 个瞬间》系列短音频发挥广播特色,运用大量历史音频、视角

度、大情怀,解码奋斗传奇;该系列短音频除了在传统端和新媒体端发布,还登上地铁列车,让市民可实现扫码收听;上海广播界知名播音员、主持人在上海市历史博物馆演绎"梦想与奋斗"情景党课,引领观众感受城市的新生历程;大胆求新求变,启用上海广播自主打造的可视化网络直播室和全套播出系统,并在南京路步行街上采用当时最新的 5G 通信技术进行音视频直播。

**全员:**《胜利之路》全媒体直播尽最大可能丰富传播主体,主创团队和专家一起重回战场,探访当年碉堡遗址等处,深度挖掘历史留痕,通过细节还原探寻导向胜利之路的革命精神和初心;与多家长三角媒体合作,古今勾连,披露当年大量历史细节,展望长三角携手走好新征程;广泛征集市民祝福音板,追忆革命岁月,谱写新时代爱国主旋律;邀请听众和主持人一起兵分七路参加"寻访红色电波"主题定向活动,打卡李白烈士故居、四行仓库等城市地标。参与者在穿梭城市过程中,将汇聚声音记忆和广播情缘的致敬之旅通过社交媒体再次分享传播。

**全效:**各种信息平台共融互通,催化放大传播效果。通过一轮社交媒体专题讨论、6 场广播节目、6 场标准视频节目、6 场 3 个平台以上网络直播,配合多个线上线下活动融合式呈现,持续获得听众网友热切关注,微博话题阅读量近300 万,视频直播最高一场收看达 150 万,传统平台上收听率超过同期,并且还在烈士长眠的龙华烈士陵园启动开播全国首个红色网络电台,将红色文化和受众不断更迭的媒介使用习惯有机结合,也留下了这场主题宣传的长尾传播效应。

"四全"媒体是我国大力推进传统媒体和新媒体进行无缝融合的实践产物,是媒体融合的必然发展趋势,也是将媒体融合战略不断向纵深推进的必经之路。上海广播"上海解放 70 周年"报道中运用多种媒体载体及技术,文字、声音、图像等信息交叉综合,效果更全面;移动化、分众化、碎片化融合传播使人们感受更直观、效率更快捷;受众得以积极参与互动,个性化需求得以满足,使传播效果较过去更好。

## 2. "跨界破圈":反诈民警"与主播 PK 连麦"的启示

传播效果如何,受到诸多变量的影响。1948 年,传播学四大先驱之一的哈罗德·拉斯韦尔提出传播学的"5W 模式",这五个 W 分别代表传播过程中五大基本要素的英文首字母:Who(谁,代表传播者)、Says What(说了什么,代表信息)、In Which Channel(通过什么渠道,代表媒介)、To Whom(向谁说,代表受众)、With What Effect(有什么效果)。[4]这表明,在当时那个只有传统媒介的年代,"传播渠道"这个因素就已受到相当重视。而在社交媒体大行其道的当下,"传播渠道"对传播效果的影响就更加举足轻重。因为社交媒体交互式的传播模式给传播过程和传播效果带来了深刻影响,可能激发裂变式传播或者说是"病毒式"传播的效果，信息的传播呈现指数级增长。

2021 年 9 月，在社交媒体上，一位名不见经传的反诈民警以一己之力点燃了一个现象级的传播案例，为我们观察"传播渠道"这一因素对传播效果的影响提供了一个理想的样本：43 岁的河北秦皇岛反诈民警陈国平短短几天之内爆红网络，他的快手和抖音账号粉丝涨到 600 多万。粉丝暴涨的缘起，是他选择了"与主播 PK 连麦"这种特殊的形式来做反诈宣传。"与主播 PK 连麦"是短视频平台为了提高直播的可看性和主播的积极性，在直播间中追加的一项功能，通过系统随机匹配，不同的主播可以相互表演才艺，吸引观众打赏、评分并决出胜负。9 月 1 日、2 日、3 日，陈国平连续与几十个网络主播 PK 连麦，当奇装异服的网红主播突然连麦到身着警服的真警察，面对"我是反诈主播，您是什么主播"的理性考问，习惯于搞怪搞笑的主播们纷纷"直接吓蒙""语无伦次"；宣传男扮女装卖惨的杀猪盘诈骗时，"女装大佬"当场颤抖着摘掉假发、"主动交代"的场面令人爆笑不已。反诈警官 PK"西厂公公"的"名场面"成为网络顶流，并成功吸引平台关注，获得算法流量加持，陈国平的反诈宣传由此出现滚雪球效应，成功"出圈"。9 月 3 日，陈国平在抖音和快手两个平台 6 小时的直播，观看人数超过 21 亿万，参与连麦的主播直播间总观看人数破亿，总互动量 8 000 万以上，流量仅次于刘德华；而陈国平的账号在那天涨粉近 200 万人，创下自媒体政务号历史纪录。陈国平每次连麦都硬核推荐大家下载的"国家反诈中心 App"，迅速登顶苹果等多个应用商店下载榜第一位，并在 App Store 应用总榜上连续霸榜 14 天。

在陈国平爆火之前，反诈宣传是主流媒体一直在进行的一项宣传工作，且然各类媒体持续发布正面宣传、警示案例，但宣传效果总是平平，甚至出现"编发无数电信诈骗新闻的 90 后新媒体小编依然被骗 5 万元"的事例。同样一个宣传主题，为何出现截然不同的宣传效果？"大家都在刷抖音、玩快手，连我的老母亲都迷上了短视频，我们的反诈宣传还是上大街发传单、下社区拉横幅，怎么行？"陈国平这段朴素的观察思考，点出了关键变量：传播渠道。陈国平是第一批以个人账号入驻抖音的民警，在当下占据了大众最多注意力资源的社交媒体上，直播连麦并不稀奇，稀奇的是竟然连到了真警察，用陈国平的话说就是"警察和主播 PK，老百姓没见过这样的热闹"。直播间里各色"妖魔鬼怪"毫无防备地面对警察叔叔，求生欲满满，戏剧感强烈，出人意料且夸张剧情碰撞出奇妙火花，吸引万千网友围观。在陈国平的硬核推广下，这些网红主播纷纷领受任务、化身反诈 App"课代表"，开足马力向各自的粉丝卖力推广。网友因此调侃："西厂公公"成了反诈宣传正规军、抖音反诈宣传实现了"化人"效果……透过热闹的表象深入分析，这些和陈国平连麦的，不乏拥有上十万甚至几百万粉丝的大 V 主播，新型反诈宣传巧妙利用达人矩阵的影响力，与两拨千斤,通过"警官传主播、主播传粉丝"的传播链条,一传十、十传百,形成话题式裂变传播,充满戏剧性的 PK 直播被平台系统不断推荐,"看热闹"的网友自发对精彩 PK 片段进行二次创作传播,加上主流媒体和政务号跟进接力,助推话题持续火爆。可以说,这个经典的传播案例,是警官与娱乐主播"破次元互动"、直播连线 PK"病毒式扩散"、主流媒体和网络平台"双向联动"、普通受众"自来水式传播"四重助力叠加的结果。

谁说娱乐不能和严肃宣传主题相结合?网络以它独特的态势重构了传播形态,反诈警官陈国平的成功案例带给我们启示:在媒体融合语境下,跨界传播成为常态,主流媒体应积极拓展传播渠道,推进"跨界破圈"成为主流思想舆论进行创新性表达的发力方向。

### 3. 以现代科技手段赋能传统文化经典:《唐宫夜宴》爆火的流量密码

中华优秀传统文化是文化自信的重要来源。以习近平同志为核心的党中央高度重视中华优秀传统文化的传承发展,习近平总书记在 2014 年 2 月中共中央政治局集体学习时强调,"博大精深的中华优秀传统文化是我们在世界文化激荡中站稳脚跟的根基"。党的十九大报告指出,"没有高度的文化自信,没有文化的繁荣兴盛,就没有中华民族伟大复兴"。但是,在很长一段时间内,优秀传统文化仍然深藏博物馆,走不出阳春白雪的专业小圈子。2021 年牛年春晚,原本在省级卫视排行榜上名不见经传的河南卫视如同黑马横空出世,凭借一段 5 分多钟的古典舞《唐宫夜宴》成为顶级流量:5 次微博热搜、108 万讨论量、20.4 亿播放量、25 亿阅读量……接下来在 2021 年多个中国传统节日里,河南卫视又以一场场高端大气的文化盛宴接连刷屏,可以说是从初一火到十五,从端午火到中秋。低成本小制作、没有当红明星,这一系列传统文化节目爆火的流量密码值得探究。

《唐宫夜宴》脱胎于郑州歌舞剧院创排的舞蹈作品《唐俑》,以隋唐时代的舞乐俑为创作灵感,讲述 1 300 多年前的一个晚上,唐高宗李治和武则天在洛阳上阳宫设宴,一群唐宫乐师前去赴宴表演,途中发生的趣事。从一只在业界有影响力的舞蹈作品,蜕变成在媒体屏幕上惊艳万千观众的顶流网红,《唐宫夜宴》在呈现手段上下足功夫:运用先进的 5G、3D 和 AR 技术,营造现实舞台与虚拟影像交错呼应的博物馆奇妙夜,14 名体态丰腴、活泼天真的唐代少女从定格的展陈陶俑中一一醒来,在"妇好鸮尊""莲鹤方壶""贾湖骨笛"等河南博物院镇馆之宝间展现灵动舞姿,少女们莲步穿行的天幕之间,依次出现《簪花仕女图》《捣练图》《千里江山图》等中国历代名画……雍容华贵、自由奔放的盛唐气象,仿佛穿越千年呼啸而来，伴随目不暇接的视觉冲击力直抵人心。《唐宫夜宴》余音犹在，到了端午，河南卫视又以一段唯美的《洛神水赋》突破视觉表达极限，再现了"独占天下八斗才"的曹植名篇——《洛神赋》。"翩若惊鸿，婉若游龙"，如此高度具象的诗句，被创造性地采用水下舞蹈的形式加以表现，借助现代的潜水支术十视频剪辑，原本在陆地上不可能实现的"飘逸轻盈"，通过水流中的失重状态和光影流转，幻化出浪漫唯美的水下飞天，以一场古典浪漫的艺术穿越，无声讲述着中国古代神话与辞赋之美。

作为中原故土，河南历史文化底蕴深厚，中国"八大古都"河南独占四席，就像河南博物院里写的：河南，伸手一摸就是春秋文化，两脚一踩就是秦砖汉瓦。探寻这一系列作品的流量密码可以发现，它们都是将中华优秀传统文化作为精神内核，以现代技术赋能传统经典，用可视、可听、可感的媒体融合盛宴将传统之美呈现得淋漓尽致，唤醒了流淌在民族血液里的文化 DNA，从而激发起当代受众尤其是年轻人强烈的情感共鸣。文化是一个国家、一个民族的灵魂，不忘历史才能开辟未来，善于继承才能善于创新，当下需要更多此类的创新性表达，以优秀传统文化滋养网络空间、激发文化自信，助力中华民族伟大复兴。

## 结　语

2021 年底，社交媒体巨头 Facebook 宣布将公司名称更改为"Meta"，而名称"Meta"来自科幻词语"元宇宙"（Metaverse）。Facebook 联合创始人、首席执行官马克·扎克伯格这样解释"元宇宙"这一概念："元宇宙将感觉像是如今在线社交体验的混合体，有时会扩展到三维空间，或者投射到物理世界。它会让你和其他人分享身临其境的体验，即使你们不能在一起——一起做你在现实世界中做不到的事情。"[5] 这也就意味着信息的传播从传统媒体经过电脑（网络媒体），走到手机（移动端），从文本经过照片到达音频视频，未来将突破屏幕的限制，超越距离和物理的限制，走向全新的沉浸式体验。接下来 10 年，元宇宙可能拥有 10 亿用户，在不断嬗变的媒体环境下，如何顺应新的传播技术、传播趋势，保有主流思想舆论的精神内核，实现更加具有深度的传播，是需要媒体工作者深入思考和努力实践的课题。

**参考文献：**

[1] 强月新，孔钰钦.社会信任视角下新型主流媒体的价值建构[J].中国编辑，2021（12）.

[2] 中共中央党史和文献研究院.习近平关于社会主义文化建设论述摘编[M].北京：中央文献出版社，2017：50.

[3] 吴琼.创新主流意识形态传播的话语表达方式[J].红旗文稿,2017(10):22－24.
[4] 哈罗德·拉斯韦尔.社会传播的结构与功能[M].北京:中国传媒大学出版社,2013.
[5] 马克·扎克伯格.创始人的信.2021－10－27.

**作者简介:**
包露,上海广播电视台东方广播中心融媒体部副主任。

# 融媒体视域下音乐节目跨屏传播创新发展分析

## ——以湖南卫视《时光音乐会》为例

臧艳雯

**提　要：** 音乐作为陶冶受众性情的重要艺术形式之一，尤其在广播电视节目中，音乐元素和主题的体现占有较大的比重。随着媒介融合发展，音乐节目跨屏传播成为广播电视领域研究的热门方向。本文就以湖南卫视2021年广受业界与受众喜爱的音乐综艺节目《时光音乐会》为例，运用传播学、受众心理学知识，从广播电视模式创新角度，研究融媒体视域下音乐节目跨屏传播的创新呈现、价值引导与用户满足、音乐节目跨屏传播发展方向等，以进一步开拓广播电视音乐节目的融合创新之路。

**关键词：** 跨屏传播　音乐节目　沉浸式　创新模式

## 引　言

　　跨屏传播是当下媒介融合发展过程中信息传播的重点体现。主要是指在网络平台上的视听内容通过互联网传输在视频网站和移动终端之间的推送、分享和用户交互体验，从而实现便捷高效且随时随地让受众接触到传播内容的方式。从传播学的角度来看，跨屏传播目前主要具有三种特性，分别是主动性、互动性和社交性。对于广播电视节目传播来说，传统的传播渠道是广播和电视播出环境，但在跨屏传播背景下，受众可以通过兴趣喜好来个性化选择获取信息的渠道和方式，侧重在传播过程中受众参与互动来实现传播效果的最大化和多元化，实现在社交平台中多层级的分享与接受。

由湖南卫视在 2021 年第四季度打造的音乐节目《时光音乐会》就是一档扎根传统电视播出渠道,实现跨屏传播的优秀案例。这档节目由知名音乐人担任"时光音乐人",现场演绎歌曲。嘉宾阵容既有老牌实力歌手谭咏麟、林志炫、许茹芸,也有新生代歌手张杰、凤凰传奇、郁可唯等。通过户外音乐会的模式,以音乐作为主要载体,分享不同年代的金曲回忆,同时每一期都会有音乐人之间互相翻唱彼此年代的经典代表作,并邀请飞行嘉宾李克勤、任贤齐、王苏泷、小柯等,通过对于金曲的重新演绎,讲述歌声背后的故事。在传播效果中《时光音乐会》第一期节目播出之后就受到了广泛关注,在互联网平台中累计共获得 21 个微博热搜关键词和超过 3 亿的微博话题阅读量,豆瓣评分高达 8.0,播放量超 1.9 亿次。人民日报、共青团中央及各大主流媒体账号纷纷转发,抖音、视频号等短视频平台争相二次创作和传播。基于此,本文选择《时光音乐会》作为音乐节目跨屏传播案例的研究主体。

《时光音乐会》作为一档周播节目,用经典的音乐作品和不同年代的歌手现场演绎时代金曲,分享歌唱事业和人生中打拼成长的故事,讲述并记录时代前行的步伐,同时让观众跟随每一期不同的音乐作品共同重温时代精神,表达对家国情怀的深情大爱。有别于一般的音乐节目,《时光音乐会》全程只围绕"音乐"元素进行,歌曲演唱占比高。内容设置上紧扣节目名称,围绕"音乐会"做文章。节目中选择的歌曲年代跨度和歌手,符合主流受众成长经历,容易引发强烈共鸣。歌曲的熟悉程度高,适合全程跟唱,以此营造"音乐会"的临场感。而"时光"的展现,则通过"时间轴"展开。"你相信经典音乐能让自己回到过去吗?"节目一开篇提问式的画外音设置,把嘉宾与受众的思绪带入其中。随后每位音乐人围绕提问回答自己最想回到的年份,并结合当年发生的事件和感受,为曾经的自己写一封与音乐有关的书信。跟随时光信箱,带领观众一起进入属于歌手年代的时光里。通过对这些具有时代价值的经典作品的全新演绎,用围炉夜话的温情滋润着每一位观众的心田。

在纷繁复杂的信息化传播时代,去粗取精,坚守"内容为王,回归本质"就是媒体人践行守正创新的基本要求,既是对节目定位的精准把握,也是主题立意鲜明的集中体现,同时也是跨屏传播发展内容垂直化的趋势所在。

# 一、音乐节目跨屏传播的创新呈现分析

## 1. "化繁为简"——内容上差异化设计,让音乐回归本真

"化繁为简"是《时光音乐会》节目从形态和模式上创新的最大亮点。在满足

受众对音乐品质追求的同时,更是在呈现形式上做"减法",效果二也更直接纯粹。这种创新设计,是与目前大量竞演类音乐节目不同的,在节目制作上导入入了更多人文情怀和治愈力量,可以说这种差异化的设计不仅为音乐类艺节目探索出了一条纯粹的新创作道路,同时也在受众心中留下了意蕴深长的情感共鸣。让快节奏的节目迭代"慢下来",打破传统创作观念。

这种差异化还本现在高效的声画融合。节目中大量镜头语言运用注重叙事的特点,在快节奏的音乐综艺节目中,满屏都是包装制作,而这档节目并非我们的,更多是耳目一新的感官与视觉冲击。现场静下来分享"读给自己的信"设计巧妙,没有主持人串联,却让音乐人更好地在对话中推动了节目的进程和流畅性。每一封信都是给过去的自己的一种回应与和解。在歌者聚精会神与其他人分享音乐的过程中,每一位受众也都真切地参与其中,充分体现了跨屏传播的互动性、渗透性,共同回忆那个具有年代记忆点的青春往昔。户外搭建的空间,更加开阔和自由,用歌声与受众搭建起情感桥梁,让具有怀旧的话题关键词发酵延续,抛去杂念,只听音乐。

## 2. "打破圈层"——受众从"观众"到"网友"的创作视角转变

音乐具有鲜明的年代感,过去听音乐是受众单向的接收,而现在更多音乐心情与感受可以被分享。《时光音乐会》节目的另一大创新就是不断"打破圈层",让更多不同年龄段的受众一起碰撞出音乐故事与火花,形成聚合式流通场域,引发大家的集体回忆。年轻人对音乐感知与理解是新鲜而敏锐的。"音乐、时光、故事"这些关键词构造出了《时光音乐会》不同于市场已有的音乐节目结构和样态,一期节目中就可以唤醒各个年代人群的记忆与共鸣。因而在音乐人的选择上,不仅按曲风类型区分,年龄因素也是重要考量点,让 70 后、80 后青春记忆里的谭咏麟和 90 后回忆里的张杰同台演唱。年轻人对媒体的依赖性且继而成为跨屏传播的主力军,让节目很快在网络各平台形成传播矩阵,增强了节目的黏性和话题度。

歌曲是经典的,但节目表达方式是青春的。在《时光音乐会》中,全新的场景、全新的演绎形式,让更多元素青春化表达,湖南卫视在 2021 年打出了"青春中国"的频道定位,把传统"荧屏观众"直接定义为"视频用户",拉动短视频平台的分享与推广,这种创作视角的转变实现了音乐节目价值和跨屏传播效果的最大化。

此外,相比排名更加看重音乐作品背后沉淀的内涵,将经典歌曲重新演绎是音乐人对自己情感的抒发。同时他们脍炙人口的作品也承载着无数观众的青春记忆,观众跟随音乐人一起乘坐"时光机",进行一场沉浸式的时光之旅,和歌者背后的故事产生同频共振,在发自内心的共鸣中享受音乐,赋予经典在那一刻新的意义。"弹幕文化"的运用,原本也是传统媒体播出所不具备的。因而"打破圈层"的表达,让网络反哺收视率,实现了新媒体对传统媒体的助力发展。

根据官方微博数据统计,《时光音乐会》目前已播出节目的收视率、市场份额、网络热度和尼尔森等第三方数据收视调查均位列同时段综艺节目省级卫视第一。这也为音乐节目跨屏传播提供了更直观的数据支持。

### 3. "沉浸式体验"——精细化内容呈现,符合网络传播规律

随着"剧本杀"等沉浸式环境营造传播的发展,越来越多"代入式体验"成为创新发展的方向。对于传统电视节目来说,增强"体验感"极其重要。《时光音乐会》的沉浸式场景搭建,营造出"第一现场",增强了受众的观赏性和参与感。而跨屏传播的特点中最显著的就是互动性和社交性。传统平台审核播出,融媒体平台传播发酵。节目场景设定选择实景呈现,武陵源风景区,自然环境优美,音乐人置身于表演区域,为受众带来实景演唱和现场音乐故事分享。郁郁葱葱的植被,特别定制、大气典雅的座椅,充满时代感的木制信箱,远处是环绕的群山,努力营造温馨舒适的视听体验。尤其是4K视觉和5.1全景声的运用,匹配上真实场景的搭建和现场音乐的演奏,让节目观看视角更具有临场感,情绪表达更直接,同时也为音乐人在放松状态下的演唱交流提供了良好的保障。

节目除了播出版本,还配合剪辑出各类"纯享版"和"故事版",精细化的剪辑,符合短视频平台的推广需求。同时根据场域理论,节目可分为音乐场、电视场、新媒体场等不同场域,它们之间既相互独立又彼此关联,共同推动节目叙事向更加生动、立体的方向发展。音乐场提供歌曲的年代与情感共鸣,是节目的根基与灵魂;电视场为音乐现场演唱呈现提供舞台,是节目的表达介质;新媒体场则为宣传造势,是节目的拓展与延伸。三个场域相互交融与共鸣,为观众打造互动沉浸体验。而在跨屏传播中,最重要的就是新媒体场通过微博、抖音、芒果TV等平台,将节目中的精彩片段和幕后花絮,配合话题关键词,加工剪辑并传播,进一步引发受众的主动互动与传播、碰撞和共鸣。

电视户外音乐会风靡是以央视《同一首歌》以及各大卫视的跨年歌会为最初代表的,过去节目里,歌声澎湃在万人广场的人潮中。《时光音乐会》则远离了浮华喧嚣,张家界的山峦、森林、月光、虫鸟成为忠实的、无声的观众,它们静默无声的庄重,与歌手一起穿越时光隧道。没有《我是歌手》的磅礴管弦,《时光音乐会》是小乐队,鼓击人心,弦动情愫,或浅吟隽永,或豪情激越,经典之歌雕刻出你我一起走过的时光,与观众形成强烈的共情。

## 二、音乐节目跨屏传播的价值引导与用户满足研究

### 1. 音乐节目跨屏传播的艺术价值

音乐作品的创作有鲜明的时代特征和创作者的个人风格,在大量作品涌现的当代能够经得起时间的打磨而被受众传唱至今和喜爱的经典音乐,则更具有强大的音乐价值和社会意义。

对于很多年轻观众来说,对于一些歌曲的认知,大多只停留在旋律性和歌词表面,歌曲背后的创作过程并不熟知,因此对歌曲的理解也相对较为浅显。而《时光音乐会》的节目设置就是打破传统音乐节目的单纯展示,在演绎之后会有针对性地解读,对普及歌曲背景与理解起到了关键性作用。如在第二期节目中,廖昌永老师演唱了《东方之珠》。其实,最广为人知的普通话版《东方之珠》创作于 1991 年。罗大佑将 1986 年的广东话版本重新填词,自己演唱后,收录于《皇后大道东》专辑。同时,还曾邀请李宗盛、陈淑桦、周华健、潘越云、娃娃、赵传等台湾歌手演唱。

"小河弯弯向南流,流到香江去看一看。东方之珠,我的爱人,你的风采是否浪漫依然?月儿弯弯的海港,夜色深深,灯火闪亮。东方之珠,整夜未眠,守着沧海桑田变幻的诺言……"这首经过改编的普通话版《东方之珠》,给香港这座城市增添了几分浪漫、温情的色彩,一经问世,迅速流传,成为以香港为主题的流行音乐中最为著名的歌曲之一。1997 年 7 月 1 日,香港正式回归祖国怀抱。从最初罗大佑创作到今天,历经沧桑巨变,当我们再次聆听这首《东方之珠》时,会有更多的理解、感动和骄傲。在廖昌永醇厚沉稳的嗓音表达中,我们听到更多的是经历过岁月洗礼后的沉淀和对伟大祖国深深的爱。

每个时代都会有一首具有浓厚时代气息的歌曲。而节目的设置,通过歌曲串联的回忆,也是一段段历史的见证,让每一首金曲不仅具有艺术价值,同时更具有现实意义。当老歌以全新方式被再次演绎,关于音乐作品本身的再度创作依然带给我们惊喜与美好,也是媒体深耕内容本身做出的坚守。

### 2. 音乐节目跨屏传播的人文价值

人文即人性文化,人文价值是传播过程中坚持"以人为本"的根本所在。音乐是情感的表达方式之一,对音乐的喜好与品位,也应该是符合大众审美需求、可唤起受众情感认同的。因此,选择具有代表性的歌曲进行演绎,也是在不同侧面解构音乐,制造社会话题度,在体现与彰显各个年代风貌特色的同时,满足不

同人的审美需求。

忙碌的工作与学习,让当下大部分人都时不时处于紧张焦虑、缺乏安全感的心理状态。从心理学的角度来看,怀旧是缓解心理失调的有效手段。因为在反复回忆中修复自己,可以重新找回自我。故事与歌曲的串联组合,让"音乐与时光的碰撞"拥有了更多的可能与艺术价值。坚持"人文价值"是艺术作品人民性的体现,也是媒体工作者在音乐娱乐环境下,要深入思考的深远价值所在。做"有温度、有态度"的音乐节目,是每一个媒体从业者心中的目标。

### 3. 音乐节目跨屏传播的社会价值

音乐节目跨屏传播的社会价值,主要是功能性的。音乐不仅作为人民大众喜闻乐见的艺术形式存在,在社会功能中还是一种价值载体。音乐的社会功能,有审美、认知、教育娱乐等,而《时光音乐会》就充分发挥了音乐的社会价值,为受众提供了一个静心欣赏和分享音乐心情故事的内容平台。而不断传唱和传播过程中实现了影响力,就是在跨屏传播中体现的社会价值和积极影响。

在音乐市场蓬勃发展的今天,歌手对于受众而言,具有强大的感召力。因此对于一首歌曲,不仅只将其视作艺术作品,更要兼顾其社会意义与价值所在。这也给音乐人提出更高要求,带去更多启示,在创作作品时要从音乐的流传度、时效性、艺术价值和社会价值等维度考量,为受众带去温暖、关爱和积极的正能量。网络的影响力,也是无形的约束力。《时光音乐会》节目中,从音乐本位出发,与大众情感共鸣,不只是歌者表达,而是针对跨屏传播接收的更广大的受众感染,共同追寻和实现自我的美好和人生价值。这才是媒体积极探寻并追求价值传递的创新之举。

### 4. 音乐节目跨屏传播的用户满足意义

一档节目取得的成功,离不开对受众的深入研究。跨屏传播在音乐节目的推广中,同时还契合了传播学中"使用与满足"理论。对于广播电视媒体而言,受众心理的使用与满足,对节目方向的制定和开展有着重要推动作用。因此大量节目在创新发展中广泛应用"使用与满足"理论。简单来说,就是从受众角度出发,而媒体融合发展,需要结合大数据,进而更为精准地动态捕捉和分析受众的媒介接触动机,以此来满足受众的基本需求。综合以上对《时光音乐会》节目主体和跨屏传播的创新呈现可以归纳为以下几点:

（1）音乐风格的类型化细分满足了受众个性化的精神文化需求;

（2）围炉式分享与音乐人歌曲解读满足了受众对音乐内涵与创作背景的求了解;

（3）不断制造的话题度与热门金曲演唱满足了受众碎片化短视频传播需求;

（4）沉浸式现场演绎满足了受众多维感知和体验，增强了节目的魅力与人文情怀。

## 三、音乐节目跨屏传播的思考

### 1. 对未来发展方向的思考

跨屏传播，是借力发挥，不能一味追求。但研究《时光音乐会》取得的成功，值得细致分析与思考，尤其是在媒体文化价值输出和构筑话语场合之中。音乐节目要守住"初心与使命"，在创作生产过程中，恪守文艺创作的规律，深入分析受众心理与需要，在守正创新中推动节目发展。

同时创作者要大量学习吸收新媒体等高效便捷的传播方式，充分利用跨屏传播规律和特点，让"受众"通过各种手段转化传播效果，让音乐节目及作品被更多人了解、熟知进而喜爱，打造更多喜闻乐见的节目。只有顺应时代的发展，积极进取，博采众长，才能创造美好未来。

音乐节目跨屏传播，吸引受众（用户）广泛参与、积极互动，为音乐事业的发展拓宽了发展的道路。

### 2. 结合自身工作对广播音乐节目的借鉴思考

本人作为广播节目主持人，通过对电视音乐节目《时光音乐会》的深入学习和分析，掌握了受众接受和满足的基本规律，为日后广播节目伴随性收听习惯的创新设计制作，提供了更多思路和启发。

广播作为有声语言传播的重要载体，尤其是音乐的想象空间会更加广阔。这对主持人的综合素质和节目编辑的眼界思路，提出了更大的挑战。深挖音乐元素，拓展收听场景，重视受众体验，制造积极互动，才能紧随时代发展，注入更多全新解读，让经典音乐作品为更多受众喜爱，肩负起媒体工作者在新时代的责任与担当，唤起人们的情感认同，传递真善美，进而坚定文化自信。

从我加入广播人行列的 20 世纪 90 年代末发展至今，变革的步伐也在遵循着这样的规律得到一步步印证。传统媒体之前将自身定位为单纯的信息发布与传播，随着市场经济体制的实行，行业竞争压力不断增加，能够获得更多受众支持，代表自身竞争力越强，所占市场份额越多。随着新媒体技术的广泛运用，受众的身份正在逐渐转变，由被动的信息接收逐渐转变为信息的接收、发布与传播者，能够参与到信息内容的评论、补充、纠正中的渴求心理越来越强烈，也从侧面说明受众越来越重视接收信息时自身的体验。传统媒体在新环境下，越来越重视用户的体验度,通过新媒体技术,开发出更多与用户互动的渠道,例如上海广播积极开发打造阿基米德 App,各个频道也都拥有其专属视频号及公众号,及时跟进发布节目相关视频及内容,适时提供反馈信息并积极回复,优化自身的同时使用户有更好的体验。

以我自身工作的上海人民广播电台流行音乐频道为例,我们不断在新形势下做着探索与改进。为了满足听众更高的听觉需求,音乐广播逐步开始对听众进行"细分",在追求"异质化",避免"同质化"的同时,对于不同类型和风格的音乐进行精准定位,涌现出多种音乐广播频率的定位。在竞争激烈的大背景下,各种音乐广播节目和音乐广播电台优胜劣汰,争夺着有限的市场份额。上海流行音乐广播旗下拥有三个类型化音乐频道,分别是目标受众定位在年轻人群(18～34 岁)的动感 101、成熟人群(34～55 岁)的 LOVERADIO103.7FM,以及外语有线数字频道 981FM。作为 LOVERADIO103.7FM 经典流行音乐频道节目主持人的我,在新媒体环境下的状态唯有:适时调整、常变常新。

不同年代,广播人都必须充分了解受众的收听习惯、喜好及需求,运用适宜的互动方式,与他们沟通。20 世纪 90 年代初期,点播电话兴起,在直播节目中,拨通热线,直接与主持人线上沟通,说出自己的点播祝福与想听的歌曲,即刻电波里响起你想要听的歌。当年上海东方广播电台每天午间 12 点至下午 1 点的《天天点播》节目,就是以这样一种方式火遍上海,成为金牌栏目。进入千禧年之后,论坛流行,听众除了电话,还可以选择在节目 BBS 论坛上留言,让更多听众可以自主时间,向节目组说出心中的诉求。笔者 1997 年入职加盟当时东广流行音乐频道 FM101.7,担任早高峰 7 至 9 点《音乐早餐》节目主持人。当时创建了MBS——Music Breakfast Show(《音乐早餐》)的专属网站,每天直播节目中,会适时回馈 BBS 论坛里网友的留言,并满足他们预留的听歌需求。也会在节目网站上,发布最新的活动信息,利用电波＋网络的概念,扩大受众面和影响力。《音乐早餐》节目的收听率和广告收益,稳居音乐频道之首,为之后音乐频道早高峰节目树立优质榜样。随着互联网技术的飞速发展,智能手机的出现,与听众互动交流的方式越来越多样、便捷、实时。短信平台、微博微信、阿基米德、抖音、视频号、小红书等等,全媒体交融互通在一起。现在的音乐广播,不仅是可听的,更是可看可分享、传递温情、充满正能量的。同时也对广播人提出了更高、更全面的要求,唯有保持一颗不断进取创新的心,积极努力付诸行动!

## 结　语

"文艺最能代表一个时代的风貌,最能引领一个时代的风气",以《时光音乐会》为例,对音乐节目在融媒体视域下的创新分析,打破原有传播思路,积极拓展融合之道,是未来广播电视蓄力发展的必然趋势。

而当《时光音乐会》用流行歌曲回归艺术与情感的初心时,也为具体工作者提供了更多思路与立场,更加坚定守正创新的信念,了解受众的需求,深入音乐节目中,歌手如何创作,怎样进行演绎。只有把受众需求和艺术价值统筹工作结合,并不断拓展创新传播路径,才能制作出回归音乐本真的新时代优秀作品。

广播电视音乐节目的融合创新之路,任重而道远。唯有继续努力探索,不断进取,方能在瞬息万变的时代巨浪中奋力前行!

**参考文献:**

[1] 王锐琦.使用与满足理论下的推理类综艺节目受众需求分析[J].视听,2022(01).

[2] 刘燕南,张雪静.内容力、传播力、互动力——电视节目跨屏传播效果评估三系统与研究[J].现代传播(中国传媒大学学报),2019(03).

[3] 赵树清,尹逊钰,曾昕旻.电视跨屏互动场景化营销研究[J].现代传播(中国传媒大学学报),2017(05).

[4] 苏喆.媒介融合时代综艺节目形态的变革与坚守[J].青年记者,2020(20).

[5] 范银红.媒介融合背景下网络自制综艺节目发展策略研究[J].传播力研究,2019(26).

[6] 黄法.全媒体时代电视节目的发展创新[J].西部广播电视,2017(19).

[7] 张雪静,刘燕南.媒介使用:跨屏、移动和参与——互联网受众行为扫描和特点分析[J].新闻与写作,2018(07).

**作者简介:**

臧艳雯,上海广播电视台东方广播中心流行音乐事业部节目主持人。

# 试论乡村振兴背景下电视媒体与农村电商的融合模式

陈　宇

提　要：在乡村振兴战略的大背景下，现代农村电商是发展经济的重要引擎。在媒体融合快速发展的当下，电视媒体应以平台为载体，并以媒体自身公信力背书，联动明星、设计、产业、渠道、宣传、消费市场，以媒体能量撬动整合社会资源，助力农村电商及配套产业快速合规化发展，最终有效抵达终端消费群体，形成产业闭环，从而使农村经济完善自我循环机制。

关键词：媒体融合　电视媒体　直播电商　乡村振兴　融合模式

## 引　言

2017 年 10 月，习近平总书记提出"乡村振兴"重大战略。2019 年，国家大力推进"互联网＋农业"结合，鼓励新互联网技术与农村实际情况相结合。2020 年 9 月，中共中央办公厅、国务院办公厅印发《关于加快推进媒体深度融合发展的意见》，由此为乡村振兴提供了从政策到举措的一张路线图。然而，在实际运作中，受加工产业、运输渠道、电商生态、消费习惯等多种因素掣肘，农村电商依然面临诸多挑战。如何利用媒体融合的优势，整合全产业链，赋能新农人，助力乡村振兴，则成了媒体行业所亟须破解的重大课题。

## 一、农村经济的发展与掣肘，以及媒体融合的破局

随着网络信息技术的飞速发展，日益勃兴的互联网无时无刻不在影响着社

会进程的各个方面,媒体的全面融合已势在必然。信息技术的深刻变革对媒体的理念创新、内容生产、平台建设、机构重构、流程再造和经营管理等多个方面都产生了巨大影响。中国互联网络信息中心(CNNIC)第 49 次统计报告显示,截至 2021 年 12 月,我国网民总体规模持续增长达 10.32 亿人,城乡上网差距继续缩小。我国现有行政村已全面实现"村村通宽带",贫困地区通信难等问题得到历史性解决。我国农村网民规模已达 2.84 亿,农村地区互联网普及率为57.6%,较 2020 年 12 月提升 1.7 个百分点,城乡地区互联网普及率差异较 2020 年 12 月缩小 0.2 个百分点。我国互联网覆盖范围进一步扩大,逐步打通贫困地区网络基础设施的"最后一公里",城乡不平衡逐渐缩小,"数字鸿沟"加快弥合。基层群众触网率不断提高,入网门槛进一步降低,信息交流效率得到大幅提升。这使得农村电商的底层设施与群众普及已具备相当扎实的基础,也为乡村振兴提供了深厚的发展潜力。

2020 年 4 月 20 日,习近平总书记到陕西考察工作时走进直播间,指出:"电商,在农副产品的推销方面是非常重要的,是大有可为的。"随着总书记的指示,农村电商如雨后春笋蓬勃发展起来。

曾经农村里售卖农产品的模式是大堆贩卖,全部采摘下来交给终端零售商,仅能以批发价获取微薄的利润。而在电商直播,农民将终端售卖环节前置,从采摘地入手开始分级,让消费者观看直播时有强烈的沉浸感与购买欲。

但是直播作为新生业态,很多农民对于电商和直播带货还不太熟悉,对于他们来说,无法打破物流、品牌、标准化运营等一系列障碍,卖货便成了空谈。尤其对于交通闭塞,经济欠发达的农村面临着更为严峻的挑战:1. 缺乏产品包装资金,没有品牌意识。2. 由于地处偏远,交通不便,导致农产品运输不便。3. 当地产业配备落后,只能输出低附加值的原料作物。4. 当地年轻人外出打工,导致乡村空心化。

这就导致虽然涌现了零星几个农村带货网红,但对于整体农村电商大环境而言,并没有形成主流趋势。面对这一困局,需要协同全社会力量才能变局。而要整合各方面资源,必须有一强有力的牵头实体,在这一实践中,不少电视媒体躬身参与,为行业提供了可供参考的范式。

2020 年 4 月 7 日,央视发起"谢谢你为湖北拼单"直播带货活动。首场由央视主持人朱广权、网红带货员李佳琦主持,特殊环境下的直播带货,不仅推销了产品,而且很好地展现了当地的特色,带货活动"叫好又叫座"。此次活动观看人次达到 1.22 亿,总共卖出 4 014 万元的湖北商品,是直播带货与电商结合的一次成功尝试,也是主流媒体加强与其他媒体融合发展的体现。

浙江卫视《王牌对王牌》第五季的收官之夜,也是浙江卫视淘宝直播间"蓝莓台"正式开播,浙江卫视以此契机,将电视综艺节目和淘宝直播首度融合,两小时的公益直播带货,共计1 200万网友围观《王牌对王牌》收官之夜的公益直播带货,收获3 000万点赞,为中小企业直接拉动777.7万元成交额。

而东方卫视制作播出的节目《我们在行动》,自2018年2月开播至2020年完播,共历时3年,播出5季节目。其节目组奔赴农村一线,行程30万公里,跨越15个省、自治区,辗转30多个县域,超过100位明星嘉宾"零片酬"参与。通过电视媒体播出+头部主播带货直播+产品发布会+网络发酵的"四位一体"媒体融合模式,打造了30余款县域特色产品,共计实现14亿元的助农销售额。其中,节目邀请李佳琦、烈儿宝贝等直播头部主播为农村做了12场直播带货,观看总人次突破5 000万,共计销售4 328万元。

这些由电视媒体发起的电商直播,为农产品带来直观的销售,打开了媒体融合的新篇章,也为媒体融合做出了示范性效应。

## 二、以主流媒体为平台,打造"媒介+产业+电商"深度融合模式

在电视媒体主导的电商融合案例中,东方卫视《我们在行动》所展现的"大融合"无疑更具有社会推动力与持久力。它以上海的城市实力为依托,打造的是一项综合的、长期的、实效的公益工程。在电视端,节目选取藏在深山的乡村,邀请具有社会号召力的明星实地探寻优质的农副产品,三天两夜驻扎在乡村,与村民同吃同住,亲身参与耕种采摘、烹饪品尝、销售传播。通过明星与东方卫视的双重背书,当地农产品从寂寂无名一下子就收获了流量曝光。在产业端,背靠上海的东方卫视整合了上海的各领域企事业单位,为这些未开发的产品从包装设计到物流配送,打造全套产业支持,在节目完播之后这些配套产业将会持续帮助当地农产品自我造血。在电商端,节目每一次都会邀请一名头部主播,如李佳琦、烈儿宝贝等参与到节目录制中,专门开辟公益时间段为当地农产品直播带货。并且在直播结束之后,将所有农副产品全部整合起来搭建一个淘宝店铺,聘请了专业的电商运营公司,来为这家店铺承担选品、开品、销售、售后等工作,为长期农村电商做好全方位服务。并以卫视平台、头部主播为店铺导流,在店铺上线的短短一个月,将该店铺做到五冠品质。

在这样一档节目中,东方卫视向媒体从业者展示了媒体融合的新模式,且是一种"大融合"的站位高度,即以主流媒体为轴,联动产业、电商、明星,形成行星齿轮矩阵,轴带轮转,形成社会资源的高效定向传送。其中不少案例可作为范本,供媒体从业者学习挖掘。

例如在《我们在行动》第二季,节目组前往云南红河州,通过探访考察了解当地有一种会飞的高原土鸡,白天栖于树间,可飞翔觅食,但因为没有屠宰产业,没

有真空包装技术，不能冷链配送，导致它无法运输出云南省，打开更广大的销售市场。为此，节目组首先联系了专业 B2C 的商务企业为这款土鸡打造会飞诺玛飞鸡的品牌，设计了专属的品牌 logo 与包装。随后联系了周边的屠宰场促使它们完成了标准的真空包装，对接了冷链配送，解决产业配套问题。接着联系上海蔬菜集团，把这款产品纳入"云品入沪"工程，确保了即使节目录制完毕，这款云南土鸡依然可以持续不断地供应上海市场，保证了当地的产业供给。这样做，上海电视媒体为云南土鸡打造了商业品牌，打造了产业链，切实为乡村振兴作出了大贡献。

在新疆喀什地区的巴楚县琼库尔恰克乡，当地世世代代种植的留香瓜具有相当的市场潜力。但是当地村民仍旧使用粗放式的种植方法，瓜的大小、甜度、品质都无法做到统一规格，导致在市场上一直徘徊在低价区间。节目组请来了当地林业局的高级工程师，带来了优质的商品种子以及种植留香瓜的新技术双膜小拱棚，重新制定了种瓜的行间距、深度、时间等标准，并按部就班地教当地村民种植的要领与步骤。此外，节目组结合当地独特的丝路文化，为留香瓜做文化背书，打造了一场独特的丝路文化实景演出"留名丝路、香传千年"，发布会现场认购 300 万元的留香瓜；节目播出后，节目组还打通了拼多多平台，让巴楚留香瓜可以从原产地直接面向市场，获得即时的订单反馈，极大地鼓舞了巴楚人民种植留香瓜的热情和信心。

在此过程中，《我们在行动》节目完成了媒体融合的逻辑闭环，即以上星卫视的传播平台，集合具有社会号召力的明星、企业家为特色农产品背书，完整记录从下乡选品、产品包装直至发布会订购的全过程，在黄金时段向全国播放，让观众了解产品背后的生产过程并赋予品牌价值，同时辅以抖音、微博的碎片化传播，引发公众对产品的关注，提升孵化产品的知名度。同时通过主流媒体的整合能力，打通产业链环节上的痛点，帮助产地完成由 0 到 1 的突破，从初级农产品蜕变为品牌商品。随后联动电商平台及头部主播，通过言传身教帮助当地农民习得电商营销的技巧，并以头部主播强大的号召力以及巨量的订单量，反向给予产地生产者，扩大生产规模，吸引村民参与，从而使当地的乡村振兴产业得到了长期的保障。

## 三、媒体融合为乡村振兴提供知识赋能

乡村振兴不仅在产业配套等硬件上先天不足，在知识赋能与人才培育方面也需要软实力的提升。一方面，农村现代化还在发展过程中，许多农民习惯于过往的种植习惯一时难以彻底转换，但消费市场已日新月异，这使得农民往往只能提供初级农副产品获取微薄的收益，所以利用媒体的资源融合能力，向乡村进行知识赋能，可以有效提升农村产业的升级，实现利润的增长。另一方面，由于农

村空心化现象较为普遍,所以如何吸引人才回流,建设好人才队伍是乡村振兴的核心竞争力,积极发挥人的作用需要机制和体制的保障,媒体融合要做的就是为有才能的新农人搭建一个充分发挥的舞台。

《我们在行动》在第二季的西藏日喀则站,分别调研了定日县和亚东县,发现定日的红土豆和黑金刚土豆因为销售渠道不畅而滞销,而亚东的鲑鱼是第一次出栏面向市场,能否打响知名度会影响今后村民的积极性,发布会上邀请了各县的县长为客商一一介绍,最终帮助亚东鲑鱼三年产量全部包销,定日滞销土豆全部销售一空。

在第二季贵州道真县,当地原先农民所种植的是附加值较低的果蔬品种,而节目组请来了上海农科院的研究员,帮助村民解答了具有高附加值的新型蔬菜的营养价值和种植要领,帮助村民树立信心。

在第三季云南楚雄州,当地彝绣是非物质文化遗产,可是订单较少、市场渠道单一、工艺操作不规范都成为当地彝绣发展的阻碍,甚至有的绣娘花费半年时间绣制产品,却因农忙、家务等多重重担,导致绣片脏污、针脚不齐,近一半都是"废片"。为了更好地打造品牌,发展标准化的彝绣产业链,节目组找来服饰领域的龙头企业高管,帮助当地建立起绣片评级标准,并且援建专门的彝绣工坊,创造良好的刺绣环境。同时也帮助当地做彝绣的跨界尝试,让彝绣与文创、箱包等年轻潮品相结合,直通北京三府井的特展集市,让彝绣制品可以直达都市白领圈层,焕发非遗的新面貌。

乡村振兴不仅需要硬件的提升,知识、技术、人才等"软件"的提升更是不可或缺的一环,而电视媒体本身的公信力可以整合政府、市场、学校、企业等多层次多领域单位,为村民知识赋能。媒体融合为乡村振兴提供知识赋能,也为物质产品增添了品牌效能与文化内涵,产生了社会效益与经济效益双丰收。

## 四、媒体融合助力乡村振兴的展望与挑战

随着"数商兴农"深入推进,农村电商"新基建"不断完善,农村电商规模稳步提升。2021年全国农村网络零售额 2.05 万亿元,比上年增长 11.3%,增速加快2.4 个百分点。全国农产品网络零售额 4 221 亿元,同比增长 2.8%。全国 28 个省(自治区、直辖市)共出现 7 023 个淘宝村,较上年增加 1 598 个,增量再创新高,连续第四年增量保持在 1 000 以上。农村电商的发展前景稳步迈入快车道,但在媒体融合的过程中依然面临着不小的挑战。

首先,我国农村电商将新旧媒介技术相结合,正处于创新农村电商营销模式、形式的整体转变进程中,相关细节性问题也逐渐浮现。如发展建设农村电商

的从业者,面对较为单一的乡村环境,要承担比城镇电商从业者更大的风险。若客户、资金和市场方面出现难以解决的问题,将导致经营失败。如"小朱配琦"一场直播带来了400多万元的销量,超量的订单将会导致两个可能的副作用:一是发货跟不上导致后续的退单;二是农村经济体扩大产能之后后续订单接续不上,导致产能过剩而破产。这对于媒体融合提出了新的要求,对于带货直播不能只满足于偶发性增长,而是要做好长期的扶持与系统的整合,从而帮助农村电商良性稳定地成熟发展。

其次,电视媒体的背书也是一把双刃剑,对直播带货所卖商品的选择十分重要。直播带货所卖商品既要符合媒体自身的定位,又要符合大众的期待,既不损害媒体的公信力、影响力,又不辜负网友的爱心,同时让购买者得到实惠。如果直播带货的商品有质量问题或产生经济纠纷,就会直接影响媒体的权威性和公信力。之前就曾发生一起头部主播在电视节目上带货翻车的案例。该头部主播在一档农村体验类节目中直播带货,将当地的3 000份次产品一售而空,但当消费者收到货之后发生了诸如破损、熟烂、未熟、过甜等各式各样的问题,导致节目和主播的口碑双双受损。

最后,电视媒体的直播带货应注意"价低伤农"。由于电视媒体的本身属性,导致其主导的直播带货通常会以低价来制造爆点。在"小朱配琦"的直播中,天猫专卖店里价格180元左右的沱茶,直播中只需79元,另外送一个喝茶的水杯,而一些电器更是直降500元。直播带货更像是商家的一次赔本赚吆喝的广告营销。在直播带货的高关注度背后,不能忽视的是它对社会经济的负面影响。从经济学角度来看,这样的打折销售偶然为之的确可以起到刺激消费、拉动经济的作用,但是刺激太过频繁就会产生副作用。从另一个角度来说,直播带货的新鲜感对于广大网友来说很快就会过去,即使是明星带货直播,其观看量和销售量等数据也都呈现出逐次递减的状态。而热情退潮之后,留给农民的将是无法收拾的电商困局。

所以媒体融合在助力电商发展的过程中,应避免短期的眼球效应,关注对农村电商长期、综合、系统的支持,帮助乡村实现自我造血、良性循环、产业升级的目的。

总之,电视媒体直播带货要保持电视传播的真实性、科学性、可信性,助力农村产业的持续有效发展,助力农村电商的供产销一条龙协调发展,才能使"媒介+产业+电商"深度融合模式得以真正实施并产生大的效益。

# 结 语

本文论述的媒体融合的侧重点,是促进农村电商生态系统的进化革新。通过与各类服务提供商合作,逐渐形成以电商合伙人为主体、核心参与者监督、物流企业和电商相关从业者等协同配合的可持续生态服务体系。农村电商系统的构建管理常依赖当地的经济水平、资源状况以及各参与者之间的交流互助。媒体融合应促成当地政府的扶持和电商平台企业的带动构建外生式农村电商生态系统,同时联动消费市场,保证购买力的持续增长,以信息化带动农村工业化和产业化的发展,促进农村整体生产和消费方式的转型升级。

除了电商生态需要搭建,媒体融合在电商运维上也要为村民提供支持。目前活跃在直播带货一线的顶级主播和头部主播,都是电商平台、网红孵化公司倾力进行培养和商业包装而打造出的人格化IP,大都经过5年以上的商业实践以及资本、客户等多重考验,每个网红主播背后都有一支专业化运营团队。经过多年发展,电商的平台与玩法整合、自媒体整合等方面都已经有一套行业规律。所以电视媒体应该与社会上有实力的MCN机构(指短视频机构、管理电视直播的机构)和电商平台的专业孵化团队合作,帮助村民从开店、选品以及售后服务入手全方位引导农民树立互联网思维、大数据观念、个人IP,帮助农民建立自己的电子商务渠道,从源头把控农产品品质以及个人品牌形象。通过优化升级整个农产品产业链,打造出优质的农产品形象,提升产品溢价能力。授人以鱼不如授人以渔,通过这一系列切实可行的操作和完善相关追溯体系,提升农产品口碑,倒推产业转型,形成新的生产标准,与市场需求同步。

媒体融合助推乡村全面振兴,就必须重视农村电商生态以及人才培育这两个根本出发点,加强推进媒体融合的广度、强度、深度和精度,充分利用大数据思维,赋能数字乡村建设,真正为乡村振兴夯实一个长期、综合、系统的帮扶工程。媒体融合助推乡村全面振兴之路还刚开始,前途遥远,前景辉煌,让我们继续探索前进!

**参考文献:**

[1] 孔祥宇.《我们在行动》(第三季):实现公益纪实节目形态创新[J].当代电视,2019(10).
[2] 冯雪娇.媒体融合背景下电视节目创新趋势研究[J].记者摇篮,2021(8).
[3] 陈镭,朱夷.媒体融合视角下农村电商去中间化发展[J].新闻研究导刊,2021(11).
[4] 王琴.浅析电视媒体和互联网直播带货的融合新探索[J].中国传媒科技,2020(08).

**作者简介:**

陈宇,上海广播电视台东方卫视导演。

新 媒 探 究 篇

# 关于新闻与新媒体创新发展的趋势与应对策略探讨

顾舜丽

**提　要：** 随着科学技术进步和人们生活水平的日益提升，新闻与新媒体得到了进一步的创新发展。基于新闻与新媒体创新发展的重要意义与趋势特点，本文就新闻与新媒体当前创新发展的路径与创新热点进行探讨研究，从新闻渠道创新、新闻生产创新、流程再造与媒体平台以及资本介入等多个角度进行论述，最后，就新闻与新媒体的健康发展等三方面做了概括，从而提出了把握新媒体创新发展趋势特点、适应新发展的策略与重点。

**关键词：** 新闻与新媒体创新发展趋势　创新热点　应对策略

## 引　言

当今社会新闻与新媒体在推动经济社会发展方面具有独特而重要的作用。随着科学技术的快速发展，传统新闻形式与传播方式逐渐难以满足人民快速实时获取新闻的要求，给新闻产业的发展带来了挑战。因此，如何创新发展新闻与新媒体成为当前信息传播工作的关键所在；把握住新闻与新媒体创新发展的趋势，成为促进新闻产业发展的重中之重。基于此，需要对新闻与新媒体创新发展的主要路径与创新热点进行探讨，为其发展提供理论上的指导，点明其发展须遵循的原则与把握方向，从而赢得更好的发展路径与前进动力。

我国改革开放40多年来，新闻改革与新媒体发展取得卓越成果与长足进步。新闻创新发展是与新闻改革同步进行的。特别是 1994 年起互联网进入中国,1995 年起网络新闻崛起;进入 21 世纪后新媒体大发展,形成了媒体融合发展的新阶段。媒体融合是信息时代背景下一种媒介发展的新理念与创新实践,经历了网络报纸(网络广电)阶段、"两微一端"(微博、微信与移动客户端)阶段、融媒体阶段三个发展阶段。

本文就新闻与新媒体当前创新发展的路径与创新热点进行探讨研究与论述。

## 一、新闻与新媒体的创新发展具有重要战略意义

### 1. 新闻与新媒体创新发展已经成为当代新闻传播业的一种必然

基于科学技术进步和社会发展的深刻变化,新闻与新媒体创新发展已经成为一种必然,对新闻的传播同样产生了积极的影响。新媒体技术的创新发展,充分运用了当前先进的科学技术,利用数字技术、网络技术、移动技术等手段,通过无线通信网、互联网、有线网络等渠道,连接电脑、手机、数字电视机等终端,向使用者提供信息和服务。物联网、5G 等新技术的不断进步,催生出各类直播、短视频、融媒体平台,加速了新媒体技术的创新发展,极大地增强了新闻传播的时效性、互动性,进一步丰富了新闻传播的内容,使得新闻传播的主体更加丰富,使得新闻与新媒体技术进一步朝着多样化、全球化、大众化、娱乐化和平民化的方向发展。

### 2. 新闻与新媒体的创新发展,增强了新闻传播的时效性,提高了新闻的价值

适应新形势、新发展,新媒体技术的创新发展,突破了传统媒体之下新闻传播的时空限制,增强了新闻传播的时效性,提高了新闻的价值,人们可以随时随地关注事件的发展动态,了解事件的发展趋势。传统媒体下信息的接收者之间互动讨论受到限制,而在新媒体创新发展之下,信息接收者可以及时表达自己对某事件的看法与意见,发表自己的言论,在此条件下,新闻媒体也可以随时关注群众对该事件的关注度与情感倾向,根据大众反馈及时调整新闻报道重点,把握群众关注热点,为受众提供更多受欢迎、有价值的信息。相较于报纸、广播、电视等传统媒体单一的新闻传播方式,新媒体的创新发展,丰富了新闻的传播内容,人民可以利用新媒体获取各领域信息,从政治民生到生活中的点点滴滴,内容更加丰富多样,更能满足人民多元化的精神需求。

### 3. 新媒体的创新发展,使"受众"同时成为"传者",真正的信息互动与全民办媒体的时代开启了

进入 21 世纪,随着信息技术、数字技术的快速发展,原有的传播理论已采越无法适应今天由数字技术构建的新的媒介生态环境。拉斯韦尔的大众传播流程中的各个环节都已经发生了改变。信息传播主体,信息的生产、储存、表现形式、传播方式、传播渠道,信息接收者的地位、传播效果的评价方式都发生了颠覆性的变化。受众在传播过程中,再也不是单纯的信息的被动接收者,而是主动选择者、意义构建者、内容贡献者,其主动性达到了前所未有的程度。以智能终端为代表的新媒介弥合了传统媒介的"传播偏向",以超文本的形式构建了一个以去中心化、碎片化、互动性为主要特征的"媒介场域"。中国特色的新媒体、互联网真正做到了既是党的喉舌,又是人民的喉舌。这一转变是大众传播以传者为中心时代转向以受者(网络用户)为中心时代的结果。

## 二、新闻与新媒体创新发展的主要路径与创新热点分析

新媒体时代之下,新闻与新媒体的创新发展主要围绕新媒体展开。运用当前先进的科学技术与手段,结合多样化的终端设备,创新新闻渠道与多元化新闻来源形式,推动新闻和新媒体机制和体系创新。从新闻传播渠道、新闻生产、生产流程再造与资本介入等全方位、全过程观察,新闻与新媒体创新发展呈现出显著的趋势特点。

### 1. 移动用户剧增,新闻传播移动化趋势更加突出

新闻渠道创新。在完善的现代技术条件下,智能手机移动用户数量呈现剧增的局势,移动用户的剧增为新闻与新媒体的创新发展提供了源源不断的动力来源,为新闻渠道的创新发展提供了新的契机。据中国互联网络信息中心(CNNIC)第 48 次报告的最新统计:截至 2021 年 6 月,中国网民规模达 10.1 亿人,5G 已覆盖全国所有地级市,互联网普及率达全民的 71.6%。在此背景下,每个人都可以成为信息的来源,一个人、一部手机、一个 App,就是一个新闻三本可以实时记录发布着身边发生的任何事情并传播新闻。新闻传播主体的增多扩大了新闻传播的途径与范围,丰富了新闻内容,能够让更多的人了解到当前发生的任何事情。

当前,移动互联网的高速发展转变了以往信息的传播方式,随着智能手机移动终端的快速普及,已经逐渐实现了"终端随人走,信息围人转""智能算法·

准推送"的技术模式,移动端已逐步成为人民获取信息的主要方式。基于移动端的新闻客户端逐步成为人们获取信息的主要载体,人们可以随时随地在新闻客户端上获取所需信息,用户对移动新闻客户端的依赖程度不断增加,移动新闻客户端已成为用户获取新闻资讯的主要渠道。同时,移动新闻客户端已不再是单向的信息载体,已经开始发挥起媒介作用,移动新闻客户端用户不仅可以利用其获取信息,而且可以采用跟帖、讨论或者互动直播等方式,实现用户之间的沟通,通过转发、分享等机制,拓宽新闻的传播范围,提升新闻的知晓度。

### 2. 社交化媒体,进一步拓展了新闻渠道的新模式

新闻与新媒体技术的创新发展,推动了社交媒体的来临,社交化媒体成为新闻渠道创新的一种新模式。每个人都可以在社交化媒体之中发声、自由表达观点,发布、讨论新闻,其传播的信息内容已经成为人们浏览互联网的重要内容,具有互动性、多样化、自发性等诸多特点。移动化、社交化推动新闻渠道呈现出多元化的趋势,新闻不再局限于专业新闻工作者进行采集、制作、发布,每个人都能成为新闻的获取渠道之一,文字信息、图片、短视频等多元化的信息模式,更加丰富了信息的数量与种类,拓展了新闻渠道。社交化媒体还进一步改变了人与人之间的交往形式,人们逐渐开始习惯通过社交媒体获取新闻信息,新闻媒体社交化的发展,使得每个个体不仅是新闻信息的受众,同时也是新闻信息的生产者和传播者。新闻消息的内容也不再受固定形式所局限,新闻信息生产者可以按照自身的意愿选择新闻表达的形式和内容,新闻信息传播的方式正在社交关系的基础上建立起来,让信息的传播具有很强的自发性和自主性。

### 3. 可视化传播成为新闻传播的新亮点

网络化、终端化、碎片化需求让短视频成为移动互联的生命线,可视化传播成为新闻传播的新亮点。强调可视化、短视频化,突出视觉表现元的新媒体新闻生产也使得传统的"新闻范式"转向一种注重产品质量和用户满意的"厂商范式"。表演的身体成为独具冲击性的视觉消费符号。新媒介技术下的身体赋权,使得身体的叙事能力被重新解放出来,在短视频狂欢中,人人都是"戏精",成为叙事的媒介和传播的主体。短视频平台呈现出新场景特征——解构社会身份,重塑交流空间;创造视觉奇观,激发消费欲望;强化社群弱关系,定义社交新模式。但与此同时,短视频中被唤醒的是身体"本我",精神世界并没有获得充分解放,亟待"自我"与"超我"的回归和进行身体传播价值的重构。短视频场景平台需要在政府宏观政策的指导、用户聚合的偏好和追寻自身价值下相互博弈下求得生存,算法推荐和价值引导并驾齐驱。当前,解决短视频传播的内部需求与外

部监管的矛盾,应当在建立多元的短视频内容审查机制的基础上,构建完善的短视频版权保护体系,细化"合理使用"在短视频传播中的判断标准,强化平台、视频网站的注意义务。

### 4. 大数据、机器人,新闻生产流程再造得到加速

随着新闻与新媒体技术的进步,传统媒体也在不断发生改变,在这一变化过程中,新闻生产紧随时代的脚步不断创新发展。新闻生产模式创新实质上是利用网络、新媒体时代,基于网络技术发达的背景下多元互动的编辑流程,以及新颖的资本来源,四面八方的信息采集,以及集约化数字化的加工管理和发布,形成一个更具互动性、参与性、开放性的新闻生产模式。特别是智能媒体将AI(人工智能)与媒体融合,通过数据挖掘、算法推荐、语义识别等技术形成引领人工智能时代的泛内容生态平台。技术发展带来传播模式的多元,导致新闻采编工作重构,这要求从报道策划组织、采编结构到采编流程等一同创新新闻生产理念。新媒体时代新闻内部运行不再是封闭状态,新闻采编团队发生改变,人工智能、机器写作等技术的应用,促生了新闻主体发生改变,改变了新闻主体形态。其中,人工智能的快速发展更为新闻与新媒体提供了一种新的信息生产与传播的可能,机器新闻写作得到快速广泛应用,应用数据现实,在一些专业性强的领域,机器可以在短时间内高效完成一篇新闻稿,并且其出现错误的概率与人工写作相比更低。另外,借助于当前大数据海量数据,机器写作还可以挖掘出单个数据背后更大的数据和文本价值,带给人们新的观点。虽然目前人工智能技术在写作过程中无法带入人的情感认知,但相信,随着人工智能技术手段的不断进步,机器学习能力的不断提高,智能算法技术的不断升级,机器新闻写作生产新闻一定会越来越完善。

另外,**数据介入新闻生产**。大数据时代数据的深层次应用,使得传统的新闻生产理念和新闻生产流程发生改变,数据开始介入新闻生产过程中,催生出数据新闻的理念,成为新闻与新媒体的一种创新。大数据的思维模式和处理方式逐渐介入新闻采集、制作、分发的全流程,大数据下的新闻生产带给传统新闻生产新的活力,在大数据时代之下,新闻的采集环节变得更加客观、高效,用户参与程度也更高。同时,大数据也可以用来验证信息的可信度,通过将信息与大数据库中的数据进行对比,可以从差别之中查验不符合逻辑的信息。新闻生产要充分利用大数据,应当着力培养具有大数据等专业技术背景的新闻工作者,将数据技术和新闻专业进行耦合,基于较强的专业背景,不仅能成为一名新闻工作者,也能成为一名数据资源存储管理平台的操作人员,达到数据之下新闻生产的目的。

**5. 资本介入与运营模式创新,媒体传播平台的影响力更加突显**

新闻与新媒体创新发展,资本的力量不可小觑。资本来源的方式以众筹为主,以大众出资的形式为媒体业者的报道计划付费,它的募资对象数量众多且数目不清,投资群体通过共同出资的形式支持项目并获取相应报酬。它们成功的关键在于具有好的故事背景与讲解方法、发起人要有"知名度"、合理的目标资金等因素,比较适合应用于调查性报道、新闻摄影、小众的深度报道等新闻品类。而此类新闻信息的信息多数来源于自媒体,自媒体时代之下,以现代化、电子化手段为主,人人都是新闻的记录者也都是新闻的传播者,具有信息量大、内容简短的特点。资本介入的另一种方式就是财团和大资本的直接控制,他们资金量巨大,影响力巨大,推动了新闻与新媒体的运营模式的创新,甚至这些变化具有颠覆性,当前形成的一些主流传播媒体平台,都可以归纳进入这种模式,资本介入是一种新挑战,在鼓励发展的同时,必须加强管理引导。

## 三、适应新闻与新媒体创新发展的应对策略探究

### 1. 高度重视媒体传播方式创新

当前,新媒体("两微一端"或"三微一端一网")作为一种新型的媒体形式和传播方式,已经成为人们生活、娱乐和工作的重要组成部分。在技术高速发展的今天,推进新媒体技术的进一步发展应用,离不开对它的高度重视,需要持续不断投入大量的人力、物力、财力,优化资源的配置。首先,应该加大新媒体的人力投入,合理研究增设更多新媒体相关专业,通过扩大新媒体相关专业的招生数量,进行媒体工作人员深层次培训等方法,加强专业人才的储备力量,壮大人才队伍。其次,为新媒体提供更多的物力支持,完善新媒体相关的通信等基础设施建设,保障相关软硬件设施的配备,搭建完善的技术平台。最后,要加大财力支持。就目前而言可以通过财政支持和引入外部资金的方式加大财力的支持,就财政支持而言,合理调整公共财政分配是有效的手段,而引入外部资金支持可以通过市场化的手段,加强资本运作能力。

必须深度发展新媒体。新媒体的深度发展离不开传统媒体与新媒体的融合发展,而两者的融合,只有从根本上意识到融合发展的重要价值,才能完成新媒体的深度发展。因此,要树立起融合发展的意识,充分意识到两者融合发展的重大意义,要转变传统发展理念,进一步向一体化融合发展的方向进行整合,要强化两者之间的沟通和学习,弥补两者理念和实践的缺失。同时,加强传统媒体与

新媒体融合发展中的内容建设,只有具有价值的内容,才能打牢融合发展的基础。因此,在传统媒体与新媒体融合发展过程中,要以内容作为发展的核心之一,根据受众的实际需求和阅读习惯提供高质的内容,提升群众关注度。手要充分利用新媒体技术群众之间的互动优势,将群众之间的互动性引入融合发展之中,促进传统媒体与新媒体的深度融合。

## 2. 主流媒体要坚持内容为王,切实提升"四力"能力

习近平总书记指出:对新闻媒体来说,内容创新、形式创新、手段创新都重要,但内容创新是根本的。主流媒体要坚持内容为王,坚持"四力"建设方向。如何认识和加强"四力"建设,是创新发展、融合发展的新着力点。传播力是基础,引导力是核心,影响力是关键,公信力是根本。须深入理解传播力、引导力、影响力、公信力之间的关系,提高传播力,关键在于传通并有效。提高引导力,要待扬新闻媒体强项之长,补弱项之短。提高影响力,须事、理、情、美等元素共同发挥作用。提高公信力,是新闻舆论主体安身立命的根基。四力是对媒体融合的宏观检验,也是应对新闻与新媒体创新发展最有力的武器。

上海金山区等一批上海地区最早成立的融媒体中心试点单位,他们切实提升"四力"能力的主要策略是:

**移动传播优先,发挥融合效应**:传统媒体相对单一的新闻信息传播功能,已经不能满足群众的工作生活需要。试点融媒体中心以移动优先为战略,重点打造手机客户端——上海各区 App,逐步形成以新媒体(两微一端)为核心,广播、电视、报纸、手机报为骨干的全方位、多层次的主流媒体矩阵。探索形成以"整体策划、一次采集、多种形成、全媒传播"为原则、新媒体优先的采编审查流程和绩效考核机制,App 运行初显成效,网络直播反响热烈。这些成功策略值得我们学习推广。

## 3. 话语权争夺与加强管理与自律

在新闻与新媒体创新发展过程中,首先要不断赢得主动,要站上话语权的高地。坚持内容为王,主动设置话题,不断改变话语方式。另外也要遵循创新规律,把握原则方向,加强管理引导。新媒体的健康有序发展需要科学完善的管理体制和引导机制,而在管理体制和引导机制制定的过程中,不但需要对内容进行有效管理,而且要对媒体体制、从业人员、运营技术等方方面面进行管理和引导。通过人才的优化配置、部门工作职责的明确分工等方式,保障新媒体长久发展各项工作的进行。要结合当前市场发展现状,增添相关的运用、技术、制作部门,加强对新媒体从业人员的监督监管,促进工作人员的热情,深层次挖掘人才

潜力,提高资源的耦合度;要将先进的科学管理理念和引导机制及技术引入新媒体当中,深层次重构媒体的组织框架,有效完善新时代背景下存在的发展短板,通过建立先进的管理和引导机制,从根本上摆脱发展的各种束缚,实现新媒体的创新发展。在新闻与新媒体的健康发展过程中,特别需要有足够的耐心和更多的创新思维,需要正确认识新媒体在发展过程中的局限性,结合实际,创新思路,克服发展中遇到的难题。而解决问题的关键途径离不开技术的支撑,要科学运用新兴的技术,融合多元化技术与数据,构建数字化的大数据平台,结合移动终端等传播路径,让群众能够及时接收获取更加丰富多彩的信息。当前特别要注重网络安全与新媒体治理:关注网络视频、直播以及聚合平台深层链接等新媒体形态中的侵权责任探究;探索基于信息主权的网络空间治理;加快研究多元主体有机协作的网络治理结构。应充分认识政府、市场与网民"共治"的作用,从协同治理的角度进行网络管理创新,实现政府、企业、社会组织与网民之间的多方联动。

## 结 语

新闻与新媒体的创新发展具有很强的现实意义,丰富了人们的工作和生活需求,突破了传统媒体之下新闻传播的时空限制,增强了新闻传播的时效性,提高了新闻的传播价值。因此,本文通过对新闻和新媒体的创新发展路径研究与热点分析,形成以下理性认识:

1. 新闻与新媒体创新发展需要创新新闻渠道,让移动用户、移动用户客户端、社交化媒体成为新闻渠道的来源之一。

2. 新闻生产过程也需要进行创新,通过创新新闻生产模式、创新新闻生产流程、创新新闻生产流程主体等形式达到新闻生产创新的目的。

3. 大数据介入新闻生产,创新出数据新闻。大数据时代数据的深层次应用,使得传统的新闻生产理念和新闻生产流程发生改变,数据开始介入新闻生产过程中,催生出数据新闻的理念与应用,成为新闻与新媒体的一种创新形式。

4. 应对新闻与新媒体创新发展需要高度重视媒体传播方式创新,深度发展新媒体,主流媒体要坚持"四力建设"方向,即传播力是基础,引导力是核心,影响力是关键,公信力是根本。创新发展既要把握话语权,始终赢得主动,也要把握原则方向,加强管理引导。

5. 对于新闻与新媒体的健康发展还需要保持耐心与持久力,坚持运用科学技术手段提供支撑保障,加强科学管理与自律,实现政府、市场与网民"共治"。

新闻与新媒体创新发展正在征程上,路途长远,前景广阔,我们当继续努力奋进。

**参考文献：**

［1］王建彬.新媒体在新闻传播中的重要作用与创新［J］.魅力中国,2016(1)：2.

［2］潘志君.新媒体时代新闻传播的特点及发展趋势研究［J］.中国广播电视学刊,2021(5)：3.

［3］刘庄子.新闻媒体的社交化发展趋势分析［J］.记者观察,201 (6)：1.

［4］刘芬.人工智能与新媒体的进化路径［J］.中国传媒科技,201 (10)：3.

［5］翟欣.大数据时代数据新闻生产的意义和反思［J］.科技传播,2018(18)：2.

［6］中宣部编写组.习近平新闻思想讲义［M］.北京：人民出版社,1998：100.

［7］蒋伟明.上海区融媒体建设的现状、问题与对策研究［C］//林罗华编.《探 真吾》写 辑.上海：文汇出版社,2020：144.

［8］陈彦玲.传统媒体与新兴媒体融合发展的困境与对策［J］.中国传媒科技,2021(1 .

**作者简介：**

顾舜丽,上海 青浦区融媒体中心采访部副主任、记者。

# 广电遇上元宇宙，大众媒体的新方向

姜 骅

提　要：VR 产品拥有时空拓展性和感官延伸性两大特征，和纸媒、广电媒体等相比，在信息传递、人机交互层面都具有极大的优势。本文判断 VR 方案将会是将来元宇宙世界的主流方案，并且预测元宇宙将成为大众媒体的未来主流形态。

由于虚拟现实世界成为可能，VR 元宇宙会出现包括人际传播场所、大众媒体、互联网在内的几乎全部媒体形态。这对元宇宙中的内容与生态提出了更高要求，也给传统广电媒体行业带来了新的发展机遇。本文阐述了广电媒体进军元宇宙，抢占下一代大众媒体的重要性，并结合广电行业的优势与能力，对广电行业进军元宇宙的几个可行性变革方向进行了探讨。

关键词：元宇宙　VR　大众媒体　广电

## 引　言

　　VR、AR 等虚拟现实概念如火如荼，和过去十几年的赛博空间等概念不同的是，随着科技进步，元宇宙的硬件能力、软件生态再次产生质变，下一代互联网、人类的数字生存空间渐渐有了雏形，媒介是人类的延伸，元宇宙得天独厚的媒介性能，将使其成为前所未有的全新大众媒体形态。此时，传统广电媒体或将迎来难得的机会。如何借助自身优势，把握元宇宙发展良机，值得广电行业开展研究。

# 一、VR、元宇宙与下一代大众媒体

## 1. VR、AR——元宇宙的方向分析

科技的进步与生产力的提升共同推进了大众媒体的迭代，"元宇宙"正是最前沿科技与社会生产力——尤其是第三产业生产力相结合的产物。

元宇宙是一种通过虚拟增强的物理现实，呈现收敛性和物理持久性的，基于未来互联网的、具有连接感知和共享特征的 3D 虚拟空间。

元宇宙概念可以分为 AR（增强现实）、VR（虚拟现实）两大基础领域。AR 技术是虚拟数字画面结合裸眼现实，MR（混合现实）是 AR 的数字化现实结合 VR 的虚拟数字画面。它们的实现代价较为高昂，需要头戴设备、动作感知、摄像与投影设备的共同配合，并且必须配合并受到现实环境的局限——增强现实概念的目的是用虚拟信息强化现实事物，如博物馆藏品的 3D 结构展示，实现 VR 式的全虚拟环境创造，对 AR 来说绝大部分时候都是既不必要也得不尝失的行为。

VR 技术的核心理念则更加简洁高效，既可以通过 3D 全景摄像记录现实世界，也可以通过数字技术创造虚拟实境，用设备感知动作。

因此可以预见，AR 技术将更多出现在医疗、展播、军事、工业等专业领域，更多作为一项技术，而非一个媒介形态存在。正如电影《头号玩家》、网游《Roblox》所描述的，人人触手可及、自在畅游的"第二地球"、元宇宙世界，更大可能是在 VR 技术中延生。

## 2. VR 元宇宙的特征

VR 元宇宙概念最为明显的两大特征是：边界模糊的时空拓展性、高度沉浸的感官延伸性。

在空间性上，基于互联网而生的元宇宙拥有典型的互联网广域互联特征。同时，出于人类的创造性，超现实世界、远程对话者的虚拟肢体互动也将成为现实。

在时间概念上，广义上看，历史与未来将前所未有地得到复现与幻想，并在虚拟世界中得到呈现；狭义上看，个人对时间的感知在虚拟现实中，某种程度上也会被重新度量。

从时间到空间，VR 元宇宙给人提供了前所未有的丰富信息。麦克卢汉说，媒介是人的延伸，当媒介发展到极致，就可能延伸出人的另一个自我存在。比如 VR 元宇宙发展到极致，在满足营养与身体机能维持的前提下，人类可以终生

活在虚拟现实中。

30 年前的哲学概念"缸中之脑"、20 年前的电影《黑客帝国》探讨过类似的话题,或有夸张或失真,但可以得出的结论是,VR 元宇宙概念的媒介形态会是人类有史以来影响最深远的一次延伸。

## 3. VR 媒介优势

媒介和媒体是相辅相成的存在。只有优越的媒介属性才能诞生创新性的媒体形态。目前已有多家公司以 VR 游戏、VR 视频为切入点,向民用市场推出系列 VR 设备及其升级版本,用户使用 VR 头戴显示器、VR 操作手柄进行信息的输出与输入。本文使用这一代 VR 设备,对其媒介属性进行分析。

大众媒体的存在,最大意义就是为大众提供媒介信息。从信息的响应速度、信息量、交互性、易用性、价格五大维度对各类大众媒体的能力进行比较,可以看出 VR 设备在响应速度、信息量、交互性上,已经拥有较为显著的优势。

表 1.1  大众媒体五大维度对比表

| 类 型 | 响应速度 | 功能(信息量) | 交互性 | 易用性 | 价 格 |
|---|---|---|---|---|---|
| 纸媒 | 慢 | 图文 | 弱 | 强 | 低 |
| 广播 | 快 | 音频 | 弱 | 强 | 低 |
| 电视 | 快 | 图文、音频、视频 | 中 | 强 | 中 |
| 互联网 | 快 | 图文、音频、视频 | 强 | 强 | 中 |
| VR | 快 | 虚拟现实 | 极强 | 弱 | 高 |

在媒介能力上,这些 VR 设备不仅具有广电、互联网媒体的快速响应优势,更具有虚拟现实优势,其信息量大大超过传统平面视频、图文信息。

目前而言,最优秀的交互体验是智能手机触控和个人电脑的指向式点击。得益于现有的 6DoF 体感设备和未来逐步实现的语音识别、瞳孔追踪,VR 的交互能力也会远超现有的手机、电脑互联网媒介形态。

举例而言,在 VR 头戴显示器的虚拟世界,可以实现数十乃至更多的复数人群共同参加 360 度身临现场般的观影、观赛,这是电视、手机媒体不可能实现的功能。

而最需要担忧的——也是最不需要担忧的——就是因技术制约而带来的高

昂价格与易用性差（性能卡顿、体型笨重、便携性差、续航不足）问题

蒸汽革命以来的人类历史证明了科学技术的发展是日新月异的，第三次工业革命中的半导体领域甚至产生了每两年性能翻倍的摩尔定律。可以预见的是，同属于半导体领域的 VR 行业，绝大多数技术问题都将被逐渐解决。

进入电视时代、互联网时代以来，媒介设备的价格越发成为影响普及度的重要因素。电视价格从早年数千降低到千元级别，手机从数千元降至千元百元级别，大大推进了互联网的普及。据中国互联网络信息中心第 48 次《中国互联网络发展状况统计报告》显示，至 2021 年 6 月，全国网民规模超过 10.11 亿，其中手机网民规模就达到了 10.07 亿。

VR 设备同样享受着技术迭代带来的成本下降、售价降低，从早年的万元级别下降至 2 000 元价位，可以预见的是进入千元价位后，其普及率将会迅速增加。

在易用性上，遵循摩尔定律的指数级增长，VR 产品已经并且将持续获得提升，通过性能提升解决卡顿问题；通过屏幕提升与体感反馈加强，解决画面质量问题；通过制造工艺纳米化推进，解决机体笨重、续航不足问题；而室内领域的 Wi-Fi6 无线网络标准与室外 5G 移动通信技术，将共同解决 VR 设备的互联互通问题。

## 二、VR 元宇宙的媒体特征

由于虚拟、仿真现实世界成为可能，因此几乎一切传统媒体的形态都可以在 VR 元宇宙中出现。可以判断的是，其必将包括以下主要场景：

### 1. 人际传播时代的议事场所

人际传播时期的信息汇集地——中国的茶馆，西方国家的酒吧同样能在 VR 元宇宙中复现。但由于其不再承担公众信息传播的功能，因此更多会以小范围演讲、垂直领域社交的方式出现。

### 2. 互联网的平民平台

互联网使人人都是记者，元宇宙将打造无场景不新闻的另一个虚拟世界。传承于互联网的 VR 元宇宙，同样会具备互联网的草根、平民特性，任何人都有机会在元宇宙中的"微博广场""抖音同城广场"等大众信息平台参与发言和互动。

### 3. 纸媒、广播、电视的传统大众媒体

人类本质上的社会性，决定了元宇宙中同样不可缺少传统大众传播媒介的

存在。由于虚拟世界的形态多样性,元宇宙中的纸媒可以仅存在于个人屏幕,不被他人感知,也可以张贴在街边公告栏、楼宇广告上;元宇宙中的电视可以是虚拟"纽约时代广场"的中央屏幕,也可以是用户虚拟住宅中的电视墙;元宇宙中的广播可以是虚拟广场上悬挂的大型喇叭,也可以是用户虚拟人物耳边的一枚耳环,更有可能不存在实体形象,只存在广播声音。

但总之,改变的是媒介形态,核心的公众信息来源方式仍然与现实世界别无二致。

## 三、元宇宙时代的机遇

### 1. 广电媒体的现状

在现实世界中,由于资源、政策等方面占据优势,广播、电视台等权威媒体同样会在元宇宙中承担绝大部分公众信息的遍知与传播职能。以纸媒、广电为代表的传统大众媒体具有门槛高,有公信力的公众印象。

然而,依赖于电脑、智能手机时代的摄录、编写、4G 与网络技术的高速传播,低门槛的信息传导机制让人人都能成为自媒体,承载自媒体的互联网公司从而平台化、大众媒体化。

此时的传统媒体,虽然仍然负责主流公众信息的传播,但其生产的信息总量在互联网媒体的内容总量中的占比逐渐降低,逐步转变成生产"少而精"内容的PGC(专业内容生产者)角色。

### 2. 元宇宙的新需求

抛开高新技术层面不谈,元宇宙所建立的虚拟世界仍然有内容和社会管理这两大核心需求。

在内容层面,不同于互联网媒体时代的人人皆是自媒体,有些时候一句话、一张照片就能形成一次信息传播,元宇宙显然具有更高也更复杂的要求。

元宇宙的目标是为用户服务。对每个用户而言,进入元宇宙获取的服务(或者说信息)可分为两种类型:即使该用户不参加也会继续运行的公共信息(toB)和为该用户提供的个人信息(toC)。前者可以是视频广场上的一场球赛,可以是一场演唱会、虚拟宜家家居店等,后者包括其他玩家和该用户的互动、体验游戏等。不论哪种信息,都不是自媒体能轻松完成的工作。

在虚拟社会管理层面,不同个体的集合形成大型社区、小型兴趣社群,加上人与人之间、人与组织之间的互动、交易,共同组成了元宇宙的生态系统。这需要一套行之有效的管理与监督机制。由于元宇宙的开创性不具备一般工业互联网公司的商业逐利特征、个人用户的乌合之众特征，都为这套管理与监督机制的建立添加了诸多变数。

### 3. 广电媒体的机遇

在元宇宙中，广电媒体的机遇体现在公共信息服务和虚拟社会管理上。

在公共信息服务方面，广电媒体的现实社会信息渠道资源、采编人力资源、硬件设备资源、专业内容制作经验与能力，仍然具备巨大的、普通企业与个人难以企及的优势，并可以无缝转接到元宇宙内容生产技术上，例如专业摄像与VR全景摄像机的使用与拍摄存在可以共通的操作与拍摄经验。

在虚拟社会管理上，元宇宙的创建者多为科技公司、互联网公司，其技术层面的先进性并不能等同于其在平台管理层面的自律性、规范性。在互联网时代，诸多网络媒体平台的网暴、泄密事件，也体现了依靠互联网公司与用户共同自我管理的不现实。高公信力的广电媒体已经证明了其在构建广播、电视等公共媒体语境的秩序上拥有成功的经验，兼且具备非逐利的资质与条件，应该说是在元宇宙中，最好的规范与监管者选择之一。

## 四、广电媒体的变革方向

互联网时代以来，众多传统广电机构都积极进取，开展了新媒体融合的尝试，并取得了诸多优秀成果，像第一财经、芒果超媒等产品，都已经拥有了很重的互联网新媒体属性。而为了进军元宇宙时代，广电媒体需要做出更多、更进一步的变革。

### 1. 明确自身定位

术业有专攻，大部分广电媒体在收音机、电视、手机等时代，都不是媒介设备、媒介平台系统这些软、硬件产品的生产者，应该将自己明确在内容提供者、媒介播控平台的定位上；如果有进一步的软、硬件研发能力，可以配合元宇宙平台厂商，共同搭建元宇宙内的内容传播平台。

### 2. 发挥自身优势

除了美国苹果公司，其他主流元宇宙产品大都是"变形态、不变内核"的产物，其底层平台都是基于 linux 的安卓系统，目前国内的 OTT 智能电视大多基于安卓系统改造建立，相关广电媒体、企业早已具备较为轻松的软件适配环境。

而同时，世界各国都具有自己独特的舆论环境与监管，中国的互联网视频行业需要企业拥有相关播控资质方可入局。目前元宇宙领域的监管尚且是空白状态，但随着普及率提升，明确的行业准入规范必定会产生，这方面，广电媒体拥有一应传统播控资质，在争取 VR 元宇宙市场牌照上，比技术与互联网出身的 VR 厂商具有更多优势。

因此参照东方明珠集团在中国大陆代理索尼 PlayStation 游戏机、微软 Xbox 游戏机，腾讯公司代理任天堂 Switch 游戏机的经验，或可尝试与国外的 Oculus、国内的爱奇艺等 VR 主机厂商合作，厂商侧提供设备、技术支持，广电机构或下属相关领域子公司提供准入及监管资质担保，并负责市场与销售、售后业务，形成优势互补、资源共享的双赢局面。

### 3. 具备用户思维

传统媒体时代需要保持规范为主、兼顾新颖的内容风格，而互联网时代的媒体更多以用户体验为中心，这也是互联网行业获得成功的关键因素之一。但成也萧何，败也萧何，如果缺乏规范，企业就有可能一味追求用户体验，产生道德、法律等层面的诸多问题。

进入元宇宙时代，广电媒体的用户既包括用户，也包括 VR 设备厂商。服务用户应当结合过往经验，综合考虑用户体验与行业规范两个层面的需求，既不能因为某项游戏、某项内容过于新潮、具有潜在风险而拒之门外，也不应为了吸引流量而引入，乃至推广不恰当的内容。

服务 VR 设备厂商，应当提前做足功课，帮助技术出身的厂商伙伴更快适应国内市场；并以传统经验与深入研究相结合，在元宇宙世界建立起一套完善的社交、信息沟通规范。

### 4. 形成自驱意识

传统广播、电视形态较为单一，但随着网络时代到来，IPTV、OTT 智能电视给电视行业带来前所未有的变革，电视功能的增加，也让传统的"上下选台"交互模式成为历史，电视大屏的产品设计和研发正式成为主流业务之一。

在这一点上，互联网公司由于具备多年的微软视窗（Windows）、苹果 iOS、谷歌安卓系统的软件研发经验，走在了广电媒体之前，哔哩哔哩、优酷、爱奇艺、腾讯的大屏应用都获得了很好的成果，传统广电行业的香港电视广播有限公司（TVB）也顺应时代推出了大屏端粤剧播放平台。

因此，在日新月异的元宇宙环境下，广电媒体更不能故步自封，一味吃老本，而是需要保持动力，在内容质量、内容类型上推陈出新；在软件层面适配更强更新的硬件性能；在软件层面不断迭代，适配更先进优秀的交互逻辑，支持元宇宙的创造潜力。

### 5. 拥抱开放心态

如上文所言，元宇宙具备互联网媒体的特征，抱着一家独大的心态并不可取，仅从目前来看，META（原 Facebook）、微软、索尼、谷歌、Oculus 等有成为跨国级别元宇宙平台的潜质。

和目前国内 OTT 七大牌照方、多家智能电视厂商竞争的情形类似，不宜奢望在元宇宙中形成一家独大的局面，更大的可能是 VR 元宇宙成为互联网上的新基础设施，微博、抖音等各大主流平台入驻从而形成百花齐放的全新融合媒体形态。作为参与者，广电媒体要用开放、进取、守秩序的思想，应对元宇宙带来到来的新媒体时代。

## 总结与展望

元宇宙本质上是对现实世界的虚拟化、数字化过程。除了大众媒体、游戏、社交功能外，虚拟与现实消费、金融等现实元素也将不断地融入虚拟生活中，形成新的虚拟经济生态。此时需要建立的不仅是全新的大众媒体规范，更是一整个平行于现实世界的虚拟社会运行规范。作为国家的舆论喉舌，广电媒本要积极参与元宇宙的体系建设，不仅能帮助政府与相关部门完善对这一体系的管理，还能借助技术趋势，实现传统广电媒体的产业转型，打开新的发展道路。

**参考文献：**

[1] 赵国栋，易欢欢，徐远重.元宇宙[M].北京：中译出版社，2021：7-8，140.

[2] 闫佳琦，陈瑞清，陈辉，等.元宇宙产业发展及其对传媒行业影响分析[J].新闻与写作，2022(1)：68-69.

[3] 希拉里·普特南.理性，真理与历史[M].童世骏，李光程.译.上海：上海译文出版社，2005：2-19.

[4] 姜圣瑜."元宇宙"与新闻传播[J].城市党报研究，2021(12)：2.

[5] 户磊.元宇宙发展研究[J].电子产品可靠性与环境试验，2021，39(6)：106.

**作者简介：**

姜骅，SMG 百视通网络电视技术发展有限责任公司内容产品部互联网电视产品经理。

# 智媒体时代主流媒体虚拟主播发展路径初探

罗　曼

提　要：智媒体时代的到来,在新闻传播领域掀起了一场"智能＋"的全新变革,打造虚拟主播、试水人机互动,已成为主流媒体加夬推进深度融合发展的一条崭新赛道。在实际操作中,虚拟主播虽具有先天优势,但也囿于当前技术发展,存在着不少瓶颈和不足。本文尝试从当前虚拟主播的发展态势入手,深入分析不同类型虚拟主播的优势、不足以及解决之道,探寻主流媒体虚拟主播的未来可行性发展路径。

关键词：虚拟主播　人工智能　中之人　数字人　恐怖谷心理　人机耦合多元场景应用

当前,人工智能、大数据、云计算、物联网等智能化技术正以前所未有的速度和深度嵌入大众的日常生活,新闻传播领域的内容生产机制、传播方式、传媒业态、传播格局正随之发生着"智能＋"的全新变革,智媒体时代已然到来。

2019年1月25日,习近平总书记在中共中央政治局第十二次集体学习时指出:从全球范围看,媒体智能化进入快速发展阶段。我们要增强紧迫感和使命感,推动关键核心技术自主创新不断实现突破,探索将人工智能运用在内容采集、生产、分发、接收、反馈中,用主流价值导向驾驭"算法",全面提高舆论引导能力。

以习近平总书记上述重要讲话精神为指引,近年来,运用人工智能、打造虚拟主播、试水人机互动,正逐渐成为主流媒体加快推进媒体深度融合发展的一条崭新赛道。本文尝试从媒体深度融合发展的角度着眼,分析并探寻智媒体时代下,主流媒体发展虚拟主播的主要模式、不同类型虚拟主播各自优势与不足,并提出未来的发展策略,以期为主流媒体探寻虚拟主播未来发展的可行性路径提供观察、思考和建议。

## 一、探索虚拟主播发展路径的时代背景和现实意义

2016 年 10 月 28 日,在 2016(中国)C+移动媒体大会上,国内新闻界首次提出"智媒体"概念,认为其将成为未来的传播形式。智媒体一词,开始进入公众视野。短短两年间,随着科技发展一日千里,时至 2018 年第五届世界互联网大会期间,全球首个"AI 合成主播"在新华社正式上岗,智媒体已经从纸上谈兵转变为媒体创新发展的技术驱动力之一。

随后的几年间,以虚拟主播为代表的智媒体产品,开始如雨后春笋般不断涌现,研究和探索主流媒体虚拟主播的发展路径也已具备时代背景和现实意义。

### (一)时代背景

在"元宇宙"概念的风口之下,腾讯、字节跳动、阿里、网易等互联网巨头纷纷快速布局虚拟主播领域,B 站上的虚拟偶像更是随处可见。2021 年 10 月后,抖音平台诞生的首位虚拟主播"柳夜熙"凭借一条视频,一夜间圈粉超百万,实现 IP 迅速出圈。可以说,一轮虚拟主播热潮正在席卷全国,虚拟主播行业也开始步入发展的快车道。

根据艾媒咨询数据显示,2017 年至 2023 年,我国虚拟偶像核心产业市场规模将不断扩大,2020 年核心产业市场规模已达 34.6 亿元,预测 2023 年将达 205.5 亿元。另据市场研究机构量子位发布的《2021 年虚拟数字人深度产业报告》分析测算,时至 2030 年间,我国虚拟数字人整体市场规模将有望达到 2700 亿元。

且不论这些市场分析机构各项预测数值的精准程度,一个毋庸置疑的事实是,虚拟主播将是一片未来市场发展潜力巨大的新蓝海。而这对于正处于媒体深度融合发展爬坡期、亟须找到新的战略突破口和发展增长极的主流媒体而言,无疑将成为实现弯道超车、形成传播破圈和声量破窗的重要抓手。

### (二)现实意义

2021 年 10 月,国家广播电视总局印发的《广播电视和网络视听"十四五"科技发展规划》明确提出,要加快推进媒体深度融合,建设智慧广电新平台,推进虚拟主播、动画手语广泛应用于新闻播报、天气预报、综艺科教等节目生产中,创新

节目形态,提高制播效率和智能化水平;面向新闻、综艺、体育、财经、气象等电视节目研究虚拟形象合成技术,包括 2D 虚拟形象的合成、3D 虚拟形象的驱动、虚拟引擎构建、语音驱动、动作捕捉、面部表情捕捉等技术,提升节目制作效率及质量。

因此,对于主流媒体而言,布局虚拟主播领域不仅是紧跟时代步伐、加快转型发展的创新方向,更是行业主管部门从顶层设计和宏观层面进行战略布局和发展规划的重点项目。

从这一层面上理解,探索虚拟主播的未来发展路径,不仅是主流媒体创新发展的"加分项",更是一道实现转型突破的"必答题"。

## 二、虚拟主播的定义、分类及优缺点分析

在我国,虚拟主播的出现最早可以追溯至 2004 年,央视 CCTV－6 频道推出了全国首位虚拟电视主持人"小龙",单独主持《光影周刊》栏目,但受到当时的技术条件限制,"小龙"的形象还无法做到与真人相似。直至 2018 年,新华社"AI 合成主播"的正式问世,才让虚拟主播真正从概念化产品走入了实案阶段。

### (一)虚拟主播的定义

对于虚拟主播的定义,目前业界有一种普遍观点认为,虚拟主播是二次元、粉丝文化和创新技术成功碰撞的产物。顾名思义,它是指结合人工智能与三维虚拟成像、光学动作捕捉等技术,可自主承担策划、编辑、采访、主持、制作等一系列工作的主播。

虚拟主播被认为是元宇宙与现实世界的"沟通者"之一,正逐渐融入人们的日常生活,短视频、直播、电视节目乃至演唱会上,都活跃着它们的身影。

### (二)虚拟主播的分类

目前,国内主流媒体所研发推出的虚拟主播,根据生产机制和主播人物形象的不同特点,可以划分为不同类型。

#### 1. 按照生产机制分类

所谓生产机制,就是虚拟主播进行内容生产的底层逻辑和驱动机制,其核心由文稿撰写和语音播报两个部分组成,根据智能技术介入深浅程度的不同,主要

可划分为计算驱动型和中之人驱动型两类。

（1）计算驱动型

计算驱动型虚拟主播，其文稿写作和语音播报均紧密结合并深度运用人工智能技术，以写稿机器人完成文稿的智能写作，以自然语言处理技术实现语音的智能播报。

这一类型的虚拟主播，可自主完成最核心的内容生产和播报，内容生产的数量和工作时长均可实现飞跃式突破。在智能写作方面，目前新华社的央视小新、上海广播电视台第一财经的DT稿王等，均采用人工智能技术实现了新闻文稿写作，不仅提升了发稿速度，还可全天候监测新闻热点，提高新闻的时效性。智能语音播报方面，科大讯飞2021年自主研发的全球首个多语种AI虚拟主播"小晴"，已实现运用30余种语言播报新闻，还可支持文本到视频的自动输出。

（2）中之人驱动型

所谓"中之人"，即在荧幕背后真实存在的、通过绿幕和光学动作捕捉等技术扮演虚拟主播的一位具有中间介质属性的真人。顾名思义，中之人驱动型的虚拟主播，其文稿撰写和语音播报等核心环节，均有赖于中之人及其团队方能得以完成。

上海广播电视台虚拟新闻主播"申䒕雅"，在2020年第三届中国国际进口博览会大直播中，与展区现场的嘉宾进行多回合的直播采访和现场互动，便是通过荧幕背后的中之人实现的。

## 2. 按照虚拟人物形象分类

除生产机制外，虚拟主播还可以从人物形象上进行划分，主要可分为数字人型和动漫人型两类。

（1）数字人型

数字人型虚拟主播，力求3D人物形象无限"拟人化"，通过高仿真数字人技术，能够让虚拟主播拥有真人般的皮肤、头发、眼睛，丰富表情、细微动态、皮本形态都与真人保持高度相似。

新华社的全球首位数字航天员"小诤"，拥有10万根头发、5000多个表情数据库以及全身143根骨骼，能够活灵活现地表达自己的情绪；湖南工业实习主持人"小漾"则采集了数百位女性的人物形象，由大批工程师共同参与重拟建模而成，外形表情生动、形态逼真鲜活。

（2）动漫人型

除了超仿真人物形象，另有一类重点面向Z世代年轻受众、以破圈二次元文化为主旨的虚拟主播,呈现为 90 后、00 后、10 后接受度更高的 3D 动漫人物形象。

上海广播电视台打造的虚拟新闻主播"申苏雅",其最初代的形象便是以卡通动漫少女形象为基础设计的,她活泼的 IP 风格、轻松的语态、可"萌"可"飒"的上海小囡形象在 B 站上圈粉无数。工人日报在 2022 年全国两会期间亮相的"晓晓",也是一位动漫人型虚拟主播,形象青春活泼、元气满满。

## (三) 虚拟主播的共性优势及不足

作为智能科技在传播领域应用的一种崭新形态,虚拟主播一方面拥有传统真人主播所不具备的先天优势,成为行业争相研发的"宠儿";另一方面也囿于技术发展的瓶颈,在实际应用过程中,存在着不足之处。

### 1. 突破时空限制

虚拟主播最鲜明的优势之一,就是可以不受时间、地域、环境等外界条件干扰和限制,忽略特殊气候、交通和通信条件造成的困难,直接"空降"到真人记者或主播难以进入或适应的各类新闻现场,前往人类难以抵达的危险地带和恶劣环境,广泛应用于诸如战地、野外、航天航空等领域,从而实现多元化、多维度的灵活新闻播报。

### 2. 不会离职跳槽的核心资产

近年来,互联网平台与主流媒体之间关于核心人才的争夺从未停歇过,而虚拟主播的技术建模和形象 IP 一旦形成,即可完全归属媒体所有,既不需要支付工资,也不用担心它会离职、退休或者跳槽,是真正属于媒体的核心资产。

虚拟主播还可代替真人主播完成超长时间、超大负荷的新闻采访和直播等工作,能最大化地节省人力成本,它不会生病、出错,365×24 小时保持最饱满的工作状态。

### 3. 制作成本高企

尽管虚拟主播的市场发展前景广阔且仍处于不饱和状态,但对于主流媒体而言,要想进军这一领域,需要大量且持续的资金投入。

每一个完美的虚拟主播背后,都有一个庞大的技术团队进行支撑和日常运行,虚拟主播的一举一动、一颦一笑的迭代升级背后,都意味着大量资金和人力成本的消耗。

## 三、主流媒体虚拟主播的发展现状

技术是媒体融合的催化剂。智媒体时代,我国主流媒体纷纷抢抓人工智能带来的优质内容生产效率红利,接连在虚拟主播领域有所布局。而主流媒体的入场,也让虚拟主播走出曾经不温不火的小众圈层,逐渐发展成为一种新兴大众文化。

### (一)中央媒体集体发力,地方媒体紧随其后

对于虚拟主播领域的布局,中央媒体普遍发力较早、起步较早。2018 年 11 月,新华社在国内媒体中率先发布了首个 AI 合成主播"新小浩",拉开了虚拟主播"上岗"的序幕;次年 1 月 28 日央视网络春晚上,撒贝宁携手虚拟主播"小撒"一同亮相;2019 年 5 月 25 日,人民日报社首款人工智能虚拟主播"果果"上线发布,至此,新华社、中央广播电视总台、人民日报均完成了在虚拟主播领域的布局。此后几年间,新华社又陆续打造了"新小微""新小萌""小净",央视总台也先后推出"小智""玲语""AI 王冠",虚拟主播"家族"不断更新迭代壮大。

地方媒体在虚拟主播领域的第一轮发力,则主要集中在 2020 年之后。2020 年 11 月 3 日,上海广播电视台虚拟新闻主播"申䒕雅"面世;2021 年 10 月 13 日,北京广播电视台发布中国首个广播级智能交互主播"时间小妮";2022 年 1 月 1 日,湖南卫视虚拟三搭"小漾"在新综艺节目《你好星期六》中亮相,此外,还包括澎湃新闻"小菲"、广州日报"小温"、湖北日报"楚楚"、山东广播电视台"小妮"、齐鲁晚报"小壹"、广州广播电视台"小逸"等,据不完全统计,我国地方主流媒体中,研发推出虚拟主播的已不下 20 家。

目前,主流媒体打造的虚拟主播大多聚焦于"新闻赛道",广泛活跃在全国两会、地方两会、建党百年、新中国成立 70 周年、神舟十二号载人飞船发射等各类重大主题报道的现场,实现融合传播的"破圈"增效。当然,随着应用场景的不断丰富,虚拟主播也开始涉足综艺晚会领域,2022 年 1 月,湖南广电 5G 智慧电台创制中国广播首档虚拟主播创意秀《虚拟主播大赛》,引起了业内关注,被称作是一场广播音频技术的有声实验。

### (二)计算驱动型尚不成熟,中之人驱动型仍为主流

当前,主流媒体打造的虚拟主播中,绝大多数均为中之人驱动型,依托具备

丰富新闻主持和采访经验的中之人,实现价值的深度输出、与受众关系的深刻互动和对生活的深度思考,发挥出与广大观众进行实时互动、情感共鸣的主持功能。

而这类虚拟主播的瓶颈和不足在于,其一颦一笑、肢体语言、语言风格甚至嗓音音色都体现着中之人自身的鲜明特色,一旦中之人生病、离职或者媒体更换了新的中之人,都会直接影响甚至破坏虚拟主播既定的人设和表现力。

受限于人工智能技术的发展,计算驱动型虚拟主播的应用范围仍停留在简单文稿撰写和简单播报阶段,尚无法直接运用于直播、采访、互动等环节,因而获得主流媒体青睐的较少。同时,计算驱动型虚拟主播还普遍存在文稿内容千篇一律、缺乏亮点新意、对信息的提炼和概括能力不足等局限性,AI对于人类语言有限的理解能力,在很大程度上限制了机器人新闻写作的文章体裁和应用领域,从而制约了计算驱动型虚拟主播的应用场景。

## (三)数字人型赛道拥挤,动漫人型鲜有问津

由于超写实 3D 形象的接受人群及年龄段更广,因此,主流媒体发展虚拟主播时,绝大多数都选择开发数字人型,以追求更广泛的覆盖面、到达率和传播的"最大公约数"。

不过,也有专家担忧,形象越是超写实的虚拟主播,越易引发受众的"恐怖谷心理",即当机器人或人形玩偶与人类相似度超过一定程度时,人类对它们的反应会突然变得极其反感,哪怕是与人类有一点点的差别都会显得异常刺眼,感到莫名恐惧。当然,如果未来智能化技术实现重大突破,使虚拟主播与人类相似度趋于无限接近,人们又将走出反感情绪的"谷"底,再次对其产生喜欢感情。

动漫人型的虚拟主播虽不易引发恐怖谷效应,但由于吸引的主要是喜爱二次元文化的年轻人群,且主播形象又较难与严肃的新闻现场相契合,因此鲜有主流媒体问津。最初以动漫人形象亮相的上海广播电视台虚拟新闻主播"申芃雅",也于上线 16 个月后,在 2022 年全国两会报道期间,全新发布了另一条超写实虚拟数字人形象的 IP 线,实现了双轮驱动。

## 四、主流媒体虚拟主播的未来发展策略

传统媒体虽然已在虚拟主播领域布局多年,但由于资金、资源、技术、人才等多种原因,总体来看,目前依然处于"试水"阶段,尚未实现广泛应用和长足发展。

主流媒体未来如何突破瓶颈、找到虚拟主播可持续深入发展的清晰路径，是亟须研判、解决的一个重要课题。

## （一）进一步丰富人物形象谱系，打造多分支、多垂类的虚拟 IP 矩阵

无论是动漫人型还是数字人型，虚拟主播的人物形象都各有利弊。事实上，主流媒体完全可以不局限于某一类的虚拟主播形象，而可以通过丰富、升维虚拟主播的形象谱系，打造出既拥有 3D 真人版又拥有二次元动漫版等多分支、多垂类的虚拟主播 IP 矩阵，以不同形象和风格，吸引不同年龄群体和垂类受众，进行多类型、多样态内容的融合传播，在"元宇宙"中打造有影响力的虚拟主播 IP。

## （二）进一步人机耦合，以智慧交互实现取长补短

所谓的人机耦合，是指将人类操纵者与人工智能相互配合形成一个交互合理化的闭环反馈系统。

既然计算驱动型虚拟主播将在很长一段时间内，只能从事最简单的新闻生产工作，那么就应将虚拟主播的"长板"使用好、发挥好，使虚拟主播的海量信息储备、快速检索、多语种播报能力等优势功能，帮助传统主持人从日常项琐、机械的工作中解脱出来，去从事更为深入核心的内容生产，实现虚拟主播和传统主持人之间的取长补短和耦合式发展。

中之人驱动型虚拟主播，则要继续紧跟前沿智能技术发展，以技术为驱动，不断减少或淡化中之人自身个性对虚拟主播的影响和烙印，改变中之人无可取代的现状，进而实现"铁打的"系统程序、"流水的"中之人。

## （三）进一步拓展应用场景，以多元化数字营销实现可持续发展

主流媒体要大力创新虚拟主播的多元应用场景和更为丰富的数字化功能，使其成为实现数字化营销的有效载体，从而探索一系列新的商业变现和整合营销的可能性。

虚拟主播不仅可以化身游戏角色进军"元宇宙"，跨越游戏场景和现实世界，触达更广泛的年轻受众，还可以在 AI 智能语音、线上标准化教育教学、文创衍生品等方面进行一系列的产品开发，打造品牌的衍生产品，探索"破圈"传播和多元场景应用的新方法和新路径。

## 结 语

智媒体时代,人工智能技术的更迭和创新,持续推动行业变革,虚拟主播这片新蓝海的未来发展前景,无疑是广阔的。

正处于加快推进媒体深度融合发展爬坡期的主流媒体,应主动把握住、搭乘上这班"智能+"的发展快车,利用人工智能自身的显著优势,不断拓展媒体表达、丰富扩充传播主体形态,结合自身优势特色,打造拥有鲜明个性和核心竞争力的虚拟主播,创造社会效益和商业价值,为不断提升媒体舆论引导力和实现传媒业转型发展,提供坚强助力。

**参考文献:**

[1] 习近平.加快推动媒体融合发展 构建全媒体传播格局[J].求是,2019(06).

[2] 国家广播电视总局.广播电视和网络视听"十四五"科技发展规划[EB].[2021-10-20].
http://www.nrta.gov.cn/art/2021/10/20/art_113_58228.html.

[3] 白秀梅,徐世民.虚拟主播在应急气象影视节目制作中的应用探讨[J].黑龙江气象,2020
(2):31-32.

[4] 於春.主持人即兴口语传播[M].北京:中国传媒大学出版社,2012.

**作者简介:**
罗曼,上海广播电视台融媒体中心总编室副主任。

# 论短视频对融合媒体传播的影响

王　颖

提　要：近年来,短视频以数字化、交互性、超越时间空间为主要特征,
呈现出新媒体的传播形态,在传统新闻传播领域抢占受众数量和用户
黏性,对新闻传播的即时性、有效性和深度广度提出了更高的要求。但
这背后也产生了一系列的负面影响。本文将通过分析短视频的传播特
点来研究其对融合媒体传播的影响,分析传统媒体如何应用好这个传
播渠道,并对短视频的良性发展提出建议。

关键词：短视频传播　融合媒体　大众传播媒介　信息传播

## 引　言

随着社会发展和科技进步,新闻传播的方式也在发生翻天覆地的改变,从报
纸、杂志、广播、电视到网络新闻传播,继而到这两年铺天盖地的短视频传播模式,
这些都是基于受众的习惯而在发生改变。在大众传播领域里,受众指的是大众传
播媒介信息的接收者,其中最主要的是指三大媒介即报纸的读者、广播的听众和电
视的观众。在媒体传播方式发生转变的新时代,受众的内涵必然也要整合拓宽,看、
听、阅读三合一,甚至受众主动参与到大众传播的过程中去成为媒体发展的必然。

"新媒体"在人类社会传播中一直存在。作为一个相对的概念,有"旧"才有
"新"。广播之于报纸,电视之于广播,互联网之于电视,每一次传播技术的变革
都会带来所谓的"新媒体",一系列新型媒介形态在相应的历史时期都属于"新媒
体",媒介形态始终处于不断发展、演化的过程中。

短视频,这种新媒体传播,就是伴随着互联网发展,以数字技术、计算机网络

技术、移动通信技术为主要支撑,以数字化、交互性、超时空为主要特征的新媒体形态。

本文分析短视频的传播特点,研究其对融合媒体传播的影响,分析传统媒体如何应用好这个传播渠道,并对如何提高短视频的传播效果提出建议。

## 一、短视频传播特点的分析

短视频是新媒体全球化的实践产物,新闻界通常是指,在互联网新媒体上传播的时长在 5 分钟以内的视频短片,其生产流程简单、制作门槛低、受众参与性强,因而短视频具有内容丰富、篇幅短小、传播速度快三大天然优势,其播放媒介以移动端和电脑端为主,改变了广大用户的信息获取方式,成为日常生活的重要组成部分,成为当前新闻传播形态发展的一个重要方向。

### 1. 短视频具有随手拍摄制作、即刻传播、信息量大、时效性强的特点

短视频具有随手拍随时编辑、即时分享即刻传播的特点。如今受众更追求画面和声音的传播形式,短视频就集这两大特点于一身,既有视觉冲击力、较大信息承载力,又具有新媒体社交属性,比传统媒体更受到大众的青睐。当前,短视频平台资源丰富,具有编辑拍摄功能的移动端也已普及,公众可以随时记录身边发生的新闻事件,然后根据不同的侧重点,通过社交平台进行分享。这种模式对于新闻传播的影响力是非常大的。

### 2. 短视频具有原创性强、内容贴近社会生活、受众广泛参与、收视率高的特点

短视频具有可创作、可分享、参与度高的特点。其方便快捷的制作传播优势让每个受众都能加入传播队伍中。在移动互联网、人工智能技术及用户需求高涨的内外驱动下,用户核心需求呈现新的变化,资讯类内容成为最受欢迎的传统短视频。同时,原创性短视频新闻最受欢迎,其以趣味、新颖的动画方式解读短视频新闻资讯越来越受到大家的喜爱,传统媒体充分发挥原创内容的优势,借助短视频模式来吸引用户关注。形式创新的新闻通过短视频平台传播,满足了各类受众的精神需求。

### 3. 短视频具有交互属性强、快餐化阅读、高频率传播的特点

我们这代人正处于信息碎片化时代,人们通过网络传媒了解阅读与以往相

比数量更加巨大而内容趋向分散的信息。完整信息被各式各样的分类分解为信息片段,是信息爆炸的成因与显著体现。基于碎片化的需求,各个平台对短视频的时长有一定的规定,再加上短视频本身篇幅短的特点,受众可以利用自己的碎片时间,在短时间内提取所需信息,快餐化阅读,达到高频率传播的目的。同时,短视频的传播端口畅通,受众通过分享内容达到了新闻的广泛传播,社交属性凸显。

此外,短视频的发展还在政策上受到了国家文化政策的大力扶持,网络现行监管机制的完善也为它的传播提供了辅助,加上人工智能技术、移动互联网技术的发展及应用,为短视频新闻提供了技术支持,使得受众逐渐汇聚到移动端,形成了移动触网的习惯,继而受众的碎片化阅读需求不断高涨,短视频传播成为眼下受众最为青睐的传播方式。

## 二、短视频的发展对新闻传播行业的影响

以往的新闻传播主要依靠报纸、广播、电视等这些传统媒介来进行传播,而随着科技发展,人类对信息需求的爆炸式增长,数字化和网络化为接收者提供了浩如烟海的信息,海量信息通过科技化手段处理后分门别类储存在网络上,用户可以自愿有选择性地阅读。传统新闻传播途径比较单一,一方面是新闻作品的格式化趋同加上反复的说教,往往得不到受众的共鸣;另一方面人们收听和收看受到时间和空间的限制,所以新媒体时代的传播就需要多元化。短视频倚靠着自身的传播广度和方式,符合当前传统新闻传播行业的改革需求。

在媒体融合的时代背景下,媒体已无处不在,受众可以一边浏览文字信息,一边听音乐、欣赏视频,同时和好友分享聊天,还要不停地回复手机信息。可以这么说,受众同时扮演着观众、听众、读者、参与者、用户等多重角色。从这个角度分析,受众与媒介的关系也由传统的单一线性接触转变为多重交叉性接触,这就使在媒介融合背景下"相互交叉、你中有我、我中有你"成为一种新的趋势。

短视频传播也让互动式新闻传播成为可能,以往的受众都是媒介信息的被动接收方,甚至对于传播渠道也没有主动选择权,但由于网络信息技术的改革,现在同一类型的受众可以通过任何一种媒介,对信息有着不同程度的了解和认识。另外,由于互动的社交性,受众的话语权得到了前所未有的提升。受众视野的全球化促使传播由地区性、区域性向跨媒体、跨文化、跨国家、跨语言传播转变。发达的信息传播手段和畅通的信息传播渠道使世界范围内的沟通变得更加容易,世界触手可及。受众具有国际化的视野成为一种趋势。跨媒体、跨文化

跨国家、跨语言传播不断增多。

短视频改变了传统的信息传播方式,从视听方式、受众需求、传媒和受众的关系到渠道分发等等都出现了颠覆性的改革,对媒体的发展提出了更高的要求。

## 1. 短视频打破了时间和空间的限制,强调新闻传播的即时性

融合传播时代,时间和空间发生了深刻变革,时间上要求"即时性"、空间上提出"场景化"。现如今,画面和声音成为新媒体时代网络社交的主要传播形式,把这两个特点集于一身的短视频,它的信息承载力和视觉冲击力都比传统新闻传播方式更强。短视频基于具有拍摄编辑功能的移动终端,公众能随时记录下身边发生的新闻信息,然后快速进行分享,虽然其间会掺杂很多"假新闻",遭遇真实性考验,但本质上这种模式对新闻传播的影响力是十分巨大的。所以,从传播时间上来看,短视频打破了视频内容原有的传播局限,在加速传番的过程中也能有效降低受众的时间成本,缩短传播路径,实现了跨越式发展。

从传播空间上来看,短视频迎合了当前碎片化的趋势,具有移动性的特点,其方便快捷的制作传播优势让广大受众逐渐加入传播队伍中。新闻信息通过短视频平台传播,满足了各类受众的精神需求。在传播媒介方面,短视频展现出强渗透力,能够适用于通勤路上、电梯、办公室等多个场景。此外,短视频能够消除空间距离,创造出一种全新的"共处"情境。喻国明曾在《媒介革命——互联网逻辑下传媒业发展的关键与进路》这本书中说道:"今天的传播营销竞争,不在于你是否把道理说得那么精和那么透,而在于你是否让人们体验到这种内容、这种产品、这种服务和这种主张所带来的全方位的细腻感受。"短视频的到来正是丰富了新闻表达的形式,更新了新闻报道的语态,带给受众多重阅读体验,最终有效地提高了新闻的到达率。

## 2. 短视频形成新的场景体验,建立用户黏性

麦克卢汉认为,"媒介是人的感觉能力的延伸或扩展"。不同的媒介对不同的感觉器官起到不同作用。比如,报纸影响视觉,使得人的感知呈现线状结构;广播电视媒介影响触觉,使人的感知形成三维结构;电子媒介是中枢神经系统的延伸,其余媒介是人体个别器官的延伸。总之,每一种媒介都会对人产生不同的心理作用,改变对外部世界的认知和反应方式。比如短视频,通过新技术的运用,就能带来一种不同于文字和图片的沉浸式体验。

再来看场景,这可谓是融媒体传播形态中重要的生态景观。有学者甚至认为,场景是继内容、形式、社交之后媒介的另一种核心要素。短视频的传播场景,就是一个非线性的可以通过特定端口进入,且可以充分参与传播活动的传播环

境。在这种传播环境中,用户可以参与其中,其自身也成为信息传播的一个符号,使得信息传播构成了一个回路,信息传播也成为非线性场景式传播。受众可以在获取信息后就给出自己的反馈,而来来回回的信息交互就容易建立起用黏性,同样需要受众黏性的新闻媒体,自然也应该做出一定的革新适应这个的发展趋势。

### 3. 短视频倒逼主流媒体提升对新一代信息传播技术的理解与驾驭

习近平总书记说:"读者在哪里,受众在哪里,宣传报道的触角就要伸向哪里,宣传思想工作的着力点和落脚点就要放在哪里。""受众需求多样、参与意识强,思想观念多元,人人传播、多向传播、海量传播是现代新闻传播的鲜明特征。"中国互联网络信息中心(CNNIC)在北京发布第 49 次《中国互联网络发展状况统计报告》数据显示,截至 2021 年 12 月,短视频用户规模 9.34 亿,短视频用户使用率为 90.5%,相当于每 10 个移动互联网用户中有 6.7 个正在使用短视频产品。短视频使用时长已反超即时通信,成为占据人们网络时间最长的领域,增长势头迅猛。截至 2021 年 12 月,短视频用户黏性超过其他行业,同比增长 1.7%,使用总时长占比达 25.7%。

而近年来,面对重大新闻事件的时候,传统主流广电媒体纷纷采取"一十N"模式,形成广播电视＋客户端＋社交媒体＋短视频/直播平台等的多渠道传播模式,最大限度地扩大了信息传播范围。如何将短视频与以 5G、人工智能等为代表的新一代信息技术深度融合,成为主流媒体新闻从业者创作优质短视频的方向。

## 三、短视频存在的问题和短板

虽然短视频具有这个时代新闻传播的极大优势,也形成了主流趋势,但事物都是有双面性的,有好处就自然会有缺点,而这缺点也恰恰是短视频直播的优点本身,作为新生事物必然存在很多弊端需要修正和弥补。

### 1. 全民的新闻采集模式,容易降低可信度

传统新闻传播行业的采集模式是由记者采集新闻线索,并且有新闻单位的稿件审核制度。记者需要了解社会生活的各个方面,从而获取第一手资讯。而如今短视频利用各大主流平台已经进入全民皆记者的新闻采集时代,没有门槛限制,广大受众可以注册下载软件进行拍摄制作,人人都是新闻人。短视频自看

材内容可谓是得到了极大的丰富,但由此产生了信任度的危机,有新闻态度、风格独立的新闻媒体人毕竟是少数,这就会让受众对短视频的可信度产生怀疑,从而也影响传统媒体本身的公信力。

### 2. 缺乏新闻真实性,报道不全面误导受众

在短视频的制作过程中,由于短视频的篇幅短,可能会导致一些情节复杂的新闻事件的传播具有片面性,甚至被假象蒙蔽与歪曲。对新闻事件描述往往缺少前因后果、关键词句、关键人物等信息,容易发生断章取义,或者以偏概全。这些都会对受众造成误导,有些甚至会有传播虚假信息、造谣的倾向,这对公众舆论导向也会产生影响。

### 3. "标题党"多,噱头大过内容

短视频传播时代强调点击率,点击率的背后,标题起到了功不可没的作用。短视频的资讯在题目上往往都是很吸引眼球的,题目在很大程度上决定了受众会不会点击进去看。这样的现状就倒逼出了一批"标题党"。很多人制作普通内容的短视频,却起了一个惊艳的标题,但标题本身和视频内容关联甚少,甚至是毫无关联,这些利用"标题党"的短视频往往就会让受众失望。这样的恶性循环会让越来越多的短视频制作者不在内容上下功夫,而把功夫用在了标题上,本末倒置,对行业发展损害极大。

### 4. 内容低俗化,娱乐化

短视频因为制作简单,门槛比较低,并且在很多平台上是可以获得经济利益的,短视频制作方就会陷入过度追求流量,抱着经济效益不放的错误思路不可自拔,一些低俗的内容就被生产出来了。一些用户追求感官刺激,这在一定程度上滋长了低俗内容的传播空间,在算法推荐和分发机制中缺少应有的重视,一方面与新闻舆论影响力背离,另一方面也会导致用户形成"低俗即流行"的错误认知和价值判断。

对上述短视频发展中的倾向问题,只有加强行政监督、法制化管理和摄制者"自律"予以解决。由于本文重点不在此处,这里暂不展开论述。

## 四、加强主流媒体短视频传播效果的思考

**1. 短视频宣传要做到"三贴近"**:贴近生活、贴近群众、贴近实际。报道选题要以群众为主体、以民生作为重点。优质创新的内容才是新闻宣传报道的生存

之本,也是竞争力所在。传统的新闻媒体传播行业具有专业的采访、编辑、制作、播出的团队,但流程是固化的,这种生产方式决定了内容是有限的,生产者也是有限的,但在信息暴炸的短视频传播时代,我们既要做好内容的制作,更要分演好"把关人"的角色。

**2. 倡导有利于碎片化传播的新闻理念。** 短视频就是碎片化阅读时代下的产物,传统新闻传播媒体必须提高在碎片化新闻报道方面的传播能力,加大对资源的整合,提高专业剪辑团队的水平,适当将新闻内容进行拆分,同时保证新内容真实性。短视频的优势在于短小精悍,但不是没有审核标准地一味追求篇幅短,通过剪辑手段让更多的信息在特定的时间内合理编排,才能顺应碎片化传播的需要。

**3. 利用好差异化传播。** 受众的需求趋于精细化和适配性,不同平台的受众在使用习惯、接触方式、个人喜好上存在差异化。因此短视频传播,要根据目标对象的阅读习惯、目标平台特点、内容个性化差异进行相对应的配置。另外,增强平台的社交性、互动性和参与性,也是增强受众黏性的一种重要策略。

**4. 加强监管审核机制。** 短视频在快速发展的时候,传播平台在满足用户观看需求、创作、社交互动的时候,也应该负有监管责任。引导用户形成积极向上的价值观,审核监管机制就显得尤为重要。提高从业人员的新闻素养,第一时间阻断虚假新闻的传播,对传播过程和内容质量建立三审制度,努力做到有标准必落实、有问题必重视、有违规内容必查删,营造健康的网络氛围。

# 结 语

综上所述,时代一直在发展,科技一直在进步,信息传播的方式正在发生巨大变化。随着各项传播技术的应用与发展,短视频必然将迎来更大规模的发展。传统媒体想要生存就必须不断转型发展,积极运用创新思维模式、优化宣传内容、利用先进技术、重视满足人民正当需求,只有这样才能切实提升新闻舆论"传播力""引导力""影响力"和"公信力",进而牢牢掌握意识形态工作领导权,巩固全体人民团结奋斗的共同思想基础,不断增强社会进步的动力与社会和谐正能量。

**参考文献:**
[1] 张文俊.数字新媒体概论[M].上海:复旦大学出版社,2009.
[2] 喻国明.媒介革命——互联网逻辑下传媒业发展的关键与进路[M].北京:人民日报出版社,2015.

［3］马歇尔·麦克卢汉.理解媒介——论人的延伸［M］.北京：商务印书馆.2000.

［4］中宣部编写组.习近平新闻思想讲义［M］.北京：人民出版社,2018：78－79.

［5］王璐.从"把关人"到"引路人"转化［J］.中国记者.2007(3).

**作者简介：**

王颖,上海广播电视台东方广播中心第一财经广播编辑、主持人。

# 财经短视频新闻生产路径探索

## ——以第一财经记者实践为例

邹 婷

**提　要：** 在"互联网＋"的媒体融合大趋势之下，财经新闻的传播渠道越来越向移动端转移，而短视频因其非线性、可视化、渗透性的传播特点，契合了受众有效利用碎片化时间、填补信息空白的需求场景，正演变成为重要的新媒体产品形态。与此同时，这一变化也为财经新闻报道提供了更大的升级空间和更多的可能性。本文在媒体融合发展的视域下，试以第一财经记者的新闻报道实践为例，从财经短视频新闻的发展现状、内容输出与叙事模式等多个层面展开研究探讨，以期为财经短视频新闻的生产路径带来一定的指导和参考作用，推动财经短视频新闻的高质量发展。

**关键词：** 主流媒体　短视频　媒体融合　财经新闻

## 引　言

近年来，随着移动互联网技术及智能设备的迭代发展，尤其是 5G 等通信技术的应用革新，短视频的发展呈现井喷之势。中国网络视听服务协会 2021 年 6 月发布的《2021 中国网络视听发展研究报告》显示，未来一年，短视频拉新能力将进一步增强。截至 2020 年 12 月，中国网民中 20.4％的人首次上网时使用短视频应用，短视频贡献约 1 000 万新网民，正在成为新媒体的底层应用，也是主流媒体新闻报道的常态。在媒体融合向纵深发展的大背景下，对于财经短视频新闻而言，高质量的内容供给始终是核心竞争力，而轻量化、场景化的表达则是创新短视频叙事模式、实现内容升级的关键所在。

## 一、财经短视频新闻可满足受众多元化需求

所谓短视频新闻，顾名思义，就是按照新媒体传播规律生产的、以短视频形式展现新闻内容的一种新型传播样态，一般长度不超过 5 分钟。从行业发展逻辑来看，短视频新闻并非简单地将长视频新闻改短，而是一种传播理念和传播价值的重塑和再造，快节奏、碎片化、接地气已经成为短视频新闻的主流传播趋势。从新闻传播学的角度而言，短视频新闻在叙事逻辑、表达方式、传播时效等方面都具有鲜明的特点，为受众提供了不一样的新闻"阅读"体验。

由此，主流媒体记者应当借助短视频新闻的这些特点，在继续发挥自身专业性和深度优势的基础上，不断探索创新视频的表达方式、提高信息的价值密度、拓展传播的平台渠道。与此同时，主流媒体也可以通过运用短视频新闻反哺电视的途径，让短视频成为自身转型升级的内驱动力，实现新老两种形态之间的良性正向循环。

从第一财经记者近几年媒体融合的实践来看，在融合初期，财经短视频新闻的发布形态主要为电视拆条，也就是将单条的电视新闻拆分出来，"平移"至新媒体平台，每条电视新闻对应一个互联网地址链接。彼时，在财经短视频新闻的生产过程中，记者对电视端播出的内容不做修改，这样的短视频传统媒体的烙印较深，我们可以视为财经短视频新闻的 1.0 形态。随着短视频行业的渐趋成熟和用户需求的日益多元，记者生产的短视频新闻也随之转变了语态模式，逐步演进为符合新媒体生产规律的 2.0 形态，即在电视新闻生产逻辑基础上更轻量化、碎片化、移动化的呈现。

笔者认为，作为专业的垂类视频，财经短视频新闻能够将复杂抽象的财经话题，以可视化的语言直观、浓缩地传递出来，解决了受众获取资讯、投资理财、政策答疑、学习知识等多个层面的需求痛点，传播效果更加多元立体。

### 1. 为受众投资理财提供有价值的专业财经资讯

财经短视频新闻通过报道宏观经济走势以及上市公司动向等新闻资讯，为受众投资理财提供有价值的专业财经资讯，便于受众及时把握市场发展脉络，正确研判公司价值、规避投资风险。

### 2. 为受众正确理解财经政策提供专业解读

财经短视频新闻通过直观的表现形式，例如字幕、图表等，将抽象的财经

政策具象化,转变为易于传播、更接地气的视频画面语言,并结合权威专家的解读,对政策的重点难点进行深入浅出的分析,帮助受众更好地理解、读懂财经政策。

### 3. 生动展示硬科技,满足受众好奇心

财经短视频新闻可以灵活运用各种可视化手段,从外到内地立体展示各种硬科技及其背后蕴含的技术逻辑、产业前景等,以满足受众了解新鲜事物、前沿科技的好奇心。

在技术不断赋能、功能持续演进、形态日益多元的当下,财经短视频新闻正在展现蓬勃发展的持续势能。党的十九大报告指出,坚持正确舆论导向,高度重视传播手段建设和创新,提高新闻舆论传播力、引导力、影响力、公信力。为实现这一目标,主流财经媒体记者应当在专业细分赛道中不断垂直深耕,专注打造真正符合新媒体传播生产规律的财经短视频新闻。

## 二、高质量内容供给是财经短视频新闻的核心竞争力

中国网络视听服务协会发布的《2021 中国网络视听发展研究报告》分析指出,未来网络视听行业将以内容为王,短视频将是主要增量市场。在传播领域下,高质量的内容供给已经成为今后提升短视频新闻竞争力的关键要素。

从当下的媒介生态来看,短视频形态被应用于传播新闻资讯,可以发挥其传播速度快、信息可视化的特点,有利于提高新闻传播的效率和范围。与此同时,对于主流媒体来说,短视频新闻富有创意的生产方式颠覆了原先电视新闻的传播模式,主流媒体将短视频新闻反哺于传统平台,也有助于丰富新闻的传播形态,并且实现大小屏的联动。

笔者以为,在短视频竞争日益激烈的当下,主流媒体应当持续输出权威、真实、有价值的高质量内容,这样才能不断提升短视频新闻的核心竞争力,使传播效果达到最大化。

近年来,第一财经记者在日常采访报道的实践中,积极提升短视频新闻的内容水平和传播效果,已探索总结出了多种生产模式。

### 1. 直击财经热点,凸显新闻价值

从新闻采编的角度来说,无论是电视新闻,还是短视频新闻,其本质上是记者在新闻生产的过程中,凭借专业的洞察力,敏锐地捕捉新闻热点,第一时间进行客观权威的报道,及时回应社会关切,从而凸显新闻传播的主流价值。

以发布在第一财经 App 上的短视频新闻《上海医疗救治专家组组长：一线岗位全部换上党员，没有讨价还价！》为例，该短视频是在新冠肺炎疫情刚刚暴发之初，第一财经记者从张文宏接受媒体群访的 30 多分钟发言中，根据专业的判断，专门挑选出关于"共产党员先上"的内容，第一时间予以发布。由于话题直击社会热点，短视频新闻一发布便迅速出圈，成为爆款，全网流量超过 2 亿。可见，结合热点生产的短视频新闻，可以在争取流量高地、受众关注的同时，将主流财经新闻的权威性与传播的广泛性发挥到极致。

除了发布权威专家金句之外，记者以独到、独立、独特的视角及时记录热点新闻核心现场，也是提升短视频价值、加强传播效果的一条有效路径。例如，在《科创板开市"高光时刻"：红领带红衬衣红保温杯！董事长们群情振奋，愿让市场检验科创成色！》的短视频新闻中，第一财经记者在科创板开市现场，敏锐地捕捉到了"开市红"这一细节，用镜头语言生动地记录下了科创板上市公司董事长们"红衬衣、红领带、红保温杯"的着装特点，巧妙地契合了成功开市的新闻主题，使得短视频新闻极具现场感和感染力。

## 2. 聚焦深度、主题集中，突出专业优势

基于短视频具有碎片化、非线性、移动化的特点，受众在浏览短视频时无法一次性接受过多信息。基于此，短视频新闻的内容不应求全，而应求精。好的短视频新闻不在于如何着力铺陈新闻全貌、面面俱到，而要通过对新闻事件的拆解，提炼出关键点或者最受关注的焦点，进而聚焦这一核心要点，条分缕析，层层深入展开剖析，使得受众通过浏览短视频新闻，在最快最短的时间内能够触达事件的核心本质，获得高效的视听体验。

例如，《出货旺季遭"退单"还价 外贸困局如何化解？记者实探义乌外贸市场—探》短视频新闻，第一财经记者在展现"我国外贸企业疫情之下的生存现状"这一宏观大视野的主题时，独辟蹊径地将镜头聚焦在"世界小商品之都"浙江义乌市场，通过对当地中小外贸企业生产经营情况的实地走访调查，鲜活地记录了疫情之下我国外贸行业面临的痛点难点和一线信息。

与此同时，面对专业抽象的市场分析、产业研究类的话题，记者可以通过选取具有代表性的案例，集中展开具有深度的现场调研，从而令抽象的话题更加有理有据，通俗易懂。以短视频新闻《实地调研："二师兄"跌破"十元时代"生猪养殖户在干啥？》为例，第一财经记者将镜头对准长三角生猪供应地——安徽宿州农贸市场，实地调研农贸市场的生猪销售终端、养殖屠宰厂等地，通过深入生猪产业链，分析生猪养殖的利润空间，为市场判断后续猪价走势提供了一份颇具价值的视频调研报告。

### 3. 从小处切入洞见大主题，见微知著

短视频新闻时长短、篇幅小，在展现宏大叙事的题材方面难免会捉襟见肘，面对此种情况，记者有时也可以因势利导，借助短视频短小精悍的特点，从"小而美"的细节入手，以小处着眼，拆解大主题，同样能够获得大叙事、大视角的传播效果。

在对中国国际进口博览会的新闻采访中，第一财经记者很多时候并未采取各行各业巡礼式的全覆盖报道，而是从细处落脚，巧妙地运用具体的事与物作为载体，在此基础上展开生动而立体的叙事。以短视频新闻《架起"空中走廊" 阿富汗松子开启神奇之旅｜一探进博》为例，记者通过小小的阿富汗松子穿越硝烟和战火来到中国，在第四届进博会上被瞬间秒空的神奇之旅，见证了中阿贸易发展的火热，进而折射出中国市场需求的丰富性和多元化，以及具有广度和深度的国际合作潜力。

此外，短视频新闻还可以从小人物的微观视角出发，通过对平凡小人物的写照，映射整个大时代的不平凡，在一小一大、一实一虚、一动一静之间产生丰厚的化学效果。例如，面对新冠疫情对全社会产生的深远影响，第一财经《几人故事》系列短视频，将镜头对准一群小人物，讲述疫情之下他们的生活发生如何改变以及在抗疫斗争中如何默默奉献自己的力量，人物的命运起伏直击人心，引发了受众强烈的同理心和情感共鸣。

总之，全媒体时代，受众在需要快速获取财经资讯的同时，对深度和温度也越发迫切。尤其是对于主流财经专业媒体来说，发布的短视频新闻更不能只停留在信息提供的浅层次上，仅仅流于表面却缺乏深度，而要突出专业优势和财经视角，在深入挖掘新闻内在价值的层面做足文章，努力打造优质的内容资源，从而提升财经短视频新闻的核心竞争力，获得受众的持续关注。

## 三、轻量化、场景化表达是创新财经短视频新闻叙事模式的关键

随着短视频行业的成熟和需求的多元，短视频的叙事方式也在焕发出新的活力。近年来，第一财经记者结合日常采访报道实践，在短视频新闻的叙事表达、形态结构、修辞语法等方面均做出了颇多创新和突破，整体来说更趋轻量化、场景化。

### 1. 好的故事都有好的开头，重视对短视频开场的处理

根据麦肯锡"30秒电梯理论"，要想在最短的时间内把事情描述清楚，说服

一定要直奔主题、明确目标。这条原则同样适合于财经短视频新闻的叙事思路。尤其是一开始的画面,更是全篇着力的关键点,记者要将新闻中最吸引眼球的内容提炼出来,在开场处快节奏地密集释放信息要点或精彩片段,瞬间提起受众的收视兴趣,让受众产生继续往下看的意愿。

比如说,在报道车展的短视频新闻开头,记者可以将一组酷炫亮眼、极具视觉张力的车展现场画面进行快剪处理,配以节奏感强烈的背景音乐,加以突出呈现,给人以身临其境的视听享受;在对话专家学者类的短视频新闻中,记者可以从采访的全部信息中,挑选最有料的金句,放在短视频的开场,予以集中体现,吊起受众的"胃口",后续再对这些观点进行具体阐释。

综合以上分析可以得出,好的财经短视频新闻需要开篇即释放出最精彩、最吸睛、最具冲击力的画面或观点,以引发共鸣、思考或悬念,进而留住受众的注意力。

## 2. 叙事模式强调场景化、可视化

轻量化的表达也体现在用可视化的数据、动画特技等轻松活泼的方式,直观清晰地将隐性内容显性化,降低信息获取门槛,以此令短视频更接地气,打破财经垂直品类的专业壁垒。

2021年全国两会的新闻报道中,第一财经记者巧妙地运用画面、图表等可视化的表现形式,配以权威嘉宾的点评,深入浅出地解读政府财政预算等一系列抽象的政策报告,发布了短视频新闻《两会问道|稳经济、聚科技、保民生……2021年国家钱为什么这么花?》。该条短视频新闻通俗易懂,收到了很好的传播效果,发布当天即被国家财政部官方网站和微信公众号转载,并被投放到北京地铁发布平台滚动播出,有力地彰显了主流财经专业媒体的影响力和传播力。

此外,场景化表达也是短视频新闻另一种常用的叙事方式,有助于为受众带来具有现场感的收视体验。它通过挖掘新闻核心现场的故事和细节,用一系列场景化的镜头语言展开叙事,生动立体地再现新闻发生现场的重要信息,让受众作为事件的见证者,直接透过画面了解新闻,颇具说服力。

例如,短视频新闻《生产也亏,不生产也亏!天价海运费挤压制造业,外贸企业如何破局?|一探》,第一财经记者通过展现浙江海宁外贸企业生产一线的场景,还原了天价海运费挤压下本土制造业的真实现状。在实地走访外贸企业时,记者特别拍摄了仓库内积满灰尘的产品细节,直观呈现天价海运费给企业造成的库存压力。同时,通过缓慢的镜头推移,突出展现车间内逐渐变少的生产线,提升了视觉的冲击力,在细节处烘托出新闻的厚重,传递出深层次的信息。

### 3. 采用沉浸式跟拍方式，增加代入感

具体到拍摄方式上，轻量化、场景化体现在通过运用暗访或体验类为沉浸式镜头，给受众以强烈的代入感、现场感，营造出一种身临其境的感觉。同时，此类镜头的拍摄方式相对轻松，在特定情境下甚至可以直接使用手机进行拍摄，不需要按照摄影、布景、灯光等方面的专业技术要求。

2021 年，蔚来车主使用领航辅助功能时发生车祸身亡，引发美论对自动车厂商过度宣传驾驶功能的质疑。在短视频新闻《谁在夸大"自动驾驶"——记者实探多家车企体验店一探》中，第一财经记者深入一线，以消费者的视角走访多家车企门店，通过体验式的沉浸拍摄，客观真实地记录了汽车销售人员介绍驾驶功能的实况，在视听语言的表达上更具现场感、真实感。

笔者认为，短视频作为一种新兴的新闻传播样态，其探讨的话题可以很"重"，但表达方式可以很"轻"。通过以上多种轻量化、场景化的叙事手法，财经记者可以创新地将专业抽象的新闻话题视频化，从而起到化重为轻、化虚为实的传播效果，真正实现从形式到内容的转型升级。

## 结　语

北京大学中文系教授张颐武指出："风动让记者的职业动了，新媒体是一个新增量，这个增量很大很快，会冲击我们原有的职业门槛，职业的价值、职业运作的方式，整个都会改变。"

的确，随着大数据、5G 等前沿技术的不断赋能以及受众接受度和普及度的广泛提升，财经新闻的生产路径发生了极大的变化，叙事逻辑和表达方式也在不断更新迭代。与此同时，随着短视频新闻数量和质量的显著增长，主流财经专业媒体的生产能力逐步在新媒体平台寻找到了释放的空间，有利于进一步推动媒体融合向纵深发展。

第一财经记者的实践经验提示我们，优质的内容资源始终是主流财经专业媒体生产短视频新闻的核心竞争力，它决定着新闻传播的广度与深度。未来，媒体边界的不断突破和内容的持续融合，也将助力财经短视频新闻的传播生态朝着更加多元的态势发展。

今后，在融合传播的语境之下，主流财经媒体记者应当不断垂直深耕内容领域，充分挖掘有价值的新闻信息，在继续发挥专业性、保证真实性的基础上，深入领悟并研究短视频生产传播逻辑和表达方式。只有多举并用，主流财经媒体记者才能不断提升竞争力和创造力，生产出高质量的财经短视频新闻，持续传播主

流声音、引领主流价值。

**参考文献：**

［1］徐文.短视频时代新闻传播的发展趋势［J］.传播力研究,2018(31).

［2］张颐武,宋心蕊,赵光霞.新媒体冲击记者门槛 职业记者勿忘初心［EB/OL］.人民网-传媒频道,2015－11－09.

［3］彭兰.网络传播概论［M］.北京：中国人民大学出版社,2017：136.

［4］郝玉佩.短视频时代的传统文化传播与受众心理分析［J］.中国广播,2019(9)：78－80.

［5］曾祥敏,邢天鋆.形短流长、守正创新：短视频生产与运营的辩证逻辑［J］.中国编辑,2020(11).

**作者简介：**

邹婷,SMG 上海第一财经传媒有限公司视频采访部主任。

# 融媒体环境下电视新闻机构
# 短视频新闻创制的策略分析

王　祈

**提　要：** 融媒时代，以短视频承载新闻内容的模式，已逐渐成为信息传播的重要方向。面对短视频蓬勃发展的态势，越来越多的电视媒体运用互联网思维，以开放的姿态应对挑战，拓展短视频新闻业务。网络新媒体环境下，传统电视新闻机构如何利用优势资源将电视新闻产品转变为新闻短视频？本文通过分析目前短视频新闻传播的优势、不足，阐明电视新闻的特点，对传统电视新闻机构转型过程中短视频新闻的创制提出应对策略。

**关键词：** 短视频新闻　互联网思维　媒体转型

## 引　言

据《2021 中国网络视听发展研究报告》数据显示，截至 2020 年 12 月，我国网络视听用户规模达 9.44 亿，其中，短视频用户接近网民总规模的 90%，达到了 8.73 亿；截至 2021 年 3 月，用户短视频日均使用时长达到 125 分钟。值得注意的是，短视频"拉新"能力进一步增强。截至 2020 年 12 月，中国网民规模为 9.89 亿，较 2020 年 6 月新增 4 915 万，其中，短视频贡献约 1 000 万新网民。短视频的势头不可小觑。对此，越来越多的传统媒体开始探索转型发展道路，将短视频新闻视为自身内容生产和转型发展的重要支柱，以适应全新的媒体环境。

## 一、短视频新闻的特点

### （一）短视频新闻的优势

#### 1. 短小精悍易聚焦，利于碎片化时间接收信息

新闻类短视频的短，既是指时间短，也暗示内容短小精悍。短视频简洁明了的内容不需要人们保持长时间、持续注意力，在工作学习间隙或者休息时候都可以看，符合当前利用碎片化时间接收信息的场景。

#### 2. 讲求时效速度快，利于提升新闻报道传播效率

新闻类短视频讲求时效，其制作、发布都追求快节奏，从事件发生到相关短视频在公共平台上出现，新闻类短视频尽可能在最短时间通过移动端送达用户。与传统电视新闻只有在固定时间、固定新闻栏目获取信息不同，新闻类短视频随时随地都能第一时间传递最新信息，这样的即时性、方便度，大大提升了新闻内容的整体传播效率。

#### 3. 受者亦可成传者，利于反馈促互动

作为网络属性的一个重要体现，互动性让短视频新闻更易引发观众共鸣。传统新闻媒体的新闻发布中更倾向于告知信息，与受众之间的互动有限，而短视频新闻一经播放，受众可以利用弹幕、留言等多种方式进行自身观点的反馈，互动性更强。此外，相较于传统新闻媒体，短视频入门更方便，几乎能用智能手机的人群就能够进行短视频传播，这也促使更多的民众参与到新闻传播中，他们既是新闻的接收者，也可以成为新闻的传播者。

### （二）短视频新闻的不足

#### 1. 内容碎片化带来的信息不完整

短视频新闻的短时长使其具有短小精悍的特点，然而，也正是受时长局限性的影响，一些短视频新闻并没有充足的时间呈现事件全貌，仅截取某一片段的传播，容易导致断章取义、关键信息缺失。而一些短视频新闻为了紧凑，会选择以拼接形式来进行信息传播，未能按照完整叙事逻辑进行呈现，或会引发移花接

木、指鹿为马的谣言产生。

### 2. 抢发新闻造成的信息失实

为了追求快节奏、高流量，一些短视频新闻发布者在未经过核实情况下抢发消息，直接影响新闻真实性。现下，一些所谓的"反转"新闻，不少也都是在抢发、没有完全了解事实真相情况下产生的。

### 3. 追求热点导致的内容同质化

短视频类新闻传播速度快、传播面广的特点，也让它成为吸引关注度的工具。当一条高关注度的新闻出现时，同类型的新闻常常会在短时间内频发、平台上重复、过时的内容会集中涌现，这种一味追求热点、跟风的做法，易导致短视频内容同质化。此外，为了"引流""博眼球"，一些猎奇、低俗内容也会混入短视频新闻中。

### 4. 缺乏约束引起的"真假难辨"

"人人皆可成为传播者"的特性，降低了短视频传播者的门槛，一些缺乏自我约束的非专业传播者会为追求流量，通过摆拍或者合成视频内容，刻意模糊虚假情节和真实事件的界限，制作和传播虚假短视频新闻，用虚构情节获取观看者的真实感情。

### 5. 过度曝光引发的隐私泄露

一些短视频传播者，在对不良社会现象、不道德行为的拍摄中，过度曝光他人信息，引发涉嫌侵犯肖像权，导致被拍摄者的姓名、工作等各类隐私信息泄露。另外，短视频传播环境下，一些用户为了获得流量与关注，在传播、评论短视频时，暗含个人信息、兴趣取向、家庭成员、生活轨迹等，这使发布者本身的信息也存在安全隐患。

## 二、对传统电视新闻媒体创制短视频新闻的思考

伴随着互联网的发展，人们生活的各个方面都在发生着翻天覆地的变化。新媒体更是改变了人们的收听收看方式。在加快媒体融合的大趋势下，电视新闻机构实现内容短视频化，能够让电视新闻栏目快速实现媒介融合，促使电视新闻栏目突破原本的传播难题。

传统电视新闻机构在短视频新闻创作上有自身优势。已经开设了电视新闻栏目，累积了庞大、丰富的资源。运营电视新闻栏目的经验，也让电视新闻从业

者掌握新闻传播规律,能够将受众很快带入新闻现场,体验台前幕后的现场感,这些都是绝大部分普通短视频创作者所无法复制的。因此,短视频新闻的生产模式逐渐从 UCG(用户生产内容)向 PGC(专业生产内容)的专业化规模化发展。

尽管拥有丰富的资源,但是离开原先的传播介质,电视新闻产品在转变为新闻短视频这条道路上仍刚刚起步。针对当下短视频用户特性,如何根据短视频特点扬长避短,传统电视新闻机构正不断在短视频新闻创制中探寻适合自身发展的创新之路。

## (一)抓准"短时"特点,着力打造具有"网感"的短视频新闻

作为短视频的一大特点,时长短似乎已经成为电视媒体从业者界定新闻短视频的标准之一。但如果只是把传统电视新闻做拆条或者做一个简单裁剪,就将其作为新媒体产品推出,显然会让短视频失去意义。

在获得一手新闻素材后,如何将其打造成内容精良、利于网络专播的短视频新闻? 正如电视新闻传播有其特点,在网络传播中,"网感"也成为专统电视新闻工作者把握新媒体产品传播规律的一个着力点。

比如,语态创新的央视《主播说联播》,就采用幽默风趣的语言风格、夹叙夹议的表达手法,评述受众关注的国内外热点事件。该栏目立足于当前人们网格化、碎片化、个性化的传播诉求,创新新闻报道语态,有效打破了传统新闻生产模式的固定套路,是一次极有意义的短视频新闻转型探索。上海广电视台融媒体中心民生新闻节目《新闻坊》推出的融媒产品《阿姨爷叔请提问》,则在表现形式上呈现多样态。该产品每集都是一二分钟的长度,通过角色扮演、情景再现、动画配音等丰富的手段多角度呈现新闻内容,兼具新闻性和互动性,被众多政务类新媒体平台转载。

值得一提的是,近年来,表达形式活泼的 Vlog+新闻,也越来越多地被运用到传统电视机构的融媒体产品中。强调时效性的 Vlog 源于 Blog,通常是第一视角拍摄,时长可长可短。Vlog+新闻,则是采用了 Vlog 个人化叙事视角,以明快的节奏,形成有亲和力的新闻短视频。不论是两会 Vlog,还是阅兵 Vlog、疫情 Vlog,都形成了一股"轻骑兵"式的报道力量,提高了两会、阅兵等话题的影响力和传播力。主流媒体对"Vlog+新闻"的尝试,也进一步拓宽了主流话语的传播路径。

## (二)发挥"快速"特性,准确把握时效性和准确性之间的关系

在现代化信息技术的广泛应用下,信息传播速度越来越快,短视频新闻的即

时性,也让各类信息更迅速地传递,影响力不断扩大。北京冬奥会期间,对于中国代表团谷爱凌、谷梦桃、苏翊鸣的夺金瞬间,中央广播电视总台新闻新媒体平台均在 30 秒内快速反应,精切速推多条时长短、节奏快的短视频产品,让赛况第一时间直抵用户掌心,总播放量超 12 亿,迅速占领移动传播制高点。针对受众关注的新冠疫情防控,人民日报、央视新闻等权威媒体,将疫情相关新闻发布会内容剪辑成短视频,快速发布疫情短视频新闻,让数亿用户及时获得疫情防控的准确信息。

短视频新闻在追求时效性的同时,更要求准、求实。新媒体高速发展,信息呈现纷繁复杂。多元、无序的传播平台,则能让一条失实新闻迅速发酵。如果单纯地"追热点""求速度",只是将网络信源不假思索地拿来使用,而不甄别其真实性,或将出现短视频新闻报道与客观事实背离,无法反映事件原貌的新闻失实现象。一些知名度较高的主流媒体报道,也因求速度、缩短甚至节省核实时间,出现过传播失实新闻的失误。快发,是发布者的实力体现;快发但没有求准,将损害发布者的公信力。因此,在传统媒体、新媒体、主流媒体、自媒体都在抢占信息市场份额、竞争明显加剧的背景下,电视新闻工作者要正确把握短视频新闻的时效性和准确性之间的关系,不盲目求快,而是将速度建立在真实的基础上。

## (三)寻找"共情"切面,尊重客观事实,避免僭越代言

短视频用户部分主导的微观语境,是对传统电视新闻"媒体强势灌输—受众有限互动"模式的突破。短视频的互动性、易受性,也使不少短视频新闻将"情感"作为突破口,在重大事件和网络热点间寻找与用户"共情"的切面,引发观众共鸣,以情感传播形式占据舆论场地位。

比如,2021 年 7 月下旬,河南各地连降暴雨引发险情,山东闪电新闻客户端的《暖到了!在豫抢险的消防员收到当地小女孩的一张纸条》,围绕一张写有"尊敬的消防员叔叔:您辛苦了,如果您需要上厕所,可以来我家,5 号楼一单元 4 楼13A"的小纸条展开,通过小女孩为救援消防官兵提供自家卫生间的细节画面,传递汛情中的温情。

北京冬奥会期间,央视新闻制作发布《奥运选手的童年,每个人都是"小可爱"》,以"同期声＋解说词"的方式,展现了运动员一路奋进拼搏,成长追风少年的历程。运动员普通生活的一面引发了观众"这些运动员和我们普通人一样"的共情,仅快手平台就收获超 4 000 万的播放量。

然而,将情感注入报道,并非刻意煽情。一些短视频新闻制作者,会有意识地预判可能会出现的受众接受效果,在选择报道内容时,加重同情弱者、伸张正

义等比例;在报道手法上,以夸张、戏剧性等手法描写,从而达到刺激受众感官以增加点击率。同时,还会将议题重点落在煽情上,出现情感表达过度,新闻核心信息匮乏的尴尬。近年来,包括一些权威主流媒体也会陷入无休止的煽情中,对于突发事故、灾难的报道,着重受难者及其家属的报道,以他们悲恸的照片特写作为短视频封面图夺人眼球,但却忽略事件本身进展、逻辑关系等关键要素。以情感融入取得共鸣,回应人们的情感需求可以理解,但缺乏客观事实,只有煽情的短视频新闻,新闻价值将荡然无存。

此外,随着新媒体发布形式更加多元化,Vlog＋新闻等形式越来越多地被电视新闻媒体使用。由于这类短视频不少是以第一视角叙述,短视频发布者或会在信息中裹挟个人情绪,一些短视频新闻也从简单的传播信息转变到传播态度,出现僭越代言,因此,要避免将揣测当成事实,因个人情绪掩盖了客观事实。

## (四)加强全媒人才培养,平衡内容建设与平台建设

短视频成为传统媒体电视新闻节目探索媒介融合的突破口,加大全媒体人才培养力度也成为媒体融合实践发展的基础性工作和关键抓手。

全媒体人才是指具有互联网思维,适应智慧传媒生态发展趋势,具备全媒体生产、传播、运营、管理等相关能力,胜任全媒体流程与平台发展要求的专门人才。传统电视媒体工作者要顺应发展趋势,强化互联网思维,熟悉、掌握各种媒介技术的运用,同时还要不断加强栏目后期制作与运营推广的培训,成为综合型人才,从而更好地适应媒介融合需求。同时,对于全媒体人才的培训也必须是全员、全类型、全层次的,这样才能够真正落实体制机制改革。

2022年北京冬奥会期间,中央广播电视总台就给业务部门提出了"全员懂短视频,全员做短视频"的工作要求,合理调配人力向短视频平台集结,提高了爆款产品产出效率。2022年3月,SMG推出数字化营销共创计划,探索具有广电属性的数字化营销路径,力求培养一批数字化营销人才和队伍。

在融媒体环境下,全媒人才建设也不能忽略从业者的伦理规范,预防短视频新闻传播失范。应通过加强审核,杜绝虚假新闻;强调尊重个人隐私、尊重知识产权,维护良好的新媒体新闻传播秩序。在建立电视媒体从业者自律体系,加强社会公德和职业道德的同时,还要定期组织学习培训活动,提升从业者的专业素养与媒体责任感。通过道德评议、设置考核准则、普及相关法律法规等方式,对违规行为进行惩戒,形成共同规范。

值得一提的是,目前不少传统电视媒体,是以入驻短视频平台,即在抖音、微博等当前主流短视频平台开设官方账号,通过优质的视频新闻和权威的事实报

道,结合平台海量用户资源实现短视频新闻传播。这样尽管可以降低前期的转型压力,但同时也因受短视频平台第三方限制,导致媒体与受众间无法建立直接联系,更有甚者可能沦为纯粹的"新闻生产车间",无法从广告、订阅中索取收益。因此,在注重内容建设的同时,传统电视媒体也要顺势而为,做好战略部署,积极开拓新领域,发展和探索移动互联网新媒体平台建设,提高新闻节目生产力和传播力,提升主流媒体的舆论引导力和影响力。

## 结　语

随着信息技术的飞速发展,传统电视新闻机构正加紧脚步向融媒体转型,传统电视媒体的优势、资源,也让短视频新闻成为电视新闻机构进行媒体深度融合的一个切入点。因此,把握好"时度效"、寻找到"共情"面,将在内容、技术的多重驱动下,推进电视新闻人创制短视频新闻的进程;而在加大全媒人才培养力度、规划内容与平台建设齐头并进,挺进短视频新闻传播的过程中,生产理念的变革、生产主体的创新也将带动新闻生产的创新转向,从而迈向更深层次的媒体融合。

**参考文献:**

[1]张舒.电视新闻提升网络传播力的策略与实践[J].中国地市报人,2021(12).

[2]吴倩.从《主播说联播》看主流媒体提升"四力"的有效方式[J].中国广播电视学刊,2020(10):106-108.

[3]卞立成.短视频新闻的问题与思考[J].新闻研究导刊,2021(13).

[4]从百亿传播,看央视新闻短视频如何热度破圈[EB/OL].广电独家,2022-02-22.

[5]马颖.广电媒体短视频:热血战汛有温度,暖心共情聚民心[EB/OL].广电视界,2021-08-25.

[6]贺争怡.以"融合"促"发展"论广播电视新闻栏目基于媒介融合实现转型与创新[J].传媒论坛,2021(23):63-65.

[7]胡正荣,李荃.发力全媒体人才培养推动深融发展[J].青年记者,2020(31).

**作者简介:**

王祈,上海广播电视台融媒体中心总编室宣传推广。

# 论新闻短视频的传播优势与内容生产

## ——以短视频在北京冬奥"破圈"为例

韩 欣

提　要：新闻短视频在 2022 年北京冬奥会赛事报道中发挥了重要作用，部分短视频的传播量突破千万级甚至达到上亿级，热度"破圈"。新闻短视频之所以能在冬奥报道中获得极高热度，是因为其具有综合传播效率高、信息投送密集、贴合受众碎片化阅览习惯三项传播优势；新闻短视频的内容生产不仅要在短时间内采集和储备大量音像素材，而且要求新闻工作者提升相应的新闻编辑能力，还对媒体发掘、追踪和把控新闻热点的能力提出了更高要求。掌握以上新闻短视频的制作要点有助于进一步发挥短视频在当代新闻传播中的作用，向受众提供更多有价值的新闻报道。本文试就发挥新闻短视频的传播优势与如何加强内容生产作出专论。

关键词：冬奥会　新闻短视频　传播优势　内容生产

## 引　言

近年来，随着网络技术与新兴传媒的不断发展，短视频已然成为信息传播中的又一新兴载体。短视频起初在自媒体平台上兴起，迅速成为人们传播信息、进行自我表达的重要传播媒介。短视频在民众当中的普及和流行很快便吸引了主流新闻媒体的关注，国内外各大新闻媒体也与时俱进地将短视频引入了新闻报道当中，通过更加多元化的渠道向社会提供新闻信息。

短视频虽然走进了新闻报道中,而且也受到了广大受众的欢迎,然而人们无法分辨这种热度究竟是来自"短视频"这一传播载体,还是新闻与短视频传播领域的交互效应。换言之,新闻短视频作为一种新的新闻传播媒介,其传播效果却仍然有待一场"真正的检验"。而 2022 年北京冬奥会便为新闻短视频提供了这样的机遇。

在 2022 年的北京冬奥会上,中央广播电视总台充分发挥短视频的传播优势,制作了大量高质量新闻短视频,获得了受众的广泛欢迎。央视在北京冬奥期间累计制作各种新闻短视频 200 余条,其中千万级传播量短视频十余条,更有少数短视频传播量破亿。以上数据充分证明了新闻短视频在当代传播环境下的优势。唯有分析新闻短视频的传播优势和内容生产的要点,在此基础上理解其在新闻报道方面的优势,以便为在新闻实践中如何发挥新闻短视频的传播优势与如何加强内容生产作出启示。

## 一、新闻短视频的传播优势探析

由分析北京冬奥会的新闻短视频可知,在当前传播环境下,新闻短视频具有综合传播效率高、信息投送密集、贴合受众碎片化阅览习惯三项主要优势。这三项优势使得新闻短视频在与其他新闻传播载体竞争时占据了综合传播效率方面的比较优势。当新闻短视频与冬奥会这一新闻热点搭配,以上优势便得到充分发挥,使之在受众中产生了"破圈效应"。

## （一）综合传播效率高

与直播、文字信息、长视频等常见的新闻报道体裁相比,新闻短视频在综合传播效率方面具有明显的比较优势。与文字等静态信息相比,新闻短视频天生更能吸引受众的注意力,也能提供更为生动的视觉信息。新闻短视频由于碎片化传播,适合受众碎片化阅读,与直播、长视频相比,新闻短视频所需时长较短,也更少占用受众精力和专注力。在冬奥赛事报道中,短视频可以将文字难以呈现的音像信息以长视频无法企及的速度传递给受众,让他们获得尽可能翔实的第一手信息。

冬奥会作为体育赛事类新闻,其受众不仅关注比赛结果,而且更希望了解运动员在赛场上的发挥状况。然而,文字信息只能有效传递结果;展现赛事始末的长视频不仅因内容庞大不便加工传输,而且对于目前受众的浏览习惯而言过于冗长。相比之下,新闻短视频既能有效地向受众传达比赛结果,又能将运动员的高光时刻集中展现给观众,高效地满足他们获取赛事类新闻的需求。这种综合传播效率方面的优势使新闻短视频在冬奥报道中占据了优势地位。

## (二) 关键信息投送密集

新闻短视频可以将新闻报道中最关键、最引人注目的信息以密集的方式投送给受众。新闻短视频中的音像记录中蕴含的信息量显然是文字报道所无法比拟的。而长视频虽然在信息总量方面占有优势,但受制于音像信息的传播特质,其单位时间内向受众投送的信息密度明显低于短视频。新闻短视频可以将关注度最高、受众最感兴趣的内容在人们注意力较为集中的数分钟内投送完毕。在北京冬奥会中,通过浏览短视频,人们可以在短短数分钟内便将赛事中最扣人心弦的镜头尽收眼底。

例如,冬奥短视频《立春三候》,将运动员开赛、竞拼、得偿所愿的精彩镜头与立春节候的时间点相结合,以人们耳熟能详但又不十分了解的"节分"作为时间轴,在短短两分钟内将视觉刺激最为强烈的不同赛事的镜头以混剪的方式呈现给受众。来自世界各地的运动员和不同类型的赛事背后的多元性自然地融入到短短三个节分中,传统文化的恬静和运动员奋力拼搏之间的张力在短时间内一览无余。短视频将大量关键信息以精妙的手法密集投送,由此为受众带来的视觉冲击显然是长视频难以比拟的。

新闻短视频强大的信息投送能力也与近年来传播和剪辑技术的进步和受众浏览习惯的变化有关。一方面,音像剪辑和传播技术的进步使得短视频制作更加便捷,视频体积更小,音像影像质量也达到受众接受的水平,这使短视频在技术层面上可以被用于快节奏的新闻传播中;另一方面,在生活节奏日益加快的今天,受众对信息密集的传播载体更加青睐。这就为新闻短视频提供了发展空间,并使新闻工作者致力于提升短视频的信息投送密集度,以满足受众需求。

## (三) 贴合受众碎片化阅览习惯

在生活节奏日益加快的今天,受众的阅览时间越发碎片化。随着工作、生活压力与日俱增,人们也越发缺乏沉浸式阅读的条件。然而,在信息爆炸的环境中,人们却又比以往任何时候都渴求信息。这就导致受众会自发地寻找信息富集的传播载体,从而在较为有限的时间内最大限度地满足自身对信息的需求。同时,影像不仅天然比文字更能吸引受众的注意力,而且受众从中获取信息的门槛也要远低于文字。所以,从这一角度来说,视频要比文字更贴合受众的阅读习惯。但内容庞杂冗长，事无靡遗的长视频却无法满足受众的碎片化阅览习惯。因此，随着影音处理技术进步出现的短视频便成为时下能有效满足受众碎片化阅览习惯的传播载体。

新闻短视频作为一种贴合受众碎片化阅览习惯的传播形式，越受受到人们的欢迎。一方面，新闻短视频所需的阅览时间较短，能使受众在碎片的阅览时间内完整地获取其中内容；另一方面，新闻短视频可以凭借其信息投送量大、综合传播效率高等优势，为受众带来相对良好的碎片化阅览体验。这些优势使得短视频成为一种广受欢迎的新闻报道传播载体。在北京冬奥报道活动中，各种赛事的精彩片段剪辑而成的短视频使观众在极短的时间内从中获得了高度的兴奋感和满足感，获得了海量乃至天量级传播，进而产生了"破圈"效应。由此可见，新闻短视频适用于体育赛事等信息密度大、视觉冲击力强的新闻题材的报道，受众在碎片化阅览中就能从中获取其所需的信息和浏览体验。

## 二、如何加强新闻短视频的内容生产的要点探讨

虽然新闻短视频在北京冬奥会报道中崭露头角，但作为一种信息较为密集的传播载体，要想充分发挥出其在新闻传播中的综合优势并非易事，甚至做到这一点也是对新闻工作者的更高要求。这种成功的内容生产活动离不开大量新闻音像素材采集工作、新闻工作者对短视频的编辑加工能力以及媒体发掘、追踪和把控新闻热点的能力的支持。

## （一）做好新闻音像素材的采集工作

从视频加工和制作的角度来说，新闻短视频实际上是相当于在新闻报道的时效期限内，将各种长视频中的视频信息精华萃取出来，并通过新闻加工生成更加精简凝练的新闻视频。在传统视频剪辑中，大量音像素材一直是必须剪辑工作必不可少的"原料"。而新闻短视频要想实现其预想的传播要求，对新闻音像素材的需求更是有增无减。而且不同于传统的摄录活动，新闻音像采集往往具有即时性、随机性和时效性，无法通过提前规划获得想要的音像素材（否则与伪造新闻无异）。因此，要想充分满足新闻短视频的制作需求，就需要同时提升新闻音像采集的规模和质量。换言之，只有做好新闻音像采集工作，才能为生产优质新闻短视频提供必要的保障。

北京冬奥会在新闻报道实践表明，一段成功、广受欢迎的新闻短视频是由无法计数的新闻音像素材剪辑而成的。如果没有强大的新闻音像素材采集能力，

那么短视频的内容生产也将面临"巧妇难为无米之炊"的困境。在北京冬奥会上,大量设备精良、经验丰富的摄影团队从每一场比赛中采集的优质新闻音像素材为新闻短视频的内容生产提供了丰富的原材料,也为其成功奠定了坚实的基础。由此可见,要想制作出优质新闻短视频,首先要做好新闻音像素材的采集工作。只有围绕新闻焦点全方位、多角度、同时刻采集大量质量精良的新闻音像素材,才能满足新闻短视频的加工制作对音像素材的庞大需求。

## (二)提升新闻工作者的短视频加工能力

北京冬奥会新闻短视频能够吸引受众目光,离不开新闻工作者高超的视频加工能力。这里的加工能力不仅包括对各种技术工具的熟练运用,还包括对音像信息的浓缩、提炼和编辑能力。试想,如果北京冬奥新闻短视频仅仅是各种赛事精彩镜头的单调拼接,则其对受众的吸引力必将大打折扣,更谈不上产生"破圈"效应。正是新闻工作者懂得如何根据受众的阅览习惯,在有限的视频长度内高效地剪辑各种新闻音像素材,才使短视频能够迅速抓住受众的心弦,从而引发人们的情感共鸣。由此可见,提升新闻工作者的短视频加工能力,特别是对新闻音像素材的选取、凝练和升华能力,有助于提升短视频的内容质量,产出更多高质量的新闻短视频。

在短视频加工中,新闻工作者首先要提升视频审阅能力。要想在海量的新闻影像素材中找出符合新闻编辑需要的素材,必然要有足够的视频审阅能力。而且由于视频的特质,其审阅选材往往要花费更多的时间,所以新闻工作者唯有充分提升自己的视频审阅能力,才能在有限的时间内找到所需的音像素材。其次,新闻工作者要增强对信息的加工和凝练能力。如前所述,新闻短视频的内容生产本质上是对各种新闻音像素材的浓缩和凝练,如何去粗取精,是制作新闻短视频的工作者必须考虑的问题。最后,在制作短视频时,新闻工作者必须对报道的内容有明确的了解,能够提出完整的提纲,否则便无法以之为轴心对庞杂的新闻音像素材进行编辑加工。

## (三)加强新闻媒体对热点的追踪和把控能力

与深度报道、长视频等相比,短视频最大的短板在于缺乏对特定新闻热点的连贯报道和深度挖掘。因此,要想补齐这一短板,就需要对新闻热点进行追踪和把控,围绕特定新闻题材推出系列短视频,以增加相应新闻报道的深度和广度。同时,也要根据新闻报道中出现的热点,及时调整短视频的内容生产规划,对受众关注的热点内容及时予以回应,充分发挥短视频体裁灵便、信息投送密集的优势。对于新闻工作者来说,要想做到这一点绝非易事。这不仅需要新闻工作者在长期工作中培养出灵敏的新闻嗅觉和直觉,而且需要新闻工作者对新闻题材和正在报道的新闻热点具有一定的宏观把控能力,更要求新闻工作者在面对热点焦点时能当机立断,迅速调整短视频制作规划,抓住受众的关注焦点,通过新闻短视频回应受众对相关信息的需求。

从北京冬奥的新闻报道工作看来,央视在围绕冬奥报道推出一系列专场赛事短视频的同时,还不失时机地推出各类赛事的精彩瞬间的混剪视频,甚至围绕冰墩墩"一墩难求"的热点制作专题短视频。这些紧紧围绕冬奥主题,追踪新闻热点的系列短视频形成了一个完整的新闻报道体系,有效弥补了短视频在传播方面的短板。央视的冬奥系列短视频不仅形成了规模效应,全方位地满足了受众对于冬奥赛事的新闻信息需求,还能在系列策划中对民众的关注焦点进行追踪把控,甚至带火了冬奥的周边产品(吉祥物玩偶)。由此可见,加强新闻媒介对热点的追踪和把控能力,可以有效填补新闻短视频在传播方面缺乏连贯性和深度的缺陷,更好地发挥短视频在新闻报道中的作用。

## 三、对新闻短视频内容创新的思考

短视频本身是传播方式的一种创新,而新闻短视频同样要"以内容为王"。这就有一个内容创新的关键问题。短视频的内容创新应当从题材拓展和内容加工两方面着手。

一方面,新闻短视频虽然在体育赛事报道中取得了成功,但今后其发展必然不能拘泥于体育赛事这一单一题材。在可预见时期内,新闻短视频必须寻找其他更适合自身传播特点的新闻领域,扩充内容创新的素材。从冬奥报道的经验看来,适合新闻短视频发挥其传播优势的新闻领域应当具备以下特征:(1)新闻素材具有较强的视觉冲击力;(2)有良好且完备的新闻视频采集条件;(3)有较为广泛的受众基础。长期看来,随着短视频内容创新趋于成熟,新闻工作者可以将其拓展到其他任何符合以上条件的新闻题材上,从而为新闻短视频的内容创新提供更多素材。

另一方面,新闻短视频的内容创新也需要进一步提升短视频内容加工技术。从本质上来说,新闻短视频的核心优势在于信息投送方面的爆发力,这种爆发力的来源正是经过加工浓缩的信息在短时间内快速释放产生的张力。从这一角度来说,新闻短视频的内容创新不能局限在对长视频的压缩剪辑上,而是要深入思考如何根据新闻题材选取、组织和浓缩视频信息,进而使新闻短视频能更身的爆发力有效弥补其时间短、传播内容有限带来的深度不足的局限性。要想做到这一点,就需要及时总结新闻短视频在内容加工方面的成功经验,并将其系统地、具有创造性地应用到新的新闻题材中去。

## 结　语

新闻短视频在北京冬奥会的报道中取得了空前的成功,也证实了短视频在新闻传播领域的价值。短视频综合传播效率高、信息投送密集、适应当前受众碎片化浏览习惯的优势使之在冬奥新闻报道中产生了"出圈效应"。由此可见,新闻短视频在体育赛事类的报道中的确有着出色的表现。当然,这也离不开央视新闻工作者们高超的职业素养和辛勤劳动。没有他们的付出,新闻短视频料想是难以取得如今的传播效果的。

不过,新闻短视频的制作仍有诸多需要探索之处。例如,在体育赛事之外,新闻短视频还可以用于哪些新闻题材的报道? 在制作条件不够充分的情况下,如何在短视频内容的生产中扬长避短? 以上问题都需要广大新闻工作者在实践中不断探索并寻找答案。相信随着相关科技的发展,新闻工作者在短视频主题规划、内容加工剪辑等方面的能力不断提升,短视频会在今后的新闻报道中发挥更大的作用,为广大受众带去更多新闻热点和精彩瞬间。

**参考文献:**

[1] 王瑞.短视频在当下新闻传播中的研究与分析[J].城市党报研究,2022(1):41-44.

[2] 方浩宇,苑思琪.探析受众视角下新闻短视频的创新发展路径[J].新闻世界,2022(2):37-40.

[3] 马铭阳.短视频新闻传播的模式研究[J].新闻传播,2022(2):45-46.

[4] 李丹.融媒体视域下新闻短视频的制作及传播效能分析[J].电视技术,2022,46(1):81-84.

[5] 何亮莉,朱爱敏.短视频在环境新闻报道中的应用研究[J].北京印刷学院学报,2021,29(9):14-16.

[6] 杨正华.试论新媒体时代新闻短视频生产及制作特色[J].记者摇篮,2022(1):107-109.

[7] 周杨.短视频新闻的传播与创新发展研究[J].采写编,2022(1):105-106.

[8] 祝遵平.融媒体时代电视媒体新闻短视频的布局研究[J].新闻前哨,2022(3):54-55.

[9] 郭小平,贾瑞欣.短视频新闻的创新法则、发展困境与提升路径[J].中国编辑,2022(3):86-90.

**作者简介:**
韩欣,上海广播电视台东方广播中心第一财经广播编辑。

# 从北京冬奥和东京奥运瞻望赛事转播的前景

## ——兼论"元宇宙"带来赛事转播新变革

陆家兴

**提　要**：观看体育赛事转播已经成为当今人们日常生活中不可缺少的一部分。在体育赛事转播的发展历程中，经历了两次具有重大意义的革命。20世纪50年代电视的普及和近年来互联网技术的崛起，使得体育赛事转播得到了脱胎换骨的升华。如今，"元宇宙"技术又引导体育赛事转播走到了新的转折点。本文从回顾体育赛事转播的昨天着手，立足于不久前举行的北京冬奥会和东京奥运会，并瞻望体育赛事转播的明天，得出结论，"元宇宙"带来的又一次革命性变革已经到来。

**关键词**：北京冬奥　赛事转播　元宇宙

## 引　言

体育赛事转播可以追溯到20世纪30年代的柏林奥运会，直到50年代，在工业和经济都比较发达的欧洲，电视转播才第一次被应用足球比赛，观众首次能够在电视机前观看到比赛的全部过程。之后，赛事转播逐步推广到其他体育比赛，人们通过电视转播来收看自己喜欢的体育赛事已经成为体育新闻传播的普遍现象。

随着时代的进步和科学技术的不断发展，体育赛事转播水平突飞猛进。尤其是近几年来，互联网技术的崛起和以5G为代表的高新技术的横空出世，使得体育赛事转播实现了革命性的飞越。近一年来接连举办的2022北京冬奥会和

2021 东京奥运会,更是将体育赛事转播水平提升到了一个前所未有的、令人叹为观止的高度。

人们不禁要问,体育赛事转播接下来的方向和前景会是怎样呢? 这正是本文试图探讨的课题。从最近一年接连举办的北京冬奥会和东京奥运会上,我们可以清楚地看出,体育赛事转播未来的前景必将是朝着"元宇宙"的方向发展。

我们先来梳理一下体育赛事转播的发展历史,可以从它的昨天、今天的历程,更好地前瞻体育赛事转播的明天。

## 一、电视的普及,带动赛事转播迅猛发展

就像如今互联网技术和以 5G 为代表的高新技术的到来,改变了先前赛事转播的格局一样,20 世纪 50 年代,电视媒体的兴起同样在体育世界掀起了一场革命,体育和当时的"新媒体"电视完美地结合了起来。NBC(美国全国广播公司)早期的运动节目制片人哈利·科伊尔曾表示:"电视是因为体育而发展起来的,正因为转播大量的体育比赛,电视才能在世界范围迅速地得到普及。"

同样可以认为,体育因为电视转播的出现而得到脱胎换骨的变革并迅猛发展,许多运动项目为了更好地迎合电视转播,甚至不断地改变着比赛规则。时至今日,国际奥委会和世界各大体育组织的收入来源绝大部分都是从电视转播中得到的。

在相当长的一段时期内,体育赛事直播仅仅局限于简单机械的反映比分以及几十分钟的比赛本身。受制于当时的技术条件,导播和编辑只是在赛事直播之前,简单地对比赛加强宣传。当时的体育赛事直播只是对比赛的被动记录。

## 二、互联网崛起,赛事转播更注重互动性

直至最近几年,互联网技术和以 5G 为代表的高新技术的应运而生,就像当初电视媒体的崛起一样,再次在体育赛事转播领域掀起一场革命。美国当代计算机科学家尼古拉·尼葛洛庞蒂在《数字化生存》一书中预言:"从前所说的大众传媒正演变为个人化的双向交流,信息不再被推给消费者,相反,人们将把所需要的信息拉出来,并参与到创造信息的活动中。"

互联网以及 5G 等高新技术带来的这一变革,一个显著的特点就是,人的主体性地位日益凸显。传统媒体传播过程的"传播者"和"受众"之间的界限日趋模糊,传统的"受众"开始倾向于更加积极地参与到赛事转播中来,由"受众"变为"传播者",而不仅仅是过去的被动接收信息。另一方面,为吸引"受众"的注意

力,增强传播效果,赛事直播媒体正寻求加强为"受众"搭建更多的交流互动的平台。可以说,增强"传播者"和"受众"的互动性,是目前赛事转播的一个特点。从近一年来相继举办的 2022 北京冬奥会和 2021 东京奥运会上,就能清楚地感受到这一深刻变化。

综合性体育赛事,尤其是奥运会的赛事转播一直都是各种新理念、新技术、新应用实践的重要场合。体育赛事转播的每一次重要进步几乎都与奥运会息息相关,相伴相生。这两次相隔仅 5 个月举行的奥运会上,5G 技术给赛事转播带来了革命性地转变,包括增强现实 AR、虚拟现实 VR、人工智能 AI、即时回放系统、跟踪技术等得以更好地发展和普及。这些新技术的应用,使观众更加全面感受到比往届奥运会更加美好的观赛体验。

北京冬奥会和东京奥运会在很多比赛的转播中,都成功运用了增强现实(AR)系统和虚拟现实(VR)系统。例如,增强现实(AR)眼镜在东京奥运会上运动中心的前部中心位置上使用,观众在特定座位上配备可穿戴 AR 设备,这些设备可以显示比赛期间的详细比赛信息,并通过 5G 技术迅速将实时数据传输到 AR 设备显示终端上,观众能够立刻看到每条泳道选手的姓名、国籍、排名以及实时的比赛过程。

在这里,有必要再简单介绍一下,虚拟现实(Virtual Reality,简称 VR),是近年来出现的高新技术,它利用电脑模拟产生一个三维空间的虚拟世界,提供使用者关于视觉、听觉、触觉等感官的模拟,让使用者如同身历其境一般,可以及时没有限制地观察三度空间内的事物。增强现实(Augmented Reality,简称 AR)通过电脑技术,是将虚拟的信息应用到真实世界,真实的环境和虚拟的物体实时地叠加到了同一个画面或空间同时存在。也就是说虚拟现实(VR),是把你的意识带入一个虚拟的世界。增强现实(AR)是把虚拟的信息带入到现实世界中。

之所以强调这两项技术,是因为这是本文讨论的重点"元宇宙"的核心环节。随着 VR 技术愈发成熟,体育赛事将进入"浸入式转播"时代,VR 观赛也将成为一种常见的形式,终端的丰富与变化大幅提升观看比赛的体验感和交互性,将引领体育赛事转播的发展,也引导出体育赛事转播的"元宇宙"概念。关于"元宇宙",下一节有专论。

另一个值得一提的是近年来涌现的技术新秀"云技术"在北京冬奥会上的运用。"云技术"原意是指一种资源管理模式,新含义指基于云计算商业莫式应用的网络技术、信息技术、整合技术、管理平台技术、应用技术等总称。对于体育赛事转播而言,"云技术"带来的一大好处,就是能够获得任意一个运动员比赛中任何时刻的比赛单独画面。虽然比赛现场有很多摄像机位,但转播画面主要由导播和编辑剪辑后传输,不同地区的观众可能无法任意看到本地运动员的比赛画面。但有了"云技术",就可以把赛场上所有摄像机拍下的画面都传输出去。这样,各个地区的观众可以根据需要,随时随地看到本地运动员的比赛画面。在北京冬奥会的赛场上,不再是导播播什么我们看什么,而是可以做到我们想看什么就可以看到什么。

五星体育本赛季卫星转播的 2022 世界一级方程式锦标赛 F1 各分站的比赛,就已经享用这一技术带来的便利。由于中国选手周冠宇获得今年 F1 比赛的参赛资格,F1 赛场上历史性地有了中国车手的身影,该赛事也得到了中国观众前所未有的关注。但在实际转播中,通常都是排名靠前的欧洲名将的赛车画面垄断了比赛进程,很难看到周冠宇的比赛画面。好在五星体育通过"云技术"的专用通道,拥有周冠宇的单独比赛画面,可以根据需要随时调用,使观众们更多地了解这位中国 F1 第一人的比赛进程。

北京冬奥会的赛事转播首次启用了全新的"实时互动虚拟"演播室技术,采访记者仅需手机和电脑,即可随时随地展开采访,并实现新闻采访与直播观看同步进行。这一技术改变了传统的电视台记者的采访形式,再也无需记者携摄像团队,载着沉重设备到处奔波,更无需以往一定要将记者与受访者置于同一现场的固封模式。而在运用"虚拟技术"的演播室内,还能够根据直播内容随时变换场景,既可让人感觉置身白雪皑皑的山脉全景,也可让人如同在室内滑冰场内翩翩起舞。与此同时,通过云端技术能力,达到极致精细的抠像合成效果。

在冰雪项目的赛事转播中,北京冬奥会设计了交互式多维度的自由视角观赛体验技术,不仅可以远程自主交互,连续改变视角和位置,获得身临其境的观赛体验,还能通过手机、平板电脑、佩戴 VR 头显进行感受。此外,配合 5G 网络的推广,可以实现全程实时高质量的交互式观赛,使交互式 VR 技术直通到观众的手中。

北京冬奥会被称为史上"最具科技驱动力"的奥运会,其在赛事转播方面亮点纷呈、精彩迭出、创新不断,取得了一系列重要成就,创造了体育赛事转播史上一个新的里程碑。刚才介绍的仅是几个对于体育赛事转播具有典型意义和显著特征的代表性事例,可以帮助我们清晰认识并把握体育赛事转播的发展走向和未来趋势。

## 三、"元宇宙"兴起,带来赛事转播新的变革

现代奥林匹克之父顾拜旦曾说过,"奥运会是对过往的尊敬,对未来的信仰。"在北京冬奥会和东京奥运会这两次遍布虚拟元素的盛会中,"奥运元宇宙"正在悄然形成,并指引着体育赛事转播今后发展的方向和前景。

近一段时间，"元宇宙"这一概念已经成为我们社会生活的一大热门主题。通俗地讲，"元宇宙"就是人以数字身份参与的数字世界。"元宇宙"不仅频繁地出现在全国多地的产业发展规划中，还在今年年初的全国"两会"和各地"两会"上，成为大家讨论的热点。"元宇宙"一词出现在了多地的政府工作报告中。不少人大代表和政协委员都提出建议，要通过加快"元宇宙"产业前瞻布局，构筑未来发展的战略优势。

上海市政府组织的2022年上海全球投资促进大会不久前召开，会上发布了上海市"元宇宙"投资促进方案，计划到2025年，"元宇宙"产业规模突破3500亿元。而在2021年12月，上海市委、市政府就在2022年度经济工作会议上明确表示将"引导企业加紧研究未来虚拟世界与现实社会相交互的重要平台"。这是中国省级政府首次对元宇宙相关产业概念发表方向性意见。

之所以引述以上信息，是为了强调，整个社会都已经对"元宇宙"形成共识。"元宇宙"是一场"革命"，已经影响，并必将在今后相当长的时期，深刻改变我们社会生活的各个方面。体育领域也不例外，对于体育赛事转播而言，"元宇宙"是继互联网出现后，又一个革命性的创新浪潮。

"元宇宙"对于体育赛事转播来说，就是指沉浸式的虚拟世界，这个虚拟世界由虚拟现实（VR）、增强现实（AR）等3D技术和互联网5G等高新技术构成，观众可以在这个虚拟世界当中体验与真实世界完全不同的世界。现实的体育运动可能有一些制约，但在虚拟世界中一切皆有可能，戴上VR眼镜，就可以体验攀爬珠峰、滑雪、游泳等体育项目。在虚拟体育场中，可以从不同的有利位置观看比赛，甚至可以进入球场本身，与球员并肩而行，或者加入啦啦队，为自己支持的队伍加油。人们还能够在虚拟世界中共同参与体育活动，大大促进体育产业的丰富和多样性。阿里达摩院XR实验室负责人谭平就曾一言以蔽之："元宇宙就是AR、VR眼镜上的整个互联网。""元宇宙"能够对运动认知与体育训练带来颠覆性的改变，颠覆现实体育行为发生时环境的制约，突破障碍和边界，给体育赛事转播带来全新的机遇和挑战。毋庸置疑的是，体育赛事转播未来的发展也将是由"元宇宙"带来的革命性的变革。

## 四、"元宇宙"来临，我们怎样应对新的机遇和挑战

"元宇宙"一定会为整个社会发展插上腾飞的翅膀，这已成为大家共识。虽然这一新技术目前处于起步阶段，但我们从现在开始就应该有所作为，应对"元宇宙"带来的新的机遇和挑战。就体育赛事转播而言，应该从北京冬奥会和东京奥运会中认清赛事转播的发展方向，并借鉴当今世界对于"元宇宙"所采取

的一系列应对措施,积极布局,作出规划,力争在高起点上共享"元宇宙"带来的全新体验。

## 1. 宏观设计发展规划,加紧落实具体行动

上海市政府 2022 年 7 月 8 日举行新闻发布会,详细介绍了促进绿色低碳产业发展、培育"元宇宙"新赛道、促进智能终端产业高质量发展三个行动方案,明确提出,"抢抓新赛道、培育新动能是上海构筑未来发展优势的战略方向,也是当前促进经济加快恢复和重振的重要抓手。"这是上海市政府再次将"元宇宙"提到了城市未来发展优势的战略高度。

方案中提到的几个发展导向:一是具有引领未来的高度,二是具有赋能千行百业的广度,三是具有持续爆发增长的速度。这三个方面对各行各业都有着重大的指导意义,也是体育赛事转播从业者向"元宇宙"方向进发的战略指导和行动指南。

对 SMG 而言,"元宇宙"同样不是空泛的概念,而是可以去探索的产业新方向。2022 年下半年开始,SMG 迈出了坚实的一步,聚焦"元宇宙"相关元素与自身业务的结合点,从"内容、产品、服务"三个方面着手,启动了"元动力"计划创意方案征集活动。并连续在线上举行普及性授课,邀请顶尖专家对员工进行培训。"从元宇宙大趋势看 Web3 和 NFT 的战略意义""虚拟偶像——次时代新娱乐经济生态的诞生""数字经济时代的元宇宙生活""智慧传媒遇到元宇宙"等课题已经成为 SMG 员工日常探讨的热门话题。如今,我们不仅对迎接"元宇宙"带来的机遇和挑战充满了期待,而且更充满了信心。

## 2. 认清电视媒体优势,加快与"元宇宙"深度融合

相对而言,对于赛事转播来说,电视媒体具有得天独厚的优势,与支撑"元宇宙"发展的新技术具有更强的兼容性,更适合在"元宇宙"发展过程中承前启后,继往开来。一方面是相对成熟的内容制作体系。电视媒体本身具有极强的视觉化内容制作能力,有望尽快转型结合,以实现相得益彰的效果。另一方面是电视媒体先进的设备技术基础。"元宇宙"对技术设备具有较高的要求,电视媒体的演播大厅、摄像设备等则可以满足这一要求,具备优先打造"元宇宙"示范实验基地的基础条件,可以更便捷地跨过"元宇宙"的技术门槛。

而摆在电视体育媒体前的新的任务,就是为了追上"元宇宙"对我们提出的新要求,必须进一步推进媒体深度融合。虽然这一任务已经取得了很大的进展,但我们更应该提前展望"元宇宙"在未来的应用场景与发展方向,努力由现在的电视和网络视听领域向数字化的全媒体内容迈进。也就是说,不同媒体边界进

一步融合。这样，才能成为名副其实的全媒体的生产、传播和营收主体，才能更好地应对新时期"元宇宙"给体育赛事转播带来的变革。

### 3. 积极布局前期准备，尝试举办新型赛事

作为专业电视体育媒体，我们五星体育频道现在应该如何作为呢。先事关注几个事例。

2022 年 5 月 1 日，意甲联赛第 35 轮 AC 米兰和佛罗伦萨的比赛成为第一个在"元宇宙"虚拟世界直播的正式足球比赛。这一活动只对来自非洲和中东的球迷开放，他们在获得对虚拟观赛的独家"门票"后，就能得到和在现实物理界观看体育比赛一样的效果。

英超联赛冠军曼城足球俱乐部 2022 年 2 月宣布，将利用"元宇宙"建造第一座"虚拟"足球场——主场伊蒂哈德球场的数字虚拟球场，这将使球迷能实际进入体育场，无论身在何处都能观看和体验比赛。

NBA 官方在 2022 年全明星赛期间开发了相关主题 AR 空间。球迷可通过 3D 身体扫描定制自己的虚拟形象，并可将其放入五个全明星主题的空间中，参与人群能够在多维度空间里参与赛事主题互动体验，实现了虚实结合的双向互动。

……

这些事例说明，"元宇宙"带来的变革，不仅仅是一个"美丽的传说"，正是已经切切实实地呈现在当今日常的体育赛事转播中。我们只有紧盯世界发展潮流，有所作为，才能在这场新的变革中站稳脚跟，力图发展。

具体来说，我们五星体育频道可以考虑着手"数字虚拟"体育场的建造。切实可行的是先在几个具有典型意义的球场，例如，职业球队上海申花、上海海港的主体育场，上海男篮的主体育场做试点，做好前期铺垫工作。还可尝试建立虚拟球迷社区，将中超各球队以及 CBA 篮球各球队集结在五星体育创建的虚拟体育世界里，并提供适合球迷在线自创的服务，制定激励用户主观能动性的机制，吸引更多观众加入赛事虚拟场景。我们还可为参与的观众设计有五星体育标志的可成像系列的专款虚拟形象。所有这些都可以实行有偿收费模式，在线上商店交易，为今后实现"元宇宙"所带来的新的营收模式积累经验。

举办具有"元宇宙"元素的虚拟体育比赛是我们新的实践。上海久事体育和五星体育联手的"上海虚拟体育公开赛"在 2022 年正式启动，初期的 4 个项目包括滑雪、自行车、赛艇和赛车。这项比赛选择对场地和器材要求极高的体育项目，通过虚拟的形式、人机交互的方式，以及 VR、AR 等高科技手段呈现出来，给参与者带来超越现实生活的体验与感受。这是一个新的尝试，但更是推进体育

媒体逐步摸索，不断前进，为应对新时期的变革而迈出的坚实的一步。

## 结　语

随着时代的进步和科学技术的不断发展，体育赛事转播水平突飞猛进。体育赛事转播，作为电视体育新闻的一种传播方式，一直处于不断变革之中。而"元宇宙"技术融入体育赛事转播，更是电视体育新闻传播的创新性发展。

诚然，目前"元宇宙"还处在起步阶段，如果现在就想具体而又精准地描绘其未来应用的宏伟蓝图，有点勉为其难。就像20多年前互联网方兴未艾之时，很多人都不敢预测，但当初许多曾经想象中的"梦境"，如今都已成为现实。很多人都不敢想象，现在的精神世界与文化生活会改变得如此的迥然不同，现在的体育赛事转播会改变得如此的超逸绝伦。现在，又站到了由"元宇宙"带来的体育赛事转播历史性变革的"风口浪尖"，我们已经做好了准备。

**参考文献：**

［1］托尼·柯林斯(英)著、王雪莉译《体育简史》(M)，清华大学出版社2022年版。

［2］尼古拉·尼葛洛庞蒂(美)著胡泳译《数字化生存(M)》，海南出版社1996年版。

［3］上海发布元宇宙投资促进方案，专家称虚实交互发展可提振部分停摆行业。新华财经记者：高少华2022年6月16日。

［4］沪制定促进绿色低碳产业发展、培育"元宇宙"新赛道、促进智能终端产业高质量发展三个行动方案 上海发布2022年7月。

**作者简介：**

陆家兴，上海广播电视台五星体育频道《体育新闻》《赛事转播》责任编辑。

综合专题篇

# 全媒体时代下区级融媒体中心新闻节目创优应对策略探析

严尔俊　邵学新

**提　要：**新闻创优一直是各级新闻媒体竞争的关键载体和提高新闻质量的有效途径，受到了越来越多的关注。但就新闻创优来说，区级媒体由于受到题材局限、形式单一、人才匮乏等影响，资源禀赋相对薄弱，精品意识较显欠缺，同时还受到中央台、省（市）台和各类新媒体的强势挤压。在夹缝中生存的区级媒体，究竟该如何立足实际，深耕本土化的特有资源，挖掘接地气的特色文化，导入内容生产，并生动地讲好故事，在激烈竞争中冲出重围，让作品"出圈"？笔者结合近年来在浦东新区融媒体中心创新创优的具体实践，探索出区级媒体新闻节目创优的应对之策。

**关键词：**新闻敏感性　深耕本土化资源彰显特色　小中见大

## 引　言

对于引导服务群众"最后一公里"的区（县）级融媒体中心来说，新闻创优工作是推动新闻事业不断向前发展的内生动力。如何创作出大量优质和形式新颖的新闻精品，这是值得每一名新闻工作者认真思考的命题。同时，作品创优评奖也是衡量个人综合业绩能力和参与职称评审的重要指标之一。因此，各融媒体中心对节目创优工作越来越重视，而新闻类节目的精品生产和评奖更是"兵家必争之地"，竞争尤为激烈。

"不日新者必日退"，在新闻舆论方面，习近平总书记也非常重视创新问题。

2018年8月,习近平总书记在全国宣传思想工作会议上强调,不断增强脚力、眼力、脑力、笔力,努力打造一支政治过硬、本领高强、求实创新、能打胜仗的宣传思想工作队伍。这是习近平总书记对新形势下宣传思想战线队伍建设提出的总要求,是对广大宣传思想工作者寄予的殷切期望,为宣传思想战线提高站位、夯实基础、开创工作新局面指明了方向、提供了遵循。

纵观历届中国新闻奖、中国广播电视大奖等获奖作品,无不具有较高的政治站位。中国记协在总结多年评奖经验时,提出的总标准第一条业务就是——"以习近平新时代中国特色社会主义思想为指导,坚持以人民为中心,坚持马克思主义新闻观,落实'四向四做',践行'四力'要求"。因此,要想在新闻创优大比拼中脱颖而出,必须以习近平新闻思想为指导,以增强"四力"为抓手,把"四力"作为构成"真本领"的重要内容、提升"真本领"的方法路径,找差距、补短板、强弱项,在融合中求创新,在创新中求突破,认真练就善创新、能创优的"十八般武艺",切实履行主流媒体职责使命,推动新闻创优工作不断强起来,更好地适应和跟上时代的变化、实践的发展、人民的期待。

笔者结合近年来在浦东新区融媒体中心创新创优的具体实践,探索思考区级媒体新闻节目创优的应对之策。

## 一、锤炼扎实"脚力",深入基层一线"接地气""抓活鱼"

"纸上得来终觉浅,绝知此事要躬行。""脚力"是新闻工作者的工作基础。脚是用来走路的,有路就有方向。脚不停步,在路上心里才有时代;要往基层去,到基层心里才有群众;要在现场,在现场心里才有感动。脚下有泥土,笔下见真情。脚力到位,笔力方能雄健。这是新闻实践的硬道理。马克思主义新闻观认为,新闻报道中一切主观的东西都要经过实践的检验。立足于实践,新闻作品才会更有底气和灵气。

现实中,一些新闻记者深入实际不够,采访基层少,接触群众少,习惯于跑活动、泡会议,有的甚至关起门来写稿子,或借助网络摘抄拼凑。此类种种都是脱离实践的表现,严重损害新闻媒体公信力。只有迈开步子深入调查研究,走进基层一线、田间地头、新闻现场,获取一手信息,才能更好地摸清底数,把握形势,生动反映各领域、各行业、各部门的实际情况,发现许多有价值的新情况、新问题、新事物,从而找准工作坐标和目标定位,助力发展、推动工作。

举例来说,2020年8月28日,浦东新区融媒体中心记者创作的广播长消息《从"特斯拉速度"到"长三角速度",看浦东的示范效应》获得上海广播电视奖,并被报送推荐中国新闻奖。这篇新闻以苏浙两地企业复制浦东新区特斯拉公司快速拿到开工许可，以速落地浦东的经验为由头，采用倒叙的方法，先从"特斯拉速度"的制度创新方法和效果说起，再以实际案例展现其逐步常态化成为"浦东速度""上海速度"，进而复制推广到长三角地区，成为"长三角速度"。

据评委评价，这篇报道首先体现的就是记者的"脚力"。新闻发生后，记者第一时间驱车近两小时，在临港新片区独家采访到了特斯拉公司全球副总裁，这也得益于记者未雨绸缪地长期保持沟通、联络。采访完特斯拉公司，记者又马不停蹄赶往苏浙两省采访相关企业，并采访到了江苏省发展改革委负责推进长三角一体化工作的相关负责人，总行程超过2 000里，使得采访扎实丰富，既有最先受益企业的声音，又有兄弟省市受益企业的同气相连，还有制度创新等职能部门相关负责人的进一步诠释，生动反映了改革部门和企业百姓的心声，与"浦东经验"复制推广的显著成效由衷点赞。

而从更深层次、更高层面来说，"脚力"另有一种含义。脚是用来站立的，站在哪儿就是有立场。新闻工作既是专业性很强的工作，更是政治性很强的工作，最根本的是要讲政治立场，保持政治定力。该作品就紧扣习近平总书记在庆祝浦东开发开放30周年纪念大会上的指示精神——"浦东要在长三角一体化发展中更好发挥龙头辐射作用"。报道播出后，受到了社会广泛关注，得到了长三角三省一市相关政府部门和企业充分肯定，对于"特斯拉速度"的创新模式进一步推向全国产生了一定的促进作用。这一持续优化营商环境的"浦东经验"也得到了中央决策层的认可，国家发展改革委专门发文给有关省、自治区、直辖市及计划单列市发展改革委，各国家级新区要求推广借鉴这项创新举措。

懒人是当不了记者的。历史上，范长江行走大半个中国，写出《中国的西北角》和《塞上行》。如今，从"三贴近"到"走、转、改"，再到新时代的"四力"，事实证明，越接近、越真实，越贴近、越出彩，"脚底板下出文章"的箴言就会应验。

## 二、练就敏锐"眼力"，勇当时代船头的"瞭望者"

眼力是对新闻事实的发现力和辨别力。新闻记者面对各种复杂的社会现象，如果没有一副好的眼力，就很难在众说纷纭的舆论场中举旗定向、引领时代。

记者2016年二月21日采写的电视长消息《总理点赞"双随机"监管模式，明年将全国推广》先后荣获上海广播电视奖、上海新闻奖、中国广播电影电视社会组织联合会一等奖、全国县级广播电视及播音主持优秀作品一等奖。

国家领导人考察上海自贸区，作为区级媒体记者，本身并无优势。但记者发现一个细节，当天李克强总理为上海自贸区启动了一次"双随机"抽查，看似是一个简单的动作，但记者却通过李克强总理的现场声，被抽查的企业相关负责人及市场监管局执法干部的采访,道出了这一创新监管模式背后的大意义——营造市场公平竞争环境,减轻企业负担,减少权力寻租,倒逼政府职能由"重审批"向"重监管"转变。在总理随机抽取被检查企业后,记者还跟着执法干部去这些食品生产企业,现场了解"双随机"抽查流程、企业感受等,以具体的案例彰显这项改革的新时代意义。

由此说明,通过捕捉各种细节,可以从表象看到本质、从一般看到规律。人们常说:"不谋万事者,不足谋一时;不谋全局者,不足谋一域。"新闻工作者要达到既见人之所见又见人之所未见的境界,必须高度关注社会热点、发展难点、民生焦点,学会多方面、多角度观察问题、思考问题,增强由小及大、由点及面看问题的能力,突破只见树木不见森林的障碍,使新闻报道既能围绕中心、服务大局,又能够达到立足本土、观照中国的大格局。

## 三、激发丰富"脑力",练就长于深刻分析的"新闻脑"

激发丰富"脑力"。"文章如布匹,脑力是梭杼。""多想"才能写出好的文章。"多想"就是要求我们拓展思路、集中注意,既要身临其境又要跳脱局部看全局,要谋划思考下笔,与上下左右展开联系。很多新闻工作者在谈到自己写作思路时会提到自己睡觉前、吃饭甚至散步时都在想、在构思。好的文章,正是经过这样的反复推敲和打磨之后,搭建起了文章的框架,充实了内容,构建起了联系,才能引发受众共鸣,成为大家喜闻乐见的精品之作。

如:2018 年 4 月 11 日,在浦东新区融媒体中心播出的电视长消息《一张施工许可证办理的"自贸区速度"》,荣获第 28 届上海新闻奖,这篇新闻就是兼具思想深度和价值密度的实践案例。

施工许可证办理,看起来点很小,但却是反映"自贸区速度""营商环境指数"的最佳首创性案例。施工许可证办理是国际上衡量一个地区营商环境的重要指标之一。中国大陆的平均办理时间需 247 天,被世界银行列为中国排名最为靠后的营商指标。但因为涉及安全、土地等敏感因素,过去没有哪个地方政府敢于在这方面有所突破。上海自贸区先行先试,在全国率先推行企业投资建设项目审批改革。改革后的首张施工许可证办理时间比原先缩短了近半年。

以点带面,由表及里,记者没有仅仅报道表面所看到的"开工速度"的变化,而是挖掘变化背后的故事和系统集成的改革路径和方法。通过实地走访率先"尝鲜"改革的企业,了解企业真实感受,反映出企业以往在申办施工许可证过程中时间成本大、办证繁、负担重等相对集中的问题,立体展现了这一改革在及时解决企业难点、痛点问题上所起到的作用。

而改革的背后，凸显的是政府"刀刃向内"的自我革命和系统集成自改革突破。记者在整篇报道中，用三个小标题分段展开论证，首先是"一网通办：'互联网+政务服务'促进高效互联"，其次是"网上督办：监管者也有人监督"，最后是"改革目标：对标国际最高标准 最好水平"，使自贸区的"开工速度"超过英、美等发达国家水平。每一段落都通过首个案例加采访的创新形式，串联式、递进式、系统性挖掘其内涵，体现出一定的新闻前瞻意识。

## 四、汇聚奋进"笔力"，把最好的"精神食粮"贡献给受众

笔力是落点，也是新闻工作者的基本功，它是脚力、眼力和脑力的综合体现，练就好的笔力，需要日积月累的艰苦训练，才能把脚力所到之处、眼力发现之美、脑力思考之深综合地呈现出来。

"读书破万卷 下笔如有神。"首先，要多看经典原著，常读新闻名篇，细心揣摩前人的语言技巧，不断磨炼自己的表达功夫，善于运用文字、声音、图片、动画、现场视频等元素进行表达。在深入调研、敏锐观察、深入思考的基础上做到多写多练，在反复的实践中锤炼对文字的驾驭能力。

例如：2017 年 3 月 14 日，浦东新区融媒体中心报道的电视短消息《全国首张"一企一证"今天在上海自贸区诞生》先后荣获上海新闻奖二等奖、中国广播影视大奖提名奖。这篇报道仅有 492 字，上海新闻奖的评委们在评审时注意到，在短短 1 分 27 秒的新闻报道中，囊括了颁证现场画面、不同行业的受益企业实地采访以及国家质检总局相关负责人的印证。评委在点评时认为，该篇报道短小精悍，言简意赅，结构精巧，通俗晓畅地诠释出全国首张"一企一证"在上海自贸区诞生带来的丰富内涵，重大意义，体现出记者的"笔力"和"脑力"。当天各大中央级媒体和市级媒体都报道了这一新闻，但都是蜻蜓点水、浅尝辄止，仅仅局限于颁证仪式现场进行报道，没有前往受益企业，挖掘这一首创性改革背后的新时代内涵。这也体现出记者的"眼力"和"脚力"。

其次，要创新话语表达方式，运用老百姓的语言、青年人的语言，采取群众喜闻乐见、便于接受的载体形式，让新闻报道更接地气、聚人气，更有情感、有温度。笔力的温度取决于作者心中的热度，作者创作没有感情，自然无法感染读者，只有倾注情感写群众所喜所盼，才能凝聚起奋进的正能量。

在信息技术条件下，还要充分运用新技术新应用，创新传播方式、表达方式，不断提高新闻舆论的传播力、引导力、影响力、公信力。练就笔力是一个漫长熬熬的过程，要求我们一定要沉心静气，坐得住冷板凳，下得了苦功夫，持之以恒、久久为功。

## 五、找准自身坐标定位，本土元素彰显特色

作为区级媒体记者，应当明晰自身所在区域的独特优势，找准自身坐标定位，差异化找选题。记者所在的城市——浦东新区，是上海 16 个区之一。"地区生产总值从 1990 年的 60.24 亿元增长到 2019 年的 1.27 万亿元，以占上海市1/5的面积、1/4 的人口，贡献了 1/3 的 GDP。"同时，浦东是全国首个自由贸易试验区、首批综合性国家科学中心等一系列国家战略的承载地，因此也成为许多首创改革的诞生地，创新发展的排头兵。30 多年来，在浦东这片热土上诞生了许多个"全国第一"……特别是 2013 年 9 月 29 日成立全国首个自贸区以来，"第一"的"产出频率"进一步提高，外商投资负面清单、证照分离等众多首创的制度创新措施在这里生根发芽，并复制推广到全国各地。

无疑，"首创"这一词汇已成为浦东新区打造制度创新策源地过程中的关键词，而党的十八大以来，我们党凭着一股子气与劲，以首创精神啃硬骨头、涉险滩，将当代中国推进到一个新的历史方位。无论是坚持"以人民为中心"的治国理政思想，还是持续推进"放管服"改革的行动；无论是坚决淘汰落后产能，还是确保"绿水青山就是金山银山"，无不展现出敢为人先的改革精神和首创精神。

为此，浦东融媒体中心记者将更多精力聚焦本土首创性改革，尤其是要及时地、精准地、深入地报道好能够展现浦东新区作为改革开放窗口地位的首创案例、首推措施。

以浦东新区融媒体中心报送，荣获中国广播电视大奖的电视长消息《全国首创，上海自贸区企业一证"闯天下"》为例，记者在标题、主持人导语、解说词中，充分体现了"本土首创"元素。

首先，在标题中直接标明这项改革是"全国首创"；其次，在主持人导语中说明这是改革后浦东发出的"全国首批'行业综合许可证'"；最后，在新闻解说词中进一步体现的同时，又阐明这项改革看似简单，其实困难重重。第一难的就是突破现有法律，其所涉及的审批流程，在上海市及全国层面还没有法律依据，为此浦东新区运用上海市人大授权，通过了关于"一业一证"改革的决定，为改革保驾护航，体现了法治政府的思维，而这也是"全国人大系统首个"。

聚焦一个地区的首创性改革，不是为了说明"风景这边独好"，而是为全国各地的改革攻坚提供新鲜经验和实践样本，从国际传播的角度讲，也是为了让意识形态领域的主流媒体讲好当地创新故事，更好地传递"中国声音"，让世界看到改革开放 40 多年来发展的"中国速度"，彰显将改革开放进行到底的"中国决心"，对标最高标准的"中国精神"。

## 六、找准新闻切入点,"一粒沙里见世界"

"一粒沙里看世界,半瓣花上说人情"。选取重大题材,并不是面面俱到,而是大局着眼、小处着手、以小见大、一叶知秋。因此,找准了一个切入点,就是抓住了一条"活鱼"。那么如何找准新闻"切入点"呢?主要有以下几类。

**1. 小切口,大主题。**正如文学巨匠鲁迅先生在《致赖少麟》一文中所言:"太伟大的变动,我们会无力表现的,不过这也无须悲观,我们即使不能表现他的全盘,我们可以表现他的一角,巨大的建筑,总是一木一石叠起来的,我们何妨做这一木一石呢?"

**2. 小人物,大境界。**小人物可以是助人为乐不留姓名的张三李四,可以是身残志坚开拓创新的小王小黄,也可以是艰苦创业,带动村民致富的养殖大户,他们的事迹,没有惊天动地的壮举,只有点点滴滴的小事;他们的话语,不有豪言壮语的誓言,只有朴素踏实的行动。但小人物往往是最基层的实干家,是百姓心中的好人,也是最可参照的身边典型。从平凡人物的生活与故事中挖掘闪光点与"不凡"之处加以襄扬,并与社会大主题和时代大背景相连接,折射出国家和社会的发展,这将使新闻作品既有思想性,又有亲和力。

**3. 小数字,大变化。**"横看成岭侧成峰,远近高低各不同"。同一事对各自既有共性又有个性,大家都在共性上做文章,那就"撞车"了。要善于在共性中找独特个性,在司空见惯中看出问题症结,要让"老树开新花",就要出新、独辟蹊径,巧妙地"穿针引线",把过去的状况和今天的现实联系起来,在新旧的对比中发现新闻点。这也是区级媒体可以遵循的一条规律或者说是创优的一种策略。

2020年9月,中共中央办公厅、国务院办公厅印发《关于加快推进媒体深度融合发展的意见》。《意见》指出:"把党的优良传统和新技术新手段结合起来,强化媒体与受众的连接,以开放平台吸引广大用户参与信息生产传播,生产群众更喜爱的内容,建构群众离不开的渠道。"这表明,在全媒体时代,在坚持守正创新、角度新颖的同时,还要善于把技术、内容、形态有机结合起来,创作出融合发展的高水平作品,以适应分众化、差异化传播趋势,不断提高新闻舆论传播力、引导力、影响力、公信力,努力形成与新时代相适应的新闻品格和新闻气质。

不过,值得注意的是,不能因为过度追求制作的精致、技术的创新而忽略了新闻作品本身应有的时效性和思想性。2015年12月25日,习近平总书记在视察解放军报社时就指出:"对新闻媒体来说,内容创新、形式创新、手段创新都重要,但内容创新是根本的。"因此,只有切实践行"四力",认清内容为王与手段创新之间的辩证关系，让内容、技术、形态浑然一体，才能创作出受众认可的精品力作。

## 结　语

党的十九大提出了"以人民为中心"的发展思想，这是习近平新时代中国特色社会主义思想的核心内容，是做好新时代党的新闻舆论工作的必然要求。在"万物皆媒"的新媒体时代，区级融媒体中心的创优作品要在信息海洋中成为一朵朵跳跃在潮头之上的浪花，要将"以人民为中心"的发展思想作为理念之基，把做好舆论导向、围绕中心工作、体现区域特色、讲好百姓故事、反映时代变化作为新闻创优的使命与价值所在。与此同时，在传播及时度、新闻角度、内容丰富度、观点深刻度这四个维度上，创新方式，用心锤炼，灵活运用声色光影来打造各种带露珠、冒热气、能刷屏、会爆红的新闻精品，才有可能在激烈的评优活动中"突围而出"。

**参考文献：**

［1］习近平在全国宣传思想工作会议上的讲话.举旗帜聚民心育新人展形象，更好完成新形势下宣传思想工作使命任务［N］.人民日报，2018 - 08 - 23.

［2］何运平.踏着脱贫攻坚战的鼓点——第26届至29届中国新闻奖获奖扶贫新闻作品选题及构思分析［J］.新闻战线.2019(22)：48 - 50.

［3］(受权发布)习近平：在浦东开发开放30周年庆祝大会上的讲话［N］.新华社上海11月12日电.

［4］许经勇.我国制度创新的战略决策：以"点"带"面"［J］.北方经济，2020(11)：4 - 7.

［5］国家广播电视总局公告公示：国家广播电视总局办公厅关于中国广播电视大奖2019—2020年度广播电视节目奖评选结果的通知［EB/OL］.2021 - 11 - 29.

［6］中共中央办公厅 国务院办公厅印发：关于加快推进媒体深度融合发展的意见［EB/OL］.新华网 ，2020 - 09 - 26.

［7］曹智，栾建强，李宣良.习近平视察解放军报社的讲话［EB/OL］.新华网，2018 - 12 - 26.

**作者简介：**
严尔俊，上海市浦东新区融媒体中心采访部主任、记者。
邵学新，上海市浦东新区融媒体中心党委书记。

# 试论媒体环境变化下对媒体舆论管理的新要求

曹文琳

**提　要：** 媒体的舆论管理工作和过去相比有了很多的变化，一是国际环境更为复杂，舆论阵地的争夺更为激烈；二是媒体内部正在进行自主的转型和变革；三是行业管理更规范更严格。这些给媒体的导向管理工作带来了新要求。我们要加快建立与之相适应的管理制度和流程，也要加快培养在传统媒体和新媒体领域都能胜任的、舆论导向管理双栖型的人才。媒体从业人员的素质要求也更高，需要具备更敏锐的洞察力和判断力，需要更强的学习积累能力，也需要学会处理交叉领域的信息。

**关键词：** 舆论管理　意识形态　媒体转型　新要求

## 引　言

舆论导向正确，利党利国利民；舆论导向错误，误党误国误民。我们党在事业发展的各个阶段都非常重视舆论管理和导向宣传，可以说在任何历史时期，党在舆论管理方面的强大能力都是党的事业能够得以不断发展壮大的重要保障。

当前世界格局瞬息万变，中国共产党在复杂的外部环境下，带领全国各族人民向着中华民族伟大复兴之路迈进，舆论管理能力尤其重要。舆论管理得好，有利于全国各族人民和不同社会群体，团结一心，形成合力，加快中华民族伟大复兴的步伐；也将有利于国际社会更多地理解中国、认可中国、喜爱中国、帮助中国。舆论管理不好，则将可能给我们的民族复兴之路增加未知的风险和噪声。舆我们的前进之路增添障碍和阻挠。

# 一、媒体内外环境的变化

## 1. 国际形势的变化

随着中国日益成为全球经济增长的中流砥柱,GDP 总量排名连续 11 年位列全球第二,以及美国从特朗普到拜登时期的排华政策的推进,中美之间的竞争关系不可避免地到来。除了经济领域的竞争,意识形态领域的争夺势必将更为激烈。

美国前总统克林顿曾说,今后的时代,控制世界的将不是军事实力而是信息实力走在前面的国家。《美国的逻辑:意识形态与内政外交》一书中指出,美国在两方面很下功夫:一是舆论导向,二是方式方法。美国尤其擅长借助好莱坞电影等文化传播手段,发挥其在全球舆论战中的作用。《美国玩舆论战的那些套路》一文表示,特朗普政府中,不少高官具有媒体工作经历,擅长与媒体打交道,熟知各类媒体的特性和需求,能够充分利用专业知识实现他们想达到的传播效果。

尤其自 2020 年全球新冠肺炎疫情以来,美国及少数西方国家内部对中国怀有敌意的声音与日俱增,"中国威胁论"在西方很有市场。据中华网报道,疫情发生后,美国悍然发动"中国责任论""中国赔偿论"等六大舆论战,直指中国,特朗普更在讲话稿中将"新冠病毒"手写改成"中国病毒"。2020 年,推特公司宣布关闭超过 17 万个所谓"与中国政府有关"的账号,借口是这些账号"传播有利于中国共产党的地缘政治言论"。

2022 年北京冬奥会前,美国加大了对华舆论战的力度,以所谓的"人权"为由,炮制所谓的"外交抵制北京冬奥会",并使用社交机器人手段,极尽抹黑北京冬奥会之能事。研究发现,以美国为首的反华势力在冬奥会期间借助人工智能、计算宣传等新型手段,利用社交机器人炮制大量反华议题。

2021 年习近平总书记在十九届中共中央政治局集体学习会上强调,要深刻认识新形势下加强和改进国际传播工作的重要性和必要性,形成同我国综合国力和国际地位相匹配的国际话语权,为我国改革发展稳定营造有利的外部舆论环境。必须加强顶层设计和研究布局,构建具有鲜明中国特色的战略传播体系,着力提高国际传播影响力、中华文化感召力、中国形象亲和力、中国话语说服力和国际舆论引导力。

## 2. 媒体自身的变化

近年来,随着移动互联网应用和短视频等新兴媒体形态的快速崛起,传统媒体平台影响力不断下降,促进传统媒体与新媒体的有机融合成为一个时间以来迫在眉睫的问题。在党中央关于主流声音应该占据不同媒体平台的要求下,传统媒体纷纷开设新媒体信息发布平台,力争占领舆论宣传的新阵地。

为了不丢失每一块阵地,各大传媒机构纷纷在多个平台开设账户,微博、微信、抖音、快手、头条、视频号、B站UP主,应开尽开。以B站为例,2018年人民日报开设账号并与其签署战略合作框架协议,2019年新华网与其合作举办跨年晚会,2020年央视与其合作举办跨年晚会,并联合打造国民热议短片《后浪》。

此外,各级广播电视机构融媒体平台如雨后春笋般搭建起来。以上海为例,2019年9月,上海16个区级融媒体中心全部建成。2019年11月20日,中央广播电视总台所属的"央视频"开播,这是中国首个国家级5G新媒体平台,标志着媒体融合大势达到高峰。

相比较传统样本的单向、线性、定时等传播特点,新媒体平台具有互动性更强,内容呈现更为复杂、分散,时效要求更为极致等特点,这也大大增加了舆论管理的难度和复杂程度。

以广播电视样本为例,传统广播电台和电视台做好舆论管理,每天只要管好从零点到24点这一条播出线即可,24小时内播出的节目内容即是主要监管范围,因此"重播重审"是关键。但是内容进入新媒体平台后,不仅节目本身需要把关,节目的海报、简介、评论页、专题页等这些图片文字信息都是可能存在舆论导向风险的地方。此外,由于新媒体平台的点播功能要求海量的内容储备,节目一经上线一般不会被主动撤下,"永久在线"这一特点使得新媒体内容舆论导向管理的风险随着时间的推移而逐渐提升。

另外,由于新媒体领域之前监管较为滞后,自我审查机制少,在行业快速发展的背景下,大量不符合舆论管理要求但吸引眼球的内容充斥屏幕,传统媒体在新媒体融合的过程中,要和之前已在新媒体端"占山为王"的内容发布者进行竞争,难免有意无意放松尺度,或"打打擦边球"。

在此背景下,如何既保证我们的内容在新媒体平台上的时效性、丰富度、互动性以及"吸睛"程度,又保证舆论管理不出问题?这给缺乏新媒体管理经验的媒体从业人员提出了一个新的课题。

## 3. 行业管理要求的变化

在互联网和移动互联网应用初步兴起的时候,各个视频网站和APP等新媒体平台经历了一段"野蛮生长期"。无论是内容的版权要求还是舆论导向要求相当长的一段时间内,监管力度跟不上发展速度。违规内容、盗版内容、不实内容、低俗内容,横行霸道,疮痍满目。同时,文艺界也出现了很多乱象,阴阳合同偷逃税问题、艺人失德问题层出不穷，一段时间对社会风气产生了严重的不良影响。

近年来，这些意识形态领域的乱象终于受到了的关注，对互联网平台的规范管理，对舆论领域的杂音治理，失德艺人行为的不良导向问题等越来越受到管理者的重视。

2016 年 11 月，国家互联网信息办公室发布《互联网直播服务管理规定》，明确禁止互联网直播服务提供者和使用者利用互联网直播服务从事危害国家安全、破坏社会稳定、扰乱社会秩序、侵犯他人合法权益、传播淫秽色情等活动，打响了近年来网络乱象治理的第一记重拳。

2021 年，对于饭圈文化、粉丝乱象等娱乐领域的集中治理更是出现了前所未有的力度。

2021 年 6 月起，中央宣传部、中央网信办、工业和信息化部、公安部、文化和旅游部、国家广播电视总局共同开展"净网"集中行动，处置低俗有害信息 40 余万条，取缔关闭网站 4 800 余个。

2021 年 8 月，中央网信办发文，宣布整治不良粉丝文化工作的"清朗·'饭圈'乱象整治"专项行动取得阶段性成效，累计清理负面有害信息 15 万余条，处置违规账号 4 000 余个。与此同时，国家广播电视总局集中开展了为期一个月的网络综艺节目专项排查整治，下发了《关于进一步强化网络综艺节目管理》的通知。通知强调要强化价值引领，坚持以人民为中心的创作导向，大力弘扬社会主义核心价值观；严格控制偶像养成类节目，重点加强选秀类网络综艺节目管理。

2021 年 9 月，中央宣传部印发《关于开展文娱领域综合治理工作的通知》，要求坚持以社会主义核心价值观为引领，有效遏制行业不良倾向，廓清文娱领域风气。严禁选用未成年人参加选秀类节目，树立正确审美观，加强文艺创作审美导向把关。坚决抵制造星炒星、泛娱乐化等不良倾向和流量至上、拜金主义等畸形价值观，引导青少年健康成长。

2021 年 11 月，中演协将吴亦凡、郑爽、张哲瀚等 88 人列入警示名单，人民日报为此发微评论表示，必须严防严禁"违法失德艺人复出洗地"，"文娱产业越发展，违法失德现象越须整治"。

据不完全统计，2021 年，从中央机关、政府部门到行业协会，针对文娱圈、文化导向问题已发文超过 20 次。2021 年也被业内称为文娱行业"合规元年"，因为伴随着监管部门陆续发出"零容忍"的声音，2021 年各部门对娱乐圈乱象整改力度之大、反应速度之快，可以说是"史无前例"。

作为党和人民喉舌的主流媒体，舆论引导工作必须紧跟这些管理措施，及时调整播出内容，严格审查出镜出声人员，切不可出现脱节现象。

## 二、媒体内外部环境的变化，给媒体管理工作带来新的要求

复杂的舆论斗争形势、媒体自身的快速转型和融合，以及行业监管的加强都给我们的媒体管理工作提出了新的要求。

### 1. 要加快培养舆论导向管理双栖型人才，适应多平台作战的特点。建立既确保舆论导向，又灵活多变的安全播出体系，加强新媒体平台的竞争力

在媒体加快转型的新形势下，多平台作战意味着导向管理的难度和管理的风险都在与日俱增。我们要加快培养舆论导向管理方面的双栖型人才，无论是在传统平台，还是互联网平台，以及移动互联网平台都能做到游刃有余地管理和引导。

首先，双栖型人才是富有传统媒体管理经验的人才，他知道媒体作为党和人民的喉舌这一职责的重要性，也知道牢牢守住舆论阵地的底线在哪里。

传统媒体在向新媒体转型时期，不少内容制作和管理人员或多或少受到影响，当看到游走在管理规范之外的新媒体平台靠着传统媒体上看不到的内容博得"风生水起"的时候，"松一松放一放""吸引眼球和流量最重要"等思想慢慢占据上风，也成为一些人的行动准则。而合格的舆论导向管理双栖型人才首先要能抵制住这些诱惑，坚守政治底线，坚持社会正义，有一颗为党和人民发声，为促进社会变得更美好而守护舆论阵地的初心。

其次，舆论导向管理合格的双栖型人才，要熟悉新媒体平台的特点。对于层出不穷的新媒体平台，他能迅速理解其看似复杂结构下的内容呈现特点，把内容发布的关节点进行分解，并进行分别把关。如在百视通新媒体的导向管理体系中，除了视频节目内容外，还安排了专人进行专题页、海报页的审核，从而将视频流的导向管理和平面内容的导向管理相结合、相互补的点播平台管理体系，以及相应的人才培养结构。

另外，舆论导向管理合格的双栖型人才还要深刻理解新媒体的强用户、强互动特点，避免完全生搬硬套传统媒体舆论管理的方法，保障新媒体平台上发布的内容在不出导向问题的基础上，具有相当的生命力。例如将新闻类视频和普通点播视频进行分开处理，设置不同的审核流程，加快新闻节目上线速度；再如对风险度不高的评论页进行关键字词过滤后，先第一时间发布再进行人工复核，提升用户在互动体验上的满意度等。

### 2. 要建立新的管理机制和管理流程,确保媒体在转型期不出现管理的空白地带

媒体内外部环境的急剧变化,要求媒体加快建立与之相匹配的管理制度。

以广电媒体为例,原有平台的线性播出体系不复存在,守好 24 小时播出线已远远达不到舆论导向管理的要求。老广电人最熟悉的"三审制度""重播重审"等规范已远远落后于现在的业务形态。

节目内容从线性播出到平面播出,从一次性播出到可被反复点播观看,从只能看不能评到能看还能评。这些变化要求相应的管理制度必须跟上。以各融媒体中心为代表的转型中的广电媒体要充分考虑到媒体在转型发展中的这些新特点,建立新的管理机制。

例如,除了保障节目在上线播出之前要经过相关的管理审核,杜绝不符合舆论导向有问题的内容上线;也要保障节目在出现问题时(如落马官员、失德艺人相关),能第一时间被下线,并进行相应的管理,应建立相应的内容上下线管理机制;

例如,除了保障节目本身不出导向问题,节目的附加信息,如节目介绍页、专题页、评论页也都要被纳入管理机制,应建立相应的平面内容管理机制;

例如,除了保证员工在自己平台上制作播出的内容不出导向问题,也要杜绝员工以职业身份开设的微信、微博账号出现舆论导向问题,应建立相应的新媒体平台账号管理机制;

例如,除了让内容相关人员要"知其然",被动执行命令,还要让他们"知其所以然",对国际舆论斗争的最新形势,以及舆论导向管理要求有深刻的理解,应建立相应的提升媒体人员素质的教育培训机制;

再如,为了确保制定出的流程规范执行到位,而不落于空纸一张,应建立相应的演习、抽查、奖惩等执行机制等。

近年来随着意识形态领域的斗争加剧和管理要求的加强,舆论导向的管理总是在动态中进行,只有从机制上查漏补缺,才能从根本上防止导向管理上的失误和偏差。

## 三、媒体内外部环境的变化,给媒体从业人员的素质带来新的要求

按照传播学的"传播与控制""传播把关人"理论,传播是社会对大众的信息传播,要对社会负责、对国家负责、对受众负责,因此涉及传播媒体从业人员的政

治信仰、传播道德伦理、价值观念、学识修养、智能结构，等等。这就涉及了媒体从业人员的素质要求问题。

做好新时代的媒体舆论管理工作，媒体从业人员的综合素质也需要不断提升，主要有以下几个方面：

## 1. 光有导向管理意识还远远不够，还要具备更高的综合欣赏力和政治敏感度、判断力

习近平总书记强调讲好中国故事，传播好中国声音，展示真实、立体、全面的中国，要加强我国国际传播能力建设和舆论引导能力，而如何讲好中国故事却不容易，由于外部环境近期发生的改变，要做好新形势下的舆论导向管理工作，媒体从业人员的整体素养要求也更高。

在传统观念里，做好舆论导向工作，无非坚持正面报道、杜绝敏感信息、坚守安全播出底线不动摇等那么几条，似乎只要不触及重大政治敏感事件、邪教组织只等敏感信息，只要港台称谓不乱、地图表述不错，舆论导向就算是正确了，舆论管理工作就大功告成了。显然，这种观念是片面的。

在当前形势下，要做好导向管理不仅要求媒体从业人员有正确的政治素养和宣传报道观，有不断提升主流媒体"传播力、引导力、影响力、公信力"的良好初衷；也不仅要求媒体从业人员要具备孙悟空一般的眼力，能从众多的境外记者的话筒中辨认出某个邪教组织的话筒，能从模糊的中国地图画面上发现南海九段线的错漏。更重要的是，在当前纷繁复杂的大环境下，由于意识形态的领域争夺日益激烈，西方意识形态的渗透更为隐蔽，我们的媒体人员应具备相当的洞察力，结合当前形势，从看似平常的语言中，发现可能隐藏的导向风险，这种软实力要求，是对媒体从业人员提出的更高的素质要求。

例如，在某台制作播出的纪录片《中国文房四宝》一片中，有一段涉及到：新疆桑皮纸的传承人原本没有引起关注，直到2002年一位美国记者发现了他，带到美国进行公开展示这才引起轰动。虽然没有直接点明，却有暗示中国政府对新疆传统文化遗产保护不力，幸亏美国参与才得以拯救之意。在新疆、美国这两个敏感话题的处理上，该片制作团队显然缺乏足够的敏锐度，使得这部本来旨在宣传中国文化的纪录片出现不应有的导向失误。我们部分舆论导向管理人员的素质提升任重道远。

## 2. 新环境下的舆论导向管理人才，还要具备极强的学习能力和积累能力

由于我们正处在历史的交叉口，面临风云剧变的国际环境，复杂多变的自我

关系,要做好舆论管理工作必须具备不断学习的能力,紧跟时代的步伐。

以我国和阿富汗塔利班的关系为例,2021 年 7 月 28 日,国务委员兼外长王毅在天津会见阿富汗塔利班领导人;2021 年 8 月 19 日,塔利班发言人接受央视记者采访。一个善于学习的媒体人将会从这些报道中得到巨大的信息,对接下来发生的塔利班在阿富汗建国,以及我国对于塔利班政权的态度作出明确的预判,为我国的外交工作和国际关系合作提供有利的舆论环境,而不至于发生以过去的口径处理塔利班相关报道的导向错误。

以国内反腐形势为例,党的十八大以来党中央持续加大反腐力度,据《法治日报》报道,2021 年有 431 名中管省管干部被执纪审查。不完全统计,仅 2022年 1 月就有广西自治区政府原副主席刘宏武、四川省人大常委会原副主任王铭晖、河北省人大常委会原副主任谢计来、中国储备粮管理集团有限公司原党组成员副总经理徐宝义、黑龙江省人大常委会原副主任宋希斌等落马。

以娱乐界令人眼镜大跌的明星人设崩塌事件为例,仅 2021 年就出现了"郑爽代孕加偷税事件""吴亦凡强奸事件""霍尊出轨事件""钱枫性侵事件""李云迪嫖娼事件""张哲瀚靖国神社事件""王力宏召妓事件"等,"吃瓜群众"纷纷表示看不过来了。

今天的政府高官,明天可能成为罪犯阶下囚;今天的网络红人,明天可能成为反面教材、封杀对象,这种现象层出不穷。这给舆论导向管理带来了前所未有的困难,一个不善于学习和积累,不善于因势而变的媒体人员将难以完成舆论导向管理的重任。

### 3. 新环境下的舆论导向管理人才,还要具备合理分配注意力的能力,视野要广,交叉领域的信息关注度要高

和过去媒体从业人员重在分领域深耕不同的是,在前文提到的三个大背景下,媒体从业人员要做好舆论管理工作,必须具备更广阔的视野,以及对交叉领域信息的敏感度和关注度。过去时政条线的记者编辑可能不关心娱乐八卦,体育条线的记者编辑可能不关注时政消息,但在国际形势波谲云诡,以及意识形态领域话语权争夺日益激烈的今天,任何的信息阻塞都有可能导致舆论导向管理的失误。

例如,2021 年 3 月美国及少数西方反华势力炮制恶意谎言,无中生有,发起所谓"抵制新疆棉"运动,试图抹黑中国形象,阻遏中国发展,耐克、阿迪达斯等BCI 成员纷纷响应,称将不再从新疆采购棉花。而耐克、阿迪达斯正是许多体育赛事的赞助品牌,如果一个体育条线的媒体人员当时忽略了这条新闻,仍让这两个品牌频繁出现在当时的版面中,可想而知将会给舆论导向带来怎样的负面影

响。同样，当各宣传部门正大力进行净网行动，进行娱乐圈乱象整治的时候，如果新媒体点播平台上，张哲瀚主演的电视剧《山河令》、吴亦凡参演的电影《老炮儿》还赫然在列的话，则会给整个社会的价值观树立带来多大的困扰。可见，新环境下舆论管理人才必须不断提高自己的政治敏感度和对跨领域交叉言论的关注度。

## 结　语

习近平总书记在致第四届世界媒体峰会和中国人民对外广播事业创建80周年的贺信中说：在世界百年未有之大变局的深刻而复杂的国际格局下，如何正确回答时代课题，广泛凝聚世界共识，媒体肩负着重要社会责任。要打造具有强大引领力、传播力、影响力的国际一流新型主流媒体，为实现中华民族伟大复兴的中国梦、推动构建人类命运共同体作出新的贡献。

媒体当下面临的复杂的外部环境、内部变革的新形势以及行业监管的更高标准，给我们媒体舆论导向管理的制度建立、人才培养和从业人员素质都带来了更高的要求。媒体人只有不断学习，注重积累，不断提升政治素养，拓展专业能力，才能在新的变革中保持强大的舆论引导能力，做好党和人民的喉舌。

**参考文献：**

［1］中宣部编写组.习近平新闻思想讲义［M］.北京：人民出版社，2018.

［2］熊蕾.美国的逻辑：意识形态与内政外交［M］.北京：中国经济出版社，2019.

［3］毕研韬.美国玩舆论战的那些套路［N］.环球时报，2018-07-24.

［4］美国悍然发动6大舆论战，直指中国［EB/OL］.中华网，2020-04-21.

［5］中宣部.关于开展文娱领域综合治理工作的通知，2021-09.

［6］吕硕.B站反向融合的实践及其启示［J］.声屏世界，2021(6)：89-92.

［7］戴元光，金冠军.传播学通论［M］.上海：上海交通大学出版社，2000：145-149.

**作者简介：**

曹文琳，SMG上海文广互动电视有限公司总编室副主任。

# 试论广电媒体 MCN 的突围发展之路

王 雯

**提 要:** 随着媒体融合的推进和短视频行业的发展,以"网红经济"运作模式为主体的 MCN 行业应运而生并正在不断发展壮大。而以广电为代表的传统媒体也陆续入局 MCN 机构,成为融媒体领域的一大亮点。在 MCN 机构不断发展的背景下,如何看待广电媒体的 MCN 化?广电媒体究竟该如何"借风使力,借船出海"? 充分利用内容生产力的自身优势进行高度融合、明确定位、补齐短板,探索全新的发展路径和运营机制,大胆尝试与市场接轨,进行差异化的发展,这或许是传统媒体经营管理的一条突围之路。

**关键词:** 传统媒体 广电媒体 MCN 经营管理突围发展

## 引 言

近年来,我国信息传播业呈现多元化的发展趋势,媒体已经进入了视频化表达的时代,短视频在媒体视频化中扮演的角色也越发重要。短视频的蓬勃发展直接催生了内容的产业化、专业化、垂直化趋势,以"网红经济"运作模式为主体的 MCN 行业不断发展壮大,而广电媒体 MCN 也在此背景下诞生,并成为主流媒体融合转型的重要一环。

本文试对广电媒体的 MCN 突围发展之路进行分析与探讨。

# 一、MCN 模式的发展历程

## （一）何为 MCN

MCN(Multi-Channel Network)源于国外成熟的"网红经济"运作，是一种多频道网络的产品形态，其盈利模式的逻辑是将专业的内容创作者聚合起来，在资本支持下，保障创作者持续输出优质内容，最终实现商业的稳定变现。MCN 机构则是视频达人和平台、广告主之间的纽带和桥梁，类似"网红"和视频博主的经纪公司，其盈利模式本质上是生产多渠道的网络产品。

对内容创作者来说，MCN 能发挥强大的资源整合作用，依靠系统平台对后台大量数据进行分析，对受众用户进行有效画像，抓住用户需求，从而在内容创作方向上给予指导。对短视频平台来说，PUGC（专业用户生产内容）的内容生产模式可以保障平台的内容质量，优化流量分红的传统盈利模式，减少中间环节的对接流程、对象，使商业盈利最大化。对广告商来说，可以通过 MCN 机构找到符合广告主需求的目标人群，实现精准的广告投放，同时探索新的广告植入方式，实现广告投放方式的多样化。因此，MCN 模式具有内容生产创作专业化、商业运营运作专业化、商业盈利最大化、内部资源一体化等基本特征。

## （二）我国 MCN 模式的发展阶段

MCN 模式进入我国后，首先盛行于签约网红、视频博主、主播的登记公司，成为网络生产内容的一大主力军。2017 年开始，国内 MCN 机构开始爆发式增长，MCN 机构数量从数百家猛涨到上万家量级，大部分头部网红入生 MCN 公司，或成立自己的 MCN。据 2020 年艾媒咨询的预测数据显示，2020 年中国的 MCN 机构数量或达到 28 000 家，中国 MCN 市场规模将达到 245 亿元。新浪微博、美拍、网易号、企鹅号、头条号平台纷纷发布垂直 MCN 合作计划和扶持计划。抖音、快手等短视频平台也看到 MCN 模式的风口，加大对 MCN 机构在内容、账号、用户等方面的扶持力度，提供资源投放、流量扶持、数据评估等一系列优先优质服务。

从我国 MCN 模式的发展来看，可以初步划分为三个阶段：第一阶段是以内容变现为"流量分成＋广告"的商业模式；第二阶段是以专业内容垂直类深耕的较为成熟的商业模式；到第三阶段已发展为机构定位类型更加细分，乃至品牌化、产业化的商业模式,涌现了广电系 MCN、电商型 MCN 等类型。

而我国 MCN 机构的盈利模式主要分为两大类:一是面向 B 端用户,如商业合作、流量分成、平台补贴、广告营销、IP 授权等。二是面向 C 端商家,主要通过衍生品销售、红人电商、直播打赏、内容电商、知识付费等方式获取营收。目前,我国 MCN 机构较为主流的盈利模式仍为广告营销、直播电商变现等。

### (三)广电媒体 MCN 队伍不断壮大

从 2018 年下半年开始,湖南娱乐频道、成都广电、中广天择开始在 MCN 领域有所布局,随着浙江广电、山东广电、黑龙江广电等省级广电加入,广电 MCN 范围进一步扩大。

2018 年 7 月,中广天择 MCN 成立。2018 年 9 月,成都广电以经济资讯服务频道为转型试验田,从 360 多名员工中抽调 50 多人专职从事云上新视听的内容孵化。2018 年 10 月,湖南娱乐频道孵化 MCN 机构,且搭建了以达人运营中心、五大内容工作室、市场运营中心、"芒果公会"为主的运营机制。2018 年底,无锡广电集团(台)遴选出 13 个工作室作为"百室千端智慧联盟"首批项目上线。2019 年下半年,浙江广电黄金眼 MCN 在短视频孵化、电商直播、账号代运营等方面打开局面。2019 年 11 月 16 日,济南广电与贝壳视频签约联合成立了城市 IP 孵化机构"鹊华 MCN"。2019 年 12 月,黑龙江广播电视台与贝壳视频探索出全新的融合发展模式,携手共建 MCN 短视频品牌。2019 年 12 月 18 日,山东广播电视台宣布成立总台层面的"闪电 MCN"机构 Light-ningTV,并与抖音平台开展 IP 合作。

在媒体融合纵深推进和短视频平台内容生态战略双重催化下,广电 MCN 进一步加速铺开。疫情期间,电商带货加速了"网红经济"的变现,广电 MCN 迎来新一轮的爆发增长期。截至目前,全国已有至少 20 家广电机构向 MCN 机构转化。

## 二、广电媒体到底要不要做 MCN

### (一)广电媒体布局 MCN 是大势所趋

从内容 IP 打造到常态化运营再到商业化探索,一些早期布局的广电系 MCN 已经雏形初显。当下,MCN 机构加速淘汰,广电媒体再次入局 MCN 是否已经过时?笔者认为,广电布局 MCN 仍是大势所趋。眼下,广电媒体蜂拥追逐

MCN,主要有以下几方面原因：

## 1. 来自广电经营创收的压力

广告业务占了广电系统收入的大头。但短视频平台转移了用户注意力,投放在新媒体的广告蚕食了部分电视广告的市场,致使中国广播电视收入持续下滑。因此,对于众多广电媒体来说,创收成了当务之急。而 MCN 起于短视频和直播的风口,这对于有着良好内容和主播变现能力的广电来说,入局似乎正是顺理成章,进军直播成为必然。毕竟,以广电的公信力背书和资源整合能力,通过电商直播获得现金流似乎不是难事,广电媒体 MCN 可以通过广告营销、大型电商等方面进行创收,为广电带来多元创收渠道。

## 2. 受市场热度的传导

由于疫情影响,线下销售转到线上,网红带货的电商直播成为超级风口。而MCN 受益于上下游红利,也迎来爆发增长期。其中,在抖音、快手、微博等平台入驻的 MCN 机构中,有 200 多家粉丝数超过 1 亿,约有 10 家 MCN 的月流水预计超过 1 000 万元。由于流量加持,MCN 机构被资本追捧。在此背景下,广电媒体纷纷入局 MCN,也形成了传导效应。

## 3. 媒体融合发展战略的需要

广电媒体作为重要媒体成员之一,其在 MCN 的布局是将传统媒体和新媒体相结合,是对行业创新的新探索,更是对自身的战略部署。一方面,短视频与长视频的制作模式能够让广电媒体揽收垂直性用户,提高内容转达的效率和频率,增加自身平台的曝光度和收视率;另一方面,广电的节目制作如今趋于多元化,不再像往日的墨守成规,而广电布局 MCN 进一步打通了丰富内容制作的通道。布局直播带货可以做到对广电系资源的充分再利用。广电通过布局MCN 将旗下的优质内容资源通过短视频、直播等形式再度开发,也有望带来广电系商业化的二次成长。

## （二）广电媒体入局 MCN 自带优势

MCN 的模式与广电媒体体系有着天然的高适配性,如广电媒体拥有众多的主持人和经验丰富的内容策划及制作人员,这与 MCN 拥有自身的 KOL 和内容制作方向一致。广电媒体布局 MCN 自带优势,有望打造巨大影响力的 MCN。

### 1. 内容优势：高质量的内容制作能力

无论是短视频平台还是微博、直播等平台，培养账号都需要内容的积累和铺垫。广电媒体在内容生产创作上具有专业化的优势。在策划制作方面，广电媒体具有成熟的、专业的策划推广和后期编辑团队，更能够生产受众喜闻乐见的内容产品。无论是上星的卫视还是地面频道，广电媒体本身就有大量的视频内容输出，这些内容如果有效利用于小屏端，或可成为广电系 MCN"弯道超车"的密钥。

### 2. 人才优势：拥有主持人等大 V

广电媒体拥有众多知名的主持人、网红记者以及业内专家等资源，具有天然优势。一方面，主持人形象好，性格开朗，表达欲和镜头感都比较强，在镜头面前比素人要灵动，更重要的是，他们普遍具有某个领域的专业素养，打造爆款 IP 更具优势。另一方面，广电系旗下主持人和专家本身自带粉丝，如果可以很好地积累这些人才并根据各自特点做成不同细分类型的 MCN，这是传统 MCN 所无法比拟的。

### 3. 平台优势：品牌、公信力背书

MCN 机构具备媒体属性，市场化的 MCN 需要从零开始做品牌、树权威，整个过程道阻且长。相较于市场化的 MCN 机构，电视台对于内容的把控更严格，因此在平台更倾向于找寻"内容安全"的供应商时，电视台的内容就成了优选。通常情况下，以电视台的名义申请抖音、快手等短视频平台的官方认证，要比社会化的账号更容易。广电系作为官方正规的媒体渠道，拥有权威性和话语权，更容易虏获大众欢心，广电媒体 IP 的直播带货将有望带来更多的流量与变现。

### 4. 营销资源优势：长期积累的经验和品牌渠道

传统广电媒体手中还是拥有一定规模的营销资源的，可以将这些营销资源在传统广播电视和新媒体渠道之间打通，充分发挥出营销价值。一方面，广电系的购物频道具有长期积攒下的供应商资源和全面的商业体系。购物频道作为销售平台，有品牌直接供货，掌握品牌资源；有兼具前期的选品、商审、对产品把关的商业体系，还有自营销售系统。另一方面，广电的官方身份在供应链上更具优势。广电凭着庞大的体制网络、官方信誉背书，联合区域媒体的本土资源，能够有效获取品牌方渠道信息，保障供给侧的量价优势。

### 5. 政策优势：抗风险能力相对占优

近几年来，网络直播行业虽得到有效治理和规范管理，但一些中小型直播平台依然乱象频出。有的直播平台主播向网民兜售"三无"产品、假冒伪劣商品等严重侵犯消费者合法权益，扰乱正常网络购物市场秩序。可见，直播红人的个人行为也将影响平台方以及 MCN 机构。相比较而言，广电系的红人，因容易把控主流价值观等相对占优。相对于市场化的 MCN，广电系 MCN 具备更强的抗风险能力，对内容的管控、生产要素配置都比市场化 MCN 更强。

## 三、MCN 背景下，广电媒体如何突围发展

### （一）广电媒体与 MCN 机构的不同

广电媒体成立 MCN 入局短视频，在主播资源、内容制作专业的水准、内容安全性和权威性方面都具备明显的长处，但毕竟短视频不是对电视节目的简单拆解，广电媒体与 MCN 机构之间还是存在不同之处。

#### 1. 内容的生态占位与角色不同

虽然广电媒体和 MCN 的竞争工具都是短视频产品，但这个短视频内容在两者生态中的占位和角色却是存在不同的。在广电媒体生态中，传播有价值的内容是核心目的，但在 MCN 的生态中，内容却是工具。内容在广电生态中是二次售卖与吸引广告变现的工具，但在 MCN 生态中却是底层操作系统、业务逻辑主轴。MCN 通过数据化驱动的内容生产，打通了网红的人设、内容形态、用户细分、商业变现等环节的"任督二脉"。此内容非彼内容，"橘生淮南则为橘，生于淮北则为枳"，同样一个事物所处的生态不同决定它的基因也不同。

#### 2. 业务逻辑存在差异

虽然都是在做视频的生产，但是广电媒体与 MCN 的业务逻辑存在差异。广电媒体对于内容是按照功能和行业领域进行划分，然后基于相关度进行广告招商；而对于 MCN 来说，一开始就是要围绕用户需求进行布局，视频内容是用户深层情绪与心理的呈现、回应和共鸣。网红人设是用标签化内容堆砌而成的用户情绪与心理的投射对象，电商和广告是与用户进行行为链接的重要工具。也就是说，广电媒体是内容导向的，而 MCN 是用户导向的。就目前来看，广电媒体在短时间内很难形成 MCN 的这种商业模式和业务逻辑，这种模式和逻辑

表面上看是内容,其实底层是用户。

### 3. 主持人不等同于网红

广电媒体入局短视频,其中一个被各方看好的优势是拥有大量的专业主持人,他们受过专门训练,相较于素人网红而言具备较高的专业素养,这种素养表现在镜头感、话语、肢体表达等方面。但事实上,我们不能把主持人等同于网红。主持人和直播网红之间,还是存在很多差别,主持人专业的镜头感、话语等优势需要根据不同的场景,以及结合用户需求、竞品现状的数据分析与科学决策来驱动自身内容的精准定位。这条路,广电主持人将走得不轻松。

## (二)广电媒体 MCN 面临的挑战

在内容产业化、专业化、垂直化的背景下,广电媒体 MCN 成为主流媒体融合转型的重要一环,但广电媒体 MCN 也面临着入局时间晚、缺乏强大 IP 的支撑、相配套的体制机制有待完善等一系列挑战。

### 1. 入局时间晚

从布局的时间来看,广电媒体进入 MCN 市场时间已经落后,当前市场上90%以上的顶级和中级 KOL 都已经被 MCN 机构收入囊中,但相当多的电视台还停留在观望甚至犹豫状态,这就需要广电媒体加快速度,投入资源禀赋,巩固广电媒体核心优势,形成完整的生产链条。

### 2. 与头部 MCN 仍有差距

虽然已有少部分广电 MCN 取得了一定的成效,但更多的广电 MCN 依旧停留在账号入驻的样板间状态,这些广电 MCN 账号内容相对单一、生产方式相对分散且影响力相对有限,并未形成矩阵化的运营。广电 MCN 本质是跳到市场上和所有的市场 MCN 共同竞争,广电 MCN 面对的是市场的评判,当市场化MCN 已经开始资本化运营,谋求商业化盈利,广电系 MCN 还仅仅处在入局阶段。

### 3. 缺乏强大 IP 的支撑

虽然广电内部孵化是一个边际成本近乎零的选择,但大多数广电媒体的问题在于内容的同质化,缺乏强大 IP 的支撑,以孵化和复制见长的 MCN 就成了无本之木。除此之外,广电系 MCN 如何将广电媒体原本的大屏优势延续到小屏,重新适应短视频的内容生产逻辑,将品牌公信力重新在新轨道延续,这都是广电媒体值得深思的问题。

### 4. 内容运营思维有待创新

广电布局 MCN 最重要的一个观念是由原来的交付逻辑变成目前的用户逻辑。从实践中来看,广电 MCN 在内容运营上有几大方面有待突破:首先,短视频内容不应该是电视节目的简单拆条;其次,整体节目应该更接地气,而不是直接沿用电视风格;最后,内容的时效性以及网络化形式等有待突破。

### 5. 尚未形成规模化运作

MCN 的运营模式决定了其必须追求规模化、批量化进而形成可持续盈利的能力,广电 MCN 也不例外。囿于资金、人力的匮乏和体制机制的束缚,广电 MCN 在孵化 KOL 上未能形成相对完整的运作体系,大部分广电 MCN 在短时间之内难以形成规模化的运作,这也成为广电系 MCN 能否实现突围的关键。

### 6. 相配套的体制机制有待完善

媒体融合是一项系统性的工程,涉及观念转变、团队建设、要素资源投入、组织架构等一系列问题,由媒体融合带来的组织架构调整,为媒体高质量发展打开了空间。广电系 MCN 作为一种相对灵活的组织机构,需要资金、时间、人力和物力等方面的试错成本,更需要广电媒体在管理、机制、流程、产品、空间等方面进行变革。

## (三) 广电媒体 MCN 突围发展之路探究

一如那些以图文见长的纸媒和杂志,抓住了微信、微博的发展红利期,成功转型成新媒体的成功案例,广电系传统媒体能否抓住 MCN 的红利,成功进行媒体转型,突围发展尤为关键。基于此,广电媒体 MCN 应该在加大改革力度的同时,明确定位、补齐短板、加强合作,做到差异化发展。

### 1. 坚持正确的舆论导向,明确自身定位,扬长避短

作为媒体融合转型的重要抓手,广电媒体布局 MCN 是大势所趋。虽然有商业 MCN 的经验在先,广电 MCN 也不能简单复制和照搬照抄,而是立足明确自身定位和优劣势,扬长避短,走出差异化与个性化的发展道路。差异与个性化至少表现在两方面:一是广电 MCN 和商业 MCN 发展的差异。广电 MCN

要充分挖掘自身已有主持人和品牌栏目的影响力,做顺延的用户迁移,在特定垂直细分领域精准传播,提高传播和变现效率。广电媒体在尝试直播带货时,不仅要慎重选择出镜主播,也要严格规范带货的产品,主播的语言、着装、形象,最重要的是推介商品信息时要遵循正确的价值观和消费观导向。二是不同层级的广电 MCN 之间的发展差异。广大基层广电应充分发挥本土资源能力和影响力,立足于内容的 IP 化、社群的在地化、运营的市场化,通过聚合本土流量,开拓本土市场,寻求发展社群线下运营的可能性。

## 2. 深化体制机制改革,充分适应市场化竞争需求

与商业 MCN 机构相比,广电媒体 MCN 入局晚,需要积极向优秀的 MCN 机构学习,利用布局 MCN 的机会倒逼体制机制改革,加快向新型主流媒体转变。一是改革组织架构,打破传统广电壁垒。广电 MCN 通过成立项目团队、建立工作室等方式,建立健全顺畅高效、适应市场竞争和一体化发展的管理体制和运营机制,确保机构高效有序地运行。二是创新人事管理,推动人才结构多元化。一方面要主动做好内部人员的转型,依托广电媒体在内容方面的优势,帮助有潜力的创作者进行内容制作;另一方面要大胆使用有 MCN 运营经验的年轻团队,充实壮大运营人才队伍。三是健全分配体系,充分释放广电 MCN 的活力与潜能。建立健全激励机制,保持骨干人才队伍的稳定性。及时更新绩效考核管理办法,全面调动全体员工的积极性和竞争力。

## 3. 加强广电媒体之间的合作,凝聚强大系统合力

广电媒体 MCN 与外部机构的合作较为普遍,也应积极探索广电媒体之间的合作,争取"抱团成长",凝聚强大的系统合力。加强广电 MCN 媒体之间的合作共赢,一是要通过合作的方式加快基础设施的规模化、集约化建设,形成高效便捷的工作运转体系,实现媒体融合的升级拓展。二是要实现优质内容的共建共享,加快多媒体内容汇聚、共平台内容生产、多渠道内容分发建设。三是要加快全方位的运营合作,广泛通过内容运营、品牌运营、数据运营等途径,助力广电打通平台资源,为构建全媒体传播格局下的广电产业转型升级接续力量。

## 结　语

广电媒体 MCN 是媒体经营管理领域的新生事物,本文试对广电媒体的 MCN 突围发展之路进行分析与探讨,只能算是"大胆初探"。广电媒体 MCN 作为"网红经济"的一种运营模式,本文只是从广电媒体摆脱困境的突围路径角度

来思考,至于如何深入研究这种运营模式,如何对广电媒体 MCN 进行科学管理、打造品牌、获取社会效益经济效益双丰收等问题,有待今后继续探索。仅以此论文抛砖引玉,求教于方家。

**参考文献:**

[ 1 ]《广电媒体融合发展进行时》编委会.广电媒体融合发展进行时[M].北京:中国广播影视出版社,2020.09.

[ 2 ] 广电 MCN 发展调研报告[R].2020.5.

[ 3 ] 朱永祥.拆解广电 MCN[J].电视指南,2020(8):70－73.

[ 4 ] 刘祥.入局 MCN,广电媒体的优势与短板[J].中国广播,2020(11):55-57.

[ 5 ] 叶晨玮.广电入局 MCN,要绕开误区找准优势[EB/OL].国家广电智库,2020-06.

[ 6 ] 国家广电总局发展研究中心.广电 MCN 发展亮点及问题[EB/OL].国家广电智库,2021-04-25

[ 7 ] 十家广电 MCN 典型案例一览[EB/OL].传媒内参,2020-05.

**作者简介:**

王雯,SMG 上海第一财经传媒有限公司资讯中心市场直播部责任编辑。

# 外宣报道的故事嵌套模式研究

沈　林

**提　要：** 俗话说"一个故事胜过一打道理"。作为人类信息传递和文化传承中最基本的形式之一，早在文字诞生前，先人们就学会了用凿壁绘图或口口相传的形式记录和讲述故事。时至今日，讲故事的模式仍在电视制作中广泛运用，带动电视剧、真人秀等"故事类节目"走红各大媒体，成为广受追捧的收视热点。本文结合收视数据和传播学实验的结果，对日本观众的信息接收习惯进行解读，探究故事嵌套模式在国际传播中的价值及其运用。

**关键词：** 故事嵌套　外宣报道　国际传播日本观众　信息接收

## 引　言

讲故事，是人际传播、新闻传播、国际传播的一种好方式。要讲好中国特色社会主义的故事，讲好中国梦的故事，讲好中国人的故事，讲好中华优秀文化的故事，讲好中国和平发展的故事。这是中国新闻舆论工作者的基本功之一。

习近平总书记在党的新闻舆论工作座谈会上的讲话中，阐述了增强国际话语权问题，提出："要下大气力加强国际传播能力建设，加快提升中国话语的国际影响力，让全世界都能听到并听清中国声音。"

本文结合收视数据和传播学实验的结果，对日本观众的信息接收习惯进行解读，探究故事嵌套模式在国际传播中的价值及其运用，试图对如何"提升中国话语的国际影响力"做一些探讨与思考。

## 一、故事文化在传播语境中的历史沿袭

和中国一样，日本也拥有传承千年的故事文化。从《源氏物语》里的爱恨情仇到《平家物语》里的战乱纷争，从《人间失格》《罗生门》等家喻户晓的经典名著到《挪威的森林》《失乐园》等脍炙人口的市井小说，跌宕起伏的故事总能引发与代大众的情感共鸣。而且，热衷故事的心理偏好让日本的出版业尤为发达，发展出仅手掌大小的文库本，方便读者揣进口袋随手翻阅。

20 世纪中后叶起，伴随媒体技术的日新月异，故事传播的载体不再局限于口头或书面，而是向电视、广播、电脑和手机屏幕快速更迭。当欧美受众投入越来越多的时间关注体育竞技、政治综艺时，日本观众仍愿意将更多的目光投向以故事为载体的影视作品。受故事文化的长期影响，今时今日，听（看）故事仍是其信息交流和休闲娱乐的重要手段之一。

日本 ARTV 公布的 2021 年全国四大电视台《收视率排行榜》显示，电视剧依然是最受欢迎的荧屏霸主。年度冠军《X 医生》的单集最高收视率为 19.0%，全剧平均收视率达 16.47%。毕竟，每部电视剧都由无数个故事构成，而故事是人生的必备品。不听故事就同同"扔掉了人性中最为渴望的东西，因为对故事的渴望和人类一样古老"。

| 排名 | 电视台 | 电视剧名 | 平均收视 | 排名 | 电视台 | 电视剧名 | 平均收视 |
|---|---|---|---|---|---|---|---|
| 1 | 朝日 | X 医生 | 16.47% | 11 | EX | 彩虹色的病历簿 | 11.03% |
| 2 | TBS | 日本沉没 | 15.77% | 12 | 富士 | 放射诊疗室 | 10.22% |
| 3 | TBS | 天堂和地狱 | 15.47% | 13 | EX | 樱之塔 | 10.42% |
| 4 | TBS | 龙樱 | 14.95% | 14 | TBS | 只在结婚证上盖了章 | 9.95% |
| 5 | TBS | 移动急救室 | 13.77% | 15 | TBS | 我家的故事 | 9.29% |
| 6 | 朝日 | 紧急审讯室 | 12.18% | 16 | TBS | 离婚活动 | 9.06% |
| 7 | 富士 | 法医朝颜 | 11.96% | 17 | 日本 | 紧急指令室 | 8.87% |
| 8 | TBS | 喂！我的老板 | 11.63% | 18 | 日本 | 恋爱 | 8.73% |
| 9 | 日本 | 女警的逆袭 | 11.39% | 19 | TBS | 最爱 | 8.70% |
| 10 | 富士 | 夜间医师 | 11.19% | 20 | 富士 | 雪崩 | 8.61% |

由此可见,故事对日本观众有着"致命"的吸引力。若能实现故事与新闻的交叉融合,或许就能让外宣报道不再那么高冷、枯燥,通过日本观众更为喜闻乐见的形式"飞入寻常百姓家"。而这正是《中日新视界》翘首以盼的传播效果。

## 二、故事嵌套模式的理论基础

《中日新视界》首播于 1996 年,是上海外语频道制作的、中国唯一的日语电视节目。26 年来,始终致力于文化、经济、艺术、教育等领域的新闻采编,向日本观众传递最新的上海资讯。作为对日传播的重要外宣平台之一,陆续和大阪 NHK、福冈 NHK、长崎 KTN、福井 FTB 等多家日本主流电视媒体建立了供片机制,在每月的固定时段,播出由《中日新视界》采编的上海新闻。

和国内电视台的运营体制不同,日本的电视台多为自负盈亏的私营企业。高收视是赢得广告收益、维持日常运营的不二定律,也是选择节目内容的唯一指针。所以,高大上的说教或口号式的外宣报道很难满足对方需求。于是,找出某种"催化剂",让原本生硬的报道变成更具人情味的"软新闻"登陆日本的各大电视荧屏成为外宣工作的当务之急。

经笔者多年的摸索尝试,故事模式作为性价比最高的"催化剂"应运而生。

首先,爱听故事的习惯对日本观众在文化心理和信息接收模式上的深刻影响决定其在外宣传播中,可能成为广受青睐的有效载体。

其次,故事的构成要素也从理论角度论证了其与新闻报道融合的可行性假设。

| 构成要素 | 故　　　事 | 新　　　闻 |
|---|---|---|
| 1 | 人物(WHO) | 何人(WHO) |
| 2 | 事件(起因 WHY、经过 HOW、结果 WHAT、时间 WHEN) | 何事(WHAT) |
| 3 | 场景(WHERE) | 何时(WHEN) |
| 4 | 结构 | 何地(WHERE) |
| 5 | 节拍 | 何因(WHY) |
| 6 | 序列 | 如何(HOW) |

在美国知名剧作家、导演、号称"编剧教父"的罗伯特•麦基的畅销作《故事:

材质、结构、风格于《荧幕剧作的原理》一书里,将故事要素分为 6 项。关于结构、节拍、序列等韵律类元素,人物、事件、场景三大要素和美国著名政治学家、社会学家、心理学家、传播学者拉斯韦尔提出的经典理论"新闻要素 5W1H"高度趋同。这意味着故事和新闻在构成上拥有近乎相似的基因,能够相互嵌套、相互转化,形成"你中有我、我中有你"的融合结构。

既然日本观众对听(看)故事情有独钟,将各种真实案例(故事)糅进新闻后,柔性呈现 5W1H 理论上,就能将外宣报道变成他们更易接受的"软新闻"。为了证明上述论点,《中日新视界》曾开展过一次传播学实验。

## 三、故事嵌套模式的传播学实验

为了给 2021 年 3 月 29 日至 4 月 11 日举办的"上海咖啡文化周"宣传造势,吸引更多在沪日本人参与其中,《中日新视界》曾连续两周对该选题进行报道,并以 A、B 两种模式呈现。

【报道 A】2021 年 4 月 4 日播出,时长 52 秒。采用新闻学中 5W1H 的常规结构,对"咖啡文化周"的时间、地点、参与人群、社会影响做基本交代,节目播出后上传 ICS 视频号,24 小时内点击量(观看人数)340 次,点赞 27 次,转发 1 次。

【报道 B】2021 年 3 月 28 日播出,时长 5 分 45 秒。因电视首播时"上海咖啡文化周"尚未开幕,无现场画面可用,遂另辟蹊径,采用故事嵌套模式制作报道。引入旅日咖啡师回沪创业、企业高管投身咖啡研发、老上海咖啡命运变迁三则故事,讲述海派咖啡文化的日新月异,并穿插"上海咖啡文化周"的时间、地点等相关信息。经 ICS 视频号推送后,24 小时内点击量(观看人数)36 ……次,点赞 1 145 次,转发 560 次。

同样是介绍"上海咖啡文化周",报道手法不同,传播效果天壤之别。报道 B 时长近 6 分钟,且不含任何活动现场的画面,按理很难引发共鸣,也不太容易给观众留下深刻的印象。但三则故事的嵌入,很大程度地保证了报道的真实性和人情味,提升了收视体验,使这篇外宣报道"身价百倍"。在花王、日产、大金等多家拥有咖啡文化的日企员工群里竞相传阅,口碑不断发酵。日本观众纷纷留言"报道精彩,隔着手机都能闻到咖啡香""一定要去现场看看""期待咖啡文化周的到来"。闻讯后,大阪 NHK 甚至破例延长国际新闻的时长,专门用于播出该报道。

由此可见,"故事向观众展现的东西,远比记者或旁白概括的 5W1H 要鲜活"。这是美国传播学专家梅尔文·门彻在其著作《新闻报道与写作》中阐述的一则观点。换言之,"精彩的故事能够增加流量,真人真事远比口号式的旁白更有说服力，能使观众感同身受并形成自发传播，以便报道获得更多的传播出口，让相关视频的线上推广呈现裂变之势"。

传播学理论和实验双双证明，既然故事模式是增强新闻可读性、趣味性、多元性的有效手段，并且"好故事是有灵魂的，能够小中见大、见微知著，在传播方面远比那些纯粹的 5W1H 更吸引人"，在外宣报道的采编过程中，何乐而不为呢？

## 四、故事嵌套手法的选择

随着故事嵌套模式在各类报道中的多点开花，越来越多的记者开始意识到"讲究章法句式的变化，揉直使曲，以真实故事为例，营造波澜起伏、跌宕生姿的画面，更能够激起观众的收视兴趣"。所以，其表现形式日益丰富。

虽然采用实况、旁白、采访、动画、文字等形式，都能把故事讲出来，但从传播效果来看，笔者仍较为推崇"能拍实况少用旁白，能演少讲"的理论。具体而言，同样是在新闻报道里讲故事，用实况画面或现场采访的表达，比单纯的旁白更有吸引力。因为人类都是视觉动物，所谓"眼见为实"。实况画面配合现场采访更具冲击力，也更有可信度，能让观众身临其境。

那么问题来了，有些故事早就发生，时至今日已无法现场拍摄，这该如何是好？

答案是演。

通过情景表演还原故事现场，使故事的讲述更真实、更饱满、更立体。不妨以《中日新视界》里的文化类外宣系列《漫话诗词》为例深入分析。

《漫话诗词》聚焦中华诗词的海外推广，邀请沪上各高校教授担任嘉宾，用日语解析经典诗词背后的创作轶事。成片在电视播出后，还被引入日本高校、诗吟学院等专业的教育机构作为视频教材使用。

首期节目讲解的是唐代诗人王之涣的代表作《登鹳雀楼》。该诗作为古典汉语板块的必修内容，收录于日本初中的国语教科书中。为了激发孩子们的学习兴趣，节目录制的过程中，特意把与诗歌创作相关的故事"王诗朱领"嵌套了进去。讲述王之涣创作诗歌后，被奸臣朱佐日冒领，获赏黄金百两的典故。

作为尝试，最初的样片里曾使用两种手法表现该故事。

【手法 A】嘉宾面对镜头口述故事。

【手法 B】嘉宾身穿汉服，一人分饰两角演绎故事。

样片发至日本川崎市立西生田中学后，校方组织初一学生集体观看并很快回复邮件，反馈收视效果。主要结论可归纳为以下两点：

第一，用讲故事的方法介绍汉诗，激起了学生们的广泛兴趣，较以主枯燥的字词教学展现出巨大的学习热情。

第二，嘉宾一人分饰两角的演绎版本更受学生欢迎。通过表演画面，学生不仅记住了诗词背后的创作轶事，对古代服饰和君臣间的对话用语也有所了解，一举两得。

可见，故事嵌套模式对文化类、科普类的外宣报道而言，同样有着"一石二鸟"的效果。而且，情景表演往往比单纯口述更具吸引力，更易制造观众持续收视的兴奋点。

认知心理学认为，兴奋点是人类活动中，思维对某个特定对象的注意和集中。每当新奇事物对人的五感产生刺激时，就能制造出兴奋点，促使大脑的持续关注。对观众而言，收看节目本身就是不断制造兴奋点的过程，他们会手中的遥控器进行"投票"。当节目较为无趣、仅靠旁白滔滔不绝时，很难在观众可容忍的收视时长范围（约7秒）内创造兴奋点，调台就成为最常见的"解决方案"。

相反，若有趣的信息（如故事演绎）能对观众的五感形成长时间的刺激，就能持续制造兴奋点、激发好奇心，吸引其始终保持浓厚的求知欲，有滋有味地看完全篇。这也从理论上解释了为何有趣的故事演绎（同时刺激视觉、听觉、感觉）比单纯的口述（听觉）更能维持观众长时间的收视行为。

鉴于以上结论，《漫话诗词》的30期节目全部采用"字词讲解＋故事演绎"的模式进行呈现，不仅获得了日本师生的一致好评，还被选为日本诗吟学院汉诗教学的专用视频并制成DVD向全国30万诗歌爱好者发放，实为故事嵌套模式在国际传播方面的又一次成功尝试。

## 结语：故事嵌套模式的发展趋势

鉴于故事嵌套模式在"上海咖啡文化周"和《漫话诗词》报道中的成功应用，在近年的节目研发中，笔者已将其运用到更多类型的版块中，以期既能讲好中国故事，掌握外宣传者的话语权，又能满足日本观众的收视需求，实现SMG、日本电视台、日本观众的"三得利"。

例如，在花博会特别版块《花博百闻》里，邀请四名在沪生活的日本友人前往崇明岛看花赏景，讲述其与花卉的不解之缘。其中，有看到芍药，就回忆起求学经历的中医；有闻到水仙花香，就浮现出和奶奶点滴日常的教授；也有在花海里哼唱《花仙子》主题曲，追忆美好童年的白领。情感充沛的真实故事，提升了观众的见证感和参与感，自然会乐此不疲地追着收看。不仅在国内播出时，成上万日本观众点赞转发，登陆日本多家电视荧屏后，同样好评如潮，以至福井电视台的制片人发来邮件称"各色花卉和每个人的故事都很有看头,观众都希望《花博百闻》能持续播出"。

同理,在介绍上海生活体验的版块《魔都新发现》里,自己故事自己演的呈现形式也让人眼前一亮。节目组邀请每个日本嘉宾以迷你剧的形式,趣味演绎买菜、健身、打车、借书、看病时的真实经历,以"润物细无声"的手法把一个个关乎城市软实力、充满人情味的故事向日本观众娓娓道来,得到了外办、友协和日领馆的一致首肯。

当然,讲故事归根到底只是手段,目的是由事及理。通过故事嵌套模式"软化"外宣报道,向世界传播正确的舆论导向、提供有价值的中国经验,才是国际传播正确的打开方式。正如习近平总书记 2013 年 8 月 19 日在全国宣传思想工作会议上讲的那样:"要多用通俗易懂、群众喜闻乐见的方式讲故事、讲道理。只有这样,才能让正面宣传跟上群众需求和时代步伐,让观众爱听、爱看、产生共鸣。"

中国观众如此,日本观众亦然。

**参考文献:**

[1]《习近平新闻思想讲义》编写组.习近平新闻思想讲义[M].北京:人民出版社,2018:150-152.

[2]毛姆经典语录大全[EB/OL].高考升学网,2020-10-28.

[3]梅尔文·门彻.新闻报道与写作[M].北京:世界图书出版公司,2012.

[4]谢耘耕,曹慎慎.突发事件报道[M].上海:上海交通大学出版社,2013.

[5]费伟伟.好稿是怎么样炼成的[M].北京:人民日报出版社,2021.

[6]王壮辉.电视新闻现场直播的特性及诸要素分析[M].上海:上海交通大学出版社,2014.

[7]候迎忠.媒介与民生:电视民生新闻的理论与实践[M].北京:中国传媒大学出版社,2008.

**作者简介:**
沈林,上海广播电视台融媒体中心外语频道《中日新视界》记者、编子。

# 浅析 5G 网络时代访谈节目的创新机遇

何　卿

**提　要：** 伴随着 5G 全面商用，视频领域无疑将会是 5G 时代最先爆发的流量入口。访谈节目也必将依托崭新的 5G 技术，突破视听体验的时空限制，开启创作新格局。方便简洁、高速流畅的视频连线技术将会升级主持人与嘉宾的传统交流方式，有望实现在任何时间和空间的交流互动；VR 技术将成为更为普及和便捷的轻应用，有望为访谈节目的受众带来更加身临其境的沉浸式体验；实时互动、聊天室、AI 雪……横竖屏沉浸播出无极旋转自由切换等创新技术，也将进一步赋能访谈节目的创新表达，实现边看边聊边参与，使传统访谈节目更具有社区氛围。以主持人为主导的制作模式、具有独到角度和个性化表达的跨界主持、走出演播室以多场景纪录片式创作的访谈节目在收视表现与传播影响力上获得更多热度。本文将探讨梳理在 5G 网络时代，技术的革新给访谈节目创作带来的创作新机遇。

**关键词：** 5G 网络时代　访谈节目新技术　全场景纪录片式　互联网思维创作

## 引　言

追溯互联网的发展进程，每一轮技术升级都会带来视频领域视听习惯和传播方式的变化。2005 年前后，WiFi 全面普及，流量不再是用户上网的天花板，视频网站扎堆儿诞生，美国的 Youtube，中国的土豆、优酷都是在那个时期创立的;2010 年 3G 到来,超级终端开始由 PC 转向手机移动端,智能手机的普及很快带来视频行业洗牌,爱奇艺、腾讯视频在对移动端的转型中速度最快最积极,成为新的王者;2015 年,随着 4G 网络普及,短视频、直播、映客、抖音席卷全国,视频观看体验随着技术的革新不断得到提升。2019 年,4G 手机已呈现需求疲软,各大厂商已经纷纷布局 5G。据统计,截至 2022 年 1 月,中国 5G 智能手机使用率全球最高,渗透率为 84%。而北美和西欧的这一数据分别是 73% 和 76%。

在扑面而来的 5G 网络时代,任何时间与任何空间都可以产生传播事件,现实世界与虚拟世界的界限基本消除,甚至可以实现所有人、物、信息数据、环节、过程的连接。由于 5G 解决的第一个痛点就是用户的视频需求:更快、更流畅,所以,与 VR、无人驾驶、物联网等行业探索应用相比,距离人们更近的视听领域会最先带来革命性的变化,超高清视频无疑将会是 5G 时代最先爆发的流量入口。

传统的访谈节目形态和内容表达已经不足以满足 5G 网络时代移动端受众的视听需求,作为一线从业者,我们应积极拥抱 5G 新技术带来的机遇和挑战,系统地思考技术革新给访谈节目创作带来的创新机遇和无限可能,并在实践中勇于探索。

## 一、5G 网络时代访谈节目特点

第五代移动通信技术,简称 5G 或 5G 技术,是最新一代蜂窝移动通信技术,具有高容量、高速率、低能耗、低时延等特点。在 5G 技术推动下,无时不有、无处不在、万物互联正在成为现实。

### 1. 超高清视频和超清直播成为常态

5G 的低时延、快速率、大容量等特点,为发展高清或超清视频直播带来了绝佳条件,5G+4K 和 5G+8K 的超高清或超清直播将成为常态。

### 2. VR 虚拟现实技术成为便捷的轻应用

5G 时代,伴随技术升级,VR 虚拟技术在视频节目中将会成为一种便捷的轻应用,观众通过 VR 技术在屏幕前就能够获得爬山、登高、面对面等身临其境的现场感。

目前由于硬件成本高昂难以普及、合适内容欠缺等,还没有在访谈节目中运用 VR 增强沉浸式视听体验的成功案例。但是,技术的升级日新月异,从无到有、从实验到普及往往就在短短数年之间。我们可以通过观察和研究"沉浸式"在艺术展览、戏同上的成功案例,帮助我们在 5G 时代的访谈节目创作中,进一步升级视听体验、增强体感反馈,给观众一种亲临现场和嘉宾面对面交流的沉浸式感受,从传统的隔着屏幕看访谈到"我就在现场"参与这场对话。

**3. 黑科技助力视频节目新玩法**

实时互动、聊天室、奇观(AI 雷达)、横竖屏沉浸播放无极旋转自由切换等创新技术,都会赋能访谈节目内容创意,实现更多新玩法。未来的视频节目,受众可以边看边聊边买边参与,更具有社区氛围,也会大大提升观影体验。

## 二、5G 网络时代访谈节目的创新机遇

### 1. 沉浸式临场感大大提升

5G 时代,沉浸式、体感设备全面应用,智能主体识别能力的竖屏沉浸式播放技术也会全面普及。爱奇艺、腾讯两大视频平台已经率先试水上线新功能,用户进入视频节目页面,点击屏幕右侧的"沉浸"按钮,便可以一键切换,实现横竖屏的流畅转换,提升用户的操作与观看体验。这项新技术对于以、还原人与人谈话场景为主要节目形态的访谈节目作用尤为明显,在 360 度横屏竖屏的过程中,通过 AI 智能分析提取横屏视频中的主体和焦点区域信息,让视频在竖屏播放状态时,依旧能聚焦在核心人物与主体背景上,使传统访谈节目焕发新活力。

### 2. "以长带短""以短带长"的良性循环

当前用户已习惯碎片化观看,而 5G 大大提高沉浸感和参与感后,用户会逐渐接受更完整、更有深度的内容,这个趋势必将会为以"长视频"正片为主要传播方式的人物访谈节目带来更多的机遇。与此同时,在观察中可见,目前几大平台为适应 5G 时代视频新特点,已经出台大量奖励政策激励内容创作者的"再创能力",丰富视频平台的娱乐内容矩阵。平台方会充分利用其影视等娱乐 IP 优势,为平台创作者开发某档人物访谈节目资源,提升创作者视频内容关注度。全民 UGC 可以在正片基础上充分发挥想象力和创作力,制作出与此相关的中视频、短视频,分发在每平台的细分平台上,并由此获得收入,这无形中就对整档访谈节目进行了再创作和二次传播。访谈节目"长视频"正片、话题性"中视频"和"金句式"短视频协同发展,形成"以长带短""以短带长"的良性循环。

### 3. 黑科技赋能访谈节目

在观察中发现,2019 年爱奇艺平台用户已经可以通过与剧情互动的方式,推动不同的剧情进展,加强观剧沉浸感。黑科技在剧集中的应用只是初步涉水。通过对相关技术人员的走访获悉,这样的技术已经具备了应用于访谈节目中的可能。5G 网络时代访谈节目的受众可以通过新技术推动访谈的进程,观看节目的同时也是采访者,随时提出自己的问题并实时得到嘉宾的反馈;还可以通过视频平台的 VR 相关 App 和奇遇 VR 一体机,以第一视角 360 度沉浸式探访访谈现场的全貌。

## 三、5G 网络时代爆款访谈节目的创新表达

传统的广播电视时代,判断一档节目的影响力通常根据几家权威调查机构发布的收视率数据来衡量。而在网络时代,衡量一档网络视频节目的影响力通常有以下几个维度:第一,热度值(2018 年 9 月为避免不正当竞争,由爱奇艺首先发起并推广至全行业的一种统计方法,该方法关闭前台播放量数据统计,以内容热度值作为新评估标准,旨在推动行业回归到以品质内容为核心的本质)。第二,全网搜索词条及话题总数。第三,微博、微信的转发转载量、阅读量。本文以腾讯视频播出的《十三邀》和爱奇艺视频播出的《立场》为例进行类比分析,探讨5G 网络时代传播方式变革带来的网络访谈节目创新表达。

### 1. 以主持人为主导的新态势

传统的电视节目无论是出于体制原因还是技术原因,都强调团队协作。制片人、编导、灯光、摄像、主持人组成的栏目组从前期策划、节目录制到后期剪辑,各工种团结协作、缺一不可。而 5G 网络时代的访谈节目,更多呈现出以主持人为主导的新态势。区别于大型网络综艺节目,人物访谈节目以再现人与人之间真实交流为主要创作内容,而这个"人"就是主持人和嘉宾。主持人往往身兼制作人,从自身的阅历、兴趣点出发采访嘉宾,更加确立了主持人在这档访谈节目中的话语权,使节目风格和主持人个人风格高度融合。

### 2. 跨界主持人带来独到角度和个性化表达

《十三邀》主持人许知远身上有很多标签,创业者、文人、专栏作家、出版人、公共知识分子。他文风犀利,曾创办单向街书店。《立场》主持人易立竞,女,记者,曾任《南方人物周刊》高级主笔,另有多部人物著作。

《十三邀》和《立场》是很典型的依托许知远、易立竞的个人风格、审美言志、文化认知和语言节奏的节目。整体气质上呈现出许知远、易立竞文字创作的视频化表达，节目中主持人跨界的表现恰好体现出个人阅历、对社会的观察思考。这种非专业的特质正是最强烈的个性化。

传统的访谈节目力求态度客观中立、不偏不倚，但《十三邀》以许知远带着"偏见"的视角，在"社会切片"式的对话中，观察和理解这个世界。在其节目文案上都毫不避讳地呈现：带着偏见看世界。而主持人许知远更因其在节目中的状态被媒体称为"少数派""一个充满偏见的堂吉诃德"。《立场》也遵循"不迎合、不盲从、不回避、不轻薄"的理念，放下预设的立场。易立竞则一改主持人的传统审美原则，在她身上几乎感受不到任何亲和力，视频弹幕上有观众质疑主持人的"僵尸脸"。易立竞犀利、压迫式、看似有些冒犯的提问方式，营造出一种"场"，迫使受访者深入思考，给出真答案的同时，也无形中给观众带来了巨大的吸引力。有媒体评价易立竞：融合了职业记者的严谨与一个女性的敏锐。

放弃全面表达、中立态度，追求角度和个性的人物访谈，带来了正反两极的评价，也使访谈节目和主持人常常处于风口浪尖，在带来极高关注的同时也获了满满的质疑。但网络时代绝对正确和完美的表达是很难"一石激起千层浪"的，恰恰是这种主持人主观的表达方式赋予了节目传播力。

### 3. 多场景纪录片形式拍摄

两档节目都打破了传统访谈节目演播室的时空限制，对访谈嘉宾生活、工作环境的就地取景以及大量的室外场景转移有利于创造一个自由分享的真实状态，使访谈节目"活"了起来；在形式上都使用了纪录片元素，邀请这个时代中有价值的人，回到各自原本的社会角色所对应的真实环境中，通过全方位视觉展示、多角度的观察、不同时期多次对话，用心细致地呈现被访者的思考和行为。

## 四、5G 网络时代访谈节目的创作实践探索

5G 网络时代我们要在访谈节目创作实践中多运用互联网思维。所谓互联网思维，就是在（移动）互联网＋、大数据、云计算等技术不断发展的背景下对市场、用户、产品、企业价值链乃至整个商业生态进行重新审视的思考方式。学会运用互联网思维创作，可以助力打造出具备互联网基因、更符合互联网传播规律的访谈节目。

## 1. 大数据倒推策划潜在爆点

传统的访谈节目创作流程通常先从人物入手,挖掘人物特质,层层推进。而这样的访谈往往节奏偏慢,无法适应网络时代用户收视习惯。5G 网络时代,访谈节目创作可以站在用户需求角度,利用 AI 大数据在策划前期了解用户最想看什么;还可以利用大数据推算出节目中潜在引发社会共鸣和发酵的话题,借助用户思维、流量思维,提前策划并在录制中重点挖掘,倒推式策划访谈节目中的潜在爆点,力求潜在爆点掷地有声、弹无虚发,避免一带而过。

## 2. 高清直播和视频通话"云访谈",实现更强互动

访谈节目的核心是人与人的交流,传统节目样式局限于主持人、嘉宾、演播室观众的交流再现,但是 5G 网络时代应运而生的新技术会给访谈节目赋予更多新玩法,这就为访谈节目除了"面对面交流"之外创造了新的形式。5G 的一大特征是低延迟性。5G 环境下,数据延迟的时间只有 1 毫秒,甚至更低;而在 4G 环境下,数据延迟可以达到 50 毫秒以上。这就意味着,5G 时代无论是直播还是视频通话,访谈节目将会实现真正的"所见即所得"。在创作中,可以灵活运用直播连线、视频通话等形式,尝试"云访谈"。无论是直播还是视频通话,访谈节目将会实现真正的"所见即所得"。

## 3. 让用户参与文本走向,实现更强链接

2019 年 7 月 8 日,哔哩哔哩上线"互动视频"功能,观众通过选项与创作者互动,主动参与视频剧情的发展。爱奇艺在《爱情公寓 5》中将内容与技术紧密结合,互动剧与竖屏剧引发全网热议,新技术应用让观众成为"爱情公寓的一员",更深入剧情之中。比如在第 13 集中,基于 16 个互动节点推动剧情走向不同结局,将剧情走向的决定权交到了观众手中。数据显示,第 13 集进入互动剧情的观众中,97.4% 主动参与了互动,近 75% 观看完一个剧情结局,超过 85% 在观看完一个结局后选择再次观看。除此之外,45 分钟全竖屏互动剧《微信战争》,完全以微信聊天形式呈现,并把左右拖动的进度条改为上下滑动,给观众日常翻看微信聊天记录的体验。据统计,该集的评论区总互动量超过 82 万,刷新了平台热播剧单集评论的历史纪录。受各种条件所限,目前此技术还没有运用在访谈节目的实际案例,但在 5G 时代,网络视频平台已经可以轻松实现框内"聊天室"互动方式,也就是通过拉起聊天浮层打造聊天室的形式实现"边看边聊",与此同时主持人和嘉宾还可以"空降"聊天室。借助技术创新,观众也可以化身为主持人,与嘉宾实现多样化交流。技术的创新应用让观众真正体验到"我

想知道就知道"。

## 结　语

内容创新,技术赋能。期待在不久的将来,5G 发展带来的一系列技术革新不断为传统访谈节目内容创新添翼,全方位提升受众观看体验,真正实现更多样化的互动、更深层次的链接、更亲切真实的交流。作为一线从业者,我们应始终葆有对新技术、新事物旺盛的求知欲和好奇心,以创作者的心态积极拥抱技术革新给传统访谈节目带来的创新机遇和无限可能,同时以高度的创作自觉始终提醒自己:技术引导创新,但真正的创新最终要秉持"内容为王"的理念,回归到"内容"本身。敞开胸怀,与新技术共舞。未来扑面而来,一切皆有可能!

**参考文献:**

[1] 洪艳.文化传播之道——多重维度下传播文化案例选析及多元化主体间文化专番实证审查[M].杭州:浙江大学出版社,2016.

[2] 陈柱子.竖屏思维[M].北京:电子工业出版社,2018.

[3] 江涛.互联网思维 3.0[M].北京:化学工业出版社,2019.

[4] 朱凯波.泛娱乐化背景下的独立性严肃思考[J].视听,2018(009):60-61.

[5] 申林,陈雨薇.实主义视域下对"伪沟通"的审美反思[J].传媒,2019(014):18-50.

[6] 李貌.5G 时代统媒体融合发展的实践与思考[J].西部广播电视,2019(020):30-53.

[7] 爱奇艺.2019 年第四季度财报[C].北京,2019-2-28.

[8] 小火车.大话 5G[M].北京:电子工业出版社,2016.

[9] 郑昊,米鹿.短视频策划、制作与运营[M].北京:人民邮电出版社,2019.

[10] 赫伯特·J.鲁宾.质性访谈方法:聆听与提问的艺术[M].重庆:重庆大学出版社,2010.

**作者简介:**
何卿,上海广播电视台融媒体中心主持人、东方卫视新闻主播。

# 试析访谈类节目主持人应具备的综合素养

戚　闻

提　要：如今，随着新媒体的不断涌现、科技的不断发展，传统媒体行业的竞争也变得更加激烈。为了提高自己的竞争力，各类媒体对节目进行了不断创新，并拓宽了自己的传播渠道。访谈类节目以其独特的方式日益兴起并不断发展，访谈类节目主持人作为节目的主心骨，其主持人的综合素质要求也越来越高。本文主要通过笔者的访谈经验以及其他优秀访谈节目内容的分析，围绕访谈节目主持人应具备并不断提高的综合素养进行多维思考。

关键词：访谈类节目　访谈类节目主持人　综合素养

## 引　言

电视新闻报道中，访谈类节目主持人与新闻类节目主持人，都是节目的代表、体现者与策划掌控者，都是重要新闻信息的传播者。然而由于节目形态、目标受众与具体要求不同，在新形势新时代，对访谈类节目主持人的要求更高，而传统的访谈类节目主持人越来越感到不适应而力不从心，因此有必要认真探讨访谈类节目主持人应具备的综合素养问题，以及如何不断提高综合素养。

访谈类节目是节目主持人（或记者）对新闻人物（亲历者、目击者）或有关部门领导、权威人士、专家所做的专题访问的报道。与一般新闻节目只是对某个客观事实的报道相比较，访谈类节目对节目主持人的综合素质要求更高、更具体。

访谈类节目以其平民的视角、互动深入的交流吸引着观众的眼球，更受到不同层次观众的欢迎。而在新媒体时代下,受众可以借助网络平台、智能移动终端设备随时随地在任何时间、地点收听、收看自己喜欢的节目,类型非常广泛。因此,对于访谈类节目主持人而言,如何在短时间内吸引观众,并且快速将观众带入节目中,对主持人的表达能力、信息沟通能力和策划能力都提出了更高的要求。

而目前大多数访谈类节目主持人都是来自传统媒体,传统媒体主持人在单一模式下工作时间久了可能会因循守旧,出现因思考欠缺而导致逻辑思维能力相对较弱、前期学习准备不够充分、创新策划性不足的现象。虽然是各领域均有涉猎,却没有自己擅长的优势,长时间主持会出现懈怠、模式化,从而导致访谈类节目没有突出的个性特点,千篇一律,泛泛而谈。这些问题如果不能得到有效解决,必然会伤害到访谈类节目的质量和发展。

因此,访谈类节目主持人只有在录制前期认真准备,不断提高个人表达能力,善于培养倾听能力,具有亲和力、真诚的表达和交流能力,具备良好的心态和访谈技巧,注重策划创新,培养个人独特的访谈风格,才能在访谈类节目中站稳脚跟,从而创作出大众喜爱的优秀访谈类节目。

下面具体分析访谈类节目主持人必须具备并不断提高的综合素养问题。

## 一、前期准备是访谈的根

与普通的新闻采访不同,访谈类节目中前期的准备工作是非常重要的。对于访谈类节目主持人来说,做好访谈前的准备工作,是平等对话、互相理解、真诚理解的重要前提。特别是当访谈嘉宾确定后,尽可能多地搜集与其有关资料,尽快和嘉宾“熟悉”起来,让嘉宾成为主持人熟悉的陌生人。

同时,主持人与访谈嘉宾对话,最重要的核心是向广大受众传播化解重要的新闻信息与相关知识,因此问题的有效、通俗且适合大众接受是非常重要的。特别是访谈专业领域的嘉宾,有很多学术语言,如何请嘉宾将专业的语言讲清楚明了地表达就需要主持人做充足的准备,拟定一个高质量有效的访谈文案,充分做好提前访谈的准备,查阅大量相关资料,熟悉被访谈者信息,拟定准确无误的访谈要点,这样在访谈过程中才能游刃有余。

例如笔者曾主持《仁心医者》有关医疗领域方面的访谈节目,有一期该节目的核心话题是有关肠道菌群移植。对于一个全新的科研领域而言,充分的背景资料准备以及详细的沟通是非常有必要的。笔者曾前后与嘉宾当面沟通、电话交流超过 10 次,并且查阅大量相关书籍资料,还专程来到肠道微生态门诊、肠道菌群移植培养研究所、肠道菌群胶囊制作生产车间等实地考察、了解、访问。

提前半个月撰写访谈文稿,再与嘉宾反复推敲,力求每一个问题既能让观众听懂,又可以把话题讲深讲透,最终节目成功录制,制作播出后收到了很好的效果。

因此,访谈类节目主持人要与访谈嘉宾(往往是专家、权威)取得对话、深入交谈的资格,一定要熟悉交谈的领域,甚至掌握必要的专业知识,这方面事先的准备,包括查阅资料、学习专业书籍、熟悉访谈嘉宾的工作环境与工作领域的基本情况、了解受众中存在的相关问题、制订访谈预案等等,都是十分必要的,需要长期坚持运作。

## 二、专业素养是访谈的魂

第一,访谈节目主持人要富有亲和力。

富有亲和力的主持人会让嘉宾感觉到轻松、自然,愿意向主持人倾诉,也会有感而发,更利于挖掘话题背后深层次的寓意。主持人不是一个冰冷的提问机器,也不是咄咄逼人的刨根问底者,而是要根据访谈嘉宾讲述的情感循序渐进地提问、引导,当嘉宾愿意表达倾诉时把握机会积极提问,当涉及嘉宾不愿提及的问题时巧妙地回避,并自然地转向另一个受众感兴趣的问题。具有亲和力的主持人会让嘉宾分享出一些鲜为人知的独到见解,通过自己的亲和力,让嘉宾娓娓道来,达到节目最佳的访谈效果。

比如央视著名的节目主持人董卿,入行 20 年来,给人的印象一直是谦逊和蔼,被认为是极富有亲和力的主持人。无论是在台上,还是在台下,都表现了一位著名主持人优雅、谦逊、睿智的高贵气质。特别是由她担任制片人和主持人的《朗读者》,针对不同主题,每一期嘉宾都带着自己的故事来讲述。在朗读之前,董卿都会和嘉宾有一段访谈,董卿用她的亲和力和深厚的学识,将《朗读者》背后的文字和嘉宾个人的情感紧密结合,朗读者的情感故事和之后的朗读内容在情感串联上完成统一,成功地为我们呈现出他们作为"情感人"的一面。

第二,访谈节目主持人要善于倾听。

倾听,对于访谈节目主持人来说,是最核心的灵魂。访谈主持人最重要的不是展示自己的口才,而是要善于调动嘉宾、受众情绪,使他们进行真实的意见表达与情感交流,让他们畅所欲言。一个专业的访谈节目主持人应该是一个态度良好的倾听者,而且是一个善于倾听的人。这里的听,不单是指耳朵的听,更指用心去倾听。

2021 年《鲁豫有约一日行》第九季正式开播,陈鲁豫在回答网友提问时曾说:我发现真的倾听会让嘉宾感受到我是真的很关注,很好奇想知道他的故事,那时候嘉宾自然而然就会有一种倾吐的欲望,而且我是一个敏感的人,我知道在当时他的兴趣到了什么层次，他想说什么东西，他希望我问什么话，我才能上车敏感地感觉到。

再比如：美国电视脱口秀女主持人奥帕拉·温弗丽，在20年职业生涯中独占鳌头，成为美国影视、文艺界中年收入最高者。她的成功所凭借的是什么呢？其实奥帕拉·温弗丽的外表极为普通，只是一位中年的黑人妇女，中等身材，相貌平常。但是，就如传记作者麦尔所指出的："一般说来，广播电视的访谈者提出问题，却并不认真倾听，他们的心思都放在其他事情或是下一个新问题上。但奥帕拉·温弗丽却会仔细地倾听嘉宾们的谈话，并且利用谈话的内容把主题一步步引向深入。由于她适应当今时代的风格，对观众和嘉宾的生活进程充满关切，能同他们进行深入的交流，因此这种风格大受观众的喜爱。"

第三，访谈节目主持人要具备良好的交流提问能力。

交流是访谈节目必不可少的元素，良好的交流是主持人与嘉宾、观众进行话题讨论的桥梁纽带。而出色的提问更能体现主持人的魅力。优秀的谈话节目主持人在节目中能够吸引住观众的目光，很多都是因为主持人有着高超的提问艺术。

中央电视台著名节目主持人白岩松曾说过：访谈或者采访中，我的提问你无法删掉。用这句话诠释主持人在访谈中提问的作用，非常贴切。2012年《鲁豫有约一日行》专访谢霆锋的专集中，谢霆锋本不想提及他跟父亲的关系，但当节目回顾播放了一段谢霆锋曾经的获奖感言后，鲁豫马上反应抓住机会，巧妙地引出父子之间多年关系变化的话题，然后顺势提问到谢霆锋与家人之间关系的情况，进而深究出谢霆锋内心很大的不安全感，总觉得自己要做得更好。精彩的提问，真实的表达，为节目添彩。

第四，访谈类节目主持人要具备临场应变能力。

由于访谈节目不同于其他电视节目有多种多样的表现手法，只能靠语言的魅力以及节目的内容来吸引观众，因此，主持人能否掌控节目的现场是节目是否成功的关键，访谈节目中存在着很多不可预知性，优秀的访谈类节目主持人应当能够掌控全局，具有出色的临场应变能力，保证节目错落有致地进行。

比如笔者在参与《最美家庭专题访谈》时，曾有一位访谈的嘉宾因一场车祸变成高位截瘫，彻底改变了人生轨迹。在参与节目录制时是推着轮椅上台的，上台之后笔者发现要参与访谈的这位嘉宾非常紧张，双腿不停地颤抖。而当时他的妻子正好就在一旁，于是笔者随机应变，将他的妻子邀请上台，妻子上台以后访谈嘉宾马上安心了很多。于是节目的开场笔者就从嘉宾妻子的角度上来将话题引出，访谈的嘉宾一提到妻子马上放松下来，也有很多感谢的话想说，这样就顺理成章地引入到要访谈的核心话题上来，后续的采访非常顺利，嘉宾妻子自表现也为节目增色不少。

所以在访谈节目中,主持人并不能完全决定节目的进程,但却能够凭借自己的特殊身份来驾驭访谈现场,随时控制把握好方向、分寸和场面,适时提出或结束话题,根据需要深入推进或点到为止,在访谈中穿针引线、因势利导,巧妙地控制和调节现场的气氛等。因此,主持人对话题的准确驾驭、恰当拿捏异常重要。

## 三、真实的状态是访谈类节目之本

我们常说,真实是新闻的生命。在访谈类节目中,"真实"包括了真实的事实内容、真实的感情流露、真实的也是真诚的交流态度。不真实、不真诚就无法让人信服。作为传媒与观众之间感情交流与信息传播纽带的访谈类节目主持人,能否给予观众"真"的形象,是能否打动观众的关键。

首先,访谈节目主持人应该具备最真实的态度。

访谈主持不等于表演,观众是非常聪明、非常敏锐的。如果你是在表演的话,他们会很反感,也会本能地排斥,觉得很假很做作。访谈节目中,主持人自身应处在一个非常真实的状态,从而感染其他访谈参与者,得到更为真诚的回应。正如窦文涛所说:"我口述我心""真听、真看、真感觉""你要说这件事,你要先感动你自己,你要讲这个笑话首先自己要觉得好笑"。真实与否,直接影响到主持人在观众心目中的地位,更关系到嘉宾及现场观众的发挥情况,因而也会影响到整个访谈节目的质量和效果。

又如收视率非常高的《金星秀》节目,主持人金星就是以她敢讲敢说、真实的性情而著称。其中有一个明星访谈的部分,在采访刘嘉玲的一期,金星就是以她不违心的赞美,不做作的为人,真实的态度提问,使得女王刘嘉玲现场讲述起她跟梁朝伟的情缘,讲出了很多不为人知的故事,这期节目也创下了收视新高。

其次,访谈节目主持人应该拥有最真诚的状态。

主持人崔永元曾在总结经验时说道,主持的技巧最主要的就是真诚。敬一丹也曾说,即使是孩子,也要真诚地面对。《齐鲁开讲》的主持人武大海说:"有时候在节目之前的沟通中,有的嘉宾会表示他们今天来,就是为了大家一起把这台戏演好。"他听了之后特别不舒服,总是纠正说:"咱们今天就是聊天,和平常一样,千万别当成演戏。"

再如《非常静距离》的主持人李静,在主持节目中很好地诠释了真诚的重要性,李静以其率真、自然的主持风格受到观众的喜爱。节目中,她访谈的对象大多也是自己圈中好友,加上个人的阅历丰富,所以访谈时给人一种知心大姐的形象。而实际生活中,李静依然是这样的性格,所以无论在哪里,李静展现的都是很本真、真诚的自我，还经常拿自我调侃，拿自己做对比，体现了一种平等、亲切的感觉。

节目中她的很多提问，都站在观众的角度，问出了受众的所想所惑，自然、真诚，顾及观众的视角。对于主持人而言，从某种程度上说，就是观众的代言人，是代表观众的感受来提问一些大众感兴趣的问题，真实自然地提问，也会让嘉宾感受到，继而引出表达的欲望。

最后，访谈节目主持人应该积极营造真实交流的语境。

真实交流的表达情境，是访谈节目受欢迎的基石，主持人营造真实交流的语境也会带动嘉宾在节目中真实地展现。例如《鲁豫有约一日行》第五季首期，鲁豫带领大家前往香港探访著名的演员周润发，带领大家深入了解他作为演员，在日常生活中更为真实的一面。

《鲁豫有约》作为受众广为熟知的一档老牌的访谈节目，在坚守中推陈出新，打破传统访谈节目"僵坐演播室"的空间限制和表现形态，主动走出演播厅，拥抱互联网，将访谈环境转移到受访对象的生活与工作空间之中。在节目中，周润发及他的夫人带着鲁豫吃着榴梿，喝着当地特色小吃红豆奶，如同和朋友闲聊般揭开公众长久以来对于他的许多好奇——关于生活、关于演技、关于婚姻、关于财富。就像鲁豫在后来所说的那样："这么些年，也见过不少朴实无华的人物，可是唯独这一位，是我见过最接地气的，给人的感觉就像邻居大叔。"

这就是周润发，也是《鲁豫有约一日行》还原的真实的周润发。节目播出后收获了不错的舆论关注度。因此《鲁豫有约一日行》这种"沉浸式体验"的方式形式既展示给观众关于访谈对象真实的生活及工作状态，也让访谈对象在熟悉的环境里更加自在畅谈，回归最真实的生活本真。

## 四、个性化的表达是访谈之源

新媒体融合的背景下，访谈类节目出现了"千树万树梨花开"的局面，这一方面说明在这个快速发展生活节奏不断加快的社会中，人们对于内心真诚交流的渴盼；另一方面访谈类节目随形势而大量涌现也出现了诸多问题，访谈类节目主持人个性化问题更是其中一个较为突出的问题，它直接影响到节目本身的质量。

首先，访谈类节目主持人个性化表达是指主持人的创作个性。

个性化是相对一般化而言的，同时它又是创作风格的体现。由于一些主持人对个性化的曲解，出现了以"怪异""另类""模仿"为个性的偏差。因此，我们在倡导个性化传播时必须有清醒的认识。访谈类节目，它的特点是受众层次较高，具有鲜明的文化价值取向，影响并引导着大众舆论导向，这就要求主持人必须有面提高素质,具有敏锐的政治头脑,正确理解党和国家的路线方针。在访谈过程中发挥自己的判断能力,准确地传播信息和反映群众意见。善于解疑释惑,发挥桥梁作用。同时适当的幽默感如同调味品,不仅可以使主持人在主持节目时举重若轻,轻松掌握现场,也使得他们显得平易近人,机智诙谐,赢得观众喜爱。

例如中央电视台综合频道(CCTV-1)和唯众传媒联合制作的《开讲啦》是中国首档青年电视公开课,主持人撒贝宁在节目中彰显出鲜明的个性特点。《开讲啦》节目每期都由一位知名人士讲述自己的故事,分享他们对于生活和生命的感悟,给予中国青年现实的讨论和心灵的滋养。讨论青年的人生问题,同时也在讨论青春中国的社会问题,而主持人在其中时而发出深刻的提问,时而调动现场气氛,有思考、有互动、有内容,赢得受众一致好评。

其次,赋予个性化魅力的访谈类节目主持人能够带动整档节目。

一个具有魅力的主持人会带动整档节目散发魅力的光辉,让大众成为忠实的粉丝。例如杨澜在6年间访问了300位世界精英和传奇人物,吸引嘉宾的除了栏目的知名度之外,杨澜的个人魅力也是一个重要原因。这也是当前比较成功的名人访谈节目的共同特征之一,以主持人的名气带动节目收视率,同时以节目声誉提升本人的名声,两者相得益彰。

杨澜的节目首先在话题设计上以"焦点性话题"为主,杨澜的采访节奏感很强,提问具有跳跃性。在杨澜的引导与刺激下,访谈者与被访谈者之间经常呈现对话张力,交锋频繁,观点碰撞,精彩淋漓。因此从话题的选择上看,杨澜是一种"辩论式的采访"风格。同时,她也善于调节现场气氛,比如杨澜一般会以一些抒情与感性的话语作为访谈的结语。但总体上,杨澜采取的是一种辩论的方式推进访谈,展现出她独特的专业性辩论才能。

因此,个性化已经逐渐成为访谈主持人的必修课,也是能否把握和操控节目的利器,是否具有个性化魅力也成为检验一个访谈主持人是否合格的重要标准。除了对于访谈主持人自身发展的要求之外,我们也不应当忽略访谈节目本身对于访谈节目主持人个性化魅力的诉求。

## 五、出色的策划是访谈之脉

策划能力对于访谈类节目主持人来说是举足轻重的。在国内比较有名的几位访谈类节目主持人,从白岩松、崔永元到杨澜、鲁豫等都是从策划开始接触电视行业的。在节目的策划中,主持人既要站在嘉宾的立场又要切身处在观众的角度。在节目开始前主持人就需要与嘉宾先进行前期沟通,了解嘉宾的风格和特点。同时节目前期策划得越细致,主持人把握得就会越到位,节目效果也会更好。

## 1. 访谈类节目主持人应结合节目风格与定位策划选题

访谈类节目主持人的风格往往与访谈类节目的整体风格是统一的，一档电视访谈类节目的选题如何，首先必须考虑到主持人的风格与节目定位。两者直接决定了节目的选题，从而决定了节目的受众。

例如，东方卫视大家熟知的一档电视访谈类栏目《可凡倾听》，是一档人物访谈类专题节目。其镜头对准当前的某一社会热点人物，通过对人物当前状态、过去经历和未来设想的访谈，完成一个较完整的人生亮点回溯和心理对话过程。节目正是由于曹可凡稳重的外表，恰好与节目稳重的定位相吻合，开播13年来，参与访谈的有500多位嘉宾。栏目多数邀约到的都是成功人士，例如杨振宁、钟南山、姚明等。这样的人物与稳重的曹可凡一起在栏目中大谈人生经验与成功，吸引到了大量的收视率。

## 2. 访谈类节目主持人应根据观众的需求策划方案

要想成功地策划一档能够吸引观众拥有大量收视率的电视访谈栏目，必须是能够满足观众需求的电视节目。而一个能够吸引观众的电视栏目，就需要一个贴近观众生活并且被大家熟悉的话题作为支撑。

例如，笔者策划并主持的一档电视访谈节目《仁心医者》，节目主要定位为还原医者高尚工作、弘扬医患正能量，普及医学健康知识。因此，节目在前期策划中更多地会选择当下大众包括老年及年轻群体对于健康关注的热点话题以及一些健康知识产生误区进行讲解，更好地普及健康知识，提高大众对健康生活的认识。

## 3. 访谈类节目主持人应针对节目嘉宾的个人背景及特点策划习题

每一位受访的嘉宾都有自己背后的故事，都是某一领域的专业人士，要选取适合主持人及嘉宾的互动话题，就要求主持人对这个话题既要有一定的熟知度，而且对话题应该有一定的知识储备，这样的讨论才能深入展开，也才能聊出亮点。

以湖南卫视的《天下女人》为例，主持人杨澜凭借着优雅的气质、丰富的学识担当了主持人。在节目中，她高贵的气质和非凡的谈吐成为该节目吸引观众的一大亮点。同时"女神"杨澜在主持中平易近人，与嘉宾交谈亲切，话题聊得深入透彻，与观众"零距离"沟通。而节目中选取的话题诸如明星、婚姻、情感等这样贴近观众的话题，也很好地契合了主持人杨澜的风格。

## 结　语

通过以上的论述、分析，笔者认为作为一名优秀的访谈类节目主持人在不断学习完善自身职业素养的同时，应建立自己的个性化标签。虽然"一百个读者心里就有一百个哈姆雷特"，但万变不离其宗的就是访谈类节目主持人应该做到节目前期认真准备、策划，具备专业的综合素养，具有亲和力，善于倾听、提问，具有临场应变能力，以最真实的状态互动交流等。

综上所述，随着观众对文化的理解和需求越来越高，访谈类节目主持人也应顺应时代需求，不断提高自身能力和综合素质，不断地完善自我，才能拥有更多的观众，自己的主持能力才会日臻成熟，才能成为受众喜爱的优秀访谈类节目主持人。

2016 年 2 月 19 日，习近平总书记到人民日报社、新华社、中央电视台 3 家中央新闻单位实地调研，并主持召开党的新闻舆论工作座谈会。会上，他用一席情真意挚的讲话，为广大新闻工作者提供了根本遵循和前进方向。一句"勤学习、多锻炼，努力成为全媒型、专家型人才"，让新闻工作者深刻体会到总书记的殷切期望。而本文分析的优秀访谈类节目主持人，也应该成为"全媒型、专家型人才"，让我们继续不懈地努力奋斗！

**参考文献：**

[ 1 ] 翁佳.名牌电视访谈节目研究报告[M].北京：中国经济出版社,2006.

[ 2 ] 张煜.论电视谈话类节目主持人应具备的基本能力[J].今传媒,2016(3).

[ 3 ] 倪琼瑶.访谈类节目主持人角色定位分析[J].新闻世界,2009(5).

[ 4 ] 苗棣,王怡林.脱口成"秀"——电视谈话节目的理念与技巧[M].北京：中国出版社,2006.

[ 5 ]《鲁豫有约一日行》第五季,《鲁豫有约一日行》第九季.谢霆锋：电影是热爱 美食是修行[J].优酷文化,2021(2).

[ 6 ] 常阳.对真实性的理解——浅析娱乐谈话节目《非常静距离》[J].太原城市职业技术学院学报,2010(9).

[ 7 ] 周润发.我烂片有 90%[J].优酷文化,2020(5).

[ 8 ] 孙敏.访谈节目主持人的个性化[J].参考网,2009(4).

[ 9 ] 王群,曹可凡.谈话节目主持概论[M].北京：中国传媒大学出版社,2007.

[10] 习近平.在党的新闻舆论工作座谈会上的讲话,新华社 2016 年 2 月 19 日电.

**作者简介：**

戚闻,上海市浦东新区融媒体中心节目主持人。

# 试论主持人的情绪控制

窦朕坪

**提　要：** 在我国广播电视事业快速发展的背景下，广播电视节目之间的竞争也愈发激烈，然而广播电视节目最终的播出成效很大程度上取决于主持人自身的主持魅力、主持艺术以及个人情绪控制上。实践中往往出现因节目主持人情绪失控而导致节目失败的现象。基于此，笔者重点分析了广播电视节目中主持人情绪控制的重要性，探究了主持人情绪控制的方法，旨为提高节目传播质量，也为广大受众带来一些积极的影响。

**关键词：** 电视广播节目主持人　情绪控制

## 引　言

在信息高速发展的今天，我们迎来了多媒体、融媒体时代，广播电视节目已经不仅仅是依靠传统灌输式的节目进行发展。不论是娱乐综艺还是新闻报道都需要对节目的传受方式进行创新。在此过程中，主持人的创新改革是非常重要的，一名优秀的主持人可以贯穿整场节目，带领嘉宾、听众、观众以及演员不断推进节目内容向纵深拓展。而不合格的主持人往往会在现场出现事故。例如天津交通广播一档名为《红绿灯》的节目中，男女主播在关于美食的讨论中持不同的观点与态度、意见不合，在节目中发生争吵。男主持人情绪失控摔门而去，导致直播暂时中断。由此可见，一名优秀的主持人在节目中必须能够将自己的情绪进行良好控制，不断提高自身的情感表达能力，只有这样才能掌握整个节目内容并顺利播出。

## 一、广播电视节目主持人情绪控制的重要性

情绪是一种心理状态。20 世纪 80 年代,复旦大学张骏德、刘海贵老师撰写的《新闻心理学》中,将情绪定义为:人对客观事物的特殊反映形式,是人在过去经验中所形成的愿望、渴求、感情、态度等对当前认识事物活动的影响。记者、节目主持人更是如此。

广播电视节目主持人因为职业的特殊性质,所以自身的情绪和情感对主持人的精神状态和工作状态都会产生直接的影响。每一位广播电视节目主持人都应该思考如何认知并调整不同的情绪,使主持人在节目中的行为举止、语言方式、现场掌控等都表现得十分恰当、得体,既要贴合节目最初设定的主旨和定位,还要吻合社会主流的价值观。笔者通过查阅文献可知,成功人士在奔赴成功的过程中,智商和情商是十分重要的因素,然而情商中占比最重的成分又是情绪。

有一部分主持人易受情绪的左右,在广播电视节目播出现场十分容易感情用事,比如在报道灾难事件时,有的主持人在实际场景面前无法理性地控制情绪,泣不成声,最终无法将信息进行良好的传递,给观众获取现场实时信息带来了阻碍,无法及时了解实际情况。然而能够将自己的情绪进行良好控制的主持人,不但会为了现场的实际场景动容,还可以整理好情绪,隐忍伤悲,给观众带回现场的最新情况和进展,给新闻事件带来最佳的报道效果。又如主持人在报道某些重大的国家决策或者政治事件时,如果没有将自身的情绪进行良好地控制,在语态、情感以及着装等方面,远离了事件的初衷和轨道,可能导致为恶性事件推波助澜,甚至还有可能造成十分严重的后果。由此可见,主持人健康、积极、饱满、恰当得体的情绪是极其重要的。广播电视节目的主持人也会因为其他原因的影响出现不同的情感和情绪状态。一名优秀的主持人在工作中是不会带入任何个人极端情绪的,更不可能会将其表现出来,在节目中也不会出现面无表情、无精打采或言辞激烈、情绪冲动等现象。将自己的情绪进行良好地控制、调整到最佳的状态,是一名优秀合格的广播电视节目主持人的根本心理修养。

主持人在节目中运用正确的情绪可以产生正面效应,表现在:增进和观众的互动,与观众拉近距离,节目现场的氛围也不会显得十分冷清枯燥,给节目带来了生机和活力。另外,主持人对自己情绪的良好控制可以在节目中给观众呈现出积极向上的一面,传递满满的正能量,还可以对自己的心理素质和职业素养进行锻炼和提高,为自己在节目中增加自信。

主持人是一档节目的中心,如果主持人不能将自己的情绪进行良好地控制,那么在节目中将会产生负面效应,呈现给观众负面消极的能量,给观众产生较大

的心理压力,使主持人的个人形象大打折扣,严重时还会影响节目的正常播出,对整个媒体环境产生不良影响。

因此,节目主持人加强情绪控制,要尽力达到产生正面效应,避免产生负面效应,就首先要加强自身的素质修养,包括优秀的心理修养。

## 二、影响主持人情绪的原因简析

人们的情绪都会受到外在因素和内在因素的影响和控制,外在因素顾名思义即:情绪因为外界影响而产生的波动和变化,内在因素即因为自己的内心活动而产生的情绪变化。

作为节目主持人,因为职业存在特殊的性质,所以对自己的情绪进行良好的控制就显得非常重要。

就影响节目主持人情绪的外在因素而言,在文化事业日渐繁荣的背景下,为了满足观众的观赏欲望,就必须要求节目主持人积极思考,创新节目内容,为节目增添新的创意和亮点。另外,因为电视节目行业内竞争日渐激烈,涌现出了越来越多有创意的年轻人,节目主持人的工作压力就变得更加繁重,在不断施压的环境下,随之而来的就会产生个人情绪方面的变化,同样,家庭生活、工作环境、同事关系等这些因素都会给主持人的情绪产生较大的影响作用。

就影响节目主持人情绪的内在因素、立足于个人情绪的角度上而言,有的主持人遇到个人困难或家庭纠纷等问题时,仍然能够冷静理智地处理这些问题,调整好个人情绪,出色地完成节目录制;但是有的主持人却无法将自己的情绪进行掩盖,在节目中通常都会带入个人情绪,这就会给节目效果带来较大的负面影响。

这里特别要强调:优秀节目主持人能够遏制住负面情绪,而弘扬正面情绪,根本原因是因为他们有坚强的意志力;而意志力来于自觉地确定奋斗目标,有庄严的使命感来支配调节自己的言行。当然还需要掌握把控情绪的具体策略,见下节分析。

## 三、主持人的情绪把控策略分析

### (一)合理控制情感,适度把控节目

情感并不是我们能够看见的外在事物,它是以一种感觉状态存在的。每一个人因为生活的环境不同,成长的经历也不同,那么就必然会产生不同的情感,

态。情感状态也随着自己所处的环境在随时发生变化,情感本身的复杂性和多变性直接增加了其不稳定性,所以合理地对情感进行控制是十分重要的。

对一名合格的主持人来讲,如何将自身情绪进行良好地控制是十分重要的。整个节目的进程和走向都需要依靠主持人控制,在录制节目前期以及建制过程中,无时无刻要对节目进行各种排练,这要求主持人完全熟悉节目的流程环节,对可能发生的问题进行判断,对需要整改的问题和关键点妥善处理。

崔永元是我国著名的节目主持人,他在合理控制情绪这方面就非常值得学习。他面临紧张的生活和工作时,难免也会产生抑郁、烦躁、焦虑、低落、失眠的情况,无论是《小崔说事》栏目还是《实话实说》栏目,其中谈到的话题都不乏存在严肃、沉重的内容,但是在节目中,人们始终都会看到一个积极热情、诚恳风趣、彬彬有礼,具有较高思想品位的主持人——崔永元,他具有的超高的情绪调节和控制能力令人折服。

美国哈佛大学心理学博士丹尼尔·戈尔曼曾经说过:"情绪调节能力差的人常常会受到痛苦情绪的困扰,而那些情绪调节能力强的人,则可以更快地从生活的挫折和烦恼中恢复。"调节情绪的关键是要学会释放和转移负面情绪。不论是和人们倾诉还是欣赏音乐,或是转移注意力、满足感官享受的放松休闲等,这些都是释放情绪的有效方法。情绪得以释放通常会给主持人一种"如释重负"的感觉,这样才能让他在开展主持工作时张弛有度,顺利开展主持工作。

访谈节目的主持人还需要对访谈的问题进行编排,什么时间点询问什么问题都是需要掌握技巧的,当参与访谈的嘉宾情绪达到一定的程度后,才能够回答一些问题。一些嘉宾在讲述自己经历的故事、表达自身情感的时候,是非常具有感染力的,对主持人自身的情绪控制有着极大的影响。主持人和嘉宾开展相关话题的交流时都需要注意这一方面的内容,对自我情绪不断进行良好的控制。

某电视台有一期对明星进行访谈类的节目,嘉宾是台湾演员何润东。在主持人进行了开场寒暄以后,便开始询问嘉宾何润东,认为哪一个影视角色是自己最满意的?此时何润东则反问主持人说道:"您认为我这么多影视角色里,哪一个角色演绎得最好?"此时主持人一时不知该如何回答,故作轻松道:"好……有一个角色还不错。"此时何润东笑着说道:"到底是什么角色?"经过这个过程,主持人尽显窘态。由此可知,这档访谈节目的主持人事先并没有认真充分地阅读采访对象的资料和影视剧资料,当嘉宾询问自己时是非常出乎其意料的,导致他在节目播出现场心思被打乱,不知如何是好。《非常"静"距离》同样也是访谈类节目,其主持人李静在这方面就做得异常出色。李静非常善于捕捉嘉宾的特点,在和嘉宾进行交谈中,言辞不漏声色地把嘉宾带入一个高水平的谈话层次中,有选择地对嘉宾进行指引,通俗而又清新,即使偶尔遇到比较刻薄的嘉宾,李静也可以顺势进行引导，巧妙地进行转折，这种"打太极"的推手方式能够将情绪进行良好的掌控。这些都和李静对嘉宾的深入了解以及对自我情绪的掌控，还有节目现场的把控能力是息息相关的。

主持人准确地控制情绪，首先就要将整体的节目进行排练，找准节目的感情基调和定位，是欢喜还是忧伤等，都是需要进行清楚的定位。另外主持人要准确掌握节目嘉宾的心理情感，一些嘉宾面对话筒时很可能会产生紧张的情绪，这时就需要主持人不停对其进行安慰和心理疏导，让嘉宾保持一个放松的状态，这样才能和嘉宾在节目中进行顺畅的交流。

## （二）重视主持人内在素质的培养

在全媒体环境下，节目总是在不断地更新发展，所以这就对广播电视节目主持人的专业能力以及专业素养提出了更高的要求。例如：现在直播形式不断创新，形成了多样化的直播特点，这就需要主持人积极地调动现场观众情绪，不仅仅要调动直播的现场氛围，还要调动电脑、电视机以及手机屏幕前的观众氛围。主持人不仅需要具备对信息的高度概括能力、处理能力以及即兴的口语表达能力，还要求主持人具备丰富、生动、流畅、积极的语言表达能力，形成鲜明无可替代的主持个性。另外还要培养主持人全面化、多元化以及个性化的语言表达和传播能力。主持人的外在形象、声音声调固然重要，但是观众还需要一个有个性、有文化、有观众缘的主持人，这样的主持人必定可以将自己在节目中的情感进行良好的控制，进而掌控节目现场。笔者认为，主持人也要不断进行学习，丰富自我。要多看、多听一些情感故事，以此来丰富自身的经验，在主持节目时遇到类似的问题或者故事，就可以结合经验进行预判，实现更好的情绪控制。主持人在平时训练的过程中，尽可能地选择一些社会热点问题，对网上具有权威性的观点进行查询，学会多角度思考分析问题，提升自身的逻辑能力和创新精神，这些都可以帮助主持人实现更好的自我情绪控制，呈现给观众一个积极向上的主持人形象。

节目主持人的积累经验过程也是非常重要的。主持人在节目中出现错误是难免的，但是如果对自身的情绪不进行调整，非常容易出现心理暗示，将生活和工作都笼罩在阴影中。

## （三）不断培养感情应变能力

通常情况下一名主持人需要身兼数职，并不是只支持一场节目，在不同的节目中最初的情感基调是不同的。这就要求主持人对情感能够进行良好的切换，满足不同情感基调的节目要求。不同节目背景、时间节点等需要表达出具体的情感，一名能够驾驭节目环节的主持人不能为了控制自身情感，给观众带来一档没有感情色彩的节目，而是应该以饱满的情绪，根据不同的人物和环境及时切换感情，这样才能更好地把控节目。

即便是在同一档节目里也是需要丰富的情感变化。这就需要主持人正确掌握情感变化，也需要主持人拥有随机应变的能力。主持人在转变情感的过程中，要通过巧妙的语言、肢体形象等实现情感转化。

江苏卫视《非诚勿扰》节目播出时，不同类型的男嘉宾和女嘉宾都保持着多样化的情绪和姿态，嘉宾人群也会面对一些刻薄尖酸的问题提问，主持人孟非在面临这些问题时都能够通过理性、睿智的对话，巧妙地带过问题内容，善用艺术形式平衡众人的心态，把节目氛围推向另一个高潮，将看似立刻要激化的情绪消失于无形，这也是主持人孟非具有极高"气场"的原因。

最后，主持人还要在不同的场景中锻炼自身的实时情感表达能力。主持人在节目播出的过程中，能够清晰全面地表达自己的观点和看法，在节目播出的过程中融入故事的背景和时代背景。背景不同以及年代不同的故事，需要通过不同的主持方法进行表述。因此，主持人在给观众讲述故事时，要将自身的情感进行充分的利用，将观众带入故事情境内，进行情感渲染，用和故事情节相吻合的语言给观众传递出不同的感情。将观众真正地带入故事背景和故事情节中，让观者犹如身临其境。

## 结语

总而言之，一个无法控制自身情绪的主持人是无法完美应对节目播出现场的复杂情况的，节目主持人需要利用自身巧妙的语言，结合自身经验来对节目播出的现场进行良好的控制。如果主持人在节目中情绪失控，那么将很难给观众带来良好的节目观看效果，也会和预期的节目效果产生较大的差距。节目播出过程中是否能够顺利地推进各个节目环节，都是由主持人对情感控制的好坏决定的，节目主持人的情感控制对节目顺利进行与有效播出具有十分重要的意义。

**参考文献：**
［1］张骏德、刘海贵.新闻心理学［M］,安徽人民出版社,1985.
［2］包婷婷.论女性主持人在电视谈话节目中的优势［J］.剧影月报,2019(04)：72-74.
［3］郁旭红.电视节目主持人负面情绪研究［D］.湖南大学,2018.

［4］裴蓉.试析广播电台主持人艺术风格的塑造与提升[J].新闻研究导刊,2017,8(2□) 146.

［5］罗闻.广播电台声音主持人个性化主持风格的培养[J].西部广播电视,2016(19) 156.

**作者简介：**

窦朕坪,上海广播电视台东方广播中心播音员;《长三角之声》节目三寸人主播。

# 论媒体融合背景下怎么做好亲子类节目

刘鹏涛　康　燕

提　要：2020 年以来,奉贤广播电视台综合广播调频 95.9 兆赫,积极响应习近平总书记有关家庭文明建设号召,开播了一档亲子朗读类直播节目,栏目名称《阳光伴你行》,受到了大家的欢迎。据初步统计,从节目开播后,共有 50 多对、100 多名爸爸(或妈妈)和孩子做客直播间,在亲子朗读的同时,讲述了他(她)们温情陪伴的故事。而节目通过广播＋微信＋App＋社区社交圈的传播,节目播出后的播放拓展效应更为突出。奉贤的众多中小学校组织学生收听广播节目,收听直播或回听的学生人数五六千人次,更有很多家长也和孩子一起聆听了节目。

　　亲子朗读、直播节目、媒体融合……这是实现广播亲子节目的全媒体表达。而在融媒体背景下怎么进一步做好亲子类节目,配合科学开展家教与加强家庭文明建设,正是我们要思考研究的重要课题。

关键词:媒体融合　亲子类节目　家庭文明建设　内容创新　主持人改进

## 引　言

　　近年来,习近平同志围绕注重家庭、注重家教、注重家风建设发表了一系列重要论述,动员全社会广泛参与家庭文明建设,努力使千千万万个家庭成为国家发展、民族进步、社会和谐的重要基点。习近平同志在中央党校的一次开学典礼上曾讲述中国古人重视家教、勤学苦读的动人故事,如悬梁刺股、凿壁偷光、囊萤映雪等,要求党员干部一定要带头安下心来,心无旁骛、专心致志地看书学习,深入进行研讨。

而当前的媒体融合,则对广播电视事业的发展提出了新的挑战,也对广播电视从业人员提出了更高的要求。如何在媒体融合的大环境下,把节目做得更接地气,更受欢迎,是摆在我们面前的重要命题。当下,新媒体风生水起,越来越被大众关注,与之对立的传统媒体似乎显得有些落寞和无助。作为广播电视节目内容的制作者和传播者,在新媒体高速发展的大环境下,我们还能按照以往的思路来做节目吗?如果没有创新、没有和新媒体融合的思路,我们的路还可以走多远?特别是对于广播电视节目当中,一些专业性比较强、又备受关注的节目,我们应该怎么做,在新媒体环境下是不是有合适的土壤让我们更好地生存下去,面对竞争我们又该如何从容应对?

2020年以来,奉贤广播电视台综合广播调频95.9兆赫,积极响应总书记关于家庭文明建设的号召,创办并开播了一档亲子朗读类节目,栏目名称《阳光伴你行》,受到了大家的欢迎,周三和周五在奉贤人民广播电台(调频95.9)以直播的形式和大家见面。据初步统计,从节目开播后,共有50多对、100多名爸爸(或妈妈)和孩子做客直播间,在亲子朗读的同时,讲述了他(她)们温情陪伴的故事。而节目通过广播+微信+App+社区社交圈的传播,音频链接被转发上千多次,直播期间听众通过拨打热线电话参与互动热情高涨,3个月微信平台留言互动达1 000多条。而节目播出后的播放拓展效应更为突出,奉贤的众多中小学校组织学生收听广播节目,收听直播或回听的学生人数五六千人次,更有很多家长也和孩子一起聆听了节目。

亲子朗读、直播节目、媒体融合……当这些词汇交汇在一起的时候,作为媒体融合时代背景下的媒体人,如何把它们有机的结合,碰撞出火花,实现广播亲子节目的全媒体表达,是我们要思考的问题。

## 一、融媒体环境下节目内容的创新

在《阳光伴你行》这档亲子类节目策划之初,我们的团队普遍认为,要做一档好节目,内容是关键。没有好的内容,节目也只是空壳子,哪怕有人关注,也只是极少数人关注,掀不起更大的波澜。因此,我们在节目内容上狠下功夫,不断琢磨。亲子朗读类节目这些年层出不穷,内容形式基本大同小异,我们如何出色呢?于是,我们和同事一起走进学校,采访了老师和学生,同时也倾听了很多家长的意见和建议。而我们自己作为小学生的家长,更是对孩子阅读的兴趣非常关注和了解。我们在实证调研中,有针对性地采访了部分老师、家长和学生,听了各方的观点,也让我们心里对做好这档亲子类节目更有底气。

我们在和 5 名老师的交谈中获悉,现在的孩子普遍阅读量不多,因此就造成不能有太多的表达空间,还有很多孩子沉迷手机等电子产品,对眼睛伤害很大,所以如果家长能空出时间,陪孩子阅读,形成亲子阅读的家庭氛围,那对孩子来说,一方面可以减少玩电子产品的时间,另一方面,也是最重要的,可以增进亲子感情,融洽亲子关系。

我们在和 7 名家长的交谈中了解到,现在的家长基本都是 80 后,自己在某种程度上来说也还是一个大孩子,突然的角色转变,要教养好自己的下一代,这对很多 80 后的年轻人来说有些措手不及。但好在这批年轻人都是有知识、又有素质的一代,他们很关注孩子的成长,也很希望能够通过自己的努力陪伴孩子成长,但苦于总是找不到合适的陪伴方式。家长表示,如果能通过亲子朗读的方式,在和孩子一起读书的过程中享受亲子的乐趣,并且也能让自己得到提高,那么这种方式是非常好的。

我们在和十几个孩子的交谈中得知,孩子们都很喜欢听故事,也很喜欢讲故事,但有些孩子却不太敢讲,或者是当人多的时候就紧张,马上变得不会表达了。孩子们说,自己的爸爸妈妈平时工作都很忙,很少有时间陪他(她)们,哪怕有时间在家里休息,也经常是躺在沙发上玩手机、打游戏。所以他们也希望家长能够抽出时间多陪陪自己,如果能通过亲子阅读的方式和他(她)们一起读书,一起讲故事,孩子觉得这才是真正的好爸爸、好妈妈。

基于以上的采访和调研,让我们也认识到要开设一档亲子阅读类节目的定位和方向,同时对节目的内容也基本了然于心了。有了良好的基础,接下来的工作就基本上顺理成章地推进了。

## 二、融媒体环境下要求主持人与时俱进

主持人,是一档节目的灵魂人物,试想,节目前期策划再好、嘉宾的层次再高、演播室再高大上,如果没有一位经验丰富的主持人,那么这档节目也许就只是一个空壳了。因此,我们从在策划这档亲子阅读节目之初,到节目最终的完成呈现,整个过程主持人都是参与其中的,因而主持人对节目的了解程度也很深。这就对后期节目的播出和呈现奠定了坚实的基础。

我们融媒体中心成立后,对广播电视主持人的要求更高了,我们不只是一个人坐在播音间,面对一只话筒,孤独地自说自话的状态;有的时候我们会做一些视频直播,我们会同时面对话筒和镜头,并且还要言之有物,这对广播电视主持人提出了更高的挑战。因此,我们必须强迫自己适应这种前所未有的播音状态,

让自己更淡定、更从容。特别是当嘉宾来到直播间,在和嘉宾交流的过程中,当我从耳机里听到亲子和爸爸妈妈自信而坚定声音的时候,其实也不太会去关注节目以外的内容了,更多的是考虑怎么去把最好的主持状态呈现出来,把嘉宾的情绪调动出来的问题。

主持人要以情感打动嘉宾,亲子阅读节目的嘉宾以孩子为主,有些孩子很调皮,坐不住;而有些孩子虽然话很多,但说不到点子上;有些孩子又太沉默,问一句答一句。面对不同类型的孩子,主持人除了要掌握不同孩子的心理状态外,还要从一个知心大朋友的角度去调动他们的积极性,让孩子们能尽快地投入到节目中去。

有一期节目给我们留下了深刻的印象,节目的嘉宾是奉教院附小四年级学生小戴和她的爸爸,在前期沟通的过程中,戴芯蕊的爸爸虽然是一位很爱孩子的好爸爸,但听说是进电台做节目,并且还是直播节目,他就打了退堂鼓。他告诉我们,让他做别的都没问题,但上电台做直播节目,他从来没做过,不知道说什么,非常担心自己说不好,而把节目搞砸了。于是,我们前后和他们父女俩沟通了无数次,做思想工作,并告诉他们,做节目其实就是和主持人聊天,我们在下面怎么说话,上了节目以后也这样聊、这样说,消除他们内心的紧张感。因为自己是主持人,同时也是节目的联络人,所以和嘉宾沟通的细节也让我们自己对接下来要做的工作心里有数,通过反复沟通之后,小戴和爸爸在那天的直播节目中完全没有紧张的感觉,整个过程很放松,和主持人侃侃而谈,到节目结束的时候,小戴爸爸还说"这么快就结束啦"。听到这句话,让我们也觉得心里很踏实,也很有成就感。这里还有一个细节,那天小戴和爸爸做客节目的时候,小戴爸爸和我们讲述了陪伴孩子成长的点点滴滴,并自责自己不是一个好爸爸,平时工作忙,陪孩子的时间少,他在节目中说:"这档节目,给了我和女儿说心里话的机会,也教我学会了今后怎么做一个好爸爸,感谢你们!"

所以,做亲子类节目的主持人,不仅仅是串联好整档节目,更重要的是上嘉宾,特别是孩子们能增强对你的信任,愿意把心里话告诉你,愿意把你当成知心的朋友,只有这样,节目做出来才更温馨,更有温度,也更能打动听众。

## 三、融媒体环境下用好新媒体工具

所谓新媒体工具,对于我们一直从事传统媒体的从业者来说都是新式武器,但用好这些新式武器,无论对主持人素养的提升,还是对节目的影响力都是至关重要的。从一开始策划亲子阅读节目,我们就非常注重和新媒体的互动,每天会在我们的微信平台、微博、抖音等推送相关内容,这些内容不仅仅是文字,更多的是视频和图片,如何拍摄漂亮的照片、如何让视频更精彩,我们也在不断磨合、不断尝试。

由于是亲子类节目,我们会去学校联系孩子拍摄视频,有的时候孩子在上课,我们会利用课间或孩子放学后采访拍摄,有时为了拍摄一段比较理想的视频素材,我们会花费半天的时间甚至一整天的时间。但是当最后我们的新媒体平台呈现出来的时候,被更多人看到,并被大家纷纷点赞的时候,我们觉得这一切的付出都是值得的。

新媒体工具的不断出现,对广播节目的传播起到一定的推动作用,比如我们会利用抖音平台发布节目中的视频片段,也可以做抖音中的直播,我们还可以利用阿基米德平台剪辑节目,让收不到直播的听众也可以有收听的途径,不受时间段的严格限制。我们还可以利用阿基米德平台发布节目预告,每期节目直播之前,我们会把这期节目的主题、嘉宾、互动方式以文字的形式发布在阿基米德平台上,还可以把直播链接发布在我们的微信听友群中,让更多的听众了解即将播出的节目内容,以便有选择性地收听节目。

《阳光伴你行》栏目中的这档亲子类节目,在去年的收听率创了新高,据统计,全区有近10所小学、5所初中,上万学生通过收音机或网络平台——阿基米德收听了节目,留言条数总数达5 000条以上。这背后凝聚着我们团队的心血和汗水,也是我们融媒体中心成立之后的首次有效尝试。通过一档节目我们收获了很多,也得到了更多的思考,媒体融合大环境之下,并不是高山猛虎,而是一个又一个良好的契机,我们只有趁势而上,才能有机会飞得更高、看得更远。

现在各地融媒体中心都在综合运用新媒体平台,敢于打破传统媒体本身的局限,率先以"新闻+政务+服务"为融合定位,以先进技术为推动力量,建立起具备多媒介资源、全生产要素有效整合的综合平台功能,实现了跨区域跨媒体跨行业的大融合。在我们亲子节目报道中适当链接教育部门的服务渠道,于节目报道而言只是一个小改变,对受众而言则是体验升级的一大步。运用新媒体综合服务平台,将媒体从单纯新闻宣传向公共服务领域拓展,从单向传播向多元化互动传播延伸,以综合性、服务型为主打,要把区级融媒体中心打造成"新闻+教育""教育+服务""服务+电商"的信息服务综合体。

时代的进步、科技的发展,都助推着我们不断前行,广播电视已经从传统媒体跨入了新媒体时代,对我们从事广播电视工作的人员来说既是机遇也是挑战,那么在千载难逢的机遇面前,我们该如何抢抓机遇、趁势而上,我觉得只有不断开阔思路、增长见识,不断学习,才有可能融入新媒体时代的洪流当中,虽然在前行的道路上我们会遇到艰难险阻,但只要有逢山开路、遇水架桥的精神,相信眼前的困难只是暂时的,光明的未来一定在前方等着我们。而在媒体融合背景下,我们的亲子类节目也将继续以习近平家庭文明建设的思想为指导,积极回应人民群众对家庭建设的新期盼、新要求,推动社会主义核心价值观在家庭中落地生根,推动社会主义家庭文明新风尚。

## 结　语

媒介融合还在进一步深入,亲子类广播节目作为教育类节目的一部分,其转型和创新也必须继续,如何进一步发挥新技术、新理念的作用,凝聚传播合力、提升传播效果,这些还有待我们进行更深入地研究。

习近平总书记在主持召开党的新闻舆论工作座谈会时指出:"随着形势发展,党的新闻舆论工作必须创新理念、内容、体裁、形式、方法、手段、业态、体制机制,增强针对性和实效性。"做好新闻舆论工作,必须要创新。智能化是媒体未来发展的趋势和方向,必须拥抱技术带来的变革,拥抱人工智能等技术发展应用带来的协同效应,不断开拓投入,引入合作,才能实现向智能融媒体进化。

本文只是思考探讨了在融媒体时代,如何充分发挥融媒体的优势与特长,在内容创新、节目主持人与时俱进,以及新媒体功能拓展(向"新闻＋教育一服务"拓展)等方面提出了自己的一些想法与建议。作为教育类节目,在进一步加强正确的舆论导向、深入开展家庭文明建设、加强传统文化与科学知识教育还有许多工作要做。我们当继续努力!

**参考文献：**

[1] 人民日报评论部:《习近平讲故事》[M],人民出版社 2017 年版,第 114 页。
[2] 习近平.在党的新闻舆论工作座谈会上的讲话[N].新华社 2016 年 2 月 19 日电。

**作者简介：**
刘鹏涛,上海市奉贤区融媒体中心主持人、播音员。
康　燕,上海市奉贤区融媒体中心党群部负责人、播音员。

# 论新媒体语境下新型警媒关系的构建

万　涛

**提　要：** 警察是国家机器的一个组成部分，是惩处邪恶、保护人民的权力机关；而媒体，是舆论机构，是党和人民的喉舌，两者都是为人民服务的。警媒关系既有相处一致性的方面，也有容易产生矛盾的一面，因此有必要妥善协商解决。新媒体时代，多种形式的警务账号遍地开花，警媒合办开设栏目，在警务新闻传播和节目形态表达上形成有效的共赢局面，广大市民群众"喜闻乐见"，值得总结。本文对新媒体语境下警媒之间的问题进行探究，以及对彼此如何协作进行了思考和解读，有助于新颖警媒关系的构建，推动和谐社会发展。

**关键词：** 新媒体语境　新型警媒关系　警民和谐

## 引　言

　　警察是国家机器的一个组成部分，是权力机关，起着维持社会治安、惩恶扬善、服务人民的重要作用。而媒体，是舆论机构，是党和人民的喉舌，对权力机关和社会起着舆论监督、弘扬社会正能量的作用。双方在构建和谐社会中都担当着重要的角色。传统社会环境中，权力机关、舆论机构、人民群众三者之间处于相互制约、相辅相成的关系。警方与媒体相辅相成的最佳杰作，是 1993 年 1 月，上海市公安局与东方电视台合制并播出的法制新闻节目《东方 110》，2006 年 1 月起《东方 110》栏目改由上海电视台播出。《东方 110》栏目至今近 30 年的成功经验，是优良警媒关系的典范。但从全国范围看，有的地方警媒关系紧张、不协调不和谐的状况还时常出现，值得各方关注，予以解决。

　　新媒体时代,多种形式的警务账号遍地开花,警媒合办开设栏目,在警务新闻传播和节目形态表达上形成有效的共赢局面,广大市民群众"喜大普奔",值得借鉴。

　　本文对新媒体语境下警媒之间的问题进行探究,以及对彼此如何合作进行思考和解读,有助于新型警媒关系的构建,推动和谐社会发展。

## 一、新媒体语境下警媒公共关系的问题与挑战

　　警察是国家维护社会治安和打击刑事犯罪的武装力量。新媒体语境下,社会秩序不平衡,看纠纷、交通堵塞等社会现象通通被网络"放大",警察的执法环境变得复杂,警民关系因此容易紧张;而他们与媒体的关系更多是单向合作关系,即"你有我无",但"各干各的",呈现出严肃甚至对立的合作立场和态度。这其中,是话语权和信息源的控制和争夺,而公众对警方和媒体都出现"不买账"的局面。警察与媒体公共关系迫切寻求新的突破。

## (一)新媒体语境下公安形象生态

### 1. 公关意识不胜其任

　　由于部分地方公安忽视了公关队伍建设,新媒体时代,对涉及警情的报道手足无措,手忙脚乱,"尤其是在公共突发事件中,社会公众由于恐慌,往往急于去寻答案,导致谣言在短时间内在新媒体舆论场中形成信息能量和势场。公安组织很难快速应对媒体"低级红、高级黑"等舆情报道,延误时机,使误会加深,无形之中,警媒关系危机造成警察公关危机,影响了公安队伍形象。

### 2. 媒介素养良莠不齐

　　对大部分警察而言,公共关系不是自己所负责的内容,往往"忽视与执法对象或服务对象的沟通交流,不能从根本上将公共关系建设意识融入对人民群众的服务中去"。虽然习惯于"镜头下"执法,但在新媒体传播生态下,普遍出现应对乏力的情况,对新媒体传播特点缺乏认识,还停留在正面普法宣传的口径和办法中,忽视了"执法过程"在媒介传播中的社会效果及其重要作用。有些想要用好媒介传播,却可能适得其反,"高级红"使正面宣传产生了失效的表现,使自己陷于尴尬之中。

### 3. 信息公开怠惰因循

　　"一方面,由于公安工作的特殊性,其一些涉密工作不能完全透明化、公开

化;另一方面,它又与公众的知情权、参与权和监督权密切相关。"新媒体语境下,公众的话语权觉醒,个性化需求和平台创作能力扩张,一旦信息不透明、滞后,便会受到公众的猜疑和抨击,导致一系列负面声音蜂拥而至,不利于控制新媒体舆论场。而与传统媒体间存在信息权的掌握控制,导致媒体一旦发现有可以炒作的涉警素材,便连篇累牍地进行报道,双方情绪愈演愈烈,因信息不对称可能引发的舆情纷至沓来。

## (二) 新媒体对警媒关系的影响

新媒体语境下的媒体传播,更具张力,也更复杂。因此,双方所处的舆论环境发生了重大的变化,警方与媒介之间的细微摩擦被新媒体无限放大。

### 1. 失范报道传播快

因警务信息公开不及时,导致部分媒体在"时、度、效"上与公安机关的"正面宣传"背道而驰,出现不少失范报道,慌乱抢头条,在新媒体上迅速传播,甚至配图失误,"标题党",再删稿,引起公众哗然,并转化为不利于公安形象的负面报道,导致警媒关系紧张。这里所指的失范并不一定指稿件或文本失去规范,而是在新媒体传播中变味了,价值失范。新型冠状病毒暴发初期,某公安机关在进行流行病学调查时,就曾因为公开"病例"行动轨迹遭网民抨击。一方面因报道不及时,使公众恐慌、猜测,传播谣言;另一方面,在报道信息的选择上未曾考虑传播后果,流调信息一经发布,"吃瓜群众"便"人肉"当事人信息,对其进行网络暴力攻击,这些价值失范的报道所引发的不良影响,其威力可想而知。

### 2. 舆论监督影响大

随着公众的权力意识、法律意识和对公平正义的期盼日益增长,对媒体的监督权也有一定的诉求,要求媒体对公权力机关进行有效监督,其中以公安为代表的执法人员出现在媒体镜头下,经过新媒体的信息流动和发酵,对次生传播与舆论产生了决定性影响。"他也违规了,为什么不罚他""我刚到这个路口,你就抓我"等话语体现了公众对执法不公的不满,迅速在网络平台上扩散,引起舆情。一定程度上,大众媒体对公安机关的监督报道损害了之间的互动过程,逐渐在双方之间划出一道隐形横线。

### 3. 媒介公关关系差

不少公安系统警务人员"喊话"媒体多少带有命令式口吻,且停留在"事件落实"上，"即有敏感事件发生时，才采取行动，联系媒体，开展活动。这种警察公关模式忽略了日常公安工作的大众化，亲民化"，可以说是一种"躲媒体"的抵触心理。虽然部分公安与媒体合作警务新闻报道，但也是草草了事，甚至不用见面，就将节目录制完成，这种隔空派发人员和素材的模式，往往也不利于有效互动的呈现。

而在网络平台上，警务人员又与追求利益为第一原则的网络"大咖"之间的关系不明朗。体制机制的博弈，使得多方沟通成本上升，开展工作极为困难。笔者认为，公安与媒介间的关系有待改善，沟通艺术和成本亟待学习和加强。

## 二、新媒体语境下新型警媒关系的构建与增进

新媒体语境下，更加强调公权力和监督权力之间的配合，警察与媒体的和谐关系，直接影响到双方公信力、影响力的构建。

不少学者也从体制机制、学习方式、合作模式等方面探讨了新型的警媒关系的构建；从议题主导层面又将彼此的关系分为从独立→冲突→合作→融化的演变进程。笔者认为，新媒体语境下的警媒关系，不仅是以和谐共处为目标和价值取向，更注重两者之间的组织和协作关系，要保证信息流、意见流和影响流的互联互通，即相互信任，共同成长，将"同呼吸、共命运"的理念贯彻始终，最终形成"可持续发展"的警媒共同体。

## （一）积极走进舆论场，提高公关意识

### 1. 建立舆情预警机制，控制舆论声音

舆情是社会的软实力对抗，树立公安机关良好的公众形象，应主动走进舆论场，建立舆情预警机制首当其冲。要学会通过大数据手段预判舆情，及时掌握各种舆情动态。

而面对复杂的社会公众的情绪性心理，要强化警民互动，及时消解。人知心理学家认为，"基模"具有预测和决策控制功能，"基模理论对人理解、分析、评估信息并做出行动有着重要的指导意义。""基模"理论认为，当人们突然遇到一个新事物、新问题时，过去的经验与知识会引导我们迅速对新状况做出认识、判断与推理，并及时做出应急反应。这对公安机关应急处理突发事件尤为重要。公安机关在建立舆情预警机制时，要完善"基模"，预判分析网民的个人基模结构，

掌握民情,关注舆情发展走向,干预并指导公众在新媒体平台做出正确的价值判断,利用广播电视栏目进行涉警话题公示和解读,消解公众疑惑和情绪,加强主流价值的宣传和引导,潜移默化地对公众产生影响,维护和树立公安警察形象,实现警媒良性互动新局面。

## 2. 持续学习新理念,重塑公安形象

因警务宣传的特殊性,应建立一支专业的宣传组员,要求他们有新闻功底、宣传功底,有基层工作经验。既要突出政治性、权威性,坚守宣传阵地,及时传递党的主张,切实把意识形态工作摆在更加重要的位置,持续增强做好意识形态工作的责任感、紧迫感和使命感"基模",又要及时掌握新媒体背景下,网络传播的新理论、新特点,加强对新媒体的认知,提高公关意识,"提升运用新媒体媒介进行执政的能力",善于通过新媒体或镜头前语言进行执法和普法宣传,讲究艺术传播,能够站在群众的视角,以老百姓"喜闻乐见"的方式进行宣传,时刻体现亲切感和分寸感,重塑"为人民服务"的良好公安形象。

## (二)与媒体共谋发展,完善保障机制

新媒体语境下,公安机关应控制好权力与监督之间的关系,通过有效共建,形成利于双方的保障机制,加强沟通和协作,捆绑"上新",如合办栏目、双向审查等。与媒体共谋发展,应树立共同体意识。协作初期,可以通过制定规则,规范行政执法,严格平台发布,对推动执法公正、守牢意识形态安全具有重要意义。

## 1. 建设警媒平台融通,让 IP 行走云端

有学者认为,警媒互动,除了双方的正式或非正式的沟通,更重要的是实现与公众的亲密距离,这其中,就需要一个权威的"中间人"。有不少学者认为,公安机关应设立新闻发言人制度,"让声音从一个权威的管道发出,而不能让人人都成为信息的发布者。"新媒体语境下,"新闻发言人→警察记者→IP"的设想也逐渐更迭,与媒体的深度融合,涌现出警花专栏、主播探警的视频报道。

笔者所在的上海市松江区融媒体中心,与上海市公安局松江分局交通警察支队合办《云间红绿灯》栏目,创作了一系列主播探警系列短视频,旨在通过与民警对话,对热点话题解读,让"老司机"通过第一视角了解交通信息,直击"客载货"现场、你的"小电驴"上"户口"了吗、"一盔一带安全常在"等短视频收获了10w+阅读,公众关注度高,警媒协作的成效凸显。

平台和IP的打造,让警方和媒体发布的信息更具有公信力、亲和力,也能更好地服务人民,服务社会。尤其在一些重大案件的侦破中,也可以利用某些平台征求线索,专题节目随警报道,实现警方的"保密性"和媒体的"开放性"有机统一。这样的捆绑"上新",使"一厢情愿"变成"皆大欢喜"。

## 2. 健全双向合作机制,实现共存共赢

双审查制,正向权威发布。在群体传播过程中,信息传播渠道中有一些"门区",这些门区就守着一些"把关人",只有符合群体规范或价值标准的信息内容才能顺利进入并传播。在涉警问题的报道上,媒体有着"把关"的责任,对于信息的权威审核成为另一道管理"关卡",双向合作保障机制要清晰可见,避免管理上的界限模糊,警媒合作开展工作中容易引发"工作由哪一方监督"的两大管理问题。双向审查制度的建立,就要双方成立宣传小组或团队,共同策划选题,严格报备,拍摄制作,遇到问题主动沟通协调解决,双向监督审查,既有警务新闻发布的权威性,又有媒体助力的活泼感。

## (三)同屏共宣,创新宣传形式

### 1. 开展"两微一抖"的传播权和话语权建设

新媒体时代,"流量"赋予了平台新的生命,直接影响产品的火爆程度。从传统的媒体宣传到大屏小屏同屏分发,不少公安机关走进"两微一抖"的行列中,参与新媒体平台话题讨论,这其中,是政务新闻的传播权和话语权建设的有力举措之一,平分公众平台流量,积极加强新媒体平台舆论创作和管控,让传播价值得到延伸。从深圳市公安局交通警察局官方抖音账号"@深圳交警"数据来看,每条短视频平均15万点赞量,高者达30万点赞,播放量均在500万左右,平均1万到5万不等,一条热搜,成功刷屏。

其中要注意的是,新媒体语境下的"反沉默螺旋"现象使得复杂声音鱼目混珠,评论区"沉默的少数派"干扰公众视线,影响群体表达。公安机关对于媒体平台上的意见倾泻,还需进行行之有效地干预,控制"沉默螺旋"逆转,将主动权掌握在手上。

### 2. 突破"表达方式"的形式感和氛围感

时代发展,多种形式的媒体宣传正徐徐铺开。慢直播、短视频、情景剧轮番上演,媒体传播创新表达方式,赋能公安政务宣传新的激情和活力,"交警蜀黍

666"的评语火爆出圈。新媒体语境下所带来的公安机关"形式感"和"氛围感"的觉悟,使得表达方式进一步突破。警务宣传工作者纷纷编排起手势舞,结合时下热点,创造新的普法内容。可借鉴的如在抖音平台出圈的"@四平警事""@二喜警官",通过诙谐幽默的表演进行普法宣传,让正面宣传变得有意思,老百姓在嬉笑中学习了法律,也提高了防范意识;"@孝警阿特"也成为拥有千万级粉丝的网红,视频直击执法现场,"抓粉丝"的"氛围感"杠杠的;当直播"PK"遇到反诈警察,名场面爆笑如雷,"@反诈警官老陈"在抖音上掀起一波新的时尚浪潮,"全民反诈"迅速冲上热搜。

## 结　语

回顾和审视近两年间的警务报道实践,新型警媒关系已经出现了较为良好的局面,尽管警察与媒体在权利和义务上有所不同,但为人民服务的宗旨和价值追求是一致的。在新媒体时代,建立健全完善优良的警媒关系,使媒体成为维护警察光辉形象、宣传法制思想的"助推器",成为监督警察权力、维护社会治安的"监视器",成为警务活动对社会产生正面效应的"放大器"。新媒体语境下,警媒协作,应助力双向宣传的融合报道,完善双方宣传人才的培养途径,健全正确快速应对突发事件和引导舆情的机制,共同构建起符合新时代新形势新要求的新型警媒、警民的和谐关系,为我国各项事业的发展提供坚强、有力的保障。

**参考文献:**
[1] 梁胜.新媒体背景下警媒关系研究[D].中国人民公安大学,2021.
[2] 谷长乐.利用融媒体构建警察公共关系研究[D].山东大学,2020.
[3] 李贵刚.论新媒体时代公安宣传工作面临的挑战与对策[J].采写编,2020(06):40-42.
[4] 周锦秀.国家治理能力现代化背景下的警媒关系建设[J].湖南警察学院学报,2016,28(05):121-128.
[5] 郭庆光.传播学教程[M].北京:中国人民大学出版社,2011:680.
[6] 闫凤.从基模理论谈新媒体环境下网民媒介素养的提高[J].采写编,2017(02):130.
[7] 唐光新.扎实做好新时代公安交警新闻宣传工作[N].人民公安报,2018-09-09(003).
[8] 李敏蓉."新闻执政"语境下的公安领导力提升[J].中国人民公安大学学报(社会科学版),2013,29(02):115-120.
[9] 王龙天,杨莹.构建和谐警媒关系之道[J].北京警察学院学报,2017(02):57-61.
[10] [英]麦圭尔,[瑞典]温德尔 著,祝建华,武伟 译.大众传播模式论[M].上海:上海译文出版社,1987:135.

[11] 陈丽芳,郭奇,陈默.新媒体时代"反沉默螺旋"现象与网络舆论引导研究[J].出版广角,2019(22):83-85.

作者简介：

万涛,上海市松江区融媒体中心主持人。

# 传承音像文化拓展创新应用

吴雪雁

**提　要：** 音像档案来源于电视生产过程，是传统档案的重要组成部分。上海音像资料馆，作为中国最专业的音像档案机构之一，在传统音像档案尤其是电视档案的创新性应用方面，已经做出很多尝试并成功拓展出多样化的路径，值得总结。本文将从音像档案社会化服务的价值和意义、路径和方法等几个方面展开探讨，结合上海音像资料馆的实际案例分析研究，探寻音像档案资源开展社会服务的新路径、新方法，并阐述传承音像文化、拓展创新应用方面的个人思考和建议设想。

**关键词：** 音像档案　开发利用　社会化服务　拓展创新应用

## 引　言

音像档案来源于电视生产过程中的采编拍摄、节目制作、内容加工等各个环节，是传统档案的重要组成部分。过去，音像档案的价值主要体现在电视节目生产过程中的重复使用，如纪录片或回顾盘点类节目；如今，在传统电视行业日益势弱的情况下，如何让音像档案得到充分利用、焕发新的生机，是摆在我们所有音像档案人面前的一项重大任务和挑战。

上海音像资料馆，作为中国最专业的音像档案机构之一，在传统音像档案尤其是电视档案的创新性应用方面，已经做出很多尝试并成功拓展出多样化的路径，包括与中、小学校合作，对青少年进行历史常识教育；与教育部门合作，开发专业视频课件；与街道社区合作，举行社会公益讲座；与图书馆等专业机构合作，建设历史影像资料库等。通过这些创新性的尝试，不但给予这些传统电视档案以新的生机,将有深度的电视档案转化为有温度的音像资源和有价值的影像产品,更满足了广大专业用户的内容需求和社会大众的文化需求。本文主从音像档案社会化服务的价值和意义、路径和方法等几个方面展开探讨,结合上海音像资料馆的实际案例分析研究,来阐述对音像档案资源服务拓展创新应用方面的个人思考和建议设想。

## 一、音像档案社会化服务的价值和意义

### (一)传承历史文化,体现社会价值

我们每个人都有学习历史、了解历史的权利;我们每个人也都是历史的亲历者、记录者。当下,音像档案工作已经深入到社会的各个领域,渗透至社会的每个角落。音像档案的社会化服务,能让广大群众对影像记录产生一定的兴趣,从而从一名历史的倾听者,转变为一名历史的记录者甚至参与者。因为,美美好的事,不仅是留住时光,更是留住记忆。

音像档案工作者承担着让广大群众了解真实历史的社会责任和义务,音像档案工作者需要充分利用自身馆藏资源,将各时期的珍贵历史影像向群众展示,让群众能更生动切实地了解各时期的历史文化,引发其对历史的共鸣和兴趣,让真实的历史文化得以传承和发扬,让音像档案为社会服务。通过定期举办各类影像征集活动,让广大群众参与到记录历史的工作中去,将自己或是身边的社会现象用镜头记录下来,从而丰富音像档案,让历史的影像得以更多重地开发,从而最大限度地发挥音像档案工作的社会价值和意义。

四十多年前,日本纪录片大师牛山纯一曾经来到上海张家宅地区,拍摄了一部著名的纪录片——《上海新风》,他在纪录片中通过丰富的摄像手段与镜头语言,生动记录和反映了当时上海老百姓的普通生活,在国内外获得了许多的奖项。随着时间的推移,片中所记录的静安区张家宅地区也因城市更新而日渐被人们所淡忘,影片中的许多婴儿和儿童也已进入不惑之年。2018 年,在改革开放四十年之际,上海音像资料馆、上海电视台联合新民晚报,共同发起了"寻找40 年前的你"大型征集活动,找寻经历了改革开放四十年的这些孩子们,感受改革开放的变化。整个活动刚向社会发布,就引起了强烈的反响,有许多当时张家宅的居民与上海音像资料馆取得联系,除了报名参加当天的大型活动外,还提供了许多珍贵的历史影像和照片,讲述了不少属于那个年代的一个个鲜活的故事。在活动当天,还有很多居民用口述的形式与大家共同分享记忆中的点滴,分享美好瞬间背后的精彩故事。这种形式的活动增强了社会的联动,串联起大家的回

忆,让历史鲜活起来,让音像文化传承下去、创新拓展开来,真正体现了音像档案社会化服务的价值意义。

## (二)提升品牌形象,提高品牌价值

在社会化服务过程中,音像资料馆尝试进入学校校园或是企事业单位进行各类影像的免费放映和解读活动,在进行历史文化传播的过程中,可以让越来越多的人了解音像档案机构,更多地接触到丰富的音像档案资源。音像资料馆在提升社会影响力的同时,也能够为日后的进一步合作打下坚实的基础。

上海音像资料馆多次深入基层开展老影像播映活动,2017年和2018年,连续两年为甘泉街道定制《红色记忆,印象甘泉》和《上海年华之甘泉版》播映讲座。1953年建造完成的甘泉新村,仅比曹杨新村晚一年建造完成,它也是上海最早建设的工人新村之一,村中的"鸳鸯楼",一度在上海家喻户晓。两年的资料播映活动下来,街道工作人员对于上海音像资料馆甘泉历史资料馆藏有了非常深入的了解,2019年,甘泉街道在决定搭建甘泉新村村史馆后第一时间找到上海音像资料馆寻求合作,在双方的共同努力下,村史馆顺利建成向公众开放,通过影像向外界展示甘泉新村的前世今生,同时也展示了上海音像资料馆的品牌,让音像资料社会化服务得到了更好的升华。

## 二、音像档案社会化服务的路径和方法

全媒体时代,影像资源有了更广阔的展示和发展平台。大量珍贵的影像资源通过网络、手机等新媒体平台展现在大众面前。那么如何引导大众,在海量的资源中找到自己感兴趣的内容、如何更好地让更多沉寂已久的珍贵影像再次进入大众的视线,进而得到更为充分的开发和利用,这成了目前众多影像工作者的新的目标和方向。我们充分地利用"影像"做好"服务",找到更好的社会化服务的路径和方法。

## (一)利用政府平台,服务基层群众

长期以来,传统档案工作更注重保护、采集与收藏,因为各种原因,将重金购买的珍贵音像档案长期封存于资料库中,"重存轻用"的情况非常普遍。近年来,随着社会的发展、网络的普及,人们逐渐摆脱仅能从专业机构获取影像的模式,逐渐习惯,甚至依赖从互联网、新媒体上寻求、观看想要的影像。这一现象不仅

弱化了档案机构的职能,也警醒了众多档案机构,让档案工作者认识到影像被大众周知、影像从"存"到"用"的重要性,增加了档案工作者的责任感和使命感,档案工作必须增加社会参与度。

以上海音像资料馆为例,在过去几十年中,音像档案的价值更多体现在传统电视媒体的节目生产过程中,资料员深入一线为频道的节目提供各项所需资料是之前最为重要的工作之一。然而近年来,为了更好地做好影像服务,上海音像资料馆通过多种尝试,拓宽各种渠道,让丰富的影像展现在大众面前,焕发老影像的新生命。其中有一项就是——利用政府采购平台传承历史文化影像。

一直以来政府都相当重视文化事业的发展,为了促进、扶持文化产业,政府也投入了相当多的财力构建文化基金,近年来,为了更好地为老百姓办实事,让文化可以更好地覆盖基层、走进老百姓的生活,政府更是加大投入力度,搭建了公共文化采购平台,用政府采购文化产品的形式,将文化活动送到群众的身边。这对音像档案工作来说,也可谓是一个契机。音像档案工作本来就有让老百姓了解更多更真实的历史并且传承历史文化的责任和义务,政府建立公共文化采购平台的初衷,和我们可谓不谋而合。

在 2021 年的"四史"(中国共产党百年党史、新中国史、改革开放史、社会主义发展史)教育活动中,上海音像资料馆开发了多个讲座、展览和活动产品,通过历史影像资料让普通的市民了解了中国共产党建党的历程、上海的发展变迁以及不少历史珍贵文化遗产,真实的影像加上生动的表现形式,上线公共文化平台后不到一年就有百余场之多的点单量,受到了基层老百姓的普遍认可和高度赞扬。这一举措让基层百姓了解历史文化的同时,很大程度上也提升了上海音像资料馆的社会影响力和品牌形象,为后续更好、更多地开展和开发影像工作奠定了基础。

## (二) 加强档案开发,开展多元化服务

### 1. 让红色档案走出档案馆,走进社会服务精神文明建设

要说音像档案馆馆藏资料中的珍贵影像,不得不提到红色音像档案。绝大多数音像档案馆内都有从全国各地甚至各国收集来的红色影像资料馆藏。习近平总书记曾经指出,"要用好用活丰富的党史资源,使之成为激励人民不断开拓前进的强大精神力量"。对于音像档案工作者来说,如何更好地开发利用红色音像档案,弘扬红色传统,传承红色基因,让它能够在围绕核心、聚力凝心的同时,

服务大局、服务群众,激发群众的爱党爱国情怀,也是我们需要探究的重点课题之一。

以史为鉴,方得始终。习近平总书记2021年2月20日在党史学习教育动员大会上曾经强调,"全党同志要做到学史明理、学史增信、学史崇德、学史力行,学党史、悟思想、办实事、开新局"。上海音像资料馆结合馆内珍贵党史资源,开发了《伟大的开端——珍贵影像中的中共一大》《不忘来时路》等讲座和展览,将中国共产党从建党至今所经历的各类苦难辉煌和所取得的各项历史成就,通过红色珍贵历史影像,生动地呈现在广大党员和社区群众的面前。仅2020年7月—9月,短短三个月,就开展了80余场主题活动,珍贵的影像和专业生动的解读,不仅让红色影像焕发活力,也进一步提升了上海音像资料馆的社会影响力,得到了广大党员群众的一致好评。

近年来,上海音像资料馆一直致力于党史影像的采集与研究。红色影像传递了鲜活的历史,也是党史学习教育的生动教材。如何让红色影像走入校园,让青少年也能学习党史,了解历史,也是上海音像资料馆非常重视的工作。2021年,上海音像资料馆与上海市文物保护研究中心、上海旅游高等专科学校、上海师范大学旅游学院合作,共同主办了"2021年红色文化遗产进校园系列活动",活动通过专家讲座、展览和短视频创作大赛的形式,让红色影像得到更好的利用,使青年学生能够通过这一活动,主动了解红色影像背后的故事,学习党史,传承红色基因。

## 2. 让人文档案走出档案馆,走进社会服务文化建设

随着时代的变迁,新媒体逐渐在各个领域发展,现在很多艺术展开始利用多媒体的形式进行大众传播,这也给了音像档案馆与艺术馆跨界合作的契机。例如上海当代艺术博物馆就曾用资料做成艺术片《钱学森和计算机》,开创了艺术馆与老影像结合的新模式。

上海音像资料馆也开始不断探索开发这一服务的全新领域,挖掘馆藏人文档案,探寻社会化服务文化建设新模式。2021年,上海音像资料馆与第13届双年展合作,由资料馆提供老影像,共同开发出小程序"水文漫步",用行走打卡的形式,使观展者在抵达打卡点后,通过二维码解锁历史影像,了解相关历史,重新认识我们的城市。

## 3. 让企业档案走出档案馆,走进社会服务经济建设

由于上海音像资料馆是隶属于上海文化广播影视集团旗下的资料馆,因而馆内还藏有大量的上海电视台所拍摄的企业音像档案。近年来,上海音像资

馆的成员也在集中致力于利用企业音像档案探索新的资源服务模式与渠道,上企业音像档案焕发新生。

举例来说,上海音像资料馆曾利用馆藏资料与新影像拍摄相结合,为淘宝十周年庆及仁济医院制作宣传片,得到了很好的反响。这两次成功的合作,让资料馆意识到,想要让企业老资料得到新生,想要企业档案走出档案室,除了被动服务外,还应关注企业的大事件,做好资料储备、资料梳理工作,主动服务的理念和机制,主动与企业建立常态联系,让企业了解和看到馆藏丰富的企业档案资料。除了为企业制作宣传片、专题片外,上海音像资料馆也正努力尝试与企业合作举办企业文化展,通过影像与企业文化的深度融合,实现合作共赢。

## (三)把握文化方向,服务教育事业

多媒体教学是近几年来一种崭新的教学手段,因为其图文并茂、形象生动的表现形式,优化了整个教学过程,实现了良好的教育效果,因而被师生们广为推崇。

上海音像资料馆立足于社会化服务,在各行业和领域全面拓展和多维点延伸,尤其在文化教育事业上更是不遗余力,近年来分别为中国浦东干部学院、上海市委党校等院校提供多系列多类别影像课件,将原本枯燥的纸质文字转化为视频,将精心编辑的影像资料、历史事件原原本本地呈现在学生面前,大大提升了课程的趣味性和生动性。

# 三、音像档案资源拓展创新应用服务的设想

## (一)资料管理大众化,加强档案征集力度

相较以往,虽然人们对音像档案保存的意识已经有了很大的提高,但对于如何更为专业地保存音像档案依然存在着一个相对的盲区,许多珍贵的影像仍旧散布在社会中,不能得到妥善的保存和再利用。

针对这一问题,建议利用音像档案馆科学的媒资管理系统,在满足现有的数字化生产任务的情况下,接收和征集社会企事业单位及个人的影像资料,特别是珍贵影像资料,向其提供专业的加工、修复、数字化转存和编目服务。通过这一服务模式,收集社会各类珍贵音像档案资源,在向社会宣传音像档案管理模式的同时,也能进一步扩充珍贵音像档案库存。

## （二）区域联动，有序开展资源整合

利用各地的珍贵音像档案，将区域资料整合集约化管理，打通区域间的信息壁垒，共同完善和开发影像资源，避免重复采集，将资料价值最大化。此外，邀请各地各领域的专家进行联动，共同举办巡回研讨会和讲座，在与专家们共同精进、探讨业务的同时，各自取长补短，碰撞出更多音像档案管理与利用方面思想的火花。

## （三）创新模式，加快档案资源的开发利用

新媒体的应用已然成为大势所趋，作为原本以服务传统媒体为主的档案馆，应该调整思维模式和服务对象，利用网络和多媒体技术探求音像档案资源服务新机遇。

首先，利用网络，用现下流行的直播的形式，进行线上讲课与线下活动相结合的形式，拓宽受众范围。

其次，尝试利用 3D、4D、5D 等多媒体技术，将老资料、老影像立体化，开发全新的沉浸式体验活动，让受众可以身临其境，更真切地感受当时所发生的故事。

## （四）多管齐下，加强档案开发服务队伍建设

由于体制、机制等各方面的原因，档案工作的队伍人数本就有限，在对海量的档案资源进行挖掘的时候，就更显得人力匮乏，导致档案资料难以得到更为细致和深度的开发。针对这一现象，首先，建议通过业间相互学习以及向退休专家学习等方式，更多地了解历史、了解影像，提升现有档案工作者的职业素养。其次，通过品牌宣传和不断创新档案工作的服务模式，来吸纳更多专业、优秀的人才，全方位地推进档案开发服务队伍的建设，推动影像资料社会化服务工作良性正向循环。

## （五）重视宣传，建立档案宣传工作长效机制

音像档案宣传是档案资源服务的基础之一，因此，为了更好地进行档案资源服务，我们必须要重视音像档案的宣传，建立档案宣传工作的长效机制。

可以与各宣传部门及单位合作，定期发布主题活动。通过影像公开发布、影

像放映、讲座等形式,将影像进行全方位地展示;可以借助网络,通过档案馆官网、微博、微信公众号等,定期进行主题影像的推送;积极调动档案馆内工作人员的积极性,让他们积极主动地参与档案宣传;建立档案宣传工作长效机制,将档案宣传工作纳入长远的工作规划中,并加以管理和规范,建立一套完整的宣传体系。

## 结 语

承载着文化传承与创新重要使命的音像档案管理工作,是一项需要细心打磨、长期积累并且能够厚积薄发的文化传播事业。音像档案管理者下一步的工作重点应该是拓展不同的方法和路径,提升音像资料馆品牌形象的同时,加强音像档案的社会化服务和市场化运作,秉持应有的公共责任、社会责任,既要注重效益,又要循序渐进、积极作为,不断推陈出新,科学、规范、有效地管理和利用资源,守护并传承影像文化,继续拓展音像资料创新应用服务的路径与方法,实现内容的品牌价值、商业价值、社会价值有机统一和利益最大化。

**参考文献:**

[1]习近平. 在党史学习教育动员大会上的讲话[J],求是. 2016 年第 3 期.
[2]董源.服务社会发展视角下的档案工作若干问题研究[J].兰台纵横,2020.6 下: 37 - 3
[3]王芳.媒资价值的多元化产业开发[J].市场周刊,2016 年第 1 期,8 - 9.

**作者简介:**

吴雪雁,上海广播电视台版权资产中心编研。

**图书在版编目(CIP)数据**

探究真谛：上海广播电视论文选.第十辑 / 上海市
广播电视协会编.— 上海：文汇出版社，2022.9
ISBN 978 - 7 - 5496 - 3871 - 0

Ⅰ.①探…　Ⅱ.①上…　Ⅲ.①广播工作－中国－文集
②电视工作－中国－文集　Ⅳ.①G229.2 - 53

中国版本图书馆 CIP 数据核字(2022)第 152441 号

---

**探究真谛**

——上海广播电视论文选·第十辑

上海市广播电视协会　编

责任编辑 / 熊　勇
封面装帧 / 张　晋

出版发行 / 文汇出版社
　　　　　上海市威海路 755 号
　　　　　(邮政编码 200041)
经　　销 / 全国新华书店
排　　版 / 南京展望文化发展有限公司
印刷装订 / 上海颛辉印刷厂有限公司
版　　次 / 2022 年 9 月第 1 版
印　　次 / 2022 年 9 月第 1 次印刷
开　　本 / 720×1000　1/16
字　　数 / 400 千字
印　　张 / 23

ISBN 978 - 7 - 5496 - 3871 - 0
定　　价 / 98.00 元